구글 클래스룸 수업 레시피

21세기 수업을 이끄는 스마트한 구글 도구

구글 클래스룸 수업 레시피
21세기 수업을 이끄는 스마트한 구글 도구

초판 1쇄 2020년 4월 27일
　　6쇄 2021년 2월 8일

지은이 Google Educator Group South Korea 박정철 장성순 정미애 신민철 서광석
발행인 최홍석

발행처 (주)프리렉
출판신고 2000년 3월 7일 제 13-634호
주소 경기도 부천시 원미구 길주로 77번길 19 세진프라자 201호
전화 032-326-7282(代) **팩스** 032-326-5866
URL www.freelec.co.kr

편집 강신원 서선영
표지디자인 박경옥 황인옥
본문디자인 박경옥

ISBN 978-89-6540-270-1

이 책은 저작권법에 따라 보호받는 저작물이므로 무단 전재와 무단 복제를 금지하며, 이 책 내용의 전부 또는 일부를 이용하려면 반드시 저작권자와 (주)프리렉의 서면 동의를 받아야 합니다.
책값은 표지 뒷면에 있습니다.
잘못된 책은 구입하신 곳에서 바꾸어 드립니다.
이 책에 대한 의견이나 오탈자, 잘못된 내용의 수정 정보 등은 프리렉 홈페이지 (freelec.co.kr) 또는 이메일(webmaster@freelec.co.kr)로 연락 바랍니다.

21세기 수업을 이끄는 스마트한 구글 도구

구글 클래스룸 수업 레시피

Google Educator Group South Korea
박정철 장성순 정미애 신민철 서광석 공저

프리렉

차례

들어가기 전에 8

저자 소개 16

Chapter 01 구글로 교육을 한다고요? 19

A. G Suite for Business 소개 22

B. G Suite for Government 27

C. 드디어 G Suite for Education 28

Chapter 02 수업은 뒤집어야 제 맛이지 - 플립 러닝 31

A. 플립 러닝이란? 31
  1. 플립 러닝 31
  2. 플립 러닝의 효과 39

B. 플립 러닝 공략법 45
  1. 선생님들에게 필수적인 동영상 제작의 노하우 45
  2. 퀴즈 49
  3. 교실 내 활동 71
  4. 정리 72

C. 플립 러닝 레시피 77
  시나리오 1 수학자 파스칼의 계산기를 찾아라! 대기압을 측정하라! 78
  시나리오 2 오페라의 유령을 찾아서 88

Chapter 03 나만의 스튜디오, 유튜브 크리에이터 스튜디오 95

A. 유튜브 크리에이터 스튜디오란? 95
  1. 유튜브를 소개합니다 95
  2. 유튜브 프리미엄 103
  3. 유튜브 스튜디오 107

B. 유튜브 레시피 111
  시나리오 1 동영상 강의 촬영하기 111
  시나리오 2 동영상 업로드하기 124

시나리오 3 동영상 공유하기　130

　　시나리오 4 재생목록 만들기　133

　　시나리오 5 영상 속 학생들 얼굴에 모자이크 처리하기　140

Chapter 04　구글 설문지　147

A. 구글 설문지란?　147

　　1. 구글 설문지 소개　147

　　2. 구글 설문지 만들기　152

B. 구글 설문지 레시피　168

　　시나리오 1 퀴즈 보고 채점하기　168

　　시나리오 2 공평하게 동시에 시작하는 노하우　174

　　시나리오 3 CYOA, 구글 설문지로 방탈출하기　177

　　시나리오 4 학부모에게 보낼 가정통신문 만들기　180

Chapter 05　구글 아트 앤 컬처를 활용한 차이 나는 클래스 만들기　185

A. 구글 아트 앤 컬처란?　185

B. 구글 아트 앤 컬처 입장하기　187

C. 구글 아트 앤 컬처 레시피　189

　　시나리오 1 확대 보기 기능을 활용한 수업　189

　　시나리오 2 원하는 곳을 직접 가는 수업　200

　　시나리오 3 역사적 인물을 알아보는 수업(전지적 참견 시점의 작곡가 살펴보기)　208

　　시나리오 4 구글 아트 앤 컬처 앱으로 다양한 체험하기　213

　　시나리오 5 미술 수업을 위한 응용 레시피　223

Chapter 06　'구글'스러운 음악 코스 요리　237

A. 메인 요리, 구글 크롬 뮤직랩　237

　　1. 구글 크롬 뮤직랩이란?　237

　　2. 13개의 실험실 사용 방법 및 수업 레시피　239

B. 특급 소스, 음악 레시피　254

　　1. 그루브 피자　254

　　2. 믹스 랩　255

3. AI 듀엣　256

4. 세미 컨덕터　256

5. Flat for Docs　257

C. **응용 레시피: A.I 도레미 프로젝트**　260

1. 사운드 아트를 반영한 크롬 뮤직랩　261

2. 인공지능 AI와 구글 그리고 음악의 만남　264

Chapter 07 구글 지도는 보물 지도　273

A. **구글 지도와 구글 어스**　273

1. 구글 지도　273

2. 구글 어스　283

3. 내 지도　297

4. 구글 스트리트 뷰　318

5. 릿 트립　324

6. 투어 빌더　328

7. 어스 스튜디오　333

B. **구글 지도·어스 레시피**　342

시나리오 1 지역의 문제를 매핑하다. 구글 지도를 활용한 커뮤니티 매핑 수업　342

시나리오 2 실제 지도로 국토를 매핑하다. 구글 지도를 활용한 국토의 영역 알아보기 수업　347

시나리오 3 역사를 매핑하다. 구글 지도를 통해 만들어가는 역사 공부 포트폴리오　354

Chapter 08 구글 엑스페디션　359

A. **구글 엑스페디션, #lovewhereyoulive**　360

1. 구글 카드보드　361

2. 구글 AR　368

3. 투어 크리에이터　376

B. **바이오 블리츠**　384

C. **구글 로컬 가이드**　386

D. **구글 어스 아웃리치**　388

1. 활용 도구　393

2. 기타　395

E. 구글 엑스페디션 레시피 397
　　　　시나리오 1 온 우주를 우리의 교실로, 구글 엑스페디션과 함께한 우주 대탐험 397

Chapter 09 구글 사이트 403

　　A. 구글 사이트 연동 도구 404
　　　　1. 구글 문서/프레젠테이션 405
　　　　2. 구글 지도 409
　　　　3. 투어 크리에이터 413
　　　　4. 유튜브 418
　　　　5. 이미지 421
　　B. 교사/학생 포트폴리오 425
　　C. 수업 홈페이지 428
　　D. 온라인 교무실 431
　　E. 구글 플러스 442

Chapter 10 구글 전문가 인증 받기 447

　　A. 필승 공부법 451
　　　　1. 구글 도움말 451
　　　　2. 구글 티처 센터 452
　　B. 시험 진행 방법 456
　　　　1. 구글 공인 교육자(Google Certified Educator) 456
　　　　2. 구글 공인 트레이너(Google Certified Trainer) 464
　　　　3. 구글 공인 이노베이터(Google Certified Innovator) 477

　　저자 후기 494

들어가기 전에

교육계의 얼리어답터

이 책은 구글이 제공하는 G Suite for Education(GSfE)이라는 클라우드 기반 교육 설루션에 관한 책이다. 하지만 G Suite for Education 도입과 세팅, 관리 등 기본적인 소개는 최소화할 것이다. 이미 기본 소개는 이전 책《교실의 미래 구글 클래스룸: 수업에 활기를 불어넣는 스마트 교육의 도입과 관리》(프리렉)에서 자세히 설명했기 때문이다. 이전 저서와 전국 곳곳에서 진행된 강의, 온·오프라인 실습 이후 많은 교육자가 구글이 제공하는 설루션을 사용하기 시작하였고 전국 각지에서 긍정적인 반응이 들려오고 있다. 문제는 "이제 학생들을 구글 클래스룸에 모았습니다. 앞으로는 무엇을 해야 하나요?"라는 질문을 던지는 길 잃은 교육자분들이다. 평소 새로운 교육법을 시도하고 학생들의 참여를 유도하며, 특히 디지털 도구에 대한 관심이 많았다면 큰 어려움 없이 헤쳐나갈 수 있을 것이다. 그러나 그렇지 않았다면 구글 클래스룸의 도입은 상당히 당황스러울 수 있다. 또한, 주변에 물어보기도 마땅치 않다. 아직까지는 구글 클래스룸을 활용하는 교육자가 많지 않기 때문이다. 이런 분들을 위해 이번 책은 다음을 대상으로 한다.

- G Suite for Education의 개념을 알고 있으며 이를 학교에 도입한 경우
- 아직 도입하지 않았지만, 곧 도입 예정인 경우
- 도입할 예정이지만, 도입 이후에 수업을 어떻게 끌어가야 할지 막막한 경우

비유하자면, 낙지볶음을 만들려고 낙지, 파, 마늘 등은 준비했는데 막상 낙지볶음을 어떻게 만드는지 모를 경우에 참고할 요리법과 같은 책이다.

물론 아무리 요리책이라 해도 간단한 소개는 있어야 할 것 같다. 또한 이전 책《교실의 미래 구글 클래스룸: 수업에 활기를 불어넣는 스마트 교육의 도

입과 관리》를 아직 보지 못한 경우가 있을 수 있으니 짧은 지면을 할애하여 G Suite for Education을 설명하고자 한다.

먼저 고백할 사항이 있다. 필자진은 수십 년의 교육 경험이 쌓인 교육학 전공 교사들도 아니고, IT 기술을 전공한 공학도도 아니다. 그럼에도 필자진은 이 분야에서는 소위 말하는 '얼리어답터'이기 때문에 이런 책을 써서 새로운 내용을 소개할 수 있다.

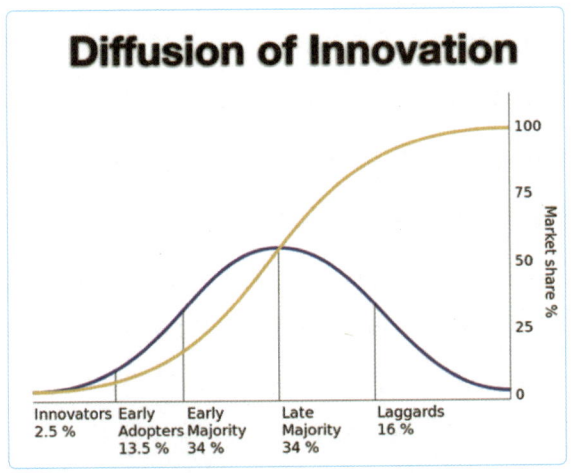

기술 확산에 따른 그래프 분석으로 잘 알려진 그림이다. 상위 13.5%에는 '얼리어답터'라는 특별한 존재가 있다. 남보다 부지런하고 새로운 것을 시도하는 데 있어 두려움이 전혀 없다. 아직 완벽하지 않은 도구더라도 활용하면서 그 개선점을 지적하고 개발하는 데 참여하는 것에 즐거움을 느끼는 소위 '잉여력'이 있는 존재들이다.

기술의 확산 과정을 살펴보면 상위 2.5%에 소위 혁신가라고 불리는 이들이 존재한다. 이들은 새로운 기술을 만들고 세상을 바꾸는 능력자들이다. 사실 우리 주변에서는 보기 어려운 존재이다. 아마도 실리콘 밸리나 판교 테크노 밸리에나 존재하지 않을까? 그 바로 아래에 있는 이들이 '얼리어답터'다. 이들도 사실 흔한 존재는 아니지만 그래도 주변에 종종 존재하곤 한다.

특히 이들은 혁신가들이 만든 기술을 남보다 먼저, 밤새 줄을 서서라도 가장 먼저 사용하고자 하는 열정이 충만한 이들이다. 이들은 전체 소비자의 상위 13.5%에 속하며 새로운 트렌드를 확인하고 이끌어가는 역할을 한다. 본업은 따로 있지만, 어떤 부분에서는 넘치는 열정으로 오히려 전문가 이상의 기술과 능력, 지식을 가지고 있기도 하다.

특히 이들이 가장 부지런히 하는 작업은 바로 '사용기' 또는 '후기' 작성이다. 얼리어답터치고 '박스 개봉기'나 '1일 사용기', '1주일 사용기' 등을 안 써본 사람은 없을 것이라고 생각한다. 그만큼 얼리어답터에게 있어서 이 작업은 밥 먹고 이를 닦는 것만큼이나 자연스러운 현상이다. 이 사용기는 다른 얼리어답터들이 이 제품을 선택하고 사용하는 데 있어 조금이나마 도움이 될 수 있도록 제품에 대한 모든 것을 기록한 형태다. 제품의 사진은 당연하고, 박스 포장 상태, 심지어는 박스 냄새까지! 모든 것을 기록하고 공유한다. 기술의 전문가가 아님에도 이들이 이렇게 할 수 있는 것은 그 기술을 좋아하고 누구보다 먼저 사용했기 때문이다. 그리고 철저하게 사용자 입장에서 새로운 기술이 가진 장단점을 설명하고 불편한 점과 좋은 점을 보고한다(사실 이러한 보고를 위해서는 많은 기술적 지식이 필요하지 않기 때문에 후기를 읽는 그 다음 단계의 절대 다수 사용자들도 편하게 진입할 수 있다).

필자가 실제 치과대학의 강단에서 적용한 플립 러닝과 G Suite for Education의 조합인 '플립드 구글 클래스룸(flipped google classroom)' 역시 이 분야에서의 혁신가로 새로운 내용을 소개하는 전문적인 내용이라고 하기에는 부족함이 많다. 단지, 남보다 빨리 그리고 열심히 사용해 본 '얼리어답터'로서 5년이 넘는 기간 동안 사용해 온 사용기를 독자들에게 공유한다는 것이 옳은 표현일 것이다.

사실 GSfE를 도입하고 활용하는 데 있어서 그 누구보다도 많은 시행착오를 겪었고 그 과정에서 많은 고민을 해야 했다. 앞서 이야기한 대로 필자는 교육학 전공자가 아니기에 겸허한 마음으로 여러 훌륭한 교육자의 저서나 이러한 에듀테크(EduTech)를 시행한 선학들의 책과 논문도 상당히 많이 찾아보았다. 그 결과 나름대로 장단점도 보게 되었고 또, 이건 이렇게 하는 것이 좋겠다는 개인적인 의견도 생겼다. 이 책은 이러한 고민의 흔적이다. 물론 정답이 아닐 수 있다. IT 업계의 특성상 이 책에서 설명한 내용이 순식간에 사라질 수도 있고 더 좋은 기술이 등장할 수도 있다. 업그레이드는 피할 수 없는 운명이다. 하지만, 중요한 것은 답이 아닌 '질문'이라고 생각한다. 학생들에게, 제자들에게 더 좋은 교육을 하는 방법은 무엇일까? 내가 지금 학생들을 가르치는 방법이 과연 최선일까? 나에게 배우는 학생들은 행복할까? 가르치는 나는 지금 행복한가? 이러한 질문들을 던지고 끊임없이 반문하는 자세가 우리가 나아가야 할 길이 아닐까 생각한다. 부디 많은 독자분은 필자들이 겪었던 시행착오를 조금이라도 더 적게 겪고, 자신만의 답을 찾길 바란다.

본론으로 들어가기 전에 지금 시대가 어떤 시대인지 간단하게 이야기해야 할 것 같다. 4차 산업혁명이니 디지털 트랜스 포메이션이니 하는 식상한 표현은 쓰지 않겠다. 그저 이전의 모습과 최근의 모습을 비교해 보도록 하겠다.

필자와 같은 70년대생 사람들에게는 인터넷이라는 용어보다는 'PC 통신'이라는 용어가 더 익숙하다. 지금의 젊은 학생들에게 인터넷을 하려면 먼저, 통신사에 전화(모뎀)를 걸어야 했다고 설명하면 도무지 이해하지 못한다. 요즘은 전화(스마트폰)로 충분히 인터넷을 할 수 있는 시대인데 왜 어디론가 전화해야 할까, 한 번도 본 적이 없으므로 상상할 수도 없는 모양이다.

여담이지만 필자가 중학생이던 시절 한참 PC 통신에 심취해 있을 때 있었던 일이다. 학교가 끝나고 집에 돌아오면 간단하게 씻고 우선 PC 앞에 앉는다. 그리고는 PC의 모뎀을 이용해 인터넷 공급 업체로 전화를 건다. 이 전화가 바로 걸리는 때도 있지만, 잘 접속되지 않을 때는 통화 중 신호음만 계속 들릴 경우도 있다. 그 조바심 나는 순간은 PC 통신세대가 아니면 이해할 수 없을 것이다. 그러다가 가끔 모뎀에서 어머니의 목소리가 들린다. 바로 거실에 계신 어머니께서 전화기를 들고 전화를 거는 것이다. 이렇게 되면 인터넷 접속은 끊어진다. 한참 파일을 내려받던 중이라면 이 일 때문에 어머니와 한바탕 싸움이 시작된다. "하루종일 PC 통신을 해서 전화를 쓸 수가 없다!(당시에는 휴대폰이 없었고 오로지 집 전화가 유일한 소통 수단이었다.) 친지들이 그 집은 왜 매일 통화 중이냐고 하더라! 제발 그만 좀 해라!"라며 어머니는 꾸중하셨다. 90년대 초에 많은 가정집에서 볼 수 있던 정겨운 추억이다.

추억의 PC 통신. 인터넷을 하려면 어디론가 전화를 걸어야만 했다는 과거의 상황을 학생들에게 어떻게 설명해야 할까?

추억의 광고. 인터넷 닷컴의 파도가 몰려오던 시기였다. 이 역시도 학생들은 듣도 보도 못한 시절이다. 학생들과 우리 교육자들은 이미 출생의 세기가 다른 만큼 큰 격차가 존재한다.

그 시절에는 이런 광고도 있었다. '야후'라는 거대 기업을 토종 기업인 '다음'이 물리치겠다는 광고였다. 세월은 많이 흘렀고 이제는 야후도 없고 다음도 없다. 인터넷 세상에서는 속도가 참으로 빠르고 모든 것이 덧없다. 이러한 발전 과정을 직접 겪은 세대로서는 '다음'이 발전하고 카페가 만들어지고 나서 '네이버'가 이를 모방하고 결국 네이버가 지식iN을 통해 다음을 앞서나가기 했던 일련의 사건이 몹시 친숙한 일이다. 그 와중에 검색어 실시간 검색 순위를 조작하고 파워 블로거로 시작된 이들이 '파워 블로거지'가 되어 협찬 받은 제품으로 광고 아닌 광고를 했던 문제점들도 발생했었다. 하지만, 이러한 사건을 모르는 청소년들에겐 네이버는 처음부터 1등을 했던 거대 기업이고 인터넷은 무조건 편리하고 좋은 인류의 도구라고 분별없이 받아들일 수도 있을 것이다.

PC 통신을 소재로 한 로맨스 영화도 나왔었다. 한때 PC 통신이 마른 들판의 불꽃처럼 뻗어 나갔던 시대에는 이를 통한 사회에 이로운 일도 많았지만, 병폐들도 많이 지적되었다. 특히 음란물의 유포나 유언비어들의 배포 등에 아직 어린 학생들이 무방비 상태로 노출되어 큰 사회 문제가 되기도 하였다. 이러한 인터넷 환경은 현재에도 양면의 효과를 가지고 있다. 구글 검색만 있으면 이 세상에 밝혀내지 못할 미스터리가 없는 시대가 되었지만, 이를 악용하게 되면 어둠의 자료도 구할 수 있으니 결국 사용하는 이의 지혜로운 선택이 필수적이며 이를 모니터하는 부모님이나 교육자의 도움이 중요해졌다.

결국 지난 몇 년을 되돌아보면 인터넷 세상에서 시대는 계속 변화하며 기술은 끊임없이 등장하고 진화하고 있다. 그것도 엄청나게 빠른 속도로 말이다. 하지만 새로운 기술이 마냥 좋기만 한 것은 아니다. 디지털 디바이스로 학습한 것이 아날로그 방식 대비, 효과가 큰지 아닌지조차 아직 우리는 정확히 알지 못한다. 하지만 확실한 것은 세상에는 계속 새로운 디지털 도구들이 등장할 것이라는 점이다.

필자의 대학교에는 Active Learning Classroom(ALC)이라 해서 새로운 형태의 강의실이 만들어졌다. 계단형 강의실은 사라졌고 모든 의자에는 바퀴가 달려 이동이 용이해졌고 책상은 직사각형이 아닌 사다리꼴의 모양이어서 2명, 3명, 4명, 6명, 8명 등 다양하게 모임을 할 수 있는 책상으로 조합이 가능하다. 교실 뒤에는 크롬북(Chromebook)들이 갖춰져 학생들은 언제 어디서나 편하게 장비를 꺼내서 사용하고 편하게 반납할 수 있다. 모든 내용은 클라우드에 있으니 따로 저장하고 설정을 매번 바꿀 필요도 없다. 로그인만 하면 그날은 크롬북이 나만의 도구가 되는 것이다.

단국대학교 치과대학 내의 Active Learning Classroom(ALC) 모습. 사다리꼴 모양의 책상들이 다양한 조합으로 결합하면서 학생 수에 맞게 조합된다. 거대 디스플레이가 여러 개 구비되어 있고 1인 1 디바이스 정책에 따라 크롬북이 제공된다.

자, 이제 이렇게 우리 주변에 성큼 와 있는 미래를 본다면 급변하는 교육 현장에 있는 교육자 스스로 이러한 새로운 도구와 기술의 활용에서 결코 학생들보다 뒤처져서는 안 된다는 위기감이 느껴질 것이다. 오히려 이러한 기술들을 더욱 적극적으로 활용하여 학생들에게 올바른 '디지털 리터러시(Digital Literacy)'를 가르치고 효율적인 학습을 제공할 수 있어야 할 것이다. 이 책은 바로 이러한 목적을 위해 쓰였다. 다룰 수 있는 내용은 너무나 많지만 이 모든 것을 다 알고 실천하지 않는 것보다는, 조금 알더라도 충분히 활용하는 것이 중요하다고 생각했다. 부디 많은 독자가 이 책을 통해 다양한 디지털 교육 레시피를 체험하고, 이 중 한두 가지라도 직접 적용하여 앞으로 다가올 미래 교육의 형태에 관한 영감을 받을 수 있기를 기대해 본다.

저자 소개

박정철 | 대표저자

- 구글 공인 교육자(Google Certified Educator) Level 1, 2
- 구글 공인 트레이너(Google Certified Trainer)
- 구글 공인 이노베이터(Google Certified Innovator)
- GEG(Google Educator Group) South Korea Leader
- 《내 인벤토리에 구글을 담다》,《교실의 미래를 구글하다 구글 클래스룸》(이상 프리렉) 등 다수의 도서 저자

서울대, 연세대, 고려대, 경희대, KAIST, 가톨릭 의대, 삼성전자 등 다수의 출강을 통해 교육의 혁신과 문샷 씽킹 정신을 전파하고 있다.

장성순

- 구글 공인 교육자(Google Certified Educator) Level 1, 2
- 구글 공인 트레이너(Google Certified Trainer)
- Esri Canada GIS Ambassador
- 교육학(TESOL) 석사 및 지리정보학 디플로마 과정 졸업

지리정보학, 코딩, 영어 교육과 디지털 격차에 대해 큰 관심이 있으며, 현재 캐나다에서 에듀테크 및 코딩 활용법을 강의하고 있다.

정미애

- 구글 공인 교육자(Google Certified Educator) Level 1, 2
- 구글 공인 트레이너(Google Certified Trainer)
- 교육학(교육심리 및 교육공학) 박사
- 대구 대진고등학교 음악교사
- 계명대학교 교육학과 겸임교수
- 《요즘 수업 뭐해요》 저자

배운 것을 나만의 방식으로 새롭게 창조하여 나누길 좋아하는 동기 부여자.

신민철

- 구글 공인 교육자(Google Certified Educator) Level 1, 2
- 구글 공인 트레이너(Google Certified Trainer)
- 구글 공인 이노베이터(Google Certified Innovator)
- GEG(Google Educator Group) 대구 Leader
- Microsoft Innovative Educator Expert
- 교육부 미래교육위원회 위원
- 대구 진월초등학교 교사

티처빌 원격교육연수원 '유튜브 브런치', '교실 속 포노사피엔스', '미래교육 다이닝' 등 다수의 원격연수를 제작하고 출연했다. 네이버 블로그(신쌤의 좌충우돌 스마트한 교단 일기)를 통해 에듀테크 기반의 미래교육 현장 연구 사례를 공유하고 있다.

서광석

- 구글 공인 교육자(Google Certified Educator) Level 1, 2
- 구글 공인 트레이너(Google Certified Trainer)
- GEG(Google Educator Group) FortuneCity Leader
- 에듀테크미래교육연구회 회장
- 경기도 온라인학습 원격 지원단, 경기교사온 대표
- 이동중학교 체육 교사

GRIT과 구글에 심취해, '투G(GRIT, Google) 넘치는 Let's GRIT 광 쌤!'이라고 불린다. 갈수록 커지는 교육격차를 극복하고자 구글을 통해 교육을 공유·연결·협력하고 있다.

구글로 교육을 한다고요?

"19세기 교실에서, 20세기 교사가 21세기 학생들을 가르치고 있다."
- 앨빈 토플러(Alvin Toffler)

앨빈 토플러의 지적 때문만은 아니겠지만, 다행히도 오늘날 교육 현장에서는 급진적인 변화가 시작되고 있다. 특히 IT 기술의 발전에 따라 새로운 교육 도구들이 등장하였다. Learning Management System(LMS)이라고 흔히 알려진 다양한 형태의 소프트웨어가 가장 대표적인 교육 기술의 혁명이다. 이 중 필자들이 가장 주목하는 것은 구글(Google)이 제공하는 G Suite for Education(GSfE)이다. 물론 마이크로소프트 클래스룸, 애플 클래스룸, Moodle, Blackboard 등의 서비스도 존재한다. 모두 장단점이 있는 것으로 알려져 있고 결정은 교육부와 각 학교가 하겠지만, 현 시대의 흐름은 구글이 주류인 양상이다.

일단 GSfE는 다른 서버들과는 달리 무료인 점이 가장 큰 매력이다(G Suite for Education Enterprise 버전은 계정별로 과금을 하지만, 기본 GSfE 구독만으로도 충분히 활용할 수 있다). 또한 구글의 다양한 솔루션과 조화를 이루며 협업을 자유로이 할 수 있다. 또한, 구글 솔루션의 대부분 작업이 직관적으로 시행될 수 있도록 만들어져 있어서 학생들이 배우기 매우 쉽다. 나중에 설명하겠지만 가장 큰 장점은 개개인에게 주어지는 구글 드라이브의 용량이 무제한이라는 점이다. 이것은 결코 다른 경쟁 업체가 따라갈 수 없는 압도적 경쟁력이다. 전면적인 도입은 안 할지라도, 이 혜택을 누리기 위해서 병행하여 도입하는 학교가 늘어나는 추세이다. 부가적으로, 졸업생과 은퇴 교사에게 주어지는 학교 이메일의 영원한 사용 가능성 역시 학교 측에서는 놓치기 아쉬운 서비스라 할 수 있다(학교 도메인으로 된 이메일을 평생 사용할 수 있다면 애교심을 고취할 수 있지 않을까? 주변에서는 평생을 학교에 봉사한 교수님들이 은퇴하는 순간, 학교 이메일을 박탈당하고 서운해하는 모습을 많이 보았다). 최근에는 MOOC(Massive Open Online Course)의 대명사인 칸 아카데미(Khan Academy)와 연동이 가능해지면서 그 활용성이 더욱 확장되었다. 구글이 워낙 오픈마인드로 협업을 즐기고 있고 현재로서는 업계의 선두에 있다는 장점 덕분에 이러한 컬래버레이션이 가능했던 것 같다.

필자들은 이렇게 좋은 서비스의 존재가 우리나라의 교육자들에게 잘 알려지지 않았다는 점이 너무나 안타까웠다. 또한 이렇게 좋은 시스템을 영어의 한계 때문에 쉽사리 따라 하지 못한다는 점이 속상했다. 그래서 2016년에 처음으로 《구글 클래스룸 교실의 미래를 구글하다》(프리렉)라는 책을 출간했고 오프라인으로는 Google Educator Group South Korea 활동(https://www.facebook.com/groups/gegsouthkorea, http://www.gegsouthkorea.or.kr)을 통해 구글 에듀 페스티벌, 부트캠프, 점프스타트 개최 등을 여러 번 시행하며 혁신적 교육에 대해 논하고 도구의 올바른 사용에 대해 나누고 있다.

Google Korea의 장소를 빌려 성대하게 개최한 Google Edu Day의 모습. 매회 전국에서 100여 명의 교육자가 모여 뜨거운 열기로 최신 지식을 나누고 있다. 그만큼 혁신적 교육법에 대한 수요가 많음을 체감할 수 있다. 대개 행사 신청은 반나절 내에 마무리된다.

이후 많은 학교와 단체에서 강의 요청이 들어와 이러한 소규모, 대규모 오프라인 행사를 통해서 구글의 도구를 이용한 교육 혁신을 널리 알리고자 노력하고 있다. 특히 필자가 집중하는 부분은 '문샷 씽킹(Moonshot Thinking)'을 학교에 도입하자는 것이다. 이것은 모두가 달을 자세히 보기 위해 망원경을 개발하고 있을 때, 달을 가장 확실하게 관찰하는 것은 달로 직접 가는 것임을 깨닫고 어려울지라도 우주선을 개발해서 달로 가겠다는 야심찬 사고방식이다. 그리고 이 '문샷 씽킹'이 우리가 가야 할 길이라는 철학이다. 구글은 오히려 이것이 더 쉽다고 이야기한다. 왜냐하면 기존의 기술이나 선입견, 편견 없이 새로운 백지상태에서 계획하고 추진해야 하기 때문이다.

구글의 문샷 씽킹을 도입했을 때 학교에서는 어떤 변화가 생길까? 이에 대한 조언을 구글이 직접 해준다면 얼마나 확실한 혁신이 가능할까? 실제로 구글은 교육 현장에 있는 교육자, 교육 종사자들에게 이러한 내용을 전파한 바 있고, GEG South Korea에서 이를 한국어로 번역하여 배포한 바 있다.

11페이지짜리 짧은 문서이니 꼭 한 번씩 읽길 바란다(http://bit.ly/구글이교육에게).

A. G Suite for Business 소개

《교실의 미래 구글 클래스룸: 수업에 활기를 불어넣는 스마트 교육의 도입과 관리》(프리렉)라는 전작을 통해서 GSfE의 내용을 한번 다루었지만 그사이에 업데이트된 내용이 많으므로 다시 한번 간단히 최신 내용을 언급하고자 한다. 우선 G suite for Education을 설명하기 전에 G Suite for Business를 먼저 설명하는 것이 이해가 빠를 것이다.

우선 작은 교육 컨설팅 사업을 시작했다고 가정하자. 직원은 5명 정도이고 작은 사무실도 구했다. 이제 온라인 작업 환경 구성을 위해 필요한 것들은 일단 다음과 같다.

- JCPschool.com이라는 도메인을 확보한다.
- www.jcpschool.com의 홈페이지를 만든다.
- 직원들에게 각각 ID@jcpschool.com이라는 이메일을 나누어준다.
- 내부 결재 시스템을 전산화한다.
- 각종 자료를 클라우드에 저장하고, 외부 해커로부터 자료를 방어한다.
- 일정을 공유하고 각 직급에 따라 별도의 캘린더로 나눈다.
- 해외 바이어와의 화상 회의 시스템을 구축한다.

일단 환경을 이 정도로 최소화했을 때 대략적인 구축 비용을 업체에 문의해 보았다. 5천만 원이 가장 저렴한 옵션이었다. 단순히 홈페이지와 시스템만 구축하는데도 그 정도 비용이 들었다. 거기에 향후 유지 보수 관리라는 명목으로 매달 수백만 원을 지불해야 했다. 꾸준히!

사업의 총예산이 5천만 원이 될까 말까한 회사 입장에서 시스템 구축에만 이 정도 돈이 든다면, 아예 포기하라는 뜻이다. 하지만 기업인을 위해서 토털 설루션을 제공해주는 서비스가 있다고 하면 어떨까? 그것도 아주 저렴한 비용으로. 게다가 기존 업체들과 같은 수준도 아닌 세계 최고 수준의 설루션을 제공해 주는 데 직원 1인당 월 5천 원(최고 옵션으로 가더라도 1인당 월 1만 원으로 구글 드라이브 용량이 무제한이 된다!)에 해결이 된다면? 바로 그 존재가 구글이라면? 당연히 기업인으로서는 구글의 설루션을 선택하지 않을 수가 없다.

게다가 외부적으로는 jcpschool.com이라는 이름으로 운영되니 이것이 구글 설루션을 쓴 것인지 아닌지를 알 수 없다. 그룹(groups) 기능을 이용하면 desk@jcpschool.com과 같은 대표 메일을 통해 고객에게 받은 문의 이메일을 직원 모두와 공유하고 시간이 있는 직원이 먼저 답을 보낼 수도 있다. 답변 과정이 어떻게 처리되는지도 내부에서 쉽게 확인되니, 고객 응대에 소홀할 일이 없다. 게다가 직원이 퇴사하여도 지난 업무가 그대로 남아있고 중요한 자료들은 금고(Vault)에 저장되어 안전하게 보관할 수 있다. 한편, 내부적으로는 완벽하게도 G메일(Gmail)과 구글 드라이브 환경에서 작업할 수 있으니 새로운 시스템을 배울 필요가 없어 간편하다. 새 직원을 뽑아도 G메일과 구글 문서만 쓸 줄 안다면 따로 별도의 신입 사원 오리엔테이션 없이 당장 업무 투입이 가능한 것이다.

이 모든 것을 가능하게 하는 것이 바로 G Suite for Business이다(사실 원래 이름은 Google Apps for Business였는데 2016년 9월 29일 전면적인 명칭 변경이 있었다).

이전 이름	새 이름
Google Apps for Work	G Suite Basic
Google Apps Unlimited for Work	G Suite for Business
Google Apps for Education	G Suite for Education
Google Apps for Nonprofits	G Suite for Nonprofits
Google Apps for Government	G Suite for Government

이처럼 유익하고 저렴한 솔루션이다 보니 전 세계적으로 많은 기업이 선택하여 사용 중이고, 국내에서도 사용 사례가 보고되고 있다.

G Suite for Business의 성공 사례

다음은 G Suite for Business를 도입한 천안시에 위치한 이화병원의 사례이다.

G Suite for Business 도입 사례 – 이화병원

(참고 자료: https://goo.gl/EGFP6u)

G Suite for Business는 이화병원이 전문의료기관으로 자리매김하게 도와주었다. 1985년에 설립된 이화병원은 산부인과에 초점을 맞춘 의료기관이다. 천안시에 위치한 이화병원은 총 130명의 직원이 있고 그중 120여 명은 의사와 간호사, 그리고 10명은 경영지원 관련 직원이다.

이화병원이 원했던 것

1. 이메일 서버의 불안정하고 빈번한 다운의 예방
2. 수술실 중복 예약 문제를 해결할 솔루션
3. Gmail
4. 캘린더
5. Docs(문서 도구)

이화병원이 이룬 것

1. 직원들이 Gmail을 통해 기업 이메일을 최대한 이용할 수 있게 되었다.
2. Docs와 캘린더를 통해 직원들이 더 체계적으로 일하게 되었다.
3. 수술실 예약 과정에서 발생하는 문제를 캘린더를 이용해서 최소화했다.
4. G Suite for Business를 통해서 직원 간의 사내 의사소통이 40% 개선되었다.

도전

G Suite for Business를 사용하기 전에, 이화병원은 웹사이트와 이메일 서버를 호스팅하는 데 있어서 국내 회사에 의지해 왔지만 불행하게도 서버는 매우 불안정했고 이화병원은 빈번한 이메일 서버 다운을 경험했다. 그래서 직원들은 회사 도메인의 이메일이 아닌, 개인 이메일 계정을 사용해서 의사소통해 왔다고 한다. 직원들이 서로 다른 이메일 주소로 답변하기 때문에 혼란을 일으켰고 전문 의료기관이라는 이화병원의 이미지와도 맞지 않았다.

솔루션

이와 같은 상황에서, Google Apps의 사용 경험이 있던 이화병원 한덕규 경영지원팀장의 권고로 Google Apps로의 전환이 결정되었고, 국내 Google Apps 공식 프리미어 리셀러인 SBC Tech의 도움을 받아 2013년 1월에 성공적으로 Google Apps로 전환을 완료했다. 그 결과, 현재 직원들은 직원 상호 간에, 그리고 외부업체와 의사소통 시에도 이메일 서버 중단 걱정 없이 편안하게 Gmail을 사용하고 있다. 또한 Gmail은 직원들이 이화병원의 이미지를 잘 정착시킬 수 있도록 기업 이메일 계정을 최대한 효과적으로 사용할 수 있게 했다.

"이전에는 직원 대부분이 개인 이메일을 통해서 의사소통했고, 직원들이 서로 친분이 있지 않으면 서로의 이메일 주소를 알지 못했습니다. 현재는 Gmail 주소록 공유를 통해서 모든 부서의 직원들에게 어려움 없이 연락할 수 있습니다."라고 관계자가 말했다. 또한, 수술실 예약을 돕는 체계화된 시스템을 통해서 직원 사이의 수술실 예약 충돌로 인한 갈등을 획기적으로 줄일 수 있었다. Google Docs(문서 도구)와 캘린더의 도움으로 직원들은 수술실 예약 현황을 시각적으로 볼 수 있게 되었다.

"이전에는 수술실 이중 예약으로 인해 직원 간의 경미한 갈등이 있었지만 현재는 그런 문제가 사라졌습니다. Google 캘린더를 이용해서 스케줄과 관련된 갈등을 최소화하고 병원 내에서 전문성과 효율성을 개선할 수 있어서 대단히 기쁘게 생각합니다."라고 관계자가 말했다.

또한, 직원들은 Google Docs를 이용해서 업무를 정리하고, 해야 할 일 리스트를 만들고 업무의 우선순위를 정하는 시스템을 실행한다. "직원들은 Google Docs를 통해 주간 회의 안건에 쉽게 접근할 수 있습니다. 또한 직원들이 잘 협업하고, 일정을 효과적으로 계획하게 되었고 시간을 절약하며, 일상적인 행정업무에 소모되는 자원 낭비를 줄일 수 있습니다."라고 관계자는 말했다.

Google Apps를 사용한 지 일 년이 안 되었지만, Gmail, 캘린더, Docs를 통해서 직원들의 내부 의사소통이 40% 향상됨으로써 긍정적인 파급효과를 보고 있다. Google Apps의 도움으로 이화병원은 환자들 삶의 질 향상을 위한 최상의 의료 설비와 서비스 제공자로서의 목표를 이룰 수 있다고 평가한다.

"Google Apps(당시 명칭)가 직원 간의 명확한 의사소통에 도움을 준 것에 기쁘게 생각합니다. 우리는 Google Forms를 이용해 환자분에게 고객 만족 서비스 설문을 받는 등, Google Apps의 확대 사용을 희망합니다. 이화병원의 환자분에게 더 좋은 서비스를 제공하는 전반적인 병원 경영의 지속적인 개선이 우리의 목표입니다. 그리고 Google Apps는 이화병원이 전 세계 최고의 의료기관으로 성장하는 데 도움을 줄 것입니다. Google Apps의 계속된 사용으로 다른 혜택을 지속해서 볼 수 있기를 기대합니다."

- 이화병원 한덕규 경영지원팀장

이것은 한 기업의 사례일 뿐이다. 전 세계적으로 더욱 많은 기업이, 심지어 대기업도 이 서비스를 통해서 효과를 보고 있다. 이렇게 좋은 모델이 있다면 다른 분야에도 적용할 수 있지 않을까? 특히 보안이나 해킹에 민감한 자료를 보관해야 하는 단체라면 구글과 같은 전문적인 기업의 솔루션에 끌리지 않을까? 그리하여 등장한 것이 바로 G Suite for Government이다.

B. G Suite for Government

생각해보면 미국을 대표하는 정부 기관이라하면 각자의 서버를 운영하고 최첨단 기술을 지닌 직원이 서버 관리를 할 것 같은데 회사나 정부나 예산이 빡빡한 것은 마찬가지인 듯하다. 제한된 예산으로 최고의 서비스를 안전하게 받으려면 일괄적으로 이러한 서비스를 해주는 외주 업체를 선정하는 것이 나은 것이다. 그리고 구글이 마침 이러한 서비스를 정부에 제공하는 것이다. 바로 G Suite for Government이다. 이 모델을 정부가 사용하면 어떤 장점이 있을까?

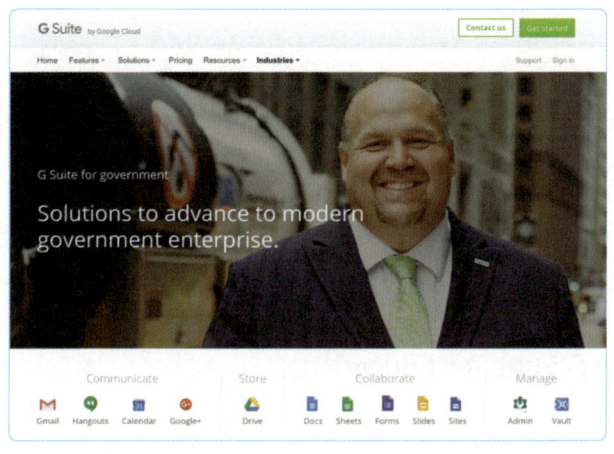

G Suite for Government의 대표 화면

정부 기관이라면 나름의 서버와 관리 사이트가 있을 법하다. 하지만 비용, 안전, 관리상의 문제로 외주를 주는 경우가 많다고 한다. 이왕 외주를 줄 것이라면 전 세계적인 인터넷 기업에 맡기는 것이 낫지 않을까? 이러한 생각으로 사용하는 것이 바로 G Suite for Government이다.

정부의 역할은 무엇인가? 정부는 좀 더 효과적인 단체를 운영하기 위해 스마트하고, 안전하고 검증된 시스템을 이용해야 한다. 또한 국민들에게 더 나은 서비스를 제공하기 위해서 정부 부처의 각 요소가 아주 밀접하게 협력해야 한다. 이를 위해 G Suite for Government를 사용한다면 어떠한 것들이 가능해질까?

- 단순하고 직관적인 시스템을 통해 빠르고 손쉬운 도입이 가능하다.
- 행아웃(Hangout)을 통해서 효과적이고 효율적으로 회의할 수 있다.
- 다양한 디바이스를 이용해서 구글 문서(Docs)로 실시간 협업이 가능하다.
- 매우 안정적이고 우수한 시스템을 저렴한 비용으로 구축할 수 있다.
- 무제한의 구글 드라이브(Google Drive) 용량을 저렴한 비용으로 활용할 수 있다.
- 다중 보안 시스템 등을 통해 해킹으로부터 안정적으로 자료를 지킬 수 있다.

이렇다 보니 미국의 정부 단체도 G Suite for Government를 도입하기 시작했고 그 결과 45개 주 이상이 이미 시스템 이전(migration)을 마쳤다고 한다 (https://gsuite.google.com/industries/government/). 대세는 대세인 모양이다.

C. 드디어 G Suite for Education

자, 전 세계 수백만의 비즈니스와 미국의 45개 주 이상이 사용하는 안정된 시스템 설루션이 있고, 구성원 간의 협업, 자료보관, 공유, 커뮤니케이션이 손쉬운 관리 체계가 존재한다면? 게다가 이 모든 것이 무료로 제공된다면? 이 효과적인 도구를 교육 현장에 적용해보면 어떨까? 교육 현장이야말로 사실 이러한 도구가 꼭 필요한 곳 아닐까?

바로 이것이 이 책의 주인공인 G Suite for Education이다. 이후 내용에서는 G Suite for Education을 근간으로 한 다양한 구글 설루션을 이용하여 실제 교육 현장에서 사용할 수 있는 다양한 교육 레시피를 소개한다. 각 챕터에서는 구글이 가진 대표적인 설루션을 간단히 설명하고 이를 실제로 어떻게 활용할 수 있는지를 소개한다. 독자층이 다양한 관계로 사용자를 특정 대상으로 제한하지 않았다. 초등학교부터 대학교 그리고 다양한 교육 현장에서 적용할 수 있는 내용을 언급할 예정이니 독자분들은 각자 환경에 맞게 활용하면 되겠다.

물론 가장 많은 분의 궁금증은 그 도입 절차일 것이다. 자세한 도입 절차는 이전 책《교실의 미래 구글 클래스룸: 수업에 활기를 불어넣는 스마트 교육의 도입과 관리》(프리렉)에 자세하게 언급되어 있다. 각 학교에서 한 분의 선생님만 그 책을 읽고 도입해도 충분하다. 이후, 동료 교사들은 지금 보고 있는 책을 통해 다양한 레시피를 활용하여 과목, 학년, 학생에 맞추어 수업을 진행하면 된다.

> **여기서 잠깐**
>
> 사실 이 책의 제목에 등장하는 '구글 클래스룸'이라는 단어는 전체적인 서비스명이 아닌 GSfE에서 제공하는 앱 중의 하나일 뿐이다. 하지만 워낙 직관적이고 대표적인 존재이다 보니 일반적으로 교육자들 사이에서 GSfE를 구글 클래스룸이라고 부르곤 한다. 이미 지난 책에서 구글 클래스룸의 도입 방법과 도메인 세팅 방법은 자세히 설명했으니, 본 책에서는 이미 구글 클래스룸 플랫폼을 활용하고 있다는 전제하에 저술할 예정이다. 물론, 비록 도입되어 있지 않더라도 충분히 활용할 수 있는 다양한 교육 팁들을 많이 소개할 예정이니 많은 도움이 되길 기대해본다.

수업은 뒤집어야 제 맛이지
- 플립 러닝

A. 플립 러닝이란?

1. 플립 러닝

이제부터 서술할 내용은 '거꾸로 교실', 또는 '거꾸로 수업'이라고 알려진 플립 러닝(Flipped Learning)에 대한 내용이다. 이 혁신적 교육 방식을 수업에 도입하려고 자료를 검색하던 중에 자연스레 구글 클래스룸을 알게 되었을 만큼, 플립 러닝과 구글 플랫폼은 만났을 때 큰 시너지 효과를 내는 조합이다. 때문에 이 책의 가장 첫 번째 레시피로 소개하려 한다. 사실 적용하기 위해 아주 복잡한 기술이 필요한 것은 아니라서(그저 관점의 전환만 필요할 따름이다) 손쉽게 따라 할 수 있으리라 생각하여 소개한다.

국내에서는 플립 러닝이 널리 소개되진 않았으나 최근 몇 년 사이에 놀라운 속도로 확산되고 있다. 심지어는 공교육을 넘어 사교육 시장에까지 퍼지고 있다. 그런데도 이 수업 방식에 익숙하지 않은 독자들이 있을 것으로 생각되어 그 역사와 정의 및 활용에 대해 간단히 설명하고자 한다. 이어 플립 러닝 도입을 위한 구글 플랫폼 활용법을 설명할 예정이다.

구글 클래스룸에 플립 러닝을 추가한 필자의 레시피이다. 아마 현재 교육계에서 볼 수 있는 가장 강력하고 핫한 조합이 아닐까?

우선 플립 러닝과 필자와의 만남을 간단히 소개하고자 한다. 이 글을 읽는 독자분은 다양한 배경을 가지고 있을 테니, 일반화하기 어려울 것 같아 차라리 필자의 상황을 자세히 설명한다. 독자 여러분의 환경에 맞추어 적용하기에 편하게 생각하길 바란다.

필자가 근무하고 있는 치과대학은 일반 대학, 일반 교육과는 사뭇 다른 교육이 일어나고 있는 특수한 장소이다. 대학생이라 하면 스스로 시간표를 짜고, 강의실을 찾아다니는 낭만을 누리기 마련이건만, 치대생은 마치 고등학생처럼 일괄적으로 주어진 시간표를 가지고 한 교실에 모여 앉아 선생님을 기다리는 삶을 살고 있다. 어찌 보면 고등학생, 어찌 보면 학원 수강생 같기도 하다. 게다가 6년 동안 배워야 할 수업의 양이 어마어마하다. 과목마다 퀴즈와 보고서가 쏟아지고 임상 견학도 해야 한다. 학년이 올라가면 치과 특성상 직접 환자도 봐야 하고 치과 기공물도 만들어야 한다. 집에 갈 시간은 도저히 나지 않고 거의 '난 누구? 여긴 어디?' 수준이라 봐도 무방할 정도로 학생들이 정신을 놓고 지낸다. 그러다 보면 어느새 6년이 지나 있다.

또한, 한 학년의 수가 70명에 달하다 보니 서로 이름을 모르는 경우도 많다. 심지어 김 씨와 황 씨처럼 출석부에서 멀리 떨어진 이름이면 6년 내내 말 한 번 못 나누는 경우도 있다. 학생들끼리도 이러한데 하물며 교육자와 학생의 관계는 어떠할까? 이번 학년이 저번 학년 같고 6년이 지나는 동안 얼굴은 낯이 익어가는데 저 학생이 졸업생인지 학부생인지 애매한 경우도 많다. 당연히 학생들의 고민을 들어주는 것은 불가능하고 성적 관리나 진로상담은 사치다.

또한 수업 중에는 어찌나 단잠에 빠진 녀석들이 많은지, 대학 시절의 멋이라고 선배들과 주야장천 술을 먹는 통에 수업 시간에는 정말 많이들 죽어 나간다. 학생들이 졸기 시작하면 강의하는 입장에서는 기운이 빠진다. 이렇게 되면 이번 학번은 뭔가 자세에 문제가 있나 하며 강의 열정이 식어가기 시작한다. 이렇게 한 해가 지나면 그다음 해에는 더 많은 학생이 졸기 시작한다. 작년 선배들에게 그 교수님 강의 재미없다는 이야기를 이미 들었기 때문이다. 이러면, 더 기운이 빠지고 더 많이 조는 악순환에 빠지고 만다.

그러다 보니 학생들과의 커뮤니케이션을 늘려보고자 강의실에서 학생들에게 질문도 하고 토론도 유도해 본다. 하지만 한국인의 특성상 손들고 질문하라고 시키면 그 누구 하나 말하는 이 없고 마치 혼나는 학생들처럼 책상만 바라본다. 오바마 대통령이 그렇게 질문하라고 했건만 결국 그 어느 기자 한 명도 질문하지 않았던 것처럼.[1] 학생들의 머릿속으로는 빨리 수업 끝나고 좀 쉬어야지 하는 생각뿐이다. 자신들이 낸 등록금은 생각하지도 않고 오로지 교수가 강의실에서 빨리 나가기만을 바라고 있다. 아니면 자

---

[1] 이정환, '질문 안 하는 기자들? 안 하는 게 아니라 못하는 것', 미디어오늘, 2014.02.03., https://goo.gl/ybdmWl

기가 질문하면 다른 학생들에게 피해라고 생각하는 것 같이 보이기도 한다. 결국 이번 학기 수업이 좋았는지 별로였는지, 내용이 쉬웠는지 어려웠는지 알 수 없이 수업은 종료된다. 그렇게 한 학기가 지나고, 한 해가 지나며 결국 대학 시절은 끝나게 된다. 학생과 교수 모두에게 있어 안타까운 상황이 아닐 수 없다. 과연 이곳이 배움과 진리 탐구가 일어나는 교육 현장인지 의심이 들 정도이다.

이러한 학습된 무기력을 깨고 싶었다. 더 열정적으로 학생들이 배우고 교사도 덩달아 신나는 수업을 만들고 싶었다. 그래서 새로운 교육법에 대해 공부를 시작했고, 가장 혁신적인 키워드로 포장된 학습법을 바로 찾았으니 바로 그것이 플립 러닝이었다.

왼쪽은 기존 교실의 모습인데 수업 후, 심화 학습을 하려면 학생 혼자 해결해야 한다. 반면, 미리 수업(영상)을 보고 오면 오른쪽과 같은 활발한 질문과 토론이 가능하다.

정확한 용어로 언급되는 경우는 드물지만 거꾸로 교실(flipped classroom), 최근에는 교실이라는 표현이 여전히 강의식 수업을 떠올리게 한다고 하여 거꾸로 수업 내지는 플립 러닝(flipped learning)으로 불리고 있다. 특히 이 방식은 다양한 학습자 스타일에 적합한 차별화된 수업과 배움을 가능하게 한다는 점에서 혁신적인 교수학습 모형으로 알려졌다. 우리나라에서는 울산과

학기술대학교(UNIST)가 2009년에 e-Education, 2012년 한국과학기술원(KAIST)이 Education 3.0이라는 이름으로 도입하여 점차 알려지기 시작하였다. 최근에는 국내 많은 학교에서도 도입하기 시작했고 심지어는 사교육 시장에서도 거꾸로 수업의 방식을 모방하기 시작했다.

역진행 수업이라고도 알려진 이 방식은 학생들이 교실 수업 전에 교사가 미리 제공한 수업 영상을 시청하며, 이후 수업 시간에 교사가 교과 내용 중심으로 강의식 수업을 하기보다는 학생들과 상호작용하고 심화 학습활동을 하는 데 더 많은 시간을 활용하는 식으로 운영된다. 대부분 수업 내용은 미리 멀티미디어 방식으로 제작되어 모바일이나 웹 기반하에 전달되며 학생들은 모바일이나 웹을 통해 각 가정, 학교 공간에서 수업 전 강의 내용을 듣고 학습한 뒤 수업 시간에는 교수자의 가이드를 통해 학습한 지식 정보와 개념들을 문제 풀이에 적용하고 실험, 토론, 협업 과제 등의 팀 프로젝트를 수행하곤 한다.[2] 하지만 더 중요한 점은 그룹 공간(group space)에서 수업을 듣고, 집과 같은 개인 공간(individual space)에서 복습, 과제, 심화학습을 하던 기존의 수업 방식을 뒤집었다는 것이다. 즉, 개인 공간에서 기본적인 학습을 하고 온 학생들이 그룹 공간에서 동료, 교사와 교류하며 다양한 활동을 통해 자신이 가지고 있는 지식을 응용, 적용, 평가함으로써 궁극적으로는 창조적인 활동으로 이어질 수 있게 하는 것이다.

플립 러닝의 시작은 역사적으로 웨슬리 베이커(J. Wesley Baker)라는 교수가 그 시초인 것으로 알려졌다. 시더빌(Cedarville) 대학의 언론학과 교수로 재직하던 1995년 당시 시더빌 대학이 대규모 기술 업그레이드를 시행했는데,

[2] The University of Texas at Austin Faculty Innovation Center, '"Flipping" a class', https://goo.gl/rSfThl

그전까지는 학생들에게 강의 자료를 전달하기 위해 프로젝터 장비를 캠퍼스 내부에서 이동해야 했지만 시더넷(Cedarnet)이라는 교내 네트워크가 도입되면서 교수의 강의 자료에 학생들이 쉽게 접근할 수 있도록 바뀌었다고 한다.

어느 날 베이커 교수는 자신이 제공한 슬라이드를 한 장 한 장 클릭하며 수업을 하고 있었는데 이와 동시에 학생들이 이를 열심히 받아 적는 모습을 보았다. 그러자 문득 깨달은 바가 있어 다음과 같이 외쳤다고 한다.[3]

"이거 정말 바보짓이로군! 강의 슬라이드의 내용이 여러분의 뇌를 거치지 않고 화면에서 필기 노트로 바로 이동하고 있어요. 제 프레젠테이션은 이미 인트라넷에 있습니다. 차라리 강의 전에 온라인으로 미리 접속해 제 수업 자료를 공부해 온다면 수업 시간을 낭비하지 않아도 됩니다!"

수업을 마치고 연구실로 돌아오는 길에 베이커 교수는 다시 고민하게 되었다. '학생들이 미리 수업 자료를 공부하고 온다면, 정작 수업 시간에는 무엇을 할 것인가?' 방에 돌아온 그는 이런저런 고민을 하게 되었고 이것이 바로 그 유명한 'Classroom Flip'의 토대가 되었다. 베이커 교수는 이 접근법을 더욱 발전시켜 수업에서 성공적으로 구현했고 이후 활발한 워크숍 활동을 통해 전파했다. 1999년 시더빌 대학의 교수들에게 이 방법에 관한 워크샵을 진행했고 2000년 'Classroom Flipped'에 대한 논문을 발표했다. 이후 4년 정도 워크숍을 하면서 널리 방법을 알렸는데 이후에는 좀 더 자신의 전문 연구에 매진하기 위해 활동을 줄였다.

---

[3] Nathan Pilling, 'Baker's "Classroom Flip" Spreads Globally', Cedarville University, 2013.10.08., https://goo.gl/q2ZDSP

그 후 2009년도에 베이커 교수는 어떤 계기로 자신이 시작한 교육법이 어떻게 발전했는지를 찾아볼 기회가 있었는데, 놀랍게도 그의 아이디어가 전 세계로 확산된 것을 보고 충격을 받았다고 전해진다. "나는 새로운 모델이나 새로운 접근 방식을 고안하지는 않았습니다. 게다가 그것이 이렇게 큰일이 될 것이라고는 생각하지 못했습니다." 겸손한 그의 말과는 정반대로 이 교육 모델은 활발하게 전 세계로 확산되고 있고 플립 러닝 네트워크(Flipped learning network)까지 창설되었다.[4] 현재 전 세계 교육계는 플립 러닝 때문에 말 그대로 '뒤집어질 지경'이다. 이것은 가히 혁명이라 볼 수 있다.

전 세계로 플립 러닝을 확산시킨 주역 존 버그만(Jon Bergmann) 선생님(좌)과 아론 샘즈(Aaron Sams) 선생님(우).

이후 국내에서는 KBS 다큐멘터리를 통해 소개되면서 거꾸로 수업이 전국에 확산되었다. 사실 이렇게 퍼진 거꾸로 수업의 중심에는 미국 우드랜드 파크(Woodland park) 고등학교의 존 버그만(Jon Bergmann)과 아론 샘즈(Aaron Sams)라는 선생님이 있다. 이 다큐멘터리를 기획했던 정찬필 PD는 교육의 힘에 매료되어 PD를 그만두고 미래교육네트워크에서[5] 거꾸로 수

---

[4] Flipped Learning Network, www.flippedlearning.org

[5] 미래교육네트워크, www.thefutureclassnet.org

업을 확산시키는 데 앞장서고 있다.[6] 최근 미래교실네트워크는 김범수 카카오 이사회 의장, 김정주 NXC 대표, 김택진 엔씨소프트 대표, 이해진 네이버 글로벌투자책임자, 이재웅 쏘카 대표 등 판교 테크노밸리를 주름잡는 1세대 벤처기업 창업자 5명이 공동 출자한 C 프로그램에서 20억 원 넘게 투자받았다.[7] 도대체 이 교육 방식은 어떤 방식인가?

이 학습법을 자세하게 설명하기에는 지면이 부족하고 이 책의 취지와도 맞지 않는다. 간단히 소개만 하는 정도로 마무리할 것이며 자세한 내용은 기존에 나와 있는 거꾸로 교실에 관련 문헌을 참조하길 바란다. 좀 더 이 내용에 대해 알고 싶은 독자들은 가장 기본적으로 다음 책을 참고하면 좋을 것 같다.

1. 《당신의 수업을 뒤집어라》 (시공 미디어)
2. 《거꾸로 교실》 (에듀에듀니티)
3. 《거꾸로 교실 거꾸로 공부》 (더 메이커)

또한 존 버그만 선생이 운영하는 플립 러닝 인증 교육과정이 온라인에서 제공되고 있다. 소정의 비용을 지급하면 거꾸로 수업에 관한 기본적인 교육도 받고 트레이너 자격도 얻을 수 있다.[8] 필자도 존 버그만 선생의 프로그램을 여러 개 이수하여 많은 도움을 받았다.

---

[6] 세바시, '세바시 708회 21세기 교육혁명 왜 거꾸로 교실인가? | 정찬필 미래교실 네트워크 사무총장', 2016.11.15., https://goo.gl/BtgKyA

[7] 박민제, '학년 구분 없고 떠들기 장려… 벤처 신화들이 꽂힌 '거꾸로 캠퍼스'', 중앙일보, 2019.05.20., https://news.joins.com/article/23471906

[8] Flipped Learning Global Initiative(FLGI), www.flglobal.org

존 버그만 선생이 운영하는 flglobal에서 필자가 받은 인증서. 특히 이 인증서는 대학 교육에서의 거꾸로 수업의 도입과 운영에 관한 코스를 이수하고 받은 것이다.

2. 플립 러닝의 효과

이렇게 좋다고만 설명하면 과연 무엇이 그리도 좋은지 궁금할 것이다. 이 교수법을 통해서 얻을 수 있는 결과들을 간단히 살펴보자.

플립 러닝을 하면 어떤 일이 생길까? 무엇보다 교사로부터의 일방적 지식 전달이 이루어지던 강의실이 사라지고 학생들이 지적 탐구를 하는 과정을 도와주는 진정한 배움이 있는 환경으로 바뀌게 된다. 이전의 교육에서는 교수가 주체였으나, 이제 교수는 사라지고 학생들이 중심에 오는 수업이 등장한다. 결국 예전의 학습 방법을 바꾸는 것이 플립 러닝이다. 어느 정도 바꾸느냐 하면, 바로 완전히 뒤집는 것이다. 변화는 다음과 같이 4가지로 나누어서 설명할 수 있다.

2.1 교사 역할의 변화

전통적인 수업 환경에서 통제적인 감독자 역할 혹은 지식전달자로 존재 또는 군림하던 교육자는 플립 러닝에서는 학생들의 학습을 돕는 조력자 내지는 코치로 역할이 바뀐다. 이는 교실에서 교사의 강의가 많이 줄어들고 수업의 중심 활동이 교사의 강의를 듣고 필기하던 것에서 학생들의 심화활동과 질문, 토론으로 변하면서 발생하는 현상이다. 이러한 관점에서 볼 때 교사는 교실 공간 운영의 기획자, 내지는 이벤트의 개최자가 된다. 전체 학생들을 대상으로 하는 일방적인 강의를 교실에서 줄이거나 없앰으로써 교사는 학생의 학습을 도와주는 안내자로 역할을 바꾸게 되며, 예전과 같이 절대적인 지식을 가진 권위적인 위치에 있는 것이 아니라 학생과 학습을 상의하고 계획하는 상호협력 관계로 바뀌는 것이다. 훨씬 민주적인 모델이 아닐 수 없다.

2.2 학생들의 역할 전이

플립 러닝에서는 기존 수업처럼 열심히 필기하거나, 얼마나 수업을 잘하나 팔짱 끼고 방관하던 학생들이 변한다. 수동적인 학습자였던 학생들이 수업의 주체가 되면서 역할전이가 일어난다. 자신이 미리 듣고 온 수업 내용으로 질의응답과 토론을 하고, 또래끼리 프로젝트, 팀, 사례 기반학습 활동을 하면서 자기 주도적으로 학습하기 때문이다. 수업 시간 내내 좀 틈이 없이 학생들은 끊임없이 무엇인가를 하면서 교실 공간의 적극적인 주체로 자리매김한다. 또한 한 가지 재미있는 현상은 또래 학습과 티칭(peer learning & teaching)이 발생한다는 것이다. 교사에게 배울 때는 잘 이해되지 않던 부분이 자신들과 비슷한 수준의 친구들에게 배울 때는 훨씬 귀에 잘 들어온다는 고백들이 나온다. 또한 평소 서먹서먹했던 친구들과도 활동을 통해서 친해질 기회가 생긴다. 사실 다른 사람을 가르칠 때 가장 많이 배운다는 말이 있듯이 또래 티칭을 하면서 학생들은 자신이 모르는 것과 아는 것을 정확하게 구별하게 된다.

2.3 공평한 수업 공간

플립 러닝으로 공평한 수업 공간이 제공될 수 있다. 사실 수십 명의 학생을 상대로 수업하다 보면 진도 나가느라 바빠서 잘 이해하는지 한 명씩 확인하는 것은 불가능하다. 게다가 수업 태도가 좋지 않거나 몸이 아파 잘 듣지 못하는 학생처럼 수업 시간에 소외되거나 시간을 무의미하게 보내는 학생에게는 좋은 교육의 기회가 돌아가기가 어렵다. 또한 동영상 수업을 미리 들으면서 학생들의 수준에 따라 수십 개의 질문이 발생하는데 실제 교실에서 교육자들은 부지런히 교실을 오가며 각 학생이 가진 다양한 수준의 질문을 듣고 도움을 줄 수 있다. 한 명씩 맡아서 수업하는 개인 과외와는 달리 수십 명의 학생에게 맞춤형 교육은커녕, 전달의 여부조차 확인되지 않는 수업을 하는 불공평한 수업 공간이 플립 러닝을 통해 어느 정도 해결되는 것이다.

2.4 창의적 수업

필자가 가장 긍정적으로 평가하는 플립 러닝의 효과는 바로 좀 더 창의적이고 확장적인 수업으로 전환할 수 있다는 것이다. 이미 온라인 강의를 통해서 진도를 나갔기 때문에 교사나 학생 모두 진도와 관련한 스트레스가 적은 편이다. 따라서 주어진 면 대 면(face to face)의 소중한 강의 시간을 매우 창의적으로 활용할 수 있다. 심지어는 프로젝트 기반 학습(project-based learning)이나 문제 중심 학습(problem-based learning)도 가능한데, 필자의 경우 한 학기 플립 러닝 후 학습에 의욕이 있는 10명의 학생을 발굴했고 이들과 상의하여 우리만의 교과서를 만들게 되었다. 이후 모든 과정은 클라우드를 통해 효율적으로 진행하였고 그 결과, 자체 교과서를 출판했다. 이 과정에서 도움을 준 교수들은 인세를 받지 않음으로써 책의 정가를 낮춰서, 이후 후배들이 최대한 저렴하게 교과서를 살 수 있도록 도와주었다. 이 책의 저자가 된 친구들이 얼마나 자랑스러워했는지는 말하지 않아도 상상할 수 있을 것이다. 단 한 학기 수업만으로 이렇게 큰 업적을 만들어 낼 수 있는 것이 플립 러닝의 힘이다.

필자 역시, 플립 러닝의 효과를 연구한 바 있다[9]. 결과적으로 말하면, 학생들이 동영상을 미리 시청하는 것은 큰 부담이 되지 않았고(76.8%가 미리 영상을 시청하였음) 학생들에게는 집에서 영상을 볼 수 있다는 것이 상당한 편리함으로 다가간 듯했다(95.7%가 집에서 영상을 시청함). 동영상 강의가 기존 수업과 비교하여 이해하기 쉽다고 답한 학생들이 82.6%였다. 물론 이를 위해서는 학생들이 동영상 시청 속도를 조절하고, 영상을 건너뛰거나 다시 시청하는 등의 적극적인 시청 자세가 필요하다. 재미있는 현상은 졸업 후에도 영상을 반복해서 보겠다는 학생들이 73.9%에 달하여 평생 교육의 좋은 시작이 기대된다는 점이다. 하지만 이러한 복잡한 효과에 대한 설명보다는 단 하나의 표현으로 설명할 수 있는 플립 러닝의 결과물이 있어서 그림으로 소개한다. 바로 '단상의 현자에서 학생 곁의 가이드로(Sage on the stage, guide on the side)'라는 표현이다. 즉, 예전에는 교단에 서서 절대적 권위를 갖던 교사들이 학생들 옆에서 코칭하는 가이드로 내려와, 역할이 변화하는 것이 플립 러닝이 가져온 가장 큰 변화이다.

---

[9] J Educ Eval Health Prof 2018;15:24, https://doi.org/10.3352/jeehp.2018.15.24

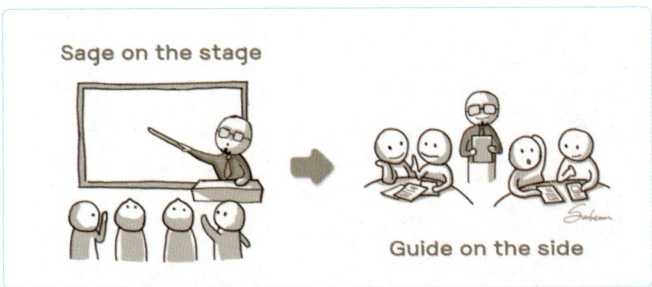

플립 러닝의 궁극적 목표. 절대적 권위로 강단에서 교사가 혼자 수업하는 교실에서 벗어나, 학생들이 주도하고 중심이 된다. 교사는 학생 각자의 재능, 적성, 능력에 맞게 지적 여정을 코칭하고 가이드하는 역할로 변한다.

또 하나의 변화는 플립 러닝을 시작한 뒤 수업 중에 학습내용의 비중이 줄어들었다는 사실이다. 반면 학생들이 과목에 갖는 호기심은 증가한다. 이것이야말로 가장 놀라운 결과가 아닌가 생각한다. 동영상을 통해서 수업을 듣고 왔기 때문에 이미 진도에 대한 부담은 없는 상태이고, 수업 시간 중에 토론, 팀 프로젝트 등의 다양한 활동을 하면서 자기도 모르게 '아, 내가 이 과목을 좋아하는구나!'라는 착각 아닌 착각을 하는 것이다. 사실 교사가 학생들에게 알려줄 수 있는 지식은 제한적이다. 학생들의 마음이 닫혀 있으면 전달되는 양은 더 줄어든다. 하지만 호기심이 생기면 어떠한가? 교과서에서 알려주지 않는 내용을 학생들이 스스로 찾아 나서고, 심지어는 학생의 수준보다 더 깊은 심화학습을 알아서 하게 된다. 이것이야말로 진정한 교육의 목표 달성이 아닐까?

학생 간의 관계도 주목할만하다. 이전에는 경쟁 상대였던 친구들이 수업 중에 모둠 활동을 하고 토론하는 과정에서 서로 배우고 가르치는 현상이 발생한다. 오히려 선생님에게 배울 때 보다 더 잘 배울 수 있다는 친구들도 생긴다. 경쟁은 사라지고 협력이 늘어난다. 말 그대로 우리가 모두 꿈꾸던 교실이 만들어지는 것이다.

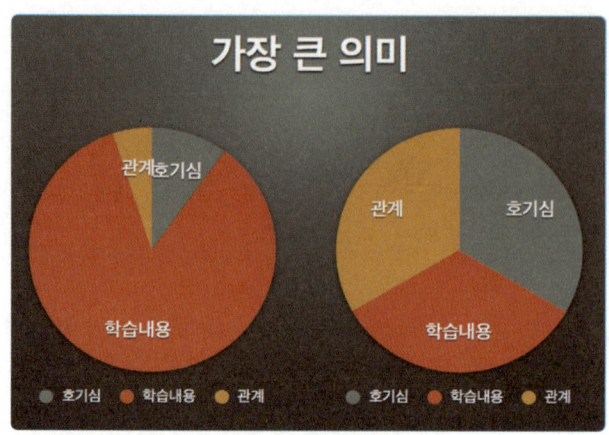

무엇보다 플립 러닝 후, 가장 큰 변화는 학생들 자체의 변화이다.

기존에는 수업 비중이 절대적으로 '학습내용'의 차지였다. 가장 중요한 것은 수업 과목 그 자체이기 때문이다. 과목에 대한 호기심은 거의 없고 학생 간의 관계도 비중이 크지 않다. 하지만 플립 러닝 후 오히려 학습내용은 비중이 줄고, 과목 호기심이 증가하며 학생 간의 관계가 핵심이 된다. 이후 이 학생들은 동급생들과 함께 지적 여정을 떠나게 될 것이다. 교사는 그저 그 곁에서 가이드만 하면 되는 것이다. 이에 교사들의 부담감도 줄어든다.

이러한 장점 때문에 필자는 플립 러닝을 시작했고, 그동안 여러 문제점도 많았지만 계속 극복하면서 점차 이상적인 형태의 수업으로 만들어가려 노력하고 있다. 그 과정에서 나름대로 축적된 노하우를 다음 내용으로 정리했다.

플립 러닝에서 중요한 것은 동영상으로 수업을 찍어 온라인에 미리 올리고 학생은 영상을 보고 오는 단순 방식의 전환이 아니다. 강단 위를 군림하던 현자의 모습에서 학생 옆으로 내려선 가이드로의 역할 변화가 플립 러닝의 가장 큰 핵심임을 명심하자.

B. 플립 러닝 공략법

1. 선생님들에게 필수적인 동영상 제작의 노하우

강의 내용을 15~20분 분량으로 줄인다. 학생들이 필수로 알아야 할 내용을 정리하고 이를 구글 프레젠테이션(Google Slides)으로 제작하여 학생들에게 링크로 제공한다[10]. 처음부터, 강의 자료를 동영상 시청 시에 함께 제공하면 학생들이 따로 필기해야 하는 어려움을 줄일 수 있다. 적절한 동영상 시간은 어떻게 정하는 것일까? 존 버그만 선생은 학생의 나이가 권장 동영상 시간이라고도 하였다. 10세 학생에게는 10분짜리, 15세 학생에게는 15분짜리 동영상이 알맞다는 뜻이다. 직관적인 설명이 아닐 수 없다.

동영상 시간은 너무 길어서는 안 된다. 플립 러닝 전문가 모두가 한입으로 권하는 사항이다. 그 이유는 책에 꿀을 발라주어도 읽고 올까 말까 한 판국에, 동

---

[10] Google Slides, slides.google.com

영상 수업이 길어지면 동영상 전체의 내용을 보고 오는 학생은 아예 없어질 것이기 때문이다. 그렇다면 결국 사전 지식이 부족하므로 수업 시간에 적극적인 참여가 불가능하다. 동영상은 무엇보다 짧아야 한다!

동영상은 애피타이저이다! 결코 동영상 강좌로 메인 요리를 대신해서는 안 된다. 어마어마한 수업 내용의 일부분만 가르치면 학생들에게 가르치는 양이 줄어드는 것은 아닌가 하는 의문이 들 수 있다. 때문에 기존의 콘텐츠 재정비(redesign)가 필요하며, 효과적인 플립 러닝을 위해서는 교사에게 자신의 과목 콘텐츠를 완전히 녹여낼 수 있는 능력이 있어야 한다. 플립 러닝 단체에서[11] 제시하는 4대 개념은 'F-L-I-P'인데 각각 유연한 환경(Flexible environment), 배우는 문화(Learning culture), 플립용 콘텐츠(Intentional content), 전문적인 교육자(Professional educator)이다. 이 중 플립용 콘텐츠의 개발이 플립 러닝의 성공을 좌우한다. 기존의 강의 자료를 그대로 영상으로 만들어서는 실패할 수밖에 없다. 따라서 한 학기 만에 모든 내용을 모두 바꾸는 것은 거의 불가능에 가깝다. 필자도 한 과목을 모두 동영상화하는 데 약 3년 정도가 소요되었다. 부분적으로 시작하자.

동영상은 재미있어야 한다. 필자는 학생들을 자극하기 위해 가발을 쓰고, 한강 고수부지로 나가며 가족들을 동원하기도 했다. 공부는 재미있는 것이다. 동영상 역시 그러한 감성이 충만해야 한다. EBS 방송을 보면 강사들의 목소리 자체가 다르지 않던가. 신나는 목소리로 마치 연예 프로그램의 사회자가 된 느낌으로 진행하면 학생들도 즐거운 마음으로 볼 수 있을 것이다.

---

[11] Flipped Learning Network

강의 중 일부는 이탈리아의 대가 '이틀리가 니틀리니' 교수님(사실은 필자 본인)을 초빙하여 이루어졌다. 어머님이 한국인이라 한국어에 능통하다는 가정이다. 짧은 15분짜리 영상일지라도 학생들에게 공부는 공부이다. 하지만 여기에 재미 요소를 넣어준다면 'Edu+tainment'가 만들어질 수 있다.

동영상은 학기 전에 **미리 모두 만들어 두어야 한다.** 한 주 수업에 맞추어 제작하다가는 자꾸 업로드 시간이 늦어지면서 결국 학생들이 미리 시청할 시간이 줄어든다. 이는 플립 러닝에 대한 부정적 인식으로 작용한다. 적어도 1주일 전에는 동영상 링크가 학생들에게 제공되어야 한다. 물론 학생의 입장에서는 하루 이틀 전에 닥쳐서 보는 경우가 대부분이겠지만 그래도 미리 전달해 주어야 학생들이 자신들의 시간을 안배하는 데 어려움이 없다.

동영상에는 **교사의 얼굴이 직접 들어가는 것이 좋다.** 아이들 앞에 얼굴을 보여주기가 민망할 수 있다. 유튜브 같은 곳에 내 얼굴이 돌아다니는 것도 부담스러울 것이다. 하지만 동영상에 교사의 얼굴이 들어가는 순간 학생들의 자세는 달라진다. 모종의 '심리적 계약(Psychological Contract)'이 발생하며 교사의 정성을 느끼며 학생들도 열심히 공부하게 된다. 그리고 우리 선생님이 동영상에 직접 출연한다는 것이 학생들에게는 또 다른 새로운 느낌으로 작용하는 듯하다.

양질의 영상물을 위해 **웹캠, 마이크 등을 구비하는 것도** 권장된다. 필자도 웹캠을 하나 구입했고, 현재 마이크와 조명, 배경도 구입하기 위해 공부하고 있다. 하지만, 사실 그러한 투자가 없어도 무방하다. 복잡한 장비가 없어도 좋다. 스마트폰 카메라 기능을 활용하면 상당 수준의 영상을 촬영할 수 있기 때문이다. 거치대에 연결하여 교과서를 촬영하고 거기에 밑줄을 치면서 설명하는 모습을 촬영하면 이미 충분한 동영상 형식을 갖추게 된다. 단, 스마트폰에는 카메라가 2개 달려 있다. 전면 카메라는 셀카용으로 해상도가 떨어지지만 촬영되는 모습을 모니터할 수 있기 때문에 초보자에게 권장된다. 반면, 후면의 카메라는 모니터가 불가능하지만 해상도가 월등히 높기 때문에 좀 더 내공이 쌓이면 사용하기를 추천한다.

동영상은 쉽게 접속할 수 있도록 **유튜브에 올리는 것을 권장한다**. 사실 필자 역시 동영상 업로드를 위한 편리한 플랫폼을 찾다가 결국 G Suite for Education을 알게 된 것이다. 유튜브 동영상은 스마트폰, 데스크톱 어디서나 시청할 수 있다는 장점을 가진다. 데스크톱에서는 재생 속도 조절이 가능하며 화살표 버튼을 통해서 5초씩 앞뒤로 건너뛰며 수업을 들을 수 있다. 당연히 정지 버튼으로 영상을 멈출 수도 있다. 학생들에게 동영상 수업에서 가장 좋은 기능이 무엇인가 물어보면 하나같이 '정지 버튼'이라고 답한다. 우리나라에서 수업 중에 이해가 안 된다고, 필기하기 힘들다고 잠시 수업을 멈춰달라고 할 수 있는 학생이 몇이나 있을까? 하지만 동영상에서는 그것이 가능하다. 게다가 두 번 세 번 무제한으로 반복해서 들을 수 있다. 정말 기가 막힌 기능이 아닐 수 없다. 학생 중 한 명은 수업을 집에서 누워서 들을 수 있어 정말 좋았다는 평을 한 적도 있다. 만일 강의 자료가 외부로 유출되는 것을 걱정하는 분들은 GSfE를 사용하는 학교 도메인 내의 구글 드라이브에 동영상을 올리고 이를 링크로 제공해도 충분하다. 구글 클래스룸에서 종종 통하는 말이지만 "학교 안에서 일어난 일은 학교 안에서 머문다

(What happens inside the school, stays in the school)."라는 표현처럼 GSfE 내부에서 일어나는 일은 쉽게 외부에서 접근할 수 없다. 만일 강의 영상 중에 외부로 유출되면 안 되는 장면들이 있다면(필자의 경우 수술 장면과 같이 자극적일 수 있는 내용) 이것은 유튜브의 동영상 공유의 3가지 등급을 적절히 활용하면 편리하다. 유튜브는 공유 옵션이 3가지가 있다. 필자는 되도록 '완전 공개'를 이용하여 제공하고 있지만 제한적으로 공유해야 하는 경우는 '일부 공개(unlisted)'를 이용하고 있다. 이것은 그 누구도 검색으로 찾을 수 없는 영상이지만 공유 링크를 클릭하는 사람은 누구나 볼 수 있다. 더 철저한 공유가 필요하다면 '비공개'로 하되, 특정 이메일을 입력하면 그 이메일로 로그인한 사람들만 볼 수 있다(하지만 이것은 수십 명의 학생과 사용하기에는 어려움이 있다).

2. 퀴즈

동영상을 학생들이 모두 다 보고 오면 좋겠지만, 못 보고 수업에 들어오는 학생들이 꽤 있다. 처음 플립 러닝을 했을 때는 동영상의 조회 수가 70이 었다. 하지만 학기가 지날수록 조회 수가 떨어지더니, 결국은 조회 수가 20까지 곤두박질쳤다. 너무나 실망스러워서 학생들에게 왜 이렇게 조회 수가 떨어지느냐고 물었다. 학생들은 우문현답했다. "교수님, 그건 저희가 모여서 함께 영상을 보았기 때문입니다!" 이후에는 학생들을 더 이상 의심하지 않도록, 제도적으로 장치를 보완해야겠다고 느꼈다. 그러던 중 아주 훌륭한 책을 만났다. 《Flipping with Kirch》(크리스탈 커치 저)라는 책에는 플립 러닝의 팁이 잔뜩 기록되어 있는데, 학생들이 영상을 봤는지 확인하는 멋진 방법을 '위스키'라는 이름으로 소개하고 있다. 워치(Watch), 서머리

(Summary), 퀘스쳔(Question)이라는 방식이다. 처음에는 실제 종이를 나누어 주고 동영상을 보면서 영상을 요약하게 하고, 질문 하나를 올리도록 하였다고 한다. 하지만 이후에는 구글 문서를 이용해서 요약본을 받고 있다고 한다. 필자 역시 구글 클래스룸을 통해 이 방식을 시행하고 있다(구글 클래스룸에 매주 영상을 올리고 그 게시물에 비밀 댓글로 WSQ를 적도록 하고 있다. 이를 통해 각 요약에 피드백과 점수도 줄 수 있다).

이와 더불어 필자는 실제로 학생들에게 강력한 동기 부여를 하기 위해 매시간 **퀴즈를 통해 평가**를 먼저 하고 수업을 시작한다. 중간, 기말고사의 비중을 줄이고 퀴즈의 비중을 늘리면 학생들도 한 학기 내내 꾸준히 조금씩 공부하면서 시험 부담을 줄일 수 있어 좋아한다. 최근에는 중간, 기말고사의 비중을 각각 30%로 줄이고 퀴즈를 20%로 늘렸다. 나머지 10%는 출석, 나머지 10%는 별도의 프로젝트 과제이다.

퀴즈는 다양한 방식으로 볼 수 있겠지만 구글 설문지보다는 실시간으로 학생 각각의 상황이 한눈에 그려지는 장점이 있는 **소크라티브(Socrative)** 앱을 이용하고 있다.

2.1 편리한 퀴즈 앱, 소크라티브

쪽지 시험 또는 퀴즈는 학생이 수업을 얼마나 잘 이해하고 따라오고 있는지 알아보는 좋은 수단으로서, 예전부터 많은 선생님이 선호하고 지금도 교실에서 자주 사용하는 교육 방법의 하나다. 물론 구글 설문지도 많이 사용한다. 구글 설문지는 이후 따로 설명하겠다. 그러나 간단한 테스트라는 퀴즈의 성질과 달리 퀴즈를 한 번 진행하는 데 누적되는 선생님의 업무량은 상당하다. 시험지를 학생 수에 맞게 프린트하고 교실에 가져가서 나눠

주고 시험을 치른 다음 하나하나 채점하고 결과를 공지하는 등 진행하는 데 걸리는 시간이 문제를 내는 시간보다 몇 배는 더 든다는 단점이 있어서, 자주 퀴즈를 보기는 어렵다. 하지만 에듀테크(EdTech)를 적극적으로 활용하면 이런 노력이 불필요해진다.

이후에 언급할 구글 설문지(Google Forms)를 이용해 퀴즈를 만드는 것도 불필요한 시간을 줄일 수 있는 한 방법이지만, 교육용으로 널리 사용하는 앱 **소크라티브(Socrative)**를 이용하면 선생님이 원하는 시간에 시험을 시작하거나 마무리할 수 있는 것은 물론, 그 자리에서 학생들이 제출한 답을 확인하고 피드백을 줄 수 있다. 소크라티브는 이미 몇 년 전부터 미국의 대학교 강당에서 많은 교육자가 사용하고 있고 국내에서도 능률적인 교육을 원하는 선생님들이 사용하기 시작하는 추세이다. 무엇보다 실시간으로 학생들의 현황을 바로바로 볼 수 있다는 가장 큰 장점이 있다. 현재는 50인까지는 무료로 사용이 가능하지만 인원이 많아지면 유료로 계정을 구입해야 한다.

소크라티브 PC

소크라티브는 PC와 모바일에서 동시에 이용할 수 있어서 언제 어디서든, 편하게 퀴즈를 만들고 학생들과 피드백을 주고받을 수 있다. 또한 인터페이스가 아주 간단하므로 PC와 모바일 기기를 번갈아 가며 사용하더라도 불편함 없이 사용할 수 있다. 먼저 PC에서 사용하는 소크라티브를 살펴보자. 다음 그림은 소크라티브 홈페이지(www.socrative.com)에 접속하면 볼 수 있는 메인 페이지이다. 소크라티브는 크게 선생님과 학생으로 나눠서 이용할 수 있다.

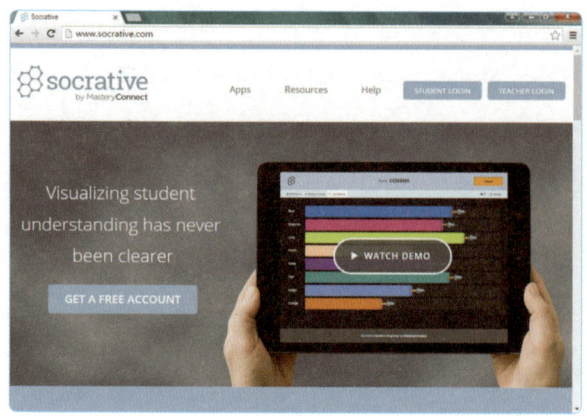

소크라티브 공식 홈페이지

PC에서 이용할 때는 메인 페이지 상단에 있는 메뉴에서 볼 수 있듯이 [STUDENT LOGIN], [TEACHER LOGIN]으로 학생과 선생님을 로그인 탭으로 구분하고 있다. 먼저 [TEACHER LOGIN] 버튼을 눌러 소크라티브 교실을 만들도록 하겠다. 소크라티브 자체 계정을 만들 수도 있지만, 구글 계정으로도 로그인이 가능하므로 이미 GSfE를 사용하고 있다면 해당 계정으로 별도의 가입 없이 손쉽게 사용할 수 있다는 장점이 있다.

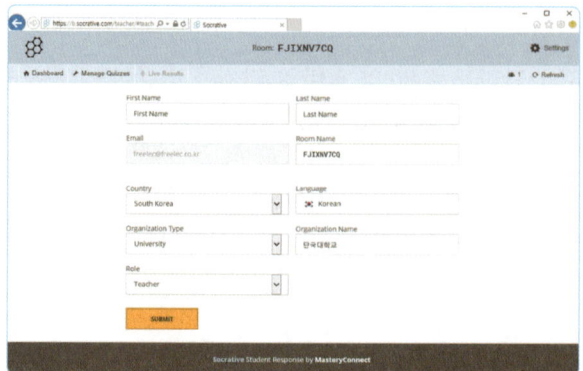

관련 정보 입력

이름과 언어, 학교 또는 단체명, 역할을 지정한 다음, [SUBMIT] 버튼을 누르면 곧장 교실이 생성된다. 고유의 방 번호는 무작위로 주어진 것을 사용하거나 원하는 이름으로 바꿔서 사용할 수도 있다. 학생들 입장에서는 회원 가입할 필요 없이 방 번호만 입력하면 원하는 교실로 바로 입장 가능하다. 번거로운 것을 싫어하는 학생들 입장에서는 매우 매력적인 방식이다.

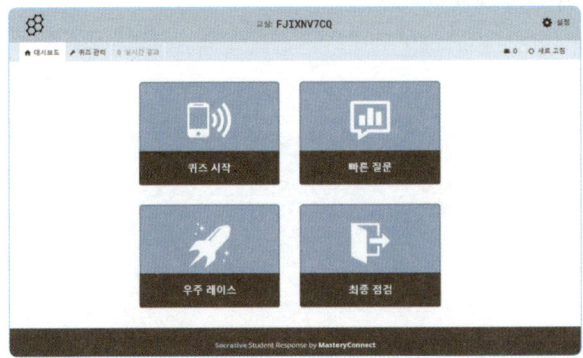

소크라티브 교실 생성 완료

생성된 소크라티브 교실 메인 화면 즉, 대시보드에서는 소크라티브에서 사용할 수 있는 모든 기능을 한눈에 볼 수 있도록 깔끔하게 인터페이스가 만들어져 있다. 각 기능에 대한 자세한 내용은 다음에 살펴보도록 하고 이번에는 모바일에서 소크라티브 교실을 생성하는 방법을 살펴보도록 하자.

- **소크라티브 앱**

로그인 탭으로 선생님과 학생을 나누던 PC와는 달리 태블릿이나 스마트폰에서는 선생님 앱과 학생 앱을 나눠서 따로 내려받을 수 있도록 구분하고 있다. 특히 학생 앱은 선생님이 만든 퀴즈에만 집중할 수 있도록 최대한 단순하게 만들어진 것을 볼 수 있다. 이 책을 보는 교육자분들은 소크라티브 선생님 앱만 내려받아도 충분하다.

소크라티브 선생님 앱 & 학생 앱

스마트폰에 선생님 앱과 학생 앱을 설치한 화면

앱을 실행하면 PC 로그인 화면과 똑같은 화면을 볼 수 있게 되어 있다. PC에서와 동일한 작업을 통해 계정을 만들거나 로그인하면 된다.

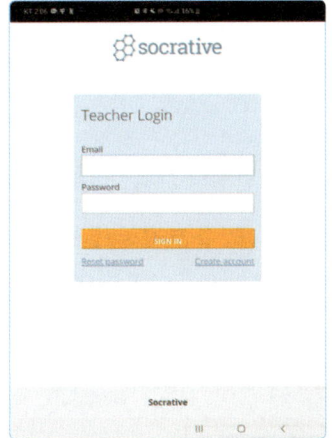 

교사와 학생의 로그인 화면. 학생은 로그인 없이, 교실 코드만 입력하면 바로 입장이 가능하다.

스마트폰으로 실행한 소크라티브

이제 앱을 실행하고 교실을 생성했으니 본격적으로 소크라티브에는 어떤 기능이 있는지, 어떤 기능을 사용해 학생들과 빠른 의사소통이 가능한지 살펴보도록 하자.

2.2 소크라티브 메인 탭

■ **대시보드**

제일 먼저 살펴볼 부분은 바로 대시보드이다. 선생님 계정으로 소크라티브를 실행하면 가장 먼저 볼 수 있는 메인 화면으로, 각종 기능을 한눈에 볼 수 있는 곳이기도 하다. 대시보드에서 볼 수 있는 기능을 하나씩 살펴보겠다.

대시보드 화면

화면 상단에 영문자 또는 영문자와 숫자가 섞인 코드가 자동으로 생성되어 있다. 학생이 교실에 입장할 때 입력하는 코드다. 앞서 언급한 대로 학생은 별도의 계정으로 로그인할 필요 없이 이 코드만 입력하면 곧장 교실로 입장할 수 있다. 물론 미리 시험 문제를 내야 하는 교육자는 로그인해서 관리한다.

그 아래에는 총 4가지 메뉴가 있다. 퀴즈 성격에 따라 일반적인 퀴즈는 [퀴즈 시작]으로, 조별로 경쟁하게 할 때는 [우주 레이스]를 이용할 수 있다. [빠른 질문]은 즉흥적으로 학생들에게 답을 얻는 기능이다. 예를 들어, "체육 대회 때 마시고 싶은 음료수는?"이라는 질문을 만들고 "1번 콜라, 2번 사이다, 3번 오렌지 주스, 4번 탄산수"와 같이 객관식 답을 설정한 뒤, 학생들은 각자의 스마트폰이나 태블릿으로 각자 마시고 싶은 음료수를 고르고, 그중 가장 득표수가 많은 음료수를 체육 대회 때 마시면 된다.

[최종 점검]은 수업을 마친 다음 학생들의 의견을 물을 수 있는 기능이다. 최종 점검으로 퀴즈를 시작하면 자동으로 3가지 문제가 학생에게 주어진다(오늘의 내용을 얼마나 이해하셨습니까? 오늘의 수업에서 무엇을 배웠습니까? 선생님의 질문에 답변하십시오). 상황에 따라 학생에게 다른 답을 요구함으로써 더욱 좋은 수업을 만들 수 있으니 참고하자.

■ **퀴즈 관리**

퀴즈 관리는 대시보드와 달리 퀴즈 생성은 물론 외부 자료를 가져오는 것부터 보고서까지 모든 퀴즈를 관리하는 곳이다.

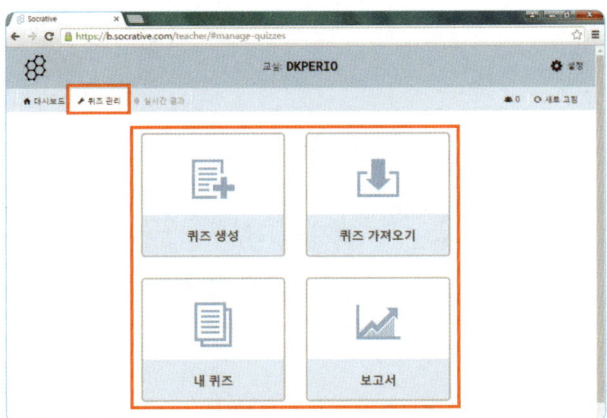

퀴즈 관리 화면

[퀴즈 생성]에서 시험지를 만들고 [퀴즈 가져오기]에서 다른 사용자가 만든 퀴즈를 불러올 수도 있다. 내가 만든 퀴즈는 모두 [내 퀴즈]에서 수정하

거나 복사할 수 있고 [보고서]는 말 그대로 학생이 답한 결과를 볼 수 있는 곳이다.

■ **실시간 결과**

실시간 결과는 말 그대로, 생성한 퀴즈에 대한 학생들의 실시간 답변을 확인하는 곳이고 소크라티브의 가장 강력한 기능이다. 학생들이 방에 들어오는 즉시 한 줄씩 늘어나는 모습을 볼 수 있으며, 입력한 답의 채점 결과가 실시간으로 입력되어 붉은색, 초록색으로 나타난다. 시험 문제를 랜덤으로 제출한 경우라면 알록달록 서로 다른 칸부터 채점되겠지만 점차 초록색으로 가득 채워진다면 모두 열심히 공부한 것임을 알 수 있다. 이 중 한 친구의 줄이 계속 붉은색이라면 시험공부를 충분히 하지 않은 것이다. 이 모든 것이 실시간이다(학생이 시험 전부를 보고 입력을 누르는 것이 아니라 한 문제 한 문제마다 바로 반영된다).

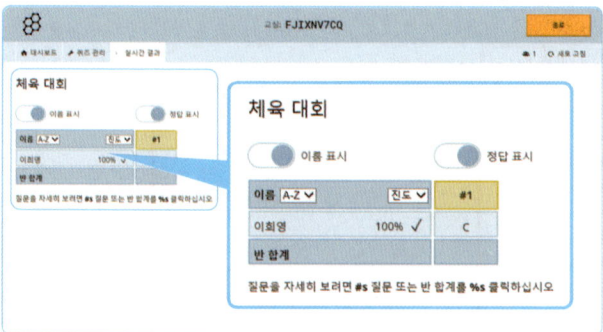

실시간 결과 화면. 세로축에는 퀴즈를 본 학생들의 이름이 나열되고, 가로축에는 문제들이 나열된다. #1을 누르면 문제 내용을 확인할 수 있다.

지금까지 각 메인 탭이 어떤 기능을 하는지 살펴봤으니 이제 본격적으로 소크라티브를 여러분의 교실에 적용할 수 있도록 퀴즈를 만드는 방법을 살펴보자.

2.3 퀴즈 생성

소크라티브의 가장 기본이자 대표적인 기능인 퀴즈를 만들어 보겠다. 앞서 살펴본 메인 탭 중 [퀴즈 관리]에서 [퀴즈 생성]을 누른다.

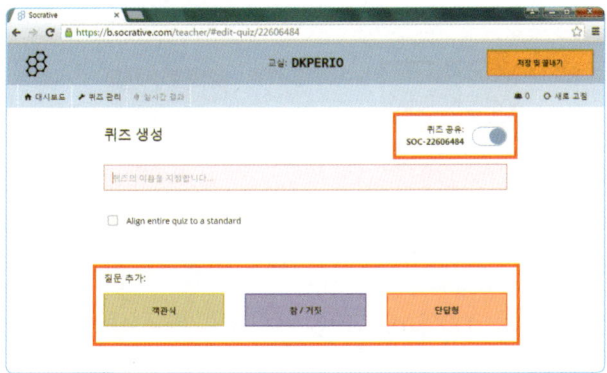

객관식, 참/거짓, 단답형 3가지 형식의 퀴즈 생성

퀴즈의 이름을 먼저 만든 다음, 오른쪽 위에 있는 퀴즈 공유 버튼을 이용해 퀴즈를 공유할지 선택한다. 그림과 같이 퀴즈 공유가 켜진 상태에서 다른 소크라티브 사용자가 공유 코드를 입력하면 [퀴즈 가져오기]에서 퀴즈를 불러올 수 있다. 퀴즈는 3가지(객관식, 참/거짓, 단답형) 형식으로 만들 수 있으며 만드는 도중에 언제든지 저장하고 수정할 수 있다. 그렇다면 지금부터 3가지 퀴즈 유형을 하나씩 살펴보도록 하자.

- **객관식 퀴즈 만들기**

가장 먼저 살펴볼 퀴즈 형식은 객관식이다. 먼저 퀴즈 관리에서 [퀴즈 생성]을 누른다.

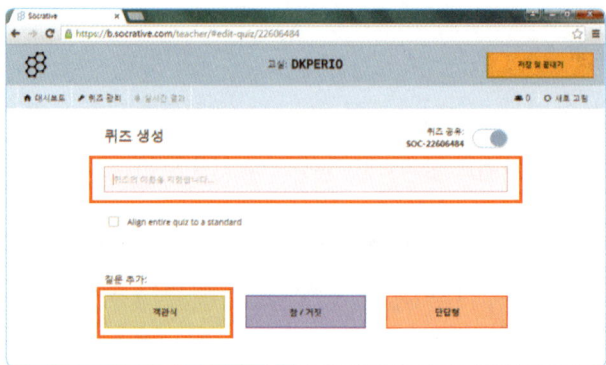

객관식 퀴즈 생성

퀴즈의 제목을 적은 다음 아래에 있는 [객관식]을 누르면 다음 그림과 같이 퀴즈 문제와 답안을 적을 수 있는 여러 입력란을 볼 수 있다.

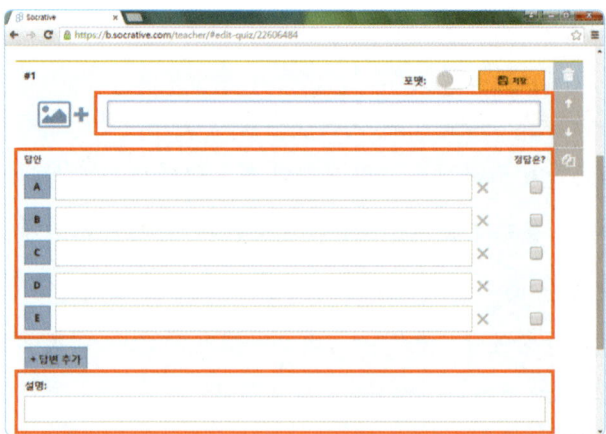

객관식 질문 및 답안 만들기

가장 위에 있는 입력란에는 질문을 입력하고 그 아래에 있는 답안에는 객관식 답안으로 보기를 적절히 작성하면 된다. 기본적으로 5개의 선택지가 생성되지만 지우거나 추가하여 선택지의 수를 변경할 수 있다. 답안을 작성한 다음에는 각 답안 오른쪽에 있는 '정답은?' 체크박스를 눌러 정답을 지정하도록 한다. 가장 아래에 있는 설명은 문제와 관련된 추가 내용이나 간단한 설명을 작성할 수 있는 공간인데, 사실 이것이 소크라티브의 가장 큰 장점이다. 시험으로서 퀴즈를 보고 있지만 사실 한 문제 한 문제마다 자신의 정오답을 즉시 알 수 있고 거기에 대한 추가 설명을 볼 수 있기 때문에 시험이 학점을 나누기 위한 평가가 아니라 진정한 의미의 평가로서 강력한 학습 도구로 기능할 수 있다는 점이다.

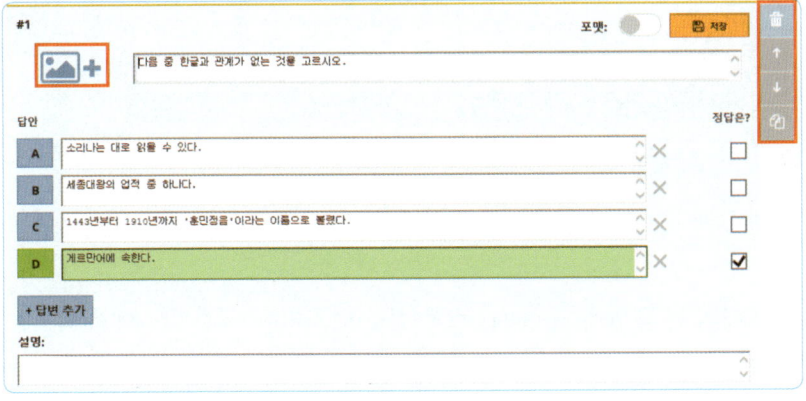

객관식 퀴즈에서 질문 작성

질문 입력란 왼쪽에 있는 그림 버튼을 누르면 내 컴퓨터에 저장된 이미지를 불러와 질문에 추가할 수 있다. 하지만, 이 기능은 신중하게 활용해야 한다. 그림의 해상도가 너무 높은 경우 학생들의 스마트폰에서 그림이 매우 느리게 나오기 때문이다. 입력란 오른쪽에 있는 세로 박스는 구글 설문지

편에서 소개할 세로 박스와 유사한 기능이 있다. 맨 위에 있는 휴지통 버튼은 해당 질문을 삭제하며 위아래를 가리키는 화살표를 누르면 질문의 순서를 위아래로 옮길 수 있다.

질문 순서 이동

각 문제의 왼쪽 위에 있는 #1, #2는 질문 번호이다. 세로 박스에서 화살표를 눌러 질문을 아래로 내리거나 위로 올려서 순서를 바꿀 수 있다. 세로 박스의 4번째 버튼은 [복사] 버튼이다. [복사]를 누르면 해당 질문을 똑같이 복사한다. 조금이라도 시간을 줄이는 데 도움 된다. 각 질문을 작성한 다음 반드시 오른쪽 위에 있는 [저장]을 눌러야만 새로운 질문을 추가할 수 있으니 주의하길 바란다.

▪ 참/거짓 퀴즈 만들기

참/거짓 퀴즈는 말 그대로 질문이 참인지 거짓인지 선택하는 퀴즈로, 객관식보다 간단하게 만들 수 있다. 마찬가지로 퀴즈 관리에서 [퀴즈 생성]을 누른 다음 제목을 입력하고 [참/거짓] 퀴즈를 생성한다. 물론 앞서 만든 객관식 퀴즈 아래에 참/거짓 퀴즈를 추가할 수도 있다.

객관식 퀴즈와 달리 '예', '아니요'로 대답하는 질문을 입력한 다음 [참] 또는 [거짓]을 눌러 정답을 지정한다. 아래에 있는 설명 입력란을 이용해 질문에 따른 부연 설명을 추가할 수도 있다. 학생들은 답안을 입력한 뒤에 정오답 여부와 더불어 이에 대한 설명을 볼 수가 있으니 잘못 알고 있던 친구들도 정확한 지식을 알고 넘어갈 수 있다.

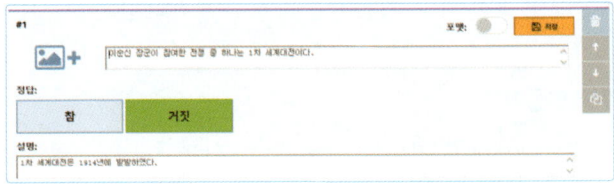

참/거짓 퀴즈 작성

[저장] 버튼 왼쪽에 있는 [포맷]을 누르면 입력한 텍스트를 수정할 수 있다. 개인적으로는 많이 사용하지 않는 기능이지만 과목에 따라서는 이러한 기능이 필수적일 수도 있다.

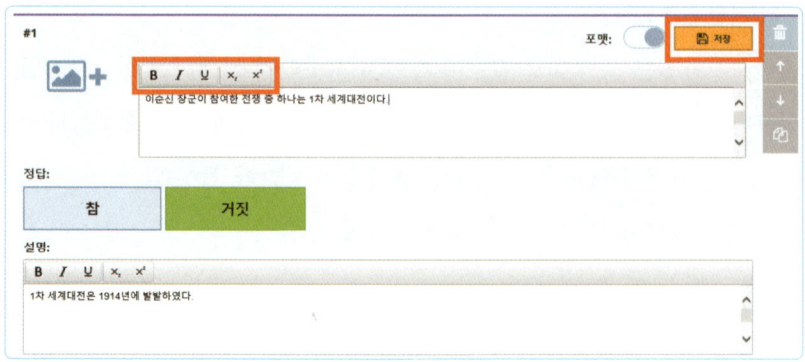

텍스트 수정 포맷

왼쪽부터 차례대로 굵은 글씨, 이탤릭체, 밑줄, 아래첨자, 위첨자이다. 워드 프로그램에 비하면 다양한 기능은 없지만, 필요한 부분을 강조하거나 기호를 사용하는 데 충분한 기능이다. 질문을 모두 작성했다면 [저장]을 누른다.

- **단답형 퀴즈 만들기**

단답형 퀴즈는 학생에게 간단한 답변을 요구하는 서술형 퀴즈로, 다양한 답변을 이끌어내야 하거나 학생이 명확히 알고 있는지 확인하는 질문에 사용한다. 마찬가지로 [퀴즈 생성]을 누르거나 기존 퀴즈 화면 아래에서 [단답형]을 누르면 사용 가능하다.

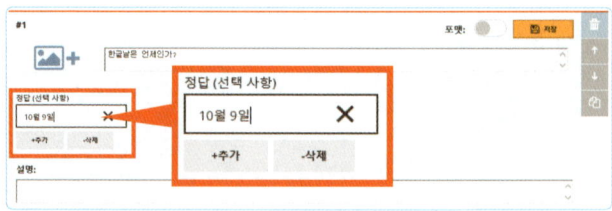

단답형 정답 입력하기

단답형은 학생이 서술한 답안을 직접 확인하는 형식이기 때문에 정답을 지정하는 것은 선택 사항이다. 정답이 있을 수도 있고 정답 없이, 학생들의 의견만 받을 수도 있다. 즉, 정답 처리할 답안만 지정한 다음 그 외에는 오답으로 처리하거나 정답을 지정하지 않고 학생들이 입력한 답을 직접 교사가 확인하고 채점할 수도 있으니 용도에 맞게 사용하면 된다.

그렇다면, 지금까지 3가지 방식의 퀴즈를 모두 만들어 보았으니 [퀴즈 시작]을 이용해 여러분이 만든 퀴즈를 학생들이 푸는 과정을 살펴보도록 하자.

2.4 퀴즈 시작

- **일반 퀴즈**

퀴즈를 다 만들었다면, 이제 퀴즈를 푸는 방법에 대해 설명하겠다. 학생 개인이 문제를 푸는 일반적인 방법과 우주 레이스를 통해 조별로 퀴즈를 푸는 방법이 있는데, 첫 번째로 학생 개인이 문제를 푸는 방법에 대해서 설명하겠다. 먼저 대시보드에서 [퀴즈 시작]을 눌러 퀴즈를 불러온다.

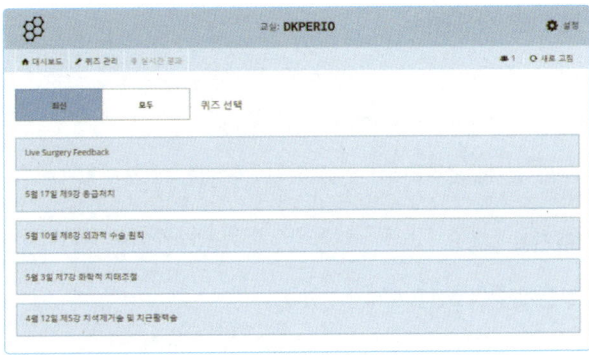

이전에 만들어 둔 퀴즈 불러오기

퀴즈를 선택하면 '학생 기준 진행 - 즉석 피드백', '학생 기준 진행 - 학생 탐색', '교사 기준 진행'이라는 3가지 진행 방식 중 하나를 고르는 옵션이 등장한다. 각 방식이 어떤 특징을 가졌는지 하나씩 살펴보자.

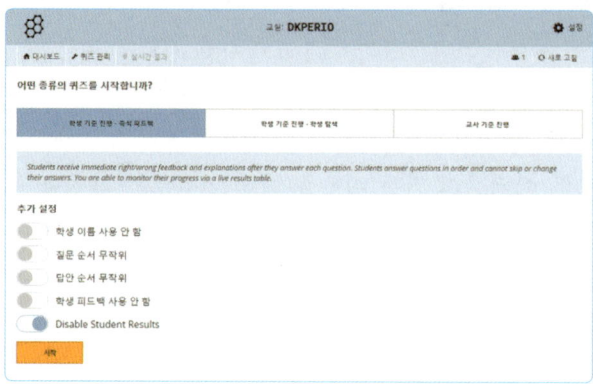

퀴즈를 진행하는 3가지 방식

- **학생 기준 진행 - 즉석 피드백**
  - 학생은 각 질문에 답변한 후 즉각 정답과 오답에 대한 피드백을 받는다.
  - 학생은 순서대로 답변하며 답변을 건너뛸 수 없다.
  - 교사는 실시간 결과표에서 학생들의 진도 상태를 확인할 수 있다.

- **학생 기준 진행 - 학생 탐색**
  - 학생은 자유롭게 질문을 건너뛰며 퀴즈를 이동할 수 있다.
  - 활동을 완료하면 전체 평가를 제출할 수 있다.
  - 교사는 실시간 결과표에서 학생들의 진도 상태를 확인할 수 있다.

- **교사 기준 진행**
  - 교사는 질문의 흐름을 통제할 수 있다.
  - 교사는 한 번에 하나씩 질문을 보내고 응답을 시각화할 수 있다.
  - 교사는 자유롭게 질문을 건너뛰거나 퀴즈를 이동할 수 있다.

추가 설정에서 [학생 이름 사용 안 함]을 누르면 이름이 익명으로 수집되며 [질문 순서 무작위]와 [답안 순서 무작위]가 켜져 있을 때는 학생마다 질문 순서와 선택지 순서가 다른 퀴즈를 풀게 된다. 이를 통해서 학생들끼리 부정 행위하는 것을 막을 수 있다. [학생 피드백 사용 안 함]을 누르면 학생이 문제를 풀고 난 후 정답을 볼 수 없다. 각 문제에 적합한 방식과 추가 설정한 다음 퀴즈를 시작하면 진행 상태를 실시간으로 확인할 수 있다.

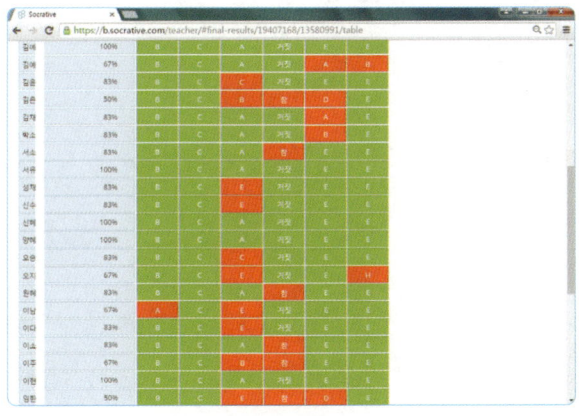

퀴즈 진행 상태 실시간 확인. 초록색은 정답, 주황색은 오답이다. 오답이 많은 친구는 실시간으로 확인하여, 옆자리로 가서 슬쩍 압박을 줄 수 있다.

이 화면을 통해서 학생들이 답을 선택하는 순간 실시간으로 누가 어떤 답을 선택했고 어떤 문제를 틀렸는지 맞았는지까지 한눈에 볼 수 있다.

이후 퀴즈가 끝나고 나면 학생들이 볼 수 있는 곳에 창을 띄우거나 결과 화면을 캡처해서 몇 퍼센트(%)의 학생이 어떤 답을 골랐는지 함께 살펴보면서 내용을 복습할 수 있는데, 이 과정에서 학생들의 오답을 정리하고 학생 대다수가 실수하는 내용 등을 골라낼 수 있어 효과적인 복습이 된다. 이 차트는 언제든 [퀴즈 관리] → [보고서]에서 다시 볼 수 있다.

■ 우주 레이스

우주 레이스는 조별로 퀴즈를 풀 수 있으며 게임 형식으로 진행하여 문제를 맞출수록 우주선이 멀리 날아가는 시각적 효과를 통해 학습의 흥미를 극대화하는 방식이다.

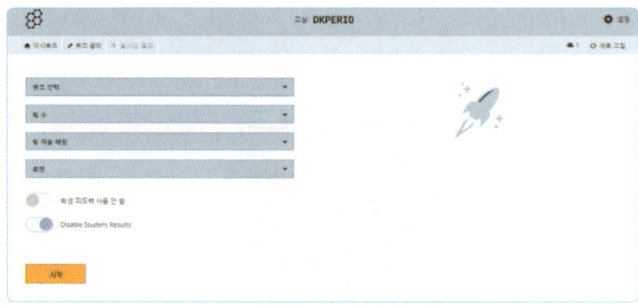

우주 레이스 화면

어떤 퀴즈로 우주 레이스를 할지, 몇 팀으로 나눌지, 학생에 따라 팀이 자동으로 배정되게 할지 아니면 직접 팀을 정할지, 아이콘은 로켓으로 할지 유니콘으로 할지 설정한 다음, 레이스를 시작할 수 있다.

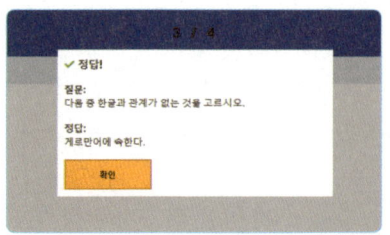 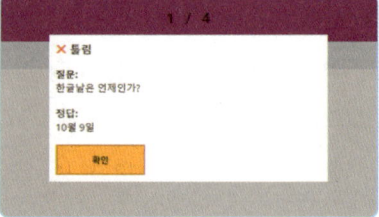

학생 피드백 사용할 때, 사용하지 않을 때 학생이 볼 수 있는 화면

설정 창 아래에 있는 [학생 피드백 사용 안 함]을 누르지 않고 진행하면 학생들은 문제를 푼 다음, 정답이 무엇인지 다음 문제로 넘어가기 전에 바로 확인할 수 있어 학생들에게 좋은 복습 기회가 된다. 물론, 피드백을 사용하

지 않으면 문제의 정답을 확인할 수 없다.

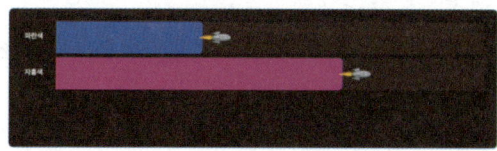

레이스 진행 상태

레이스를 시작하고 학생들이 문제를 맞추면 아이콘과 함께 정답 진행률을 한눈에 볼 수 있다. 팀마다 다른 색깔로 표시되기에 어떤 팀이 얼마나 앞서 나가고 있는지도 파악하기가 쉬워 재미있는 경쟁 상황을 유도할 수 있다.

2.5 보고서

학생들이 퀴즈를 다 풀고 나면 결과를 수집해 채점하고 성적을 집계해야 하는데, 퀴즈 관리에서 [보고서]를 누르면 지금까지 진행한 퀴즈 전체를 볼 수 있다. 결과를 보고싶은 개별 퀴즈를 누르면 다음과 같이 다양한 보고서 형식은 물론 차트 양식으로도 확인할 수 있다.

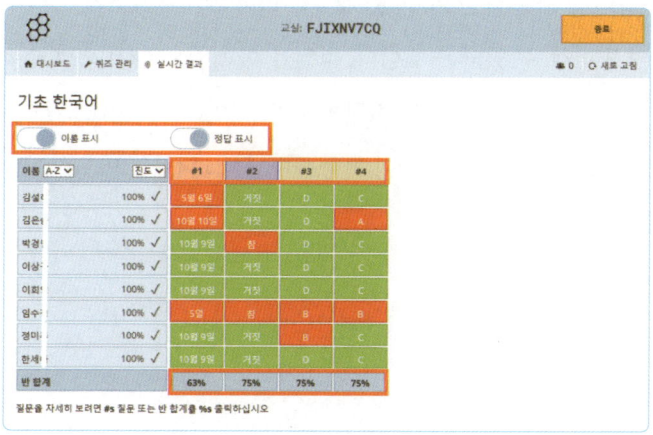

View 차트 형식 결과 화면

[View 차트]를 클릭하면 결과를 표 형식으로 볼 수 있다. 소크라티브 앱에서 곧장 볼 수 있으며 학생의 이름이나 점수별로 나열할 수도 있다. 각 문제 번호(#1, #2…) 또는 아래에 있는 정답률(%)을 누르면 해당 문제에 대한 학생들의 답변 분포를 확인할 수 있다.

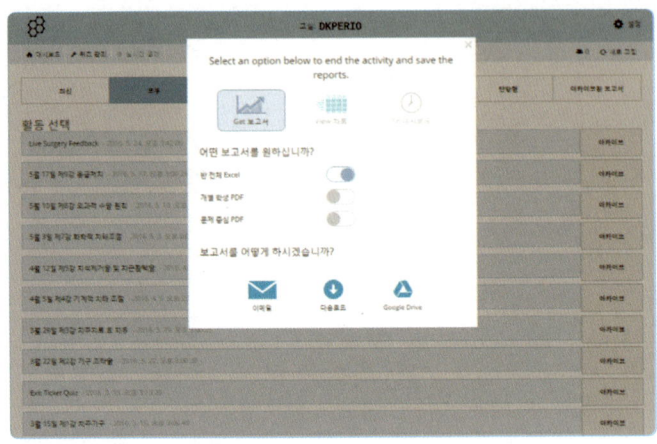

Get 보고서 형식 지정 화면

아주 편한 기능 중의 하나는 [Get 보고서]를 선택하면 퀴즈 결과를 반 전체 Excel 파일이나 개별 학생 PDF, 문제 중심 PDF와 같이 원하는 형식으로 재집계하여 받아볼 수 있다는 것이다. 파일을 이메일로 받거나 PC에 내려받는 것은 물론 구글 드라이브에 저장할 수도 있어서 사실상 스마트폰 앱으로 모든 성적 집계와 자료 보관이 가능하다. 말 그대로 스마트한 교실이 되는 것이다.

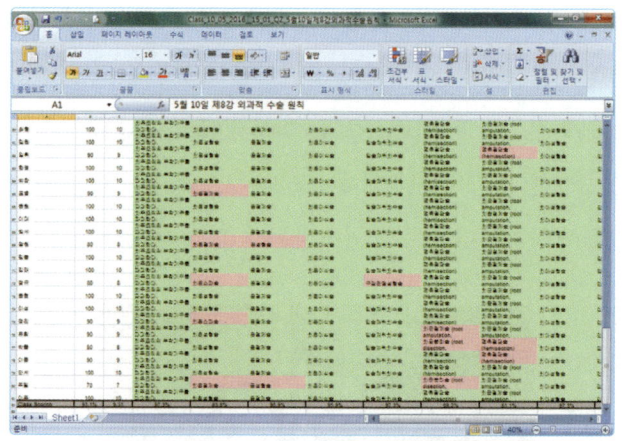

반 전체 성적이 엑셀 파일로 정리되어 있고 채점까지 완료되어 있다. 너무나 편리한 기능이다.

이 앱을 소개하면서 가장 강조하고 싶은 점은 '시험은 성적을 보기 위한 것이 아니라 시험 자체가 강력한 러닝 도구가 되어야 한다'는 것이다. 시험을 보는 과정에서도 학생들이 배울 수 있도록 문제를 내고, 학습 방향을 제시해야 한다. 소크라티브 앱은 문제에 대한 설명을 미리 입력해 둠으로써 문제 하나하나를 풀면서 학생들이 배워나갈 수 있기 때문에 선호하고 있다.

3. 교실 내 활동

이미 진도는 동영상을 통해서 다 해결했기 때문에 교실에 모이면, 훨씬 부담 없이 수업을 진행할 수 있다. 필자의 경우는 이론 수업에서 언급하기 어려웠던 실제 임상 사례를 사진과 동영상을 통해 보여주기도 하였고, 워크시트를 제공하고 조별 활동을 하기도 하였다. 사례 기반 학습, 문제 중심 학습, 팀 기반 학습 등 어떤 형태의 학습 활동이건 다 적용할 수 있는 환경이 조성된다. 심지어는 유튜브를 이용해서 수술을 생중계하기도 하고 가상현실을 체험하도록 만들기도 한다.

또한 학생들끼리 모여 있으면 웃고 떠들고 난리가 난다. 하지만, 그 과정에 동료 학습과 동료 교수가 이루어지고 뛰어난 학생들은 더 깊은 내용을 알고자 교사에게 질문한다. 어떤 경우는 학부생이 물어볼 수준이 아닌 깊은 질문을 하기도 한다. 학생들에 대해 몰랐던 것도 알게 된다. 교실에서 일어나야 할 일들이 당연하다는 듯이 일어나는데, 정말 생소하고 감동적이다.

학생들과 방 탈출 게임을 시도했다. 미션을 주고 시간 내에 미션을 마친 친구들은 교내 매점에 가서 아이스크림을 먹을 수 있게 했다. 간만에 허벅지가 터져라 달려보았다는 친구들부터, 너무 재미있어서 다음 수업 시간이 벌써 기대된다는 친구들까지, 뜨거운 반응을 받을 수 있었다. '수업 시간이 이렇게 신나는 시간일 수도 있겠구나!'라는 생각이 들 것이다.

4. 정리

필자의 경우 수업의 마지막 5분 정도는 온라인 강의 때 사용한 발표 자료를 이용해서 빠른 속도로 다시 주요 개념을 짚어준다. 결과적으로 학생들은 온라인 강의, 퀴즈, 학습 활동, 토론, 정리까지, 무려 5번 반복 학습하게 된다. 퀴즈를 보았으니 출제 경향도 알 수 있다. 기존 수업과는 수업의 순서만 바꿨을 뿐인데 효율이 무려 5배나 늘어난 것이다. 이것이 바로 플립 러닝의 힘이다.

필자는 플립 러닝을 수업에 적용한 뒤, 이를 설문조사로 분석하여 논문을 작성하였다.[12] 자세한 내용은 논문에 기재되어 있으나, 간단히 결과를 정리하자면 플립 러닝 적용 후 학생들의 수업 반응은 80% 이상이 긍정적이었다. 수업이 학습에 도움 되었으며, 과목에 대한 관심을 증가시켰다는 반응을 보였다. 필자의 수업을 집에서 누워서 들을 수 있어 편했다는 친구도 있었고 필요할 때마다 동영상을 멈출 수 있어서 정말 편했다는 친구도 있었다. 바로 이것이 진정한 스마트 러닝이 아닐까?

여기서잠깐

많은 선생님이 온라인에 동영상을 미리 올리려 할 때 어떤 도구를 써야 할지, 문의하는 경우가 많다. 이에 몇 가지 동영상 편집 도구를 소개한다.

1. 캠타시아(Camtasia)

아마도 초보자가 배우기에 가장 강력하면서도 편안한 도구가 아닐까 생각한다. 편집 자체가 직관적으로 되어 있고 거기에 부가적으로 다양한 효과를 줄 수 있어 제법 전문가가 편집한 분위기를 낼 수 있다. 유료이지만 값어치를 충분히 한다. 단순한 편집기 외에도 90만 개 이상의 영상, 이미지, 오디오, 백

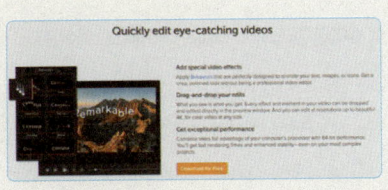

강의 동영상 촬영 편집 도구의 최고봉, 캠타시아

그라운드 영상을 제공하는 DB 역시 강력한 자료가 될 수 있다(https://www.techsmith.com/camtasia.html).

별도로 이 앱의 제조사 테크스미스(TechSmith)는 화면 캡처, 녹화 전문 도구인 스내그잇(SnagIt)을 유료로 판매하고 있는데 화면의 이미지를 캡처해야 하거나 화면상의 작업을 녹화하고 싶을 때 아주 손쉽게 쓸 수 있는 도구이다.

---

[12] 박정철 외 2인, '치의학 교육의 새로운 트랜드', 한국디지털콘텐츠학회논문지 Vol.17 No.5, pp.317-327, 2016, https://goo.gl/2zE1KU

2. 무비메이커(Moviemaker, 윈도우용), 아이무비(iMovie, 맥용)

PC 시스템상에 갖춰진 기본 사양의 편집 프로그램이다. 맥에서는 가장 기본 도구임에도 상당한 수준의 놀라운 동영상을 만들 수 있다. 마치 엑셀 프로그램으로 픽셀 아트 그림을 그리듯이 말이다.

하지만, 유료 프로그램에서는 쉽게 버튼 하나로 구동하는 기능이 이 프로그램들에는 없으니 분명 한계가 있다. 아직 플립 러닝이 적성에 맞는지 아닌지 판단이 안 설 때 큰 투자 없이 시도해 볼 수 있는 도구다.

3. 키네마스터(Kinemaster)

PC가 아닌 안드로이드 스마트폰이나 태블릿으로 영상을 편집하는 경우에 적극적으로 추천하는 편집 도구이다. 이 역시도 무료로 사용할 수 있지만 워터마크가 나오므로 유료로 구입하여 편하게 활용하는 것을 추천한다. 다양한 폰트, 음악 등을 사용할 수 있고 꽤 강력한 편집 효과를 손쉽게 다룰 수 있다.

4. 루마퓨전(LumaFusion, 아이패드, 아이폰)

안드로이드에 키네마스터가 있다면 아이폰 계열에는 류마퓨전이 있다. 물론 아이무비 자체로도 강력한 편집이 가능하지만 조금 쓰다 보면 분명 답답함을 느끼게 될 것이다. 그다음으로 넘어가는 것이 루마퓨전이다. 초등학생들도 하루면 금방 배워서 쓸 수 있는 고급 편집 도구이다.

다음은 화면상의 강의 내용을 목소리, 강의자의 얼굴과 함께 캡처할 수 있는 화면 공유 도구이다.

1. 윈도우 10 화면 캡처

별도의 프로그램 없이 윈도우 10부터는 화면을 그대로 영상 녹화하는 기능이 활성화되어 있다. [윈도우 설정] → [게임] → [게임 DVR]에 들어가 스크린샷 및 클립 저장 위치를 설정하고 오디오 녹음을 활성화하면 화면 녹화 및 강의자의 목소리 녹화가 가능하다. 이후 촬영 시에는 [윈도우] 키 + [G]를 눌러 촬영을 시작할 수 있다. [윈도우] 키 + [Alt] + [R]을 누르면 바로 녹화도 가능하다.

2. 님부스(Nimbus screen shot & screen video recorder)

유료 프로그램인 스내그잇과 같은 형태이지만 크롬(chrome) 브라우저에 확장 프로그램 형태로 설치하는 형태라서 매우 간단하게 사용할 수 있고 오프라인에서도 쓸 수 있다. 원하는 화면을 캡처하거나, 전체화면을 동영상 촬영할 수도 있다. 말 그대로 해리 포터가 타고 다니던 빗자루처럼 아주 요긴한 도구이다. 강의자의 얼굴을 넣을 수는 없다는 것이 단점이다. 화면을 정지 화면으로 캡처하는 기능은 물론 화면 녹화 기능이 다양한 옵션으로 진행된다. 심지어는 자신의 워터마크까지 넣을 수 있다. 영상을 크롬북에 다운받을 수도 있고, 영상 용량의 압박이 느껴진다면 바로 구글 드라이브, 드롭박스, 유튜브 등으로 올릴 수도 있다.

님부스 확장 프로그램을 크롬 브라우저에 추가하는 모습

3. 스크린캐스티파이(Screencastify)

크롬 웹 스토어 기준 전 세계 200만 명이 사용 중인 대표적인 크롬 확장 프로그램이다. 디자인이 매우 예쁘고, 사용하기 손쉽게 만들어졌다. 무료 버전은 5분까지 녹화가 가능하고 1년에 24달러를 내면 영상에 워터마크도 없고, 시간제한도 없고, 한 달에 50개라는 제한도 없다고 한다. 시험 삼아 무료로 5분짜리 영상을 촬영하면 학생들이 가장 좋아할 것이다(영상이 짧으니까). 무료로 먼저 써보고 활용도가 높아지면 구입해도 늦지 않을 것 같다. 화면 캡처, 화면 판서, 강의자 얼굴과 목소리 녹화 모든 것이 가능한 막강한 도구이며 가장 큰 매력은 영상 촬영이 끝나자마자 구글 드라이브로 바로 영상이 올라간다는 점이다. 일반적으로 파일을 업로드하면 업로드가 끝나야 링크를 추출할 수 있는데, 이 경우는 파일이 올라가기 시작함과 동시에 이미 공유 링크가 만들어지기 때문에 영상이 다 올라가는 것을 기다릴 필요 없이 먼저 링크를 공유하고 나중에 확인하도록 할 수 있다.

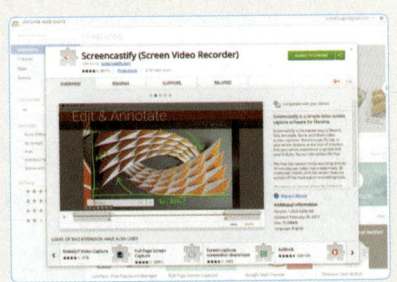

스크린캐스티파이를 크롬 브라우저에 추가하는 모습

4. 파워포인트(Powerpoint) 슬라이드쇼 녹화

가장 저렴하고 간편하게 사용할 수 있는 기능일 것이다. 화면상에 펜으로 기록하면서 작업할 수 있고 음성 녹화도 되므로 가장 편한 캡처 프로그램이라 생각한다. 단, 강의자의 얼굴은 넣을 수 없다.

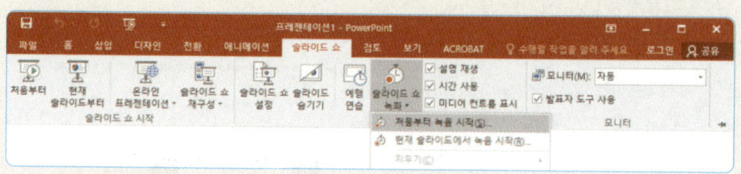

파워포인트 슬라이드쇼 녹화 기능

5. 스크린캐스트 오 매틱(Screencast-O-Matic, screencast-o-matic.com)

님부스와는 달리 비디오 편집 기능이 좀 더 강화된 도구이다. 무료 버전은 기능이 제한적이고 한 달에 1.5달러 내지는 4달러를 내면 더 많은 기능을 쓸 수 있다.

6. 룸(Loom)

스크린캐스티파이와 비슷한 디자인을 가지고 있는데 가장 큰 차이는 웹캠의 영상이 동그란 버블 모양이라는 것이다. 강의자 얼굴 버블의 크기 조절이 자유자재이며 마음대로 위치 변경이 가능하다. 스크린캐스티파이에서 웹캠 영상의 위치가 상하좌우 4군데로 정해진 것이 비하면 아주 자유로운 편이다. 무료 버전에서 시간 제한 전혀 없이 영상을 만들 수 있으니 이 역시 스크린캐스티파이와 다른 점이다. 한 달에 100개까지 영상을 만들 수 있고 유료는 한 달에 10 달러이며 제한 없이 4K 영상까지 촬영 가능하다.

7. 소프박스(Soapbox)

크롬 웹 스토어 기준 8만 명 사용 중이므로 스크린캐스티파이의 1/3의 인기를 보이지만, 그만큼 틈새시장을 잘 노리고 있다. 스크린 캡처는 똑같지만, 이 프로그램은 웹캠으로 찍히는 얼굴의 레이아웃을 좌우 배열, 또는 100% 웹캠만 등 선택할 수 있어서 좀 더 자유로운 편집 구성이 가능하다. 무료는 위스티아(Wistia) 계정을 통해서만 공유할 수 있다는 제한이 있지만, 대신 영상 내에 링크를 임의로 넣을 수도 있고, 그 영상을 얼마나 보았는지, 링크를 클릭했는지 등의 트래킹이 가능하다.

앞서 설명한 프로그램들은 단순히 강의자 한 명의 화면을 녹화하고 공유하는 것이었지만 지금 소개하는 스트림야드는 구글 행아웃과 같은 원격 화상 회의의 장면을 녹화하여 라이브로(또는 영상으로 저장만 할 수도 있음) 송출할 수 있는 프로그램이다.

1. 스트림야드(Streamyard)

몇 년 전까지만 해도 구글 행아웃에는 회의 장면을 라이브로 송출하는 기능이 기본적으로 들어가 있었는데 어찌 된 이유에서인지 이 기능이 사라져버렸다. 스트림야드는 동일한 기능을 구현하되, 오히려 구글보다 더 강력한 기능들(자막 강조 기능, 배너 기능, 유튜브/페이스북 동시 송출 기능 등)이 들어가 있고 간단한 링크 하나면 누구나 손쉽게 함께 출연할 수 있다(별도의 프로그램 설치 없이 브라우저를 통해 할 수 있다). 유료 결제하면 워터마크를 없앨 수 있지만, 무료 자체만으로도 기능이 워낙 강력한 프로그램이다.

스트림야드를 통해 방송을 송출하는 모습. 동시 6명의 출연자가 다양한 포맷으로 이야기하는 모습을 유튜브나 페이스북을 통해 제공할 수 있다. 사용법을 영상으로 제공해 두었으니 참고하길 바란다(https://youtu.be/qsArJ8CV05Y).

이외에도 구글 미트(Google Meet), 줌(Zoom), 프리즘(Prism) 등 다양한 영상 송출 도구가 있으나, 워낙 기능이 신속하게 업데이트되는 관계로 자세하게 언급하기는 어렵다. 페이스북 'GEG South Korea' 그룹에서 계속 업데이트되니, 간단한 활용법들은 이곳을 참고하길 바란다.

C. 플립 러닝 레시피

이번 항목에서는 당장 플립 러닝을 수업에 적용하고 싶은 교육자분들을 위해 구글 클래스룸과 플립 러닝을 합한 시나리오를 구성해 보았다. 시나리오의 단계는 다음과 같다.

1. 온라인 강의용 슬라이드 제작 (사전 작업)
2. 온라인 강의용 동영상 촬영 (사전 작업)
3. 유튜브(Youtube)에 업로드 (사전 작업)
4. 학생들이 이를 보고 왔는지 확인하는 간단한 퀴즈 (수업 시간)
5. 별도로 온라인 강의 동영상용 슬라이드를 제작하는 과정

시나리오 1 수학자 파스칼의 계산기를 찾아라! 대기압을 측정하라!

- **수업 목표:** 이번 수업에서는 블레즈 파스칼(Blaise Pascal)이라는 위대한 과학자, 수학자, 철학자, 발명가의 업적을 살펴보고, 그가 만든 최초의 계산기 파스칼린(Pascaline)의 원리를 이해해 보도록 한다. 수학과 과학에 관한 그의 위대한 업적을 이해한 뒤 이후 파스칼린의 보관 장소를 검색함으로써 지리 과목으로 수업을 확대하고 마지막으로 파스칼의 원리를 통한 대기압의 정의를 이해한 뒤 실제 대기압 측정을 시행한다.

- **수업 과목:** 문학, 역사, 수학, 지리, 기술, 지구과학

- **수업 대상:** 초등학교 고학년 및 중학교 전학년

- **수업 자료:**

    1. 파스칼 이야기를 통한 기압의 계측 슬라이드 (https://goo.gl/iElX19)
    2. 과학 저널(구글 플레이에서 내려받는다. https://goo.gl/Zbxyv8)

구글 플레이에서 '과학 저널'을 검색하면 다운받을 수 있다.

  3. 유튜브(Youtube)에 동영상을 올리기 위한 촬영 도구
  - 스마트폰(안드로이드폰/아이폰 무관)
  - 화면 캡처 프로그램
  - 동영상 편집 도구

1.1 동영상 준비 A to Z

앞에서 올린 슬라이드와 다음 내용을 참고하여 강의를 촬영한다. 혹시라도 모든 것이 생소한 분들이 참고할 수 있도록, 동일한 내용으로 필자가 강의한 동영상을 유튜브에 미리 올려놓았으니 보길 바란다.[13] 정 급한 경우는 그 동영상을 그대로 사용해도 무방하다. 동영상 촬영 도구에 대해서는 앞선 '플립 러닝 공략법' 절의 '여기서 잠깐' 코너에 간략하게 정리해 두었다. 개인의 예산과 기술적 선호도에 맞추어 구비하면 되겠다.

■ **동영상 촬영 도구 준비**

이번 동영상에서는 앞서 언급한 님부스를 사용해보겠다. 무료 프로그램이지만, 상당히 강력한 기능을 가지고 있다. 참고로 강의자의 얼굴을 넣는 기능은 없다.

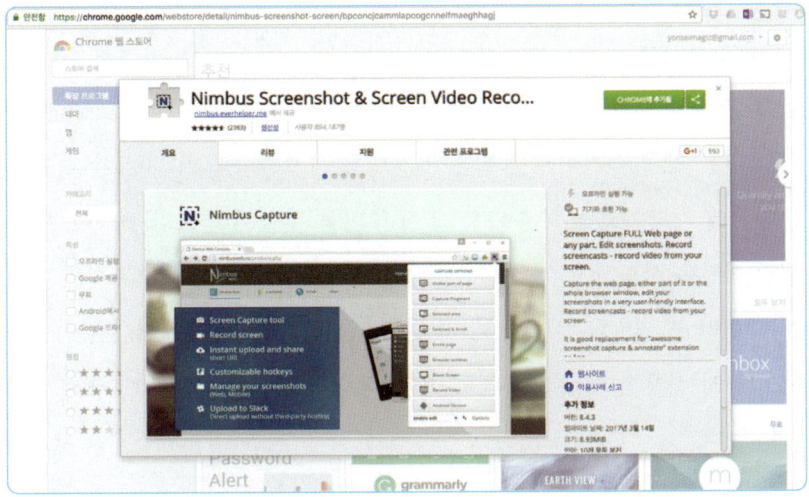

크롬 웹 스토어에서 님부스 캡처를 검색한 후, 설치할 수 있다.

---

13 박정철, 'Pascaline lecture', https://goo.gl/smH12B

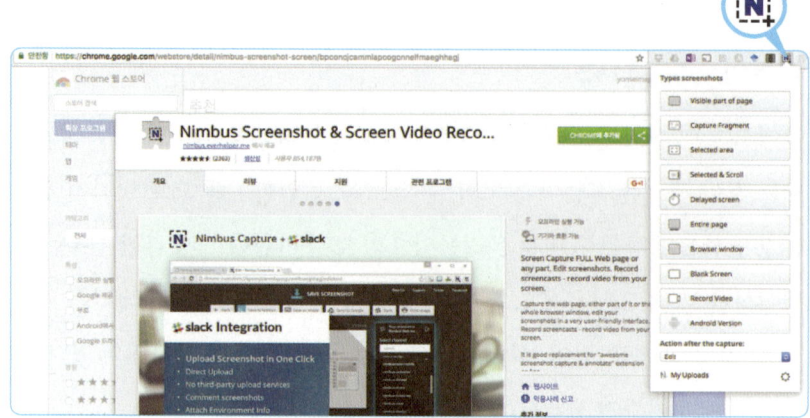

님부스 캡처를 설치하고 난 뒤 크롬 브라우저의 오른쪽 위에 작은 아이콘으로 표시된다. 누르면 다양한 기능들이 표시된다.

설치가 완료되면 크롬 브라우저의 오른쪽 상단에 ![N] 버튼이 나타난다. 이를 클릭하면 앞 그림과 같이 다양한 기능이 제시된다. 우리는 화면 동영상 촬영이 필요하므로 [Record Video] 버튼을 클릭한다.

▪ 강의 촬영 시작

일단, 동영상 캡처 도구를 설치하여 구동했다고 가정하고 이제 화면에, 앞서 제공한 강의 슬라이드를 띄우고 강의를 시작한다. 강의 자료는 당연히 본인만의 스타일과 노하우에 맞게 직접 만들 것을 추천한다. 하지만 당장 플립 러닝을 시도하고 싶은 교육자 입장에서는 조금이라도 기본적인 내용이 있으면 도움이 될 것 같아서, 이 내용 역시 구글 프레젠테이션을 이용해서 다음과 같은 형태로 제작해 두었다. 각주의 링크를 통해 들어가서 사용하면 된다.[14]

---

[14] 박정철, '1차시 파스칼', https://goo.gl/iElX19

파스칼은 어떤 사람인가?

블레즈 파스칼은 1623년 6월 19일 프랑스의 클레르몽페랑 지방에서 루앙의 회계사 에티엔 파스칼(Étienne Pascal)의 아들로 태어났다. 어려서부터 수학에 뛰어난 재능을 보였다고 하는데, 12세 때는 삼각형의 내각이 180도라는 사실을 스스로 발견하여 주위 사람들을 놀라게 하였다. 이를 계기로 어린 파스칼은 기하학 공부를 계속하여 13세 때는 블레즈 파스칼의 삼각형을 발견했고 14세 때, 현재는 프랑스 학술원이 된 프랑스 수학자 단체의 주 정기 회동에 참가하였다. 16세 때는 사영기하학의 기초가 되는 블레즈 파스칼의 정리를 증명하였고 17세 때는 블레즈 파스칼의 정리를 이용하여 명제 400개를 유도하였다. 19세에는 회계사인 아버지의 일을 돕고자 최초의 계산기인 파스칼린(Pascaline)을 발명하였다. 21세 때는 수은기둥을 사용한 일련의 실험으로 유체정역학의 기초를 다지는 파스칼의 법칙을 정립하였다.

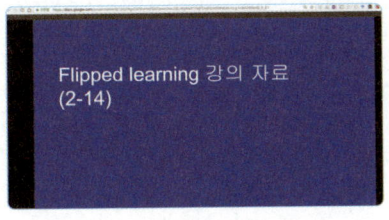

[Tab record] 버튼을 클릭하면 현재 크롬 브라우저에서 강의 슬라이드를 연 탭만 녹화된다. 앞서 제시한 강의 슬라이드를 통해 강의를 진행하고 이를 녹화한다.

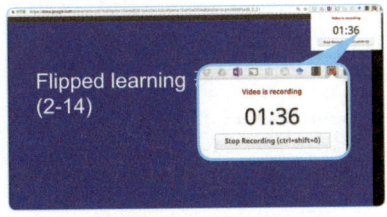

화면 녹화가 시작되었다.

강의가 끝나면 다시 버튼을 누르거나, 단축키를 이용해서 촬영을 중단한다.

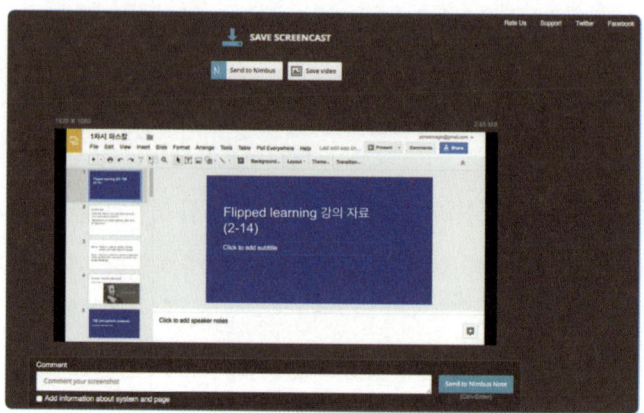

촬영이 끝나면 동영상을 저장하거나 님부스 사이트에 업로드할 수 있다.

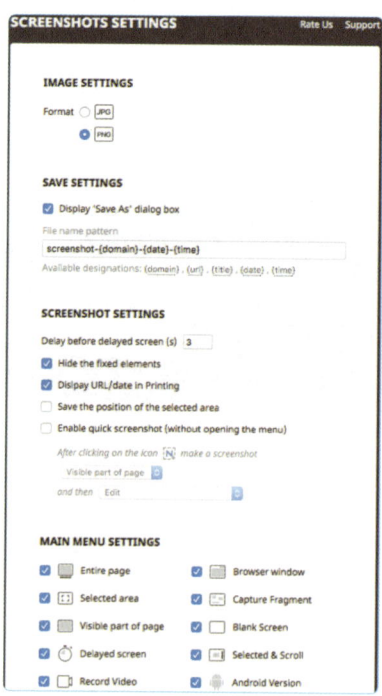

촬영이 끝나면 자연스럽게 이와 같은 화면으로 바뀌어 저장 옵션을 묻게 된다. 님부스 사이트로 동영상을 보내는 방법과 본인의 컴퓨터로 다운받는 방법이 있다.

세팅 화면에 들어가면 평소 선호하는 작업 환경을 설정할 수 있다.

님부스 캡처의 다양한 세부 설정 기능

▪ 완성된 강의 유튜브에 올리기

유튜브에서 동영상을 업로드하는 화면

자신의 계정으로 유튜브에 로그인하면 오른쪽 상단에 화살표 모양의 버튼이 있다. 이를 클릭하면 드래그 앤 드롭으로 동영상을 업로드하는 화면이 나온다.

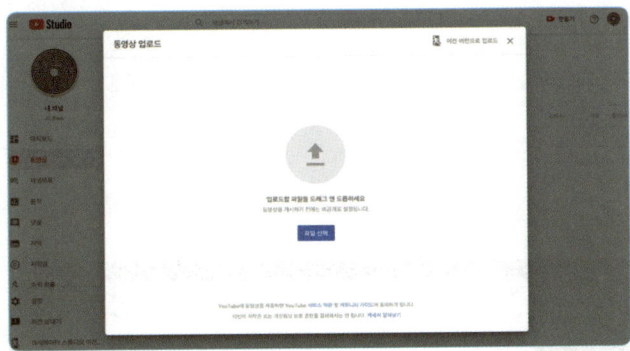

동영상을 드래그 앤 드롭으로 업로드하는 화면

▪ 구글 클래스룸을 통해 동영상 공유

촬영한 동영상을 공유하는 방식은 여러 가지가 있겠지만 가장 편한 방법은 유튜브를 이용하는 것이다. 학생들이 링크를 통해 편하게 접속할 수 있고 재생 속도를 마음대로 조절할 수 있기 때문이다. 무엇보다 필자는 유튜브 동영상 재생 시 오른쪽 화면에 나오는 '추천 동영상'의 힘을 믿고 있다. 학생들이 교육자의 동영상만으로 만족이 안 될 때, 유사한 콘텐츠를 쉽게 클릭하고 확장된 사고를 할 수 있기 때문이다. 반면 딴 길로 샐 수도 있으니 적절한 관리가 필요하다.

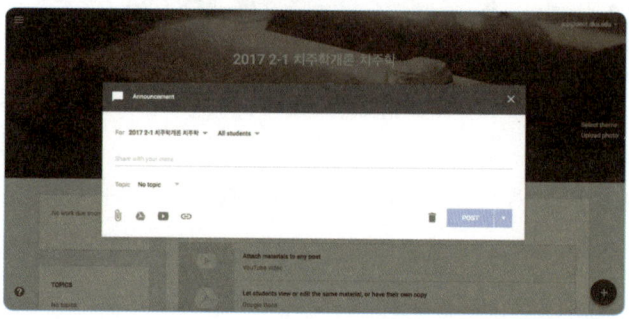
구글 클래스룸의 강의실에서 공지사항을 통해 동영상 강좌를 업로드하는 화면

만일 동영상을 유튜브에 올린 경우라면 구글 클래스룸에 들어가 해당 과목에서 동영상을 공유한다. 간단한 공지 사항을 적고 하단의 유튜브 버튼을 눌러 보자.

유튜브 버튼을 누르면 유튜브의 동영상을 불러올 수 있는 화면이 나온다.

유튜브 버튼을 누르면 두 가지 옵션이 나오는데, 두 번째 [URL]은 자신이 올린 동영상의 정확한 주소를 복사해서 붙여야 하지만, 첫 번째 [Video Search]는 제목을 검색하면 비슷한 제목의 동영상이 제시되어 선택하는 간편한 형태이다. 첫 번째 형식을 권유하는 이유는 자신이 올린 동영상과 비슷한 자료를 이렇게 찾으면 유사 동영상을 함께 올려서 학생들이 참고할 수 있도록 권유할 수 있기 때문이다. 방대한 유튜브의 자료를 십분 활용할 수 있는 장점이 있다. 사실 교육자가 만든 것보다 더 나은 강의 자료가 등장하는 경우들도 많다.

1.2 퀴즈

- 소크라티브(Socrative)

이미 소크라티브 앱을 이용한 퀴즈 방식은 지난 책과, 본 책의 앞 부분에서도 언급했으므로 넘어가도록 하겠다.

1.3 활동

- 파스칼린(Pascaline)을 찾아라!

앞선 강의 내용에서 파스칼이 아버지를 위해 만들었다는 최초의 계산기 파스칼린(Pascaline)에 대해서 살펴보았다. 이 파스칼린은 전세계에 약 50여 대가 남아있다고 하는데 학생들에게 파스칼린을 검색해서 현재 그것이 전시된 곳을 찾아내는 미션을 주도록 한다.

- 10분의 시간을 주고 구글링하게 한다. 대부분의 경우 사진과 작동 원리 등을 찾아낼 것이다. 하지만 그 전시물을 찾는 학생은 거의 없을 것이다.

- 이 시점에서 구글 아트 앤 컬처(Google Arts & Culture)를 소개해 준다.[15] 이에 대한 자세한 내용은 이 책의 Chapter 5에서 서술될 예정이다.

- 이곳에서 학생들은 '파스칼린'이라는 키워드를 통해 이 파스칼린이 전시되어 있는 박물관을 찾게 될 것이다(박물관의 이름은 'Musee des arts et métiers').

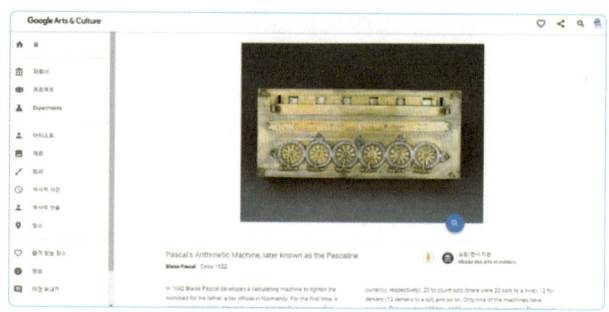

구글 아트 앤 컬처에서 파스칼린의 모습을 찾았다.

찾아낸 파스칼린 아래의 노란 페그맨(사람 모양)[16]을 클릭하면 마침내 박물관 내에 전시된 모습을 찾을 수 있게 된다.

박물관 내의 스트리트 뷰를 통해 파스칼린이 전시된 모습을 확인할 수 있다.

---

15 구글 아트 앤 컬처(Google Arts & Culture), https://goo.gl/B3pq5Z

16 이 페그맨은 구글 스트리트뷰의 고유 이미지로, 실제 360도 카메라로 촬영한 실제 환경을 볼 수 있는 서비스이다. 구글 지도에서나 볼 수 있던 기능을 이렇게 박물관 내로 들여와 박물관 내부를 걸어다닐 수 있게 해 주었다.

작동 원리에 대해 궁금해하는 학생들에게는 추가적인 정보를 제공해 준다.[17]

- **대기압을 측정하라!**

파스칼은 그전까지는 존재하지 않는다고 했던 진공의 개념을 간단한 실험을 통해 입증하였다고 한다. 유리 기둥을 수은액에 뒤집어서 꽂아두면 수은이 기압에 따라 올라가게 되고 기둥 내부의 공간이 진공 상태로 만들어지는데 이를 통해 대기압을 정확히 측정할 수 있다. 이러한 이론 설명 후에 학생들 스스로 현재의 대기압을 측정할 수 있도록 해보자.

안드로이드폰을 이용해서 '과학 저널'이라는 앱을 다운받는다(이 앱에 대해서는 동영상으로 간단한 사용법을 만들어 두었다[18]).

1. 측정을 위해 조별로 외부로 나간다.
2. 지표면에서의 대기압을 측정한다.
3. 층별로 대기압을 측정한다.
4. 엘리베이터가 있는 경우 엘리베이터로 이동 중 대기압을 측정한다.
5. 만들어진 자료를 이용해서 그래프를 그려보고 가상의 층에서의 대기압은 얼마가 될지 계산해 본다(수학 1차 방정식 응용).

---

[17] MechanicalComputing, 'Howe the Pascaline Works', Youtube, 2012.03.09., https://goo.gl/WCfViv

[18] JC Park, '[구글앱소개] Science journal로 과학자가 되어보세요!', Youtube, 2017.02.02., https://goo.gl/0TSGba

시나리오 2 오페라의 유령을 찾아서

이 사례는 구글 코리아에서 구글 아트 앤 컬처를 담당했던 김윤경 팀장이 제공한 사례이다. 역시 이 책의 Chapter 5에 구글 아트 앤 컬처가 자세히 서술되어 있으니 참고 바란다.

- **수업 과목:** 문학, 세계사, 국사, 지리, 건축, 음악, 영화

- **수업 대상:** 중학교 전학년, 대학교

- **수업 자료:**

    1. 수업 슬라이드[19]

    2. 오페라의 유령 원작(소설, 뮤지컬, 영화)

    3. 샤갈(시공사)

    4. 가르니에 오페라에 대한 동영상 자료(영어)[20]

2.1 동영상 준비 A to Z

다음 내용을 참고하여 오페라의 유령이 등장하게 된 역사적인 내용을 설명하는 강의 동영상을 만든다. 물론 사용하는 도구는 이제 여러 차례 언급하였으므로 생략하도록 하겠다. 이를 위한 강의 자료를 만들어 두었으니 구글 프레젠테이션을 이용하여 활용하시길 바란다.

- **오페라의 유령 영화 감상**

《오페라의 유령(Le Fantôme de l'Opéra)》은 프랑스의 소설가 가스통 루르의

---

[19] 박정철, '2차시 오페라의 유령', https://goo.gl/otZ7MK

[20] Philip Dean, 'Paris Opera House in HD', Youtube, 2012.02.13., https://goo.gl/v0yGZX

소설이다. 1911년 출판된 이 소설을 바탕으로 1986년, 영국의 유명한 뮤지컬 제작자인 앤드류 로이드 웨버가 제작한 동명의 브로드웨이 뮤지컬은 대중에게 큰 인기를 끌었다. 이후 뮤지컬을 본 조엘 슈마허 감독이 앤드류 로이드 웨버를 설득하여 무려 16년간 영화화를 준비한 것으로 알려졌다. 1860년 프랑스 오페라 하우스를 배경으로 아름다운 목소리를 가진 크리스틴과 그녀를 도와주는 정체불명의 남자 팬텀, 그리고 크리스틴을 사랑하는 젊은 귀족 라울의 사랑 이야기를 다루었다. 주옥같은 음악들이 대중에게 많은 사랑을 받고 있다.

■ 가르니에 오페라 극장

영화를 보면 팬텀이라는 정체불명의 사나이가 머무는 곳이 바로 가르니에 오페라 극장이다. 이 극장은 나폴레옹 3세의 명으로 무명의 건축가였던 가르니에가 공모전에 입상함으로써 완성된 극장으로서 화려하기로 유명하다. "이렇게 화려한 건축 풍은 바로크인가?"라는 나폴레옹 3세의 질문에 "나폴레옹 3세 풍입니다."라고 답했다는 전설이 내려온다.

참고로, 나폴레옹 3세는 누구인가? 나폴레옹 시대라고 하면 별개의 역사로 보곤 하는데 사실 우리나라와 관련 있는 인물이다. 나폴레옹 3세 또는 샤를 루이 나폴레옹 보나파르트(Charles Louis Napoléon Bonaparte, 1808년 4월 20일 ~1873년 1월 9일)는 최초의 프랑스 대통령이자 두 번째 프랑스 황제이다. 프랑스의 마지막 세습군주이기도 하다. 우리나라와 관계가 있는 사람일까? 그렇다. 1866년, 프랑스 해군은 중국 주재 프랑스 대사관과 프랑스 정부가 승인한 일이 아님에도 조선의 로마 가톨릭 탄압인 병인박해로 죽은 프랑스 선교사 처형에 대한 보복을 구실로 하여 강화도를 공격했는데 이를 병인양요라 한다. 이 병인양요 시기의 황제가 바로 나폴레옹 3세이다. 간단하게 한국사 수업으로 이어져도 될 내용이다.

■ 구글 클래스룸을 통해 동영상 공유

동영상을 올리는 것은 앞선 시나리오에 설명하였으므로 생략하겠다.

2.2 퀴즈

퀴즈 역시 소크라티브 앱을 이용하여 시작한다.

2.3 교실 내 활동

이 극장에는 화려한 벽화, 내부 조각 등이 많이 있는데 그 내부는 실제로 매우 어둡고 혼잡하여 제대로 감상하기가 어렵다. 하지만 이러한 내부를 매우 자세히 볼 수 있는 방법이 있으니 바로 구글 아트 앤 컬처를 이용하는 것이다.[21]

Inauguration of the Paris Opera in 1875(Édouard Detaille, 1878)/ Public Domain

---

[21] 구글 아트 앤 컬처(Google Arts & Culture), 'Opera national de Paris', https://goo.gl/LLEiNU

흥미로운 사실은 오페라 극장 천장에는 아주 화려한 그림이 그려져 있는데 그 그림의 작가가 누구인지 아는 이는 많지 않다. 이 그림은 14명의 유명 작곡가의 오페라의 한 장면을 모아서 그린 작품으로, 바로 그 유명한 샤갈의 그림 '꿈의 꽃다발'이다.

■ **구글 아트 앤 컬처에 접속**

구글 아트 앤 컬처에서 'Paris opera house'를 검색하고 나온 그림 창 중에서 다음과 같은 원형 천장화를 클릭한다.[22]

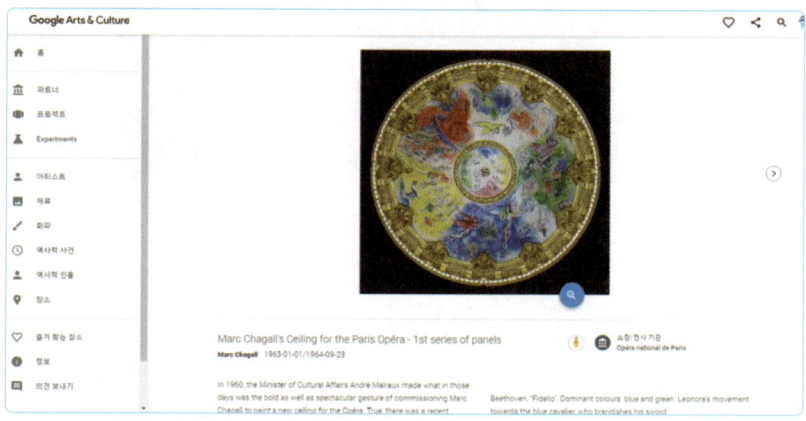

파리 오페라 하우스의 천장화. 샤갈의 '꿈의 꽃다발'

오른쪽 하단의 노란 페그맨을 클릭하면 구글 스트리트 뷰를 보듯이 자세히 들여다볼 수 있는 모드로 바뀐다.

---

22 Marc Chagall, 'Marc Chagall's Ceiling for the Paris Opera - 1st series of panels', Google Arts & Culture, https://goo.gl/NNPrnv

꿈의 꽃다발을 확대하여 차이콥스키의 이름이 보이도록 하였다.

14개의 그림 아래에는 작곡가의 이름과 작품이 적혀 있는데, 차이콥스키의 백조의 호수 작품 아래에 차이콥스키의 '콥'자 부분이다. 샤갈의 붓 터치가 번진 것이 보일 정도로 자세히 확대해서 볼 수 있다.

- **유튜브에서 차이콥스키의 백조의 호수 발레 감상**

샤갈에 대한 설명이 끝나고 나면 샤갈이 좋아했던 작곡가 차이콥스키의 백조의 호수에 대한 음악적 이야기를 나눌 수 있다. 이후 학생들에게 그의 음악과 발레, 그리고 뮤지컬과 영화까지 다양하게 소개할 수 있다.[23]

---

23 Warner Classics TV, 'Tchaikovsky: Swan Lake - The Kirov Ballet', Youtube, 2012.03.07., https://goo.gl/i7RPa5

- **마지막으로 가르니에 극장의 아래 호수로**

다시 파리 오페라 하우스(Paris opera house) 화면에서 맨 아래쪽으로 내려가 'The Lake'라는 화면을 클릭하자.

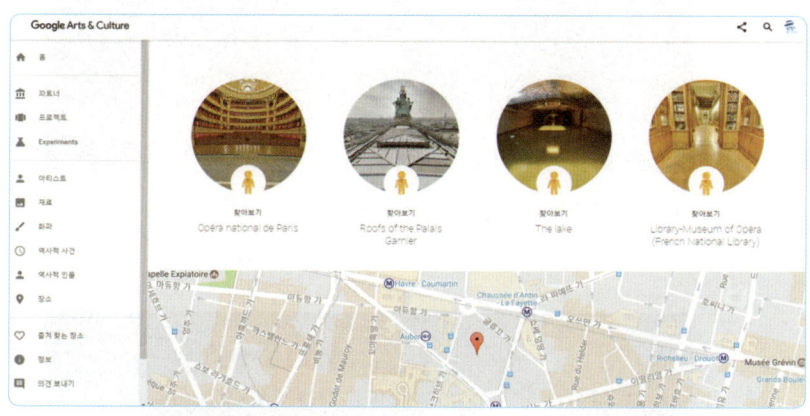

파리 오페라 하우스 페이지 하단으로 내려가면 'The Lake'라는 공간이 존재한다.

극장에 대한 소개 맨 아래로 내려가 보면 스트리트 뷰 형태로 내부 정경을 3차원으로 스캔해 놓은 것을 볼 수 있다. 이 중 'The Lake'를 클릭해보자. 놀랍게도 극장 아래에 존재하는 호수 내부로 이동할 수 있다. 흥미롭게도 가르니에는 이 건물을 짓던 중에 센강 물이 끊임없이 건출물 내부로 들어오는 현상을 접하고 이를 막기 위해 노력했으나 결국 실패했다고 한다. 고민의 결과, 차라리 인공 호수를 만들어 강의 유입을 허용했고 이렇게 극장 아래에 만들어진 인공 호수는 '팬텀'이 배를 타고 다니는 상상의 근거가 된 것이다.

일반인에게는 공개되지 않은 내부를 이렇게 자유롭게 구경할 수 있다.

어둠 속 곁길로 클릭하면 내부로 들어갈 수 있다. 혹시라도 팬텀을 마주치지 않을까 설레는 순간이다.

이와 같은 일련의 스토리를 통해서 플립 러닝을 기반으로 한 다양한 문화, 예술, 건축, 역사, 지리까지 통합적으로 그리고 실질적으로 체험하며 배울 수 있는 종합 교육의 시나리오를 두 가지 살펴보았다.

독자 여러분의 상상력만이 그 한계가 되지 않을까 생각한다. 마음껏 상상하고 무궁무진하게 활용하여 학생들에게 멋진 교육을 제공할 수 있기를 기대해 본다.

나만의 스튜디오, 유튜브 크리에이터 스튜디오

A. 유튜브 크리에이터 스튜디오란?

1. 유튜브를 소개합니다

유튜브는 이제 엄연히 전 세계에서 두 번째로 큰 검색 엔진이 되었다. 첫 번째는 당연히 구글이다. 따라서, 유튜브를 동영상 플랫폼이라고만 생각했다면 오산이다. 이제 유튜브는 단순히 동영상 플랫폼이라고 하기에는 너무나도 강력한 존재가 되었다.

> 외계인이 지구를 궁금해한다면 '구글'을 보여줄 것이다. 하지만 지구인에 대해 궁금해한다면 '유튜브'를 보여줄 것이다
>
> - 유튜브 컬처(Youtube Culture)

유튜브는 이제 우리 인류 그 자체를 대변하는 존재가 되었고, 마치 살아있는 생명체처럼 기능하기 시작했다. 유튜브 담당 직원들조차 자신들의 손에서 벗어나, 스스로 트렌드를 만들어 내고 무한한 가능성을 만드는 유튜브라는 거대 집단 지성 생명체에 경외감을 느낀다고 고백하기 때문이다.

> Our mission is to give everyone a voice and show them the world
>
> - Youtube

구글이 유튜브를 사들일 때만 해도 유튜브는 아주 보잘것없는 작은 스타트업 기업이었다. 물론 가능성은 충분히 있는 기업이라 평가되었다. 소위 '페이팔(PayPal) 마피아'의 멤버들이 만들었기 때문에 어느 정도 기대해볼 수 있는 대상이었다. 하지만 당시 '구글 비디오'라는 서비스를 이미 가지고 있는 구글 입장에서는 굳이 2조 가까운 돈(16억 5천만 달러)을 들여서 유튜브를 구입할 이유는 전혀 없었다고 생각된다. 구글의 창업자인 세르게이 브린과 래리 페이지가 처음 회사를 만들 수 있도록 창고를 내어 준 수잔 워치츠키(그녀는 나중에 16번째 구글 직원이 되었고 그녀의 여동생은 세르게이 브린과 결혼한다. 지금은 이혼했다.)는 유튜브 매입에 오히려 적극적으로 나섰다고 하는데 도대체 그녀는 유튜브에서 어떤 가능성을 본 것일까? 결국 현재 그녀는 유튜브의 CEO가 되어 유튜브를 이끌고 있다. 그녀가 유튜브에 이토록 애착을 갖는 이유는 무엇이며 과연 유튜브는 얼마나 더 성장하게 될지 궁금해지는 대목이다.

유튜브의 첫 시작은 이러하다. 페이팔(PayPal)의 직원이던 채드 헐리(Chad Hurley), 스티브 첸(Steve Chen), 자웨드 카림(Jawed Karim)은 페이팔이 이베이에 인수된 후 회사를 떠나 유튜브를 만들었다. 그때가 2005년이었는데, 당시 이 친구들은 3가지 조건을 걸고 사업을 시작했다고 알려졌다. 첫째, 동영상에 관한 것이어야 한다, 둘째, 사용하기 쉬워야 하며, 셋째, 친구 사귀기에 도움이 되어야 한다는 것이었다. 그러니 유튜브라는 이름에 당신(You)과 텔레비전(Tube)이 들어간 것은 당연한 일이었는지 모르겠다.

2005년 초까지 유튜브는 단순히, 새로운 친구를 사귀거나 데이트하는 수준에 머물러 있었다. 하지만 2005년 4월 23일 저녁 8시 27분 카림이 18초짜리 최초의 영상 '동물원에서(Me at the zoo)'를 올렸고 이것이 오늘날 유튜브의 시작이 되었다. 유튜브의 역사상 큰 인기를 끌었던 몇 가지 영상을 소개하려 하는데 언뜻 보아서는, 도대체 왜 사람들이 이런 쓸데없어 보이는 영상에 열광하는지 이해되지 않을 것이다. 세계 7대 불가사의 중 하나라는 유튜브의 알고리즘을 한번 체험해 보자.

'동물원에서(Me at the zoo)'라는 유튜브 최초의 동영상[1]. 이렇게 전설이 탄생하였다.

'요세미티베어62(Yosemitebear62)'의 이중 무지개 영상. 4천 6백만 명(2020년 3월 기준)이 열광하였다[2]. 이중으로 만들어진 무지개를 보고 3분여간 감탄하고 외치고, 심지어 울기까지 하는 호들갑스러운 영상으로 별다른 내용은 없지만 이를 통해 요세미티베어62는 아주 유명한 유튜버가 되었다.

---

1 https://www.youtube.com/watch?v=jNQXAC9IVRw

2 https://www.youtube.com/watch?v=OQSNhk5ICTI

'찰리가 손가락 깨물었어(Charlie bit my finger - again !)' 영상[3]. 엄청난 패러디 열풍을 야기하였고 9억 회에 가깝게 조회되었다.

필리핀 죄수들의 스릴러 뮤직비디오 영상[4]. 필리핀 죄수들의 운동을 위해 시작한 춤 연습이 유튜브에 올라가며 엄청난 인기를 끌었다.

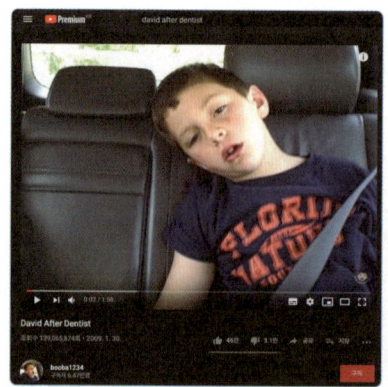
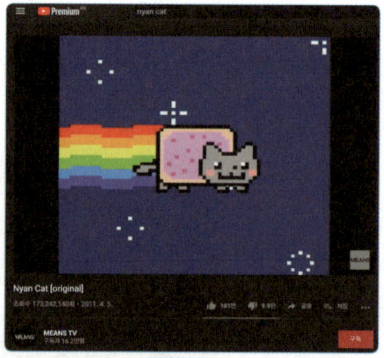

'치과 치료받은 후의 데이비드(David after dentist)'[5]. 치과에서 수면 치료(의식하 진정요법)를 받은 뒤 마취가 채 깨지 않아 횡설수설하는 귀여운 모습을 볼 수 있다.

'냥 고양이(Nyan cat)'[6]. 캘로그 과자로 만들어진 몸을 가진 고양이가 우주를 날아다니는 영상. 도무지 왜 이것이 1억 회 이상의 조회 수를 올리는지 그 누구도 이해하지 못하고 있다.

3 https://www.youtube.com/watch?v=_OBlgSz8sSM

4 https://www.youtube.com/watch?v=hMnk7lh9M3o

5 https://www.youtube.com/watch?v=txqiwrbYGrs

6 https://www.youtube.com/watch?v=QH2-TGUlwu4

A. 유튜브 크리에이터 스튜디오란?

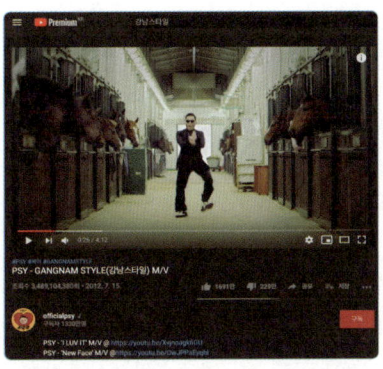

전설의 강남스타일[7]. 싸이라는 대한민국의 가수를 세계적인 가수로 만들고 전 세계에 말춤의 열풍을 가지고 온 유튜브 역대 최고의 흥행작.

일련의 영상을 통해서 느꼈겠지만, 유튜브에 있는 대부분의 영상은 일상에서의 황당하거나 놀라운 장면들을 보여주거나, 인생에 도통 쓸모없어 보이는 웃기기만 한 영상이 많다. 그러다 보니 많은 어른, 부모님은 자녀들이 유튜브 앞에서 시간을 낭비하고 있다고 생각하는데 이렇게 부질없어 보이는 영상들이 많이 유튜브에 올라간 것에는 유튜브의 관대한 정책이 큰 몫을 하고 있다. 당시 2005~2006년에 있던 영상 서비스들은 vSocial, Ourmedia, Vimeo, Google video 등인데 대부분이 유료 서비스였고 대용량 서비스조차도 겨우 수십 메가바이트의 용량을 허용했을 뿐이었다. 하지만 유튜브는 과감히 500MB를 시간제한 없이 무료로 쓸 수 있게 하였고 몇 가지 조건을 만족해 디렉터 계정으로 업그레이드되면 그 이상의 용량도 업로드 할 수 있게 했다. 유튜브 전에 많은 이들이 사용하던 비디오 애드온(Videoaddon)이라는 서비스가 100MB를 위해 연간 39.99달러를 내야 했던 것을 생각하면, 유튜브가 초창기부터 가졌던 강력한 경쟁력이 이해된다. 그 결과 2006

[7] https://www.youtube.com/watch?v=9bZkp7q19f0

년 11월 13일 유튜브는 구글에 인수되었고, 기존의 구글 비디오는 유튜브와 통합되었다. 그 이후의 발전과 변화는 많은 사람이 직접 체험했기 때문에 부연 설명을 생략하겠다.

하루에도 65년 치의 영상이 올라오는 유튜브에는 쓸데없고 부질없는 영상도 많지만, 교육적이고 도움 되는 영상도 이에 못지않게 많다. 가끔은 '아니, 어떻게 이렇게 좋은 영상을 개인이 올릴 수 있는 거지?'라는 생각이 들 정도로 좋은 교육 영상이 많다. 하지만 이러한 의문이 드는 영상 중에는 원 저작권이 다른 이에게 있는 것도 많다. 한 가지 궁금한 것은 이런 저작권 침해 가능성 상황을 유튜브는 어떻게 해결하는 것일까? 여기서 우리는 유튜브의 기가 막힌 신의 한 수를 보게 된다. 원래 저작권은 원 저작권자에게 있으니 다른 사람이 그 영상을 유튜브 채널에 올리는 것은 옳지 않다. 만일 이런 경우를 유튜브가 발견하면 어떻게 처리하는 것일까? 일반적인 서비스라면 바로 그 영상을 차단한다. 하지만 유튜브는 여기에서 기가 막힌 윈윈(win-win) 상황을 만들어낸다. 바로 원작자에게 이런 메시지를 보내는 것이다. "네 영상이 다른 이의 채널에서 재생되고 있다. 두 가지 옵션을 주겠다. 하나는 그것을 바로 차단하는 것이고, 다른 하나는 그 영상 앞에 광고를 붙이고 그 수익을 네가 갖는 것이다. 무엇을 선택하겠는가." 이러한 제안에 대부분의 원작자가 차라리 광고 이익을 얻는 것을 택한다고 한다. 결과적으로, 유튜브는 많은 영상을 그대로 보유할 수 있고, 원작자는 이익을 얻을 수 있고, 채널 운영자는 인기 있는 영상을 보여줄 수 있다는 장점이 있으니 모두가 만족스러운 결과를 얻는 것이다.

이렇게 우리는 유튜브가 영리하게 운영하는 생태계에서 많은 영상을 누리며 살아가고 있다. 이제 더 이상 TV를 보지 않는 가정이 늘고 있다. 하지만 이에 못지않게 심각한 부작용들도 많이 언급되기 시작했다. 대표적인 것이 인기를 위해서 지나치게 자극적이거나 혐오스러운 영상을 올리는 크리에이터들이 등장하기 시작한 것이다. 2018년 1월 1,500만 명의 구독자를 지닌 '로건 폴'이라는 크리에이터가 일본의 자살 숲에 가서 실제로 자살한 남자의 모습을 보고 농담을 하고 웃는 모습이 유튜브에 여과 없이 올라갔다. 물론 유튜브에 의해 그는 즉시 퇴출당했지만 이미 이 영상을 천만 명 가까이 본 뒤의 일이었다[8]. 얼마 전 우리나라에서도 흉가 체험을 위해 한 요양병원에 들어갔던 유튜버가 의도치 않게 사체를 발견하여 기사화된 적 있다. 이 영상을 어린 학생들이 봤다면 얼마나 놀랐을까? 방송심의위원회의 심의를 거치지 않고 개인 유튜버가 올리는 영상이기에 이런 문제는 생길 수밖에 없다. 또한 유튜브 영상을 개인 디바이스를 통해 보는 경우가 많기 때문에 학생들의 시청을 모니터하기가 특히 어려워지고 있다. 최근에는 자막을 자동으로 달아주는 기능과 소리 없이 자막만 봐도 영상을 아주 재미있게 볼 수 있도록 공을 들이는 크리에이터가 많기 때문에 음소거로 영상만 보는 경우가 최고 80%에 달한다는 분석도 있다(참고로 'vrew'라는 국내 애플리케이션은 동영상에서 음성을 인식하여 자막으로 표기하는 기능을 제공하는데 그 완성도가 매우 높다). 이런 상황이므로 학생들의 유튜브 시청 모니터링은 거의 불가능하다. 물론 방법은 있다. 패밀리 링크라는 구글의 자녀 관리 시스템인데, 일단 학생들이 끔찍하게도 싫어하는 방식이라 적극적으로 추천하기는 어렵다. 결과적으로 스스로 잘 조절하여 볼 수 있도록 도와주는 '미디어 리터러시', '유튜브 리터러시'가 필수적이라 하겠다.

---

[8] https://www.huffingtonpost.kr/2018/01/04/story_n_18931482.html

1.1 유튜브 지원 기기

- **인터넷 브라우저로 접속할 수 있는 컴퓨터**
    - YouTube 동영상을 시청하려면 브라우저 및 운영체제가 최신 버전이고 인터넷 연결 상태가 양호한지 확인해야 한다.
    - Google Chrome, Firefox, MS Edge, Safari 또는 Opera의 최신 버전
    - 500Kbps 이상의 인터넷 연결 속도
    - 일부 YouTube 프리미엄 콘텐츠(예: 영화, TV 프로그램, 실시간 이벤트)의 경우 최적의 스트리밍 속도를 확보하기 위해 더 빠른 인터넷 연결 속도 및 더 우수한 처리 능력이 필요하다. 필요한 사양은 다음과 같다. Google Chrome, Firefox, MS Edge 또는 Safari의 최신 버전, 운영체제는 Windows 7 이상, Mac OS X 10.7 이상 또는 Ubuntu 10 이상, 1Mbps 이상의 인터넷 연결 속도
    - 콘텐츠를 스트리밍하는 동안 다른 탭, 브라우저, 프로그램을 닫으면 원활히 시청하는 데 도움 된다. 또한 무선 네트워크 연결을 사용하는 대신 유선으로 인터넷을 연결하는 것이 좋다.
    - 다음 표에서 동영상 재생 시 필요한 대략적인 권장 속도를 동영상 형식별로 확인할 수 있다.

동영상 해상도	권장 지속 속도
4K	20Mbps
HD 1080p	5Mbps
HD 720p	2.5Mbps
SD 480p	1.1Mbps
SD 360p	0.7Mbps

- **모바일 앱을 설치할 수 있는 스마트폰이나 태블릿 PC**
- **기타 크롬캐스트, 안드로이드 TV, 애플 TV, 게임 콘솔(Xbox 360, Xbox One, Wii U, Playstation 3 Playstation 4), Roku(LT, 1, 2, 2 HD, 2 XD, 2 XS, 3, Streaming Stick, Roku TV)**
- **그 밖의 지원되는 스마트 TV**

교육 관련 책에서 오락적인 동영상, 상업적인 광고가 뒤따르는 유튜브(YouTube)를 소개하는 것에 의문을 가진 독자들이 있을지도 모르겠다. 그러나 유튜브는 방대한 동영상 사이에서 재미뿐 아니라 교육적으로 유익한 동영상들이 차곡차곡 모이며, 유튜브만의 독보적인 생태계를 이루고 있다. 또한 유튜브는 플립 러닝을 위한 동영상 편집과 저장, 관리를 위한 최적의 플랫폼을 구축하고 있으며, G Suite for Education과도 적절히 호환된다는 큰 장점이 있다. 특히 최근에는 Choose Your Own Adventure(CYOA)나 라이브 방송(Live streaming)을 이용한 교육적인 활용에도 적극적으로 사용되고 있기 때문에, 유튜브는 이제 교육에서 빼놓을 수 없는 요소가 되었다. 한번 자세히 알아보자.

2. 유튜브 프리미엄

유튜브 프리미엄의 로고

사실 유튜브는 지메일, 구글 문서, 구글 지도처럼 무료로 제공되는 대표적인 서비스이다. 하지만 구글 역시 수입이 있어야, 이러한 멋진 서비스를 무료로 제공할 수 있기 때문에 유튜브 영상에 광고를 달아 수익을 보존하고 있다. 하지만 영상 시청 전에 몇 초 씩, 그리고 영상을 보는 중간 중간 광고 배너가 뜨는 것은 시청 환경을 방해하는 요소가 될 수 있다. 특히 교실에서 학생들에게 교육적 목적으로 영상을 보여주려 하는데 갑자기 시작된 광고 때문에 학생들의 집중도가 떨어진 경험을 많은 교사가 겪었을 것이다. 다행히 방법은 있다. 유튜브 프리미엄이라고 하는 유료 구독 서비스를 하면 광고를 일절 보지 않아도 되는 것이다. 유튜브 프리미엄의 혜택은 다음과 같다.

- **광고가 없다**: 광고에 방해받지 않고 동영상을 시청할 수 있다.
- **오프라인 저장**: 휴대기기에 동영상과 노래를 저장하여 오프라인에서도 감상할 수 있다.
- **백그라운드 재생**: 다른 앱을 사용하거나 화면이 꺼진 상태에서도 동영상이나 음악을 재생할 수 있다.
- **오디오 모드**: YouTube Music 앱에서 오디오 전용 모드로 감상할 수 있다.

이 중 '광고가 없다'라는 점은 매우 중요한 혜택인데, 기존 유튜브에서는 다음 그림과 같이 다양한 형태의 광고를 허용하고 있어서 학생들의 집중력을 분산시킬 수 있기 때문이다.

동영상의 광고 배너 위치

- **프리롤, 미드롤**: 동영상 재생 직전, 중간에 삽입되는 동영상 형태의 광고이다. 5초 후 건너뛰기가 가능한 경우도 있고, 광고를 모두 시청해야 하는 경우도 있다.
- **배너**: 프리롤 광고 재생 중 왼쪽 상단 및 하단에 표시되며, 재생이 끝난 후에도 재생 클립 오른쪽 상단에 표시된다.

프리롤, 미드롤 광고 건너뛰기 버튼

인비디오 텍스트 오버레이 광고

- **인비디오 텍스트 오버레이**: 비디오 재생 중 플레이어 하단에 오버레이로 표시되는 이미지 광고를 말한다.
- **검색 광고**: 동영상 검색 시 검색결과 오른쪽 상단에 표시되는 이미지 광고이다.
- **홈페이지 배너**: 유튜브 홈페이지 접속 시 중앙 상단에 표시되는 동영상 형태의 광고이다.

사전에 준비된 동영상 URL을 클릭하면 검색 광고 및 홈페이지 배너의 노출을 막을 수 있고 전체화면으로 확대하는 경우 플레이어 오른쪽 상단의 배너 노출을 막을 수 있으나, 프리롤, 미드롤, 인비디오 텍스트 오버레이의 경우 노출이 불가피하다. 참고로 구글 클래스룸에 유튜브 영상을 올리는 경우에 한해서는 광고가 일절 붙지 않아 학생들의 학습 환경을 보호할 수 있지만, 이러한 서비스는 언제든 바뀔 수 있으므로 수시로 체크하는 것이 필요하다.

2.1 G Suite for Education에 포함될 가능성

G Suite for Education이 교육적 목적을 위해 광고 없는, 그리고 무제한의 클라우드 저장 공간(Google Drive)을 제공한다는 점을 생각해보았을 때 유튜브 측에 지속적으로 요청한다면, G Suite for Education에 유튜브 프리미엄이 포함될 가능성도 있다. 수년 전부터 많은 교사가 이러한 요구를 구글 측에 하고 있는데 아무래도 수익과 관련된 부분이라 바로 변화는 없지만 꾸준히 제안해 볼 만한 내용이다.

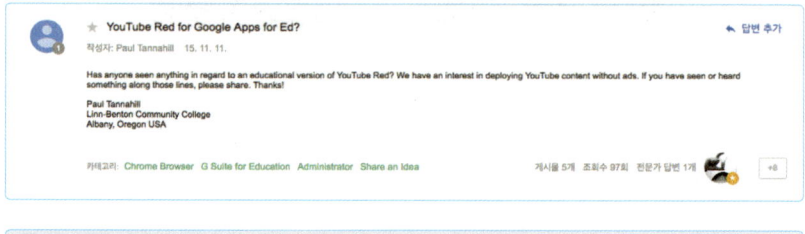

유튜브 프리미엄을 G Suite for Education에 포함하는 것이 어떤지 물었고, 지속적인 의견 제시를 통해 언젠가는 포함할 수도 있을 것이라는 가능성이 살짝 보인다.

3. 유튜브 스튜디오

유튜브 크리에이터 스튜디오의 로고

앞서 Chapter 2에서 언급한 플립 러닝 강의 동영상 촬영을 하고 난 뒤 이걸 어떻게 편집하고 어떻게 올려야 할지 막막한 분이 많을 것이라고 생각한다. 하지만 점차 좋은 도구들이 많이 나옴에 따라 어렵지 않게 영상을 편집할 수 있다. 만일 정말 기술적인 어려움이 있다면 필자가 권하는 간단한 방법이 있다. 전문적인 동영상 편집 프로그램이나 사용법을 잘 모르더라도 유튜브에서는 동영상의 편집부터, 배경음악 삽입, 그리고 업로드된 동영상들을 관리하는 과정에 도움을 주는 웹 기반의 프로그램인 크리에이터 스튜디오를 제공하고 있다. 이 프로그램의 기능을 이용한다면 쉽게 동영상을 보정, 편집할 수 있다. 크리에이터 스튜디오는 바로 여러분을 위한 개인 스튜디오인 셈이다.

3.1 크리에이터 스튜디오(Creator Studio)의 메뉴

난생 처음 보는 프로그램의 메뉴라서 복잡할 것 같다고 생각할 수 있지만 대략적인 감을 익히기 위해 소개하는 것이니 너무 놀라지 않길 바란다. 예전 싸이월드의 미니홈피를 설정하는 것과 비슷한 개념이라고 생각하고 편하게 보길 바란다.

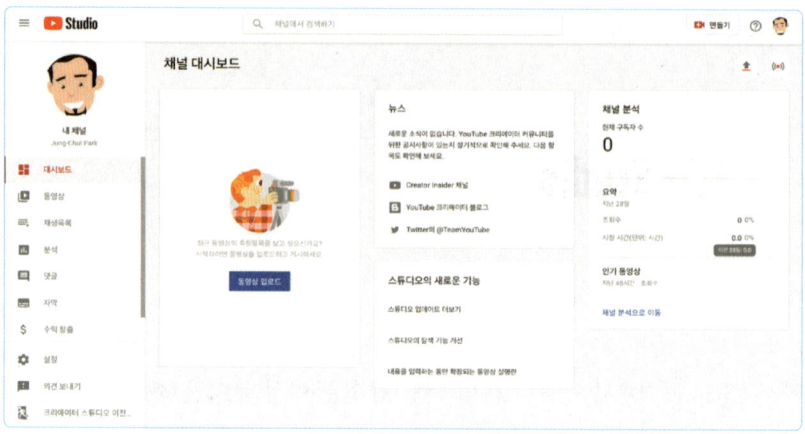

크리에이터 스튜디오의 메인 화면

- **대시보드**: 메인 화면으로, 최신 업데이트, 통계, 알림을 비롯한 유튜브 알림을 검토할 수 있다.

- **동영상**: 이곳에서 업로드한 동영상의 리스트를 보면서 특정 동영상 설정을 개별적으로 변경할 수 있다. 도구를 사용하여 동영상을 최적화하거나, 동영상 설정을 수정하거나, 클릭 한 번으로 동영상 여러 개에 적용하는 일괄 업데이트를 할 수 있다.

- **재생목록**: 업로드한 영상이나 타인의 영상들을 묶어서 만든 재생목록들을 볼 수 있다.

- **분석**: 채널의 실적을 검토하고 채널이 어떻게 성장하고 있는지에 대한 정보를 확인할 수 있다. 조회 수, 구독자 수, 시청 시간, 파트너 수익 등을 비롯해 채널 및 동영상 실적을 평가하는 데 도움 되는 보고서와 데이터가 제공된다.

- **댓글**: 업로드한 영상에 달린 새로운 댓글, 또는 피드백을 일괄적으로 확인하고 영상으로 바로 가지 않고도 답변할 수 있다.

- **자막**: 내가 업로드한 동영상에서 자막을 켜고 끌 수 있다.

- **오디오 보관**: 오디오 라이브러리와 동영상 편집기를 사용해 새 동영상을 만들거나, 음향 효과 또는 독특한 음악을 추가하거나, 화면 전환으로 실험해 볼 수 있다.

A. 유튜브 크리에이터 스튜디오란?

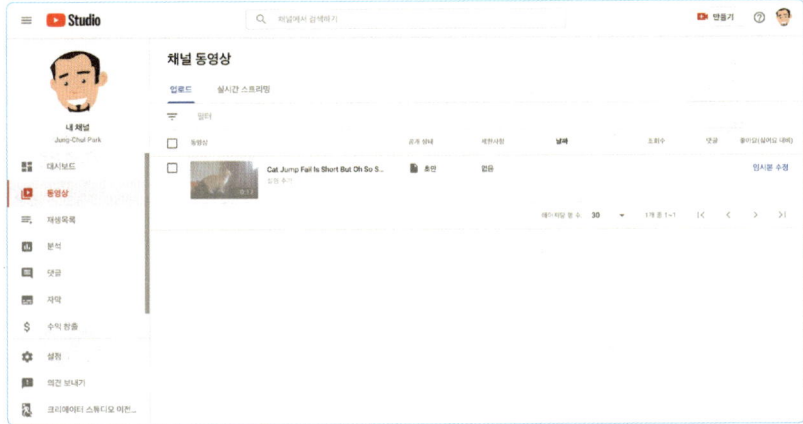

동영상. 자신이 업로드한 동영상을 일목요연하게 보면서 공개 여부, 수정, 삭제, 조회 수 확인 등을 할 수 있는 공간이다.

분석. 채널의 조회 수 그래프나 구독자 수의 증감 상태를 분석할 수 있다. 채널을 크게 운영하는 경우에 매우 중요한 데이터다.

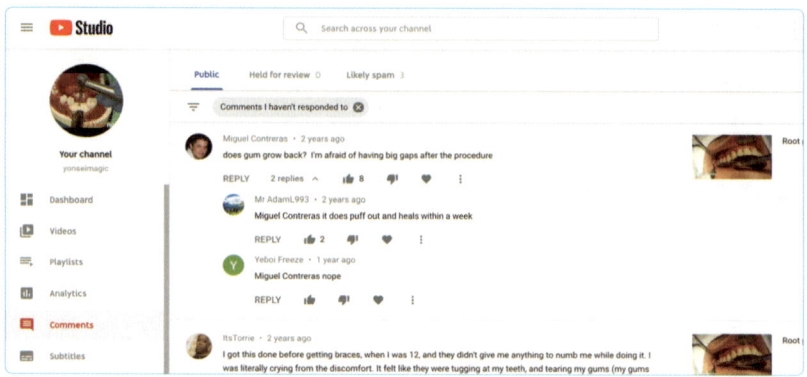

댓글. 영상에 달리는 댓글들을 볼 수 있다. '좋아요'나 '싫어요'를 표시하고 댓글에 답변할 수도 있다. 개별 영상으로 가지 않고 한 곳에서 일괄적으로 작업할 수 있기 때문에 매우 편리하다.

오디오 보관함. 유튜브 영상을 편집하면 배경 음악이 필요한 경우가 많은데 저작권 문제 때문에 많은 어려움이 발생한다. 이 경우에는 유튜브에서 제공하는 저작권 프리 음원을 사용하면 된다. 분위기, 시간, 악기, 장르별로 들어본 뒤 마음에 들면 [다운로드] 버튼을 눌러 내려받을 수 있다.

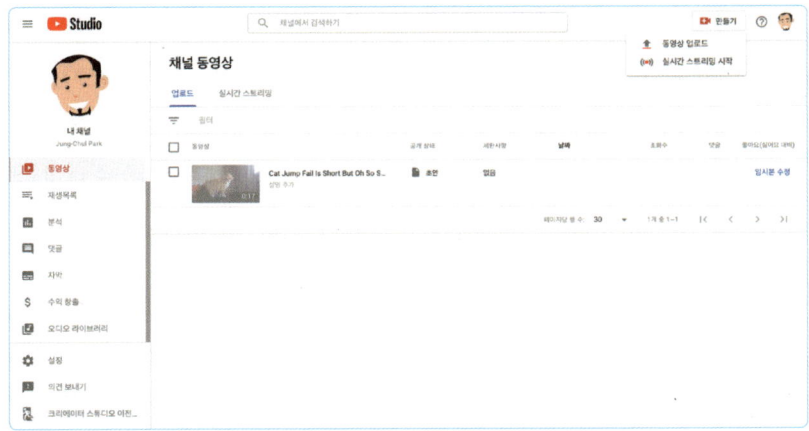

영상을 올리는 [만들기] 버튼을 누르면 영상 업로드와 실시간 스트리밍 시작 중 하나를 고를 수 있다. 모바일은 카메라를 이용해서, PC의 경우에는 웹캠을 이용해서 얼굴을 보이며 방송하거나 띄운 화면을 실시간 스트리밍할 수 있다. 단, 모바일에서 스트리밍하려면 구독자 1,000명 이상이어야 한다는 조건이 있다.

B. 유튜브 레시피

시나리오 1 동영상 강의 촬영하기

이미 Chapter 2에서 간략하게 설명했지만, 이번에는 전적으로 유튜브에 최적화된 방식으로 동영상 강의 촬영하기 방법을 설명하고자 한다. 이 방식은 주로 플립 러닝을 진행할 때 강의를 올리기에 좋은 방식이다. 따라서 이러한 용도를 미리 염두에 두고 책을 읽길 바란다.

1.1 스마트폰만 사용해서 촬영하기

이제 학생들에게 강의를 촬영하여 제공해야 할 상황이 생겼다고 가정하자. 가장 손쉬운 방법은 무엇일까? 농담 같겠지만 스마트폰을 이용해서 찍는 방법이 가장 손쉬운 방법이다.

다음에 나오는 사진이 필자가 실제로 학생들에게 제공한 영상이다. 당시 필자는 스마트폰 거치대를 하나 사서 책상에 올려 두고, 스마트폰 카메라를 조절하여 딱 책만 나올 수 있도록 하였다. 나중에 영상의 크기를 수정하지 않기 위해서였다. 이후 촬영하는 동안 마치 과외 학생을 가르치듯이 교과서에 미리 줄 쳐둔 중요한 문구들을 강조하면서 다음 시간에 배울 내용을 빠른 속도로 정리했다. 실제 영상에서는 일반 연필이 아닌 칫솔을 사용했는데 필자가 가르치는 치과 학문이 칫솔을 기본으로 하기 때문에 약간의 즐거움도 줄 겸 해서 낸 아이디어였다. 이렇게 복잡한 기술 없이 12분짜리 영상이 만들어졌다.

이후 [공유] 버튼을 이용해서 유튜브 채널에 업로드했고(단, 유튜브는 채널 개설을 해야만 영상을 올릴 수 있다. 만일 아직 채널이 없다면 유튜브(www.youtube.com/studio)에 들어가서 새로운 채널을 만들어 보자), 업로드가 끝난 뒤 여기에서 만들어진 링크를 학생들에게 카카오톡으로 전송하여 학생들이 돌려가며 볼 수 있게 했다. 이것이 세상에서 가장 간단한 플립 러닝 학습 영상 준비 방법이다.

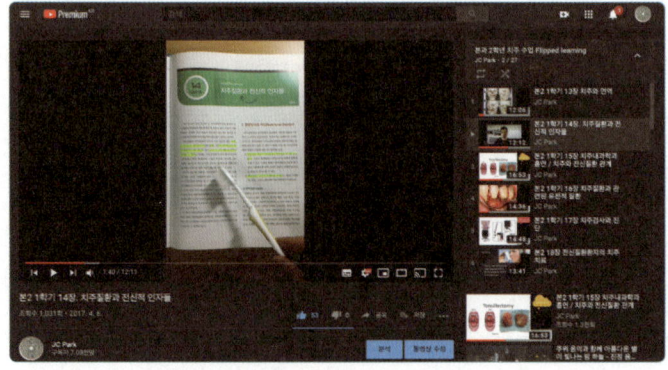

슬라이드 화면을 캡처하거나 복잡한 편집이 어려운 경우라면 스마트폰을 왼손에 들고 오른손으로는 교과서에 밑줄을 쳐가면서 요점만 짚어주어 10분짜리 영상을 찍을 수 있다.

1.2 파워포인트로 강의하고 스마트폰으로 얼굴 찍기 (나중에 합하기)

강의 자료가 이미 파워포인트나 키노트로 만들어져 있다면 이 자료를 넘기면서 강의하는 모습을 촬영할 수 있다. 파워포인트에는 슬라이드 쇼 녹화 기능이 있기 때문이다. 다만 얼굴 녹화가 안 되기 때문에 원한다면 별도로 스마트폰을 이용해서 얼굴을 촬영한 뒤 이를 편집 프로그램을 이용해서 합치면 된다(이를 위한 편집 도구는 무비메이커, 아이무비, 어도비 프리미어, 소니 베가스, 캠타시아, 키네마스터 등이 있다. 각 프로그램 사용법을 찾아서 공부하길 권장한다. 이 책에서는 촬영하는 단계까지만 소개하겠다.).

우선 파워포인트 [슬라이드 쇼] → [슬라이드 쇼 녹화] → [처음부터 녹음 시작]을 클릭한다.

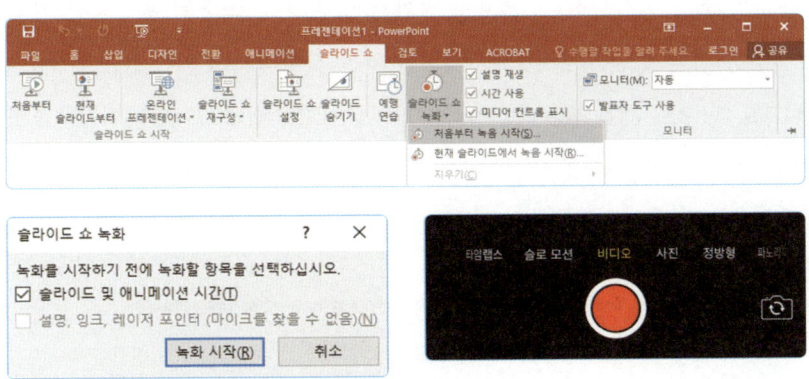

파워포인트에는 화면을 녹화할 수 있는 기능이 기본으로 탑재되어 있다.

이와 동시에 스마트폰 하나를 작은 거치대(국내 포털 사이트에서 고릴라 포드라고 검색하면 1,500원짜리부터 다양한 거치대를 판매하고 있다. 가격은 크게 상관없으니 일단 하나 장만하자)를 이용해서 강의자의 얼굴과 목소리를 녹화하겠다. 카메라는 전면부(셀카 모드)와 후면부에 2개가 있지만 초보자라면 강의자의 얼굴을 모니터링하는 것이 중요하기 때문에 셀카 모드로 시작하는 것을 권장한다. 이후 파워포인트의 녹화 시작 버튼과 휴대폰의 카메라 동영상 녹화 버튼을 동시에 누르고 강의를 진행한다.

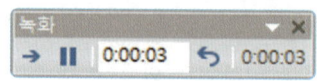

파워포인트에서 별도의 녹화 창이 열리고 촬영된 시간과 정지 기능이 제시된다.

슬라이드 재생이 끝나면 우선 슬라이드 녹화를 중지한다. 다음 그림과 같이 '시간을 저장하시겠습니까?'라는 창이 뜨면 [예(Y)]를 클릭한 다음, 휴대폰 녹화도 중지한다. 아무래도 주변의 도움 없이는 슬라이드 녹화와 카메라 촬영의 두 동영상 길이가 조금 달라질 수 있는데, 이는 다양한 도구를 이용해서 조정이 가능하다. 참고로 영상과 소리의 싱크를 맞추는 좋은 방법은 영상 시작 포인트에서 크게 박수를 치는 것이다(영화 찍는 사람들이 슬레이트로 "딱"하고 찍는 것은 바로 음향의 파형을 보고 손쉽게 동기화를 시키기 위함이다).

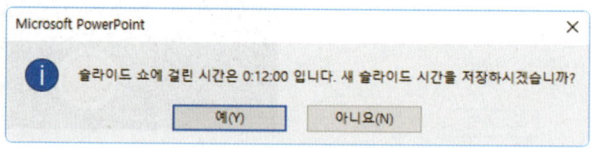

슬라이드 쇼 녹화 시간이 제시된다.

[예(Y)]를 클릭한 다음 [내보내기] → [비디오 만들기] → [기록된 시간 및 설명 사용]을 클릭한 뒤 [비디오 만들기]를 클릭하면 슬라이드 쇼가 동영상으로 만들어진다.

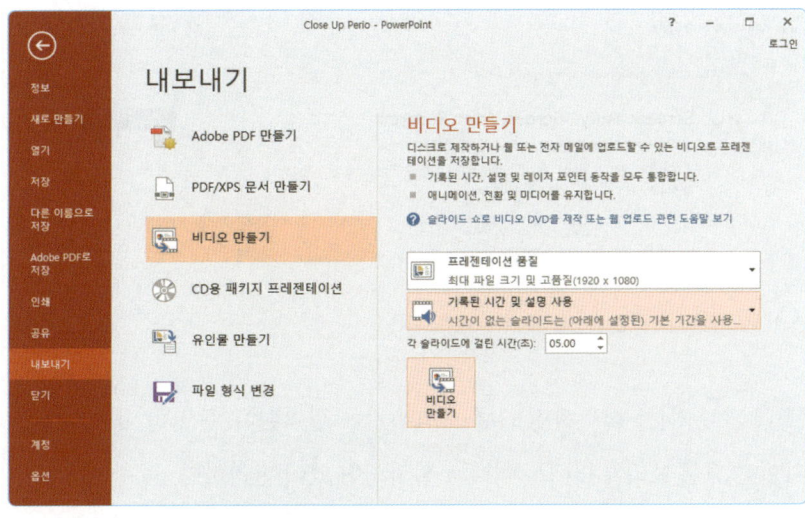

내보기 기능을 이용해 동영상 파일을 저장한다.

스마트폰에서 찍은 얼굴 영상을 PC로 전송한 뒤 2개의 영상을 합하면 픽처 인 픽처(Picture in picture)가 만들어진다. 이후 편집 설명은 생략하겠다.

1.3 스크린캐스티파이로 촬영하기

이번에는 기존의 강의 슬라이드를 보면서 설명하되, 이와 동시에 강의자의 얼굴과 목소리가 추가되도록 영상을 만드는 것을 소개하고자 한다. 사용할 도구는 앞서 언급한 스크린캐스티파이이며 무료 버전을 사용하겠다(무료 사용 시 5분까지 촬영 가능하다. 걱정할 것 없이 5분 단위로 끊어서 촬영하면 되고 불편하다면 유료 결제하면 된다.). 구글 검색 창에서 'screencastify'를 검색하면 크롬 웹 스토어에서 설치할 수 있다.

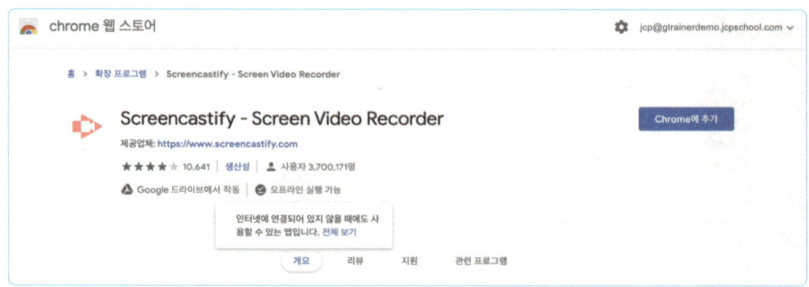

스크린캐스티파이를 크롬 웹 스토어에서 다운받는 화면

[크롬에 추가]를 클릭하면 크롬 브라우저에 설치된다. 동일한 아이디로 로그인한 크롬 브라우저에는 어디나 설치되어 있어 편리하다.

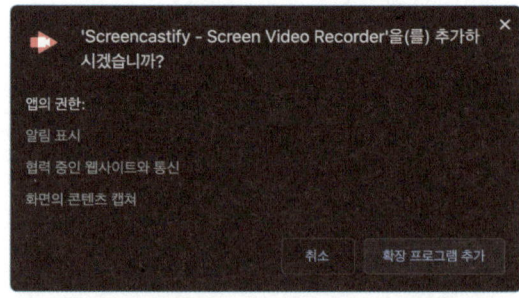

권한을 허가하면 크롬 브라우저에 설치된다.

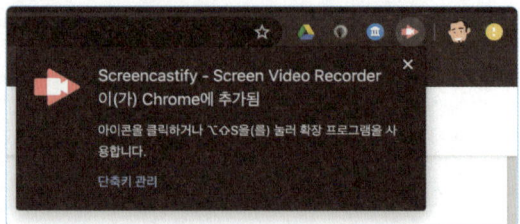

설치가 완료되어 크롬 브라우저의 오른쪽 상단에 작은 아이콘으로 표시된다. 사용을 원할 때, 클릭하면 현재 내가 작업하는 화면 그대로를 녹화할 수 있다.

B. 유튜브 레시피   구글 클래스룸 수업 레시피

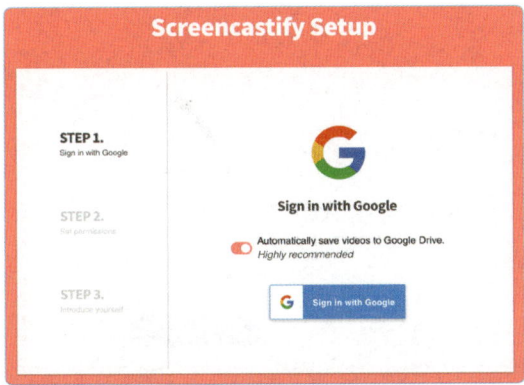

스크린캐스티파이를 실행하면 최초 1회 설정 과정을 거친다. 1단계에서는 연동할 구글 계정을 입력해야 한다. 앞서 언급한 대로 녹화가 끝남과 동시에 구글 드라이브로 바로 업로드되기 때문에, 원하는 구글 계정으로 설정한다.

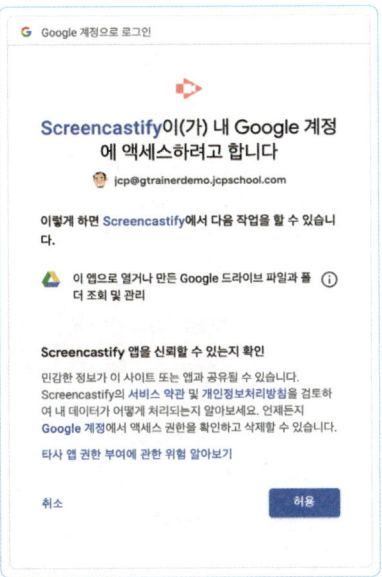

연동할 구글 계정이 제시된다. 권한을 허가하면 연동이 완료된다.

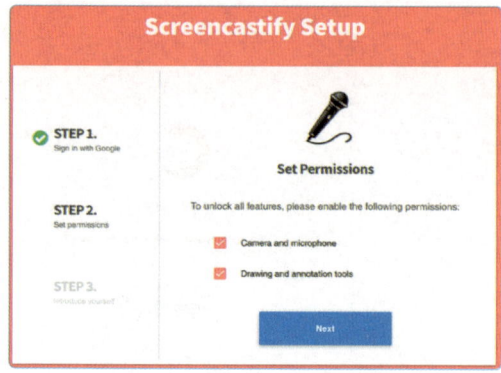

2단계로 마이크와 카메라의 접속 권한을 승인하고 화면상에 판서하는 기능을 승인해야 한다.

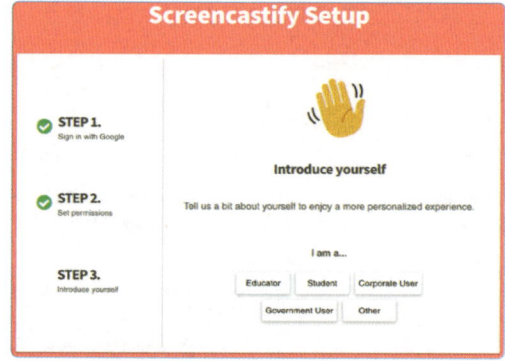

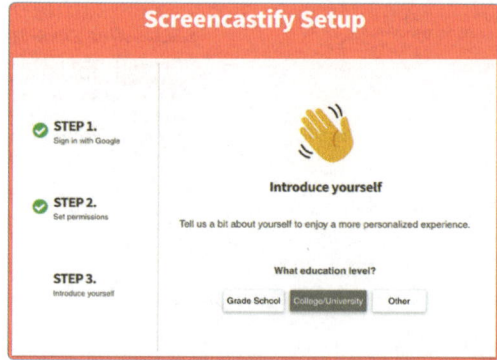

마지막 단계에서 자기소개처럼 간단한 정보를 입력한다. 교육자인지, 어느 학교에 재직하는지 입력하면 끝이다.

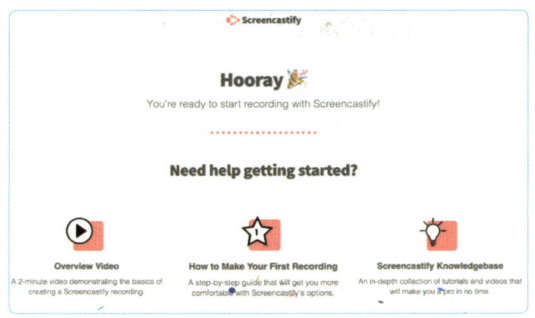

모든 설정이 완료되었다. 이제부터 촬영이 가능하다.

이제부터는 슬라이드를 띄울 차례다. 대부분 파워포인트를 사용하겠지만, 이번 설명에서는 구글 프레젠테이션을 소개하겠다. 기존 수업의 절차는 파워포인트를 화면에 띄우고 이에 대해 수업한 뒤, 이 강의 자료를 PPT 파일로 전달해 주거나 PDF 파일로 만들어서 학생들이 공부할 수 있도록 도움을 주었다면, 이제는 구글 프레젠테이션의 링크를(물론 수정되지 않고 열람만 가능한 링크) 직접 전달하여 학생들이 손쉽게 자료에 접근할 수 있도록 한다. 이 역시 시대의 변화를 잘 반영했다. 예전에는 귀한 자료와 정보를 독점하는 것이 힘이었다면, 이제는 고급 정보를 제공하는 것이 힘이다. 공유와 협력의 시대가 되었기 때문이다.

구글 프레젠테이션으로 강의할 준비를 마쳤다. 모든 슬라이드를 전부 보여주지는 않고 일부분만 설명하면서 큰 그림만 그려줄 예정이다. 이것이 플립 러닝의 목적에 부합한다.

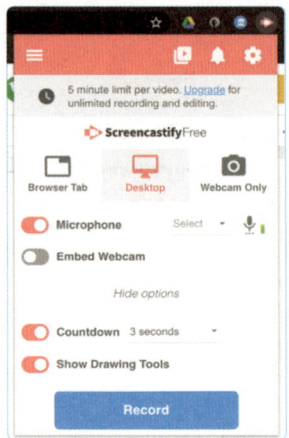

크롬 브라우저 오른쪽 상단 아이콘을 클릭하면 작은 창이 열린다. 스크린캐스티파이 프리라고 보이며 다양한 옵션이 나온다. [Show more options]을 클릭하면 더 많은 옵션이 나온다.

- **[브라우저 탭(Browser Tap)]**: 크롬 브라우저에 열린 탭 중에서 하나의 모습이 공유되도록 설정할 수 있다.

- **[데스크톱(Desktop)]**: 말 그대로 내 화면에서 일어나는 모든 일이 그대로 촬영된다. 개인적으로는 꺼리는데, 메시지나 이메일이 와서 알림이 오면 사생활이 노출될 수 있기 때문이다.

- **[웹캠 온리(Webcam Only)]**: 화면 녹화 없이 웹캠을 통해 내 얼굴만 나오게 만들 수 있다.

- **[마이크로폰(Microphone)]**: 마이크 세팅을 할 수 있다. 별도의 마이크를 산 경우라면 여기서 입력 소스를 선택해야 한다. 참고로 필자는 슈어(Shure) 사의 데스크톱 마이크를 적극적으로 추천한다. 목소리 녹음에 특화된 모드로 녹음하면 고품질의 녹음이 가능하다.

- **[임베드 웹캠(Embed Webcam)]**: 웹캠 입력 소스를 선택하는 곳이다. 강의자의 얼굴을 넣을 것인지, 넣는다면 노트북의 웹캠인지 아니면 별도의 카메라인지 결정해야 한다. 필자는 Logitech 사의 HD급 웹캠을 적극적으로 추천한다.

- **[카운트다운(Countdown)]**: 영상을 촬영하기 전에 '3, 2, 1'하고 촬영이 시작된다. 꼭 필요한 기능은 아니지만 카메라 울렁증이 있는 선생님이라면 유용할 것이다.

- **[드로잉 도구(Show Drawing Tools)]**: 화면상에 판서할 수 있도록 도구를 띄울 것인지, 옵션을 정할 수 있다.

이제 촬영을 시작해보겠다. 떨리는 순간이다. 후편집을 최소화하기 위해서는 되도록 한 번에 끝내는 것이 편리하다. 처음에는 NG도 많이 나겠지만 자꾸 하다 보면 한 호흡에 끝내는 요령이 생길 것이다.

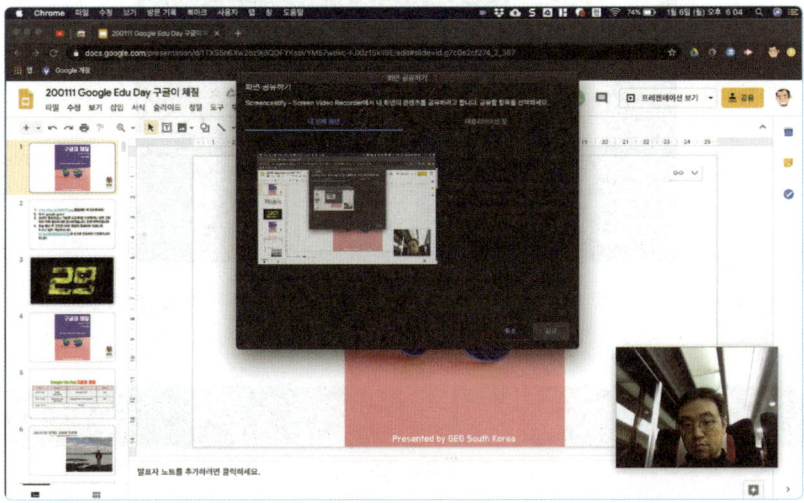

촬영 버튼을 눌렀더니 어떤 화면을 촬영할 것인지 묻는다. 앞서 언급한 대로 전체 화면을 녹화하는 것은 사생활 침해 문제가 있을 수 있다. 필자는 [애플리케이션 창]을 선택해서 특정 파워포인트나 구글 프레젠테이션만 공유되도록 하는 것을 선호한다.

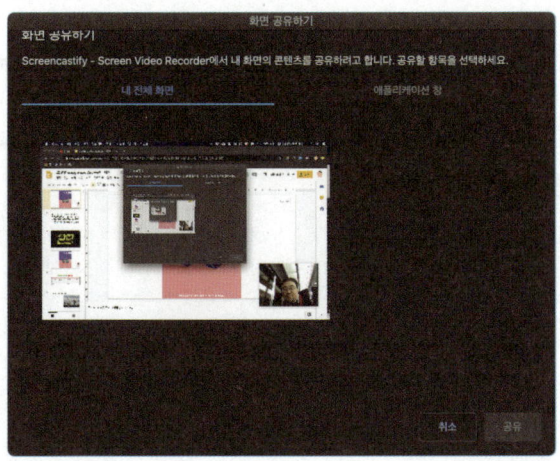

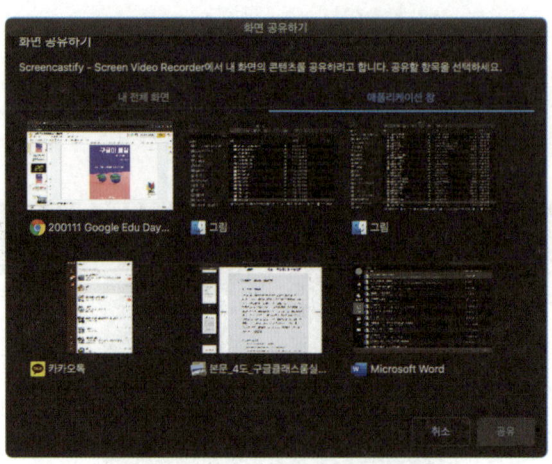

두 개의 화면 옵션 중에서 특정 앱이 보이도록 [애플리케이션 창]을 클릭한 후 특정 앱을 선택한다.

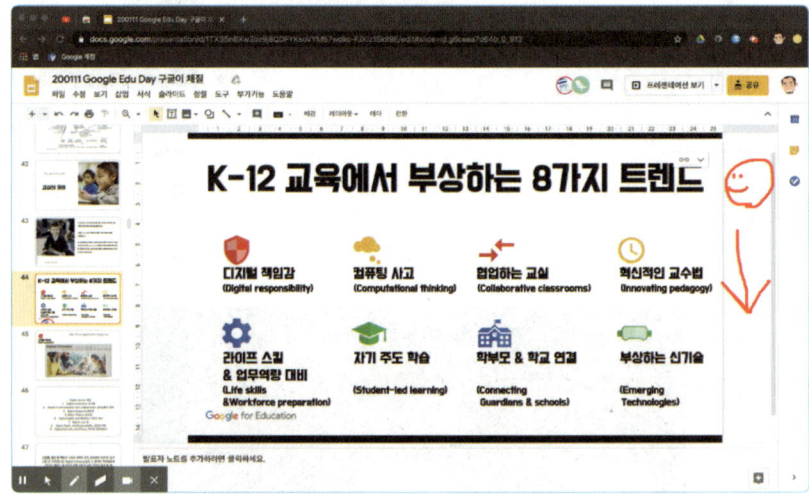

구글 프레젠테이션을 띄우고 강의를 시작한다. 필자가 보는 화면이 그대로 녹화되어 제공된다. 웹캠의 모습은 잠시 숨겨두었지만, 최종 영상에서는 함께 나온다. 판서 기능도 있어서 화면상에 필기도 할 수 있다.

B. 유튜브 레시피

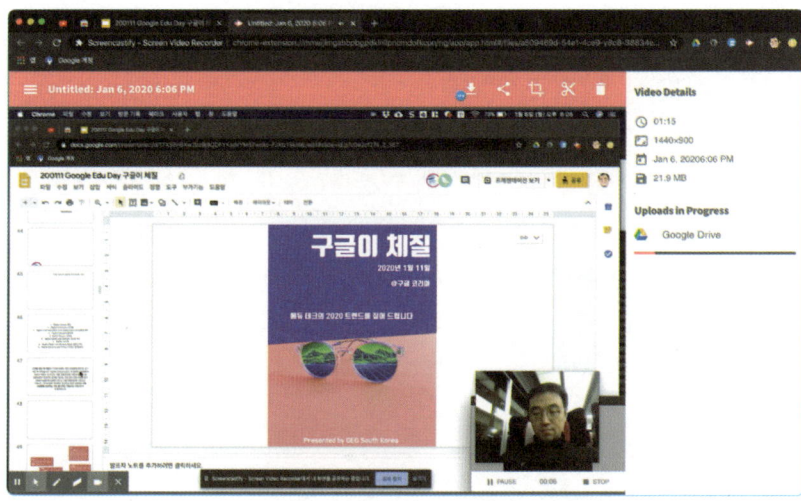

하단의 [공유 중지]를 눌러 영상 촬영을 마치자, 바로 업로드가 시작된다. 총 영상의 길이, 해상도 등이 표시된다. 상단의 바에서 [공유] 아이콘을 눌러서 공유할 준비를 한다.

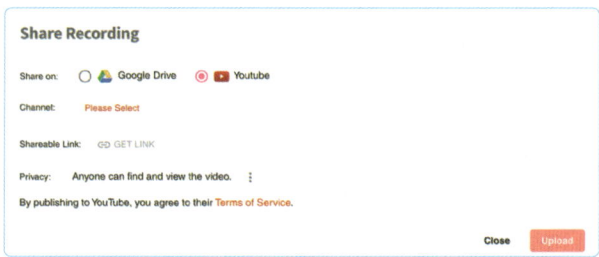

최근 학생들이 가장 선호하는 것이 유튜브라서일까? 유튜브가 우선 옵션으로 선택되어 있다.

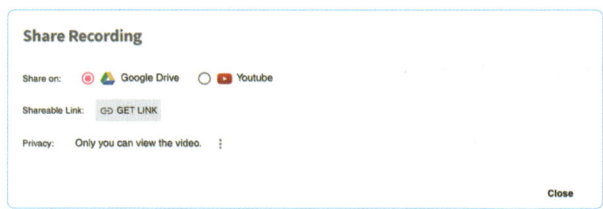

구글 드라이브로 선택하자 [GET LINK]가 활성화된다. 클릭하면 업로드를 마치지 않았더라도 링크를 얻을 수 있다. 영상이 전부 올라가는 것을 기다리지 않아도 되기 때문에, 이 단계에서 시간을 상당히 많이 절약할 수 있다.

링크가 완성되었고 이를 복사하거나 구글 클래스룸 아이콘(오른쪽 중앙의 초록색 아이콘)을 눌러 바로 클래스룸에 공지하거나 과제로 제시할 수 있다. 역시나 여러 단계의 작업을 건너뛸 수 있기 때문에 정말 편한 기능이다.

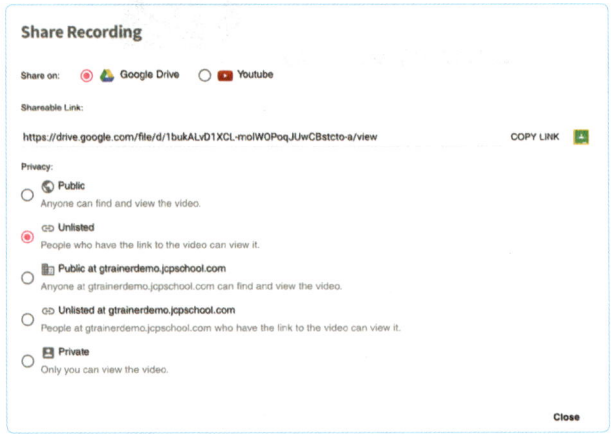

구글에서 문서나 자료를 공유할 때는 항상 '권한 설정'이 중요하다. 대부분 [부분 공개(Unlisted)]가 기본으로 되어 있어 링크를 가진 사람만 볼 수 있다. 필요에 따라서는 학교 내부의 사람만 볼 수 있도록 제한할 수도 있다. 용도에 맞게 선택하면 된다.

시나리오 2 동영상 업로드하기

이제 촬영한 영상을 유튜브에 업로드하자. 앞선 시나리오에서 스크린캐스티파이를 이용해서 유튜브로 바로 올렸다면 따로 올리지 않아도 되지만, 좀 더 공을 들여서 올리고 싶다면 1차 편집 후에 유튜브 사이트에서 올리는 것을 추천한다.

B. 유튜브 레시피

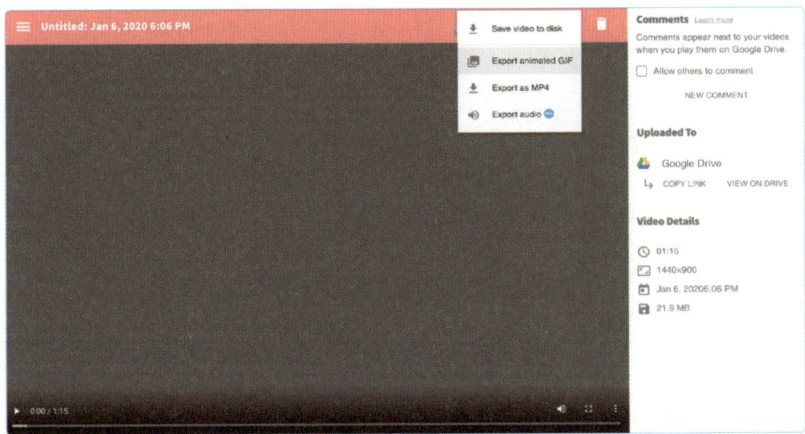

스크린캐스티파이 상단 메뉴에서 [다운로드(Download)] 아이콘을 클릭하면 파일을 다운받는 옵션들이 나온다. [MP4 파일(Export as MP4)]로 다운로드하자.

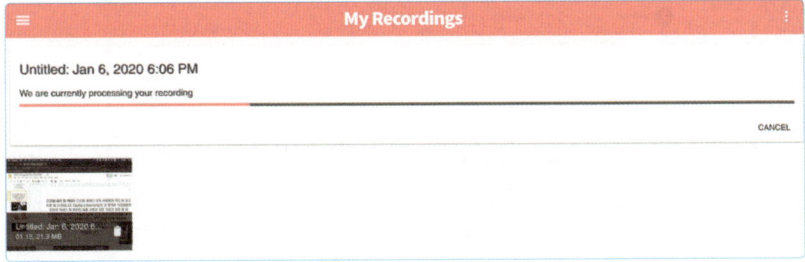

내려받는 시간이 표시된다.

다운로드가 완료되면 유튜브에 접속하여 로그인한다.

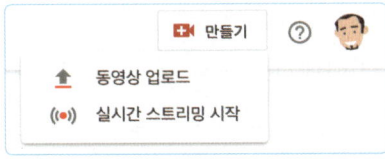

유튜브에 들어가서 오른쪽 상단의 [만들기] 버튼을 클릭한 뒤 [동영상 업로드]를 클릭한다.

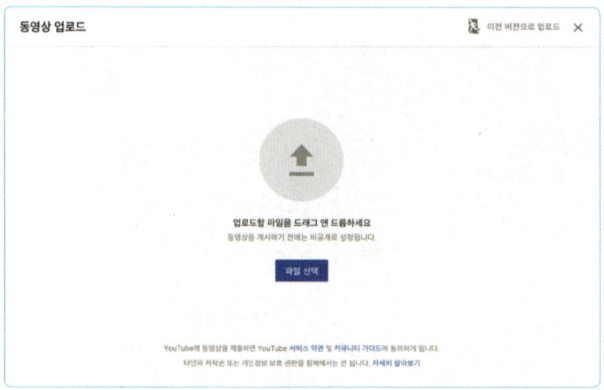

동영상을 업로드하는 새로운 창이 열린다. 올리는 방식은 2가지이다. 드래그 앤 드롭하거나 [파일 선택]을 클릭하여 윈도우 탐색기에서 파일을 직접 선택하는 방식이다.

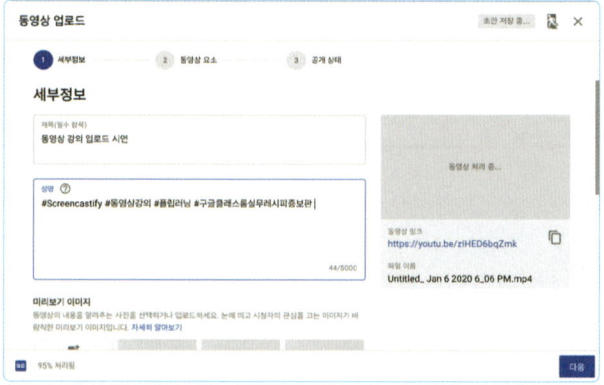

파일을 업로드하기 시작하면 단계별로 정보를 입력하게 되어 있다.

동영상 업로드를 시작하면 여러 정보를 입력해야 하는데 우선 [제목]을 입력한다. 제목은 직관적이면서도 향후 시리즈 영상을 묶기 편한 이름으로 짓는 것을 추천한다. [설명]에는 자세하게 영상의 정보를 넣는다. 상단에 해시태그(#)를 입력하면 향후 영상 제목 상단에 해시태그로 영상 특징을 표시할 수 있어 유용하다. 영상 설명뿐 아니라 자신만의 브랜드 관련 정보나 홍보 문구, 링크를 넣는 경우도 많다.

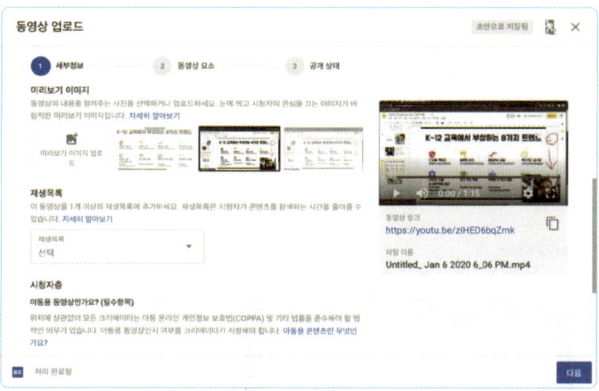

아래로 스크롤한 화면

미리보기 이미지는 영상의 전체 부분 중 인공지능이 임의로 대표 이미지를 고른 것이다. 대부분의 경우엔 대표성을 띠는 좋은 이미지가 골라지지만, 엉뚱하게도 맘에 들지 않는 부분이 캡처된 경우도 있다. 이럴 때는 수작업으로 이미지를 만들어서 직접 올려야 한다. 미리보기 이미지가 화려할수록 클릭 수가 높아지기에 전문 유튜버들은 미리보기 이미지 작업에 공들이고 있다. 재생목록을 입력하고 아동용 영상 여부를 표시한다.

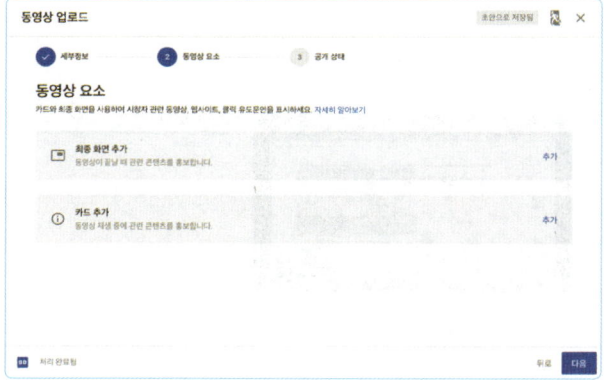

2단계에서는 동영상에 추가할 요소를 선택할 수 있다.

대부분의 영상은 재생이 끝나면 다음 영상으로 넘어가지만 [최종 화면 추가]나 [카드 추가]를 선택하여 추가하면 강의자가 원하는 영상이나 관련 콘텐츠를 영상 위에 제시할 수 있다.

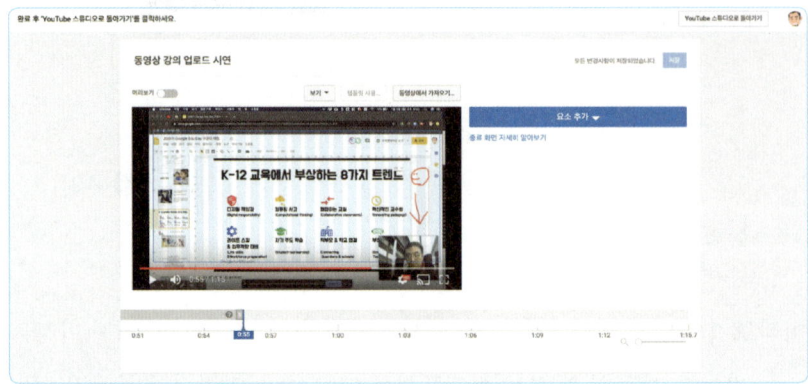

[최종 화면 추가]를 클릭하고 [요소 추가]를 선택하면 [동영상 또는 재생목록], [구독], [채널], [링크]를 영상 재생 중에 화면에 띄워서 홍보할 수 있다.

영상 위에 뜨는 콘텐츠를 클릭하면 실제로 다른 동영상으로 넘어가거나 채널을 구독하게 만들 수 있다. 번거롭기는 하지만 채널의 성장을 위해서는 노력해야 할 부분이다.

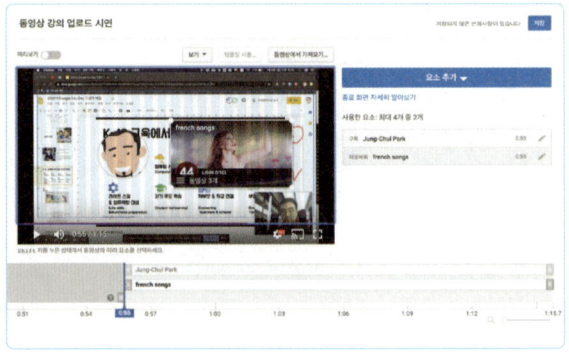

전체 영상 1분 15초 중 55초가 되는 부분에 필자의 채널을 구독하게 하는 링크 하나와 프랑스 노래를 모아둔 재생목록, 2가지 하이퍼링크를 영상 위에 띄우게 설정했다.

[요소 추가] 변경사항을 저장하고 [YouTube 스튜디오로 돌아가기]를 클릭하면 영상 업로드를 마무리할 수 있다.

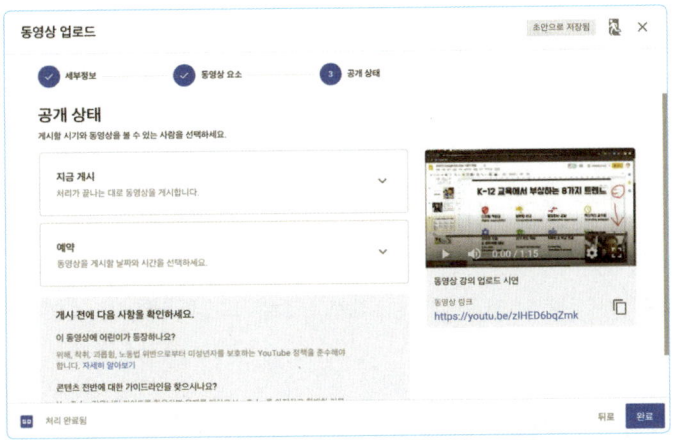

마지막 '공개 상태'를 선택한다. [지금 게시]를 클릭하면 옵션이 나온다.

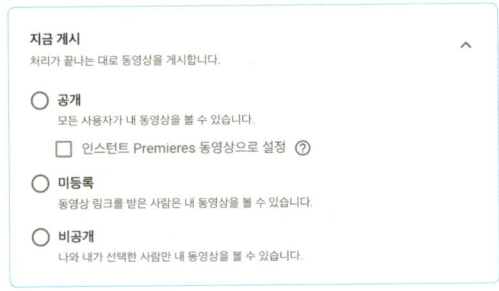

게시물의 공개 수준을 선택할 수 있다.

- **[공개]**: 모든 사용자가 로그인 여부와 관계없이 바로 영상을 볼 수 있다.
- **[미등록] (일부 공개)**: 검색 사이트나 유튜브 추천 영상에는 절대 공개되지 않지만 링크가 있는 사람은 영상을 볼 수 있다. 따라서 매우 안전하게 영상을 공유할 수 있는 방식이다.
- **[비공개]**: 영상은 외부로 전혀 공개되지 않으며 선택적으로 지메일로 초대한 사람들만 영상을 볼 수 있어서 폐쇄성이 더욱 높은 방식이다.

유튜브 스튜디오 내의 [동영상]을 클릭하면 방금 업로드한 영상이 표시되어 있다.

시나리오 3 동영상 공유하기

직접 만든 영상을 모두 업로드하였고 공개 링크도 만들어서 구글 클래스룸이나 메신저를 통해서 학생들에게 제공했다고 가정하자. 하지만 가끔 멋진 해외 다큐멘터리가 있어서 학생들과 공유하고 싶을 때도 있다. 90분짜리 멋진 영상을 공유하여, 모두 보고 왔을 것으로 생각했는데 의외로 끝까지 보고 온 학생들은 0명. 물어보니 영상이 너무 길어서 다 볼 엄두가 나지 않았다고 한다. 어떻게 학생들에게 중요한 부분만 몇 군데 추려서 공유할 수 있을까? 방법은 2가지가 있다. 첫 번째는 시작 포인트를 정해서 공유하는 방법과 두 번째는 다수의 포인트에서 [타임스탬프]를 찍어주는 방법이다.

B. 유튜브 레시피

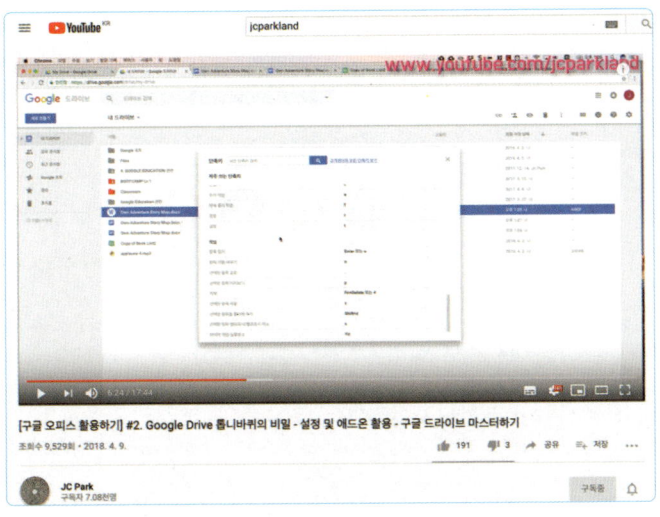

유튜브에서 좋은 영상을 찾았다. 어떻게 영상을 공유할 수 있을까?

예를 들어 필자가 만든 '구글 오피스 활용하기' 영상에서 구글 드라이브의 단축키 소개하는 부분을 공유한다고 가정하자. 일반적인 공유는 영상 아래의 [공유] 버튼을 눌러 링크를 복사하거나, 주소창의 링크를 그대로 복사하는 방법이 있다. 하지만 특정 시간(6분 24초)부터 재생되게 하려면 어떻게 해야 할까?

[공유] 버튼을 누르면 뜨는 새 창

보통은 [복사] 버튼을 눌러 링크를 복사해 공유하겠지만 특정 시간부터 재생되도록 공유하기 위해서는 하단에 있는 [시작 시간]을 클릭해야 한다. 현재 6분 24초 지점에서 [공유] 버튼을 눌렀기 때문에 기본값이 6:24로 되어 있다.

[시작 시간] 앞의 체크 박스를 클릭하니 활성화되었고 링크의 내용이 바뀌었다.

링크 주소 끝에 't=384'가 추가되었다. 6분 24초 즉, 384초 지점부터 재생하는 링크가 된 셈이다.

때로는 학생들에게 권해주고 싶은 포인트가 여러 곳이 있을 수 있다. 이런 경우는 타임스탬프(Time stamp) 기능을 활용한다. 이 기능은 댓글 창에서 사용할 수 있다.

먼저 댓글 입력창으로 간다.

댓글 입력창에 원하는 시간 포인트를 '6:24'처럼 '분:초' 양식으로 입력한다.

[Enter] 키를 눌러 입력하고 나니 파란색 링크로 만들어진다. 링크를 클릭하면 영상의 6분 24초 지점부터 재생된다.

학생들에게 꼭 전달해야 하는 부분을 지정한 여러 개의 타임스탬프

이런 방식으로 다수의 타임스탬프를 입력하면서 각 포인트의 내용을 간단히 설명해 주면 학생들이 영상을 모두 다 보지 못할지라도 꼭 전달해야 할 내용은 전달할 수 있다.

시나리오 4 재생목록 만들기

유튜브에 동영상을 업로드했다고 끝이 아니다. 크리에이션(creation)만큼 중요한 것이 큐레이션(curation)이다. 방대한 양의 유튜브 세상에서 학생들이 직접 좋은 영상을 찾아 다니기엔 쉽지 않다. 따라서 전문성과 노하우를 가진 교육자가 직접 관련 콘텐츠를 선별하고 이를 하나의 재생목록(playlist)으로 만들어서 제공하는 경우, 이 역시도 매우 의미있는 지적 콘텐츠가 될 수 있다. 최근에는 재생목록도 협업 작업이 가능하므로 학생들과 함께 좋은 영상을 찾고 이를 하나의 재생목록으로 만드는 활동도 가능하다. 이번에는 학생들이 '마법 주문'을 다양한 관점으로 보고 배울 수 있도록 좋은 영상들을 선별하여 하나의 재생목록으로 제공하는 방법을 살펴보겠다.

유튜브 검색창에 '마법주문'이라는 이름으로 영상을 검색하였다. 하지만 좀 더 선별된 영상을 검색할 필요가 있을 듯하다.

검색창 하단의 [필터] 버튼을 누르니 평소에는 감춰져 있던 필터 옵션들이 제시된다.

B. 유튜브 레시피

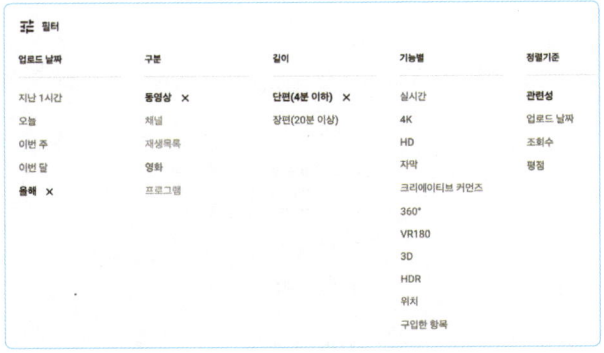

'올해'+'동영상'+'단편(4분 이하)'+'관련성'의 기준으로 영상 검색 옵션을 넣어서 좀 더 정밀하게 검색한다.

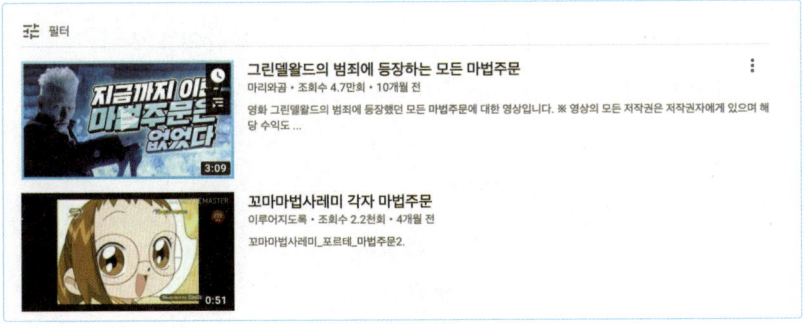

검색된 영상 중 가장 상단의 영상을 재생목록에 넣고 싶다. 영상 위에 마우스 커서를 올려놓으면(클릭하지 않고) 영상 오른쪽에 3점 버튼이 만들어진다. 이를 클릭한다.

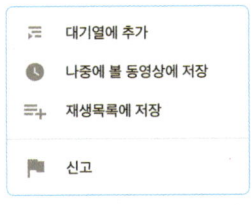

3점 버튼을 클릭하면 뜨는 새로운 창

- **[대기열에 추가]**: 지금 보고 있는 영상 뒤에 바로 이어질 수 있도록 추가하는 기능

- **[나중에 볼 동영상에 저장]**: 지금 따로 재생목록을 만들지 않고 나중에 영상을 보려고 저장할 때 사용

- **[재생목록에 저장]**: 기존 재생목록 내지는 신규 재생목록에 영상을 저장할 때 사용

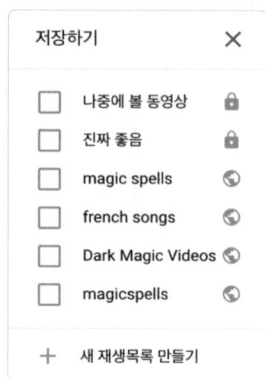

[재생목록에 저장] 버튼을 누르면 새로운 창이 생성된다.

[재생목록에 저장]을 클릭하니 기존에 만든 재생목록들이 보인다. 이번 영상은 [새 재생목록 만들기]를 눌러 새로운 목록에 저장하겠다.

[새 재생목록 만들기]를 누르니 새로운 '이름'과 '공개 범위 설정'을 설정해야 한다.

원하는 이름을 입력하고 재생목록의 공개 범위를 설정한다.

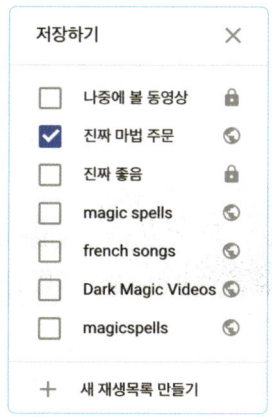

새로 만든 재생목록이 보인다.

새로 만든 재생목록을 선택하여 저장하면 된다. 따로 저장 버튼이 없기 때문에 체크 박스를 선택한 뒤 다른 화면을 누르면 창이 사라진다.

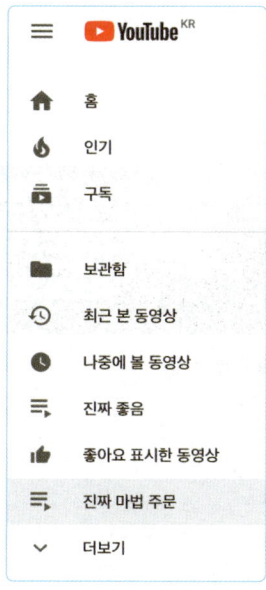

새로 만든 재생목록은 유튜브 화면의 왼쪽에 보인다.

간혹 목록을 만들었는데 유튜브 화면에서 바로 안 보이는 경우가 있다. 이럴 때는 화면을 새로 고침하면 나타난다.

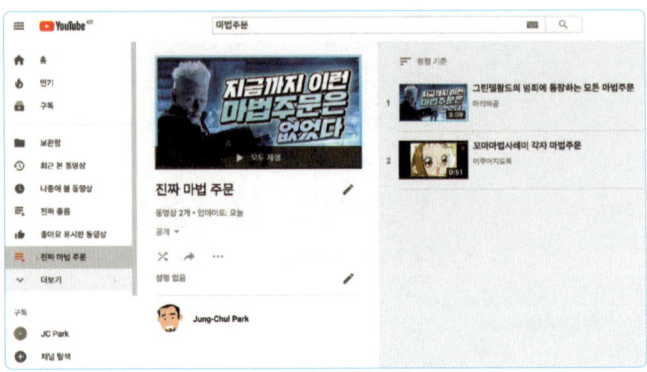

새로 만든 재생목록을 클릭하니 재생목록의 편집 화면이 제시된다.

재생목록을 클릭하면 재생목록의 편집 화면이 나오는데, 대표 영상 이미지 아래 제목과 옵션들이 제시되고 오른쪽에는 재생목록에 포함된 영상들이 나열된다.

재생목록 제목 아래 [3점 버튼]을 클릭하면 추가 옵션이 제시된다.

재생목록 편집 화면에서 [3점 버튼]을 클릭하고 [공동작업]을 클릭하자.

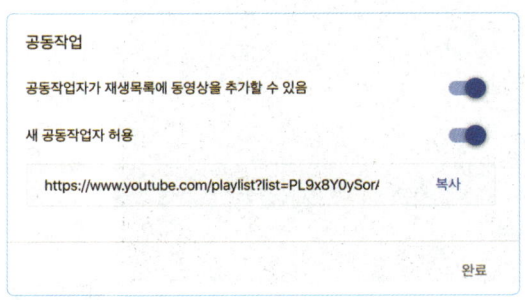

[공동작업자가 재생목록에 동영상을 추가할 수 있음]을 선택하면 새로운 링크가 만들어진다.

새로운 링크를 받을 수 있는데, 이 링크를 통해 누구나 재생목록에 영상을 추가할 수 있다. 집단 지성을 통해 순식간에 좋은 재생목록이 만들어 질 수 있다.

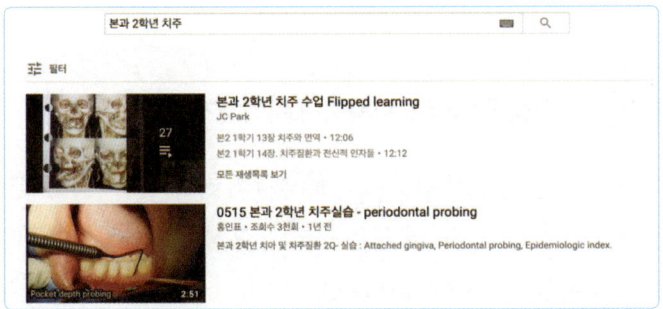

필자가 실제 본과 2학년 학생들에게 제공하는 재생목록의 예이다.

'본과 2학년 치주'라고 검색하면 가장 상단에 필자가 만든 재생목록이 나오고 하단에는 개별 영상들이 제시된다. 재생목록의 대표 이미지는 개별 영상과는 다르게 되어 있고 목록에 있는 영상의 수가 직관적으로 잘 표시되어 있다.

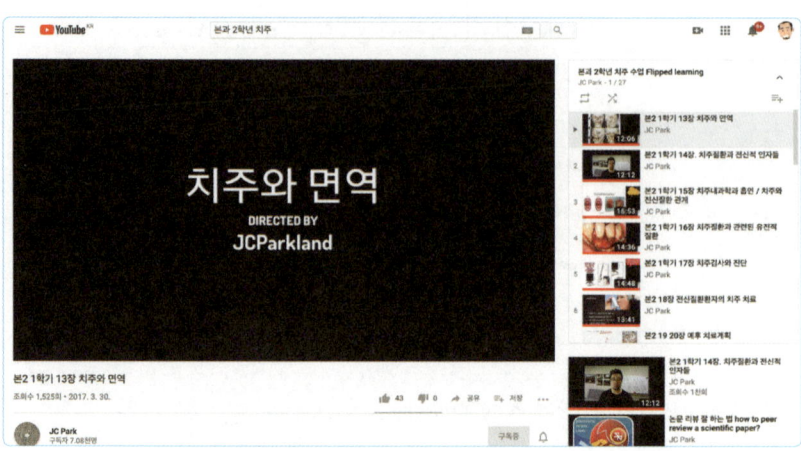

재생목록을 클릭하여 재생을 시작하니 일반적인 재생과는 달리 오른쪽에 재생목록이 순서대로 나열되어 있다.

학생들은 재생목록 안에서 다양한 영상을 클릭하면서 선생님이 큐레이션한 영상을 볼 수 있다.

시나리오 5 영상 속 학생들 얼굴에 모자이크 처리하기

초등학교 학예회 영상을 촬영하여 학부모에게 공개하려고 유튜브에 영상을 올린 순간, 걱정되는 분들이 있을 것이다. 혹시라도 아이들의 얼굴이 나쁜 일에 이용되지는 않을까? 아이들의 초상권 이슈는? 당연히 누구나 할 수 있는 고민이다. 따라서 유튜브에 영상을 올릴 때는 영상에 나오는 이들의 얼굴 공개에 대해서 서면으로 반드시 동의를 구하는 것이 옳다. 미성년자 학생들의 경우에는 부모님의 동의를 구해야 한다.

만일 동의를 구하지 못한 상태에서 영상을 올려야 한다면, 학생들의 얼굴이 공개되지 않도록 안전하게 올리는 것이 좋다. TV에서 보는 것처럼 얼굴에 모자이크 처리를 하면 좋겠는데 혹시 좋은 방법이 없을까? 놀랍게도 유튜브 안에는 이러한 기능이 내장되어 있다. 함께 따라 해 보자.

유튜브 오른쪽 상단의 아이콘을 누르면 메뉴가 나온다. 여기서 [내 채널]을 클릭한다.

내 채널 상단에 [YOUTUBE 스튜디오]를 클릭한다.

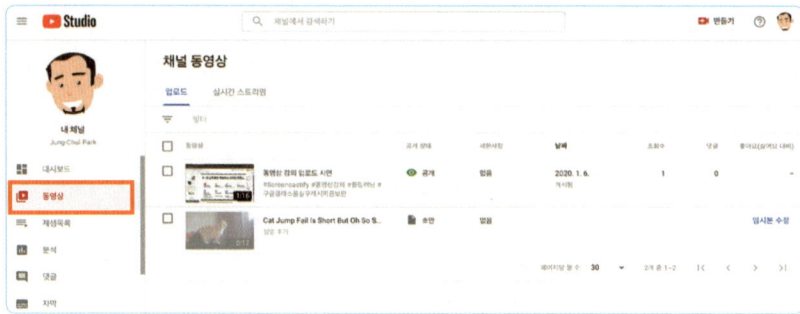

필자가 업로드한 영상들을 수정, 편집, 관리할 수 있는 [동영상]으로 들어간다.

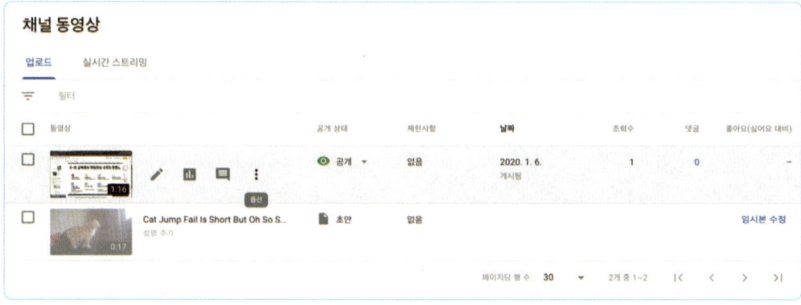

원하는 영상 상단에 마우스 커서를 올리면(클릭하지 않고) 숨어있는 버튼들이 나타난다. 여기서 [3점 버튼]을 클릭한다.

영상을 자세하게 수정, 편집할 수 있는 화면. '동영상 세부정보' 화면으로 넘어간다.

'동영상 세부정보'에서는 대표 이미지를 바꾸거나 공개 상태를 수정하고 메타 정보를 입력할 수 있다. 왼쪽 메뉴 중 [편집기]를 클릭한다.

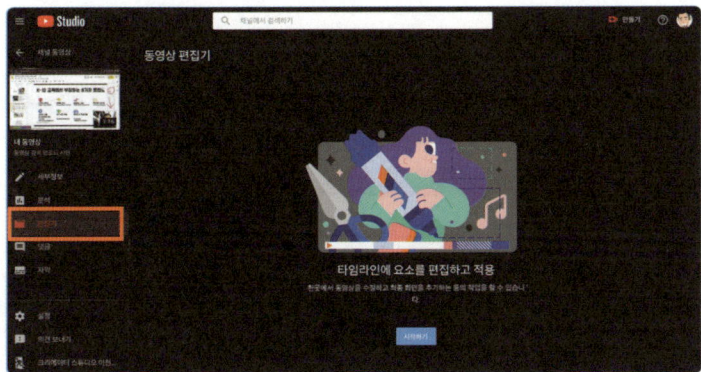

편집기 메뉴는 얼마 전부터 적용된 [다크 모드]가 적용되어 있다.

기존의 스마트폰이나 디지털 디바이스가 빛이 너무 강해서 피로감을 호소하는 이들이 많아지고, 극장 같은 곳에서 반딧불이처럼 빛이 나오는 것에 대한 불편함 때문에 최근 다크 모드가 인기를 끌기 시작했다. 디바이스의 배터리도 오래가기 때문에 앞으로는 다크 모드로 많이 전환할 듯하다.

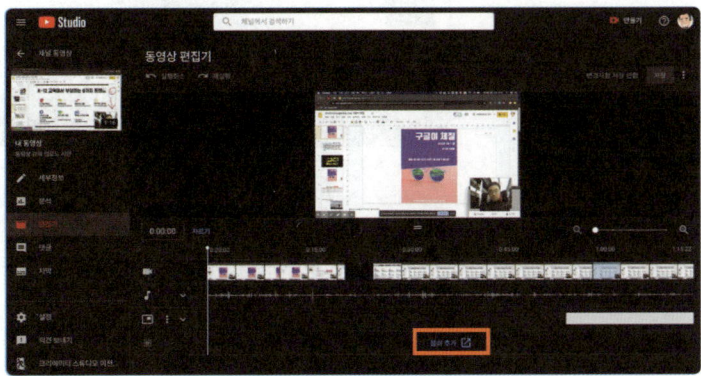

[시작하기]를 눌러 편집 화면으로 들어왔다. [블러 추가]를 클릭한다.

[편집기]에서는 영상을 트리밍하고 음성을 조작하거나 화면상에 다양한 카드나 링크를 넣을 수 있다. 화면 중앙 가장 하단에 [블러 추가]를 클릭한다.

동영상에 나오는 사람의 얼굴을 자동 인지해서 이를 일괄 블러 처리하는 [얼굴 흐리게 처리]와 얼굴이 아닐지라도 특정 부분을 흐리게 만드는 [직접 흐리게 처리] 기능이 보인다.

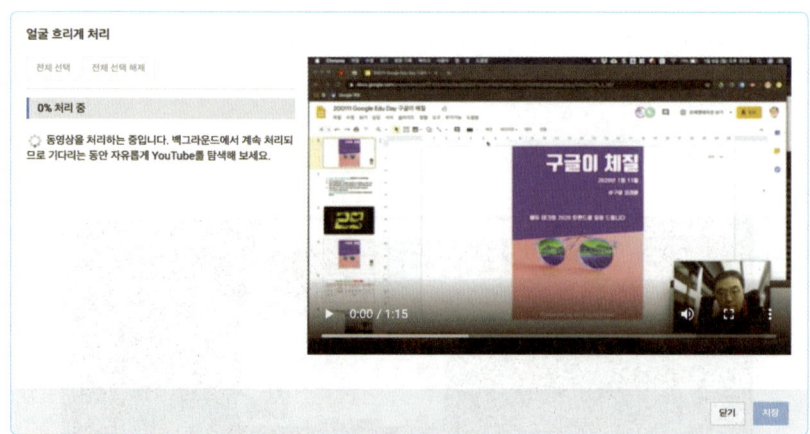

[얼굴 흐리게 처리]를 클릭하니 동영상을 다시 프로세싱하면서 얼굴을 자동으로 찾아내기 시작한다. 영상이 길거나 얼굴이 많이 나오면 시간이 오래 걸린다.

B. 유튜브 레시피

영상에 나온 얼굴들이 아이콘 모양으로 제시된다. 본 영상에서는 얼굴이 하나만 감지되었다.

블러 처리를 원하는 얼굴들을 클릭하여 선택하면 영상 전체에서 일괄 블러 처리가 된다. 가끔 얼굴을 좌우로 돌리는 경우에는 블러가 빠지는 경우도 있지만, 최소한 정면에서만큼은 블러 처리가 된다.

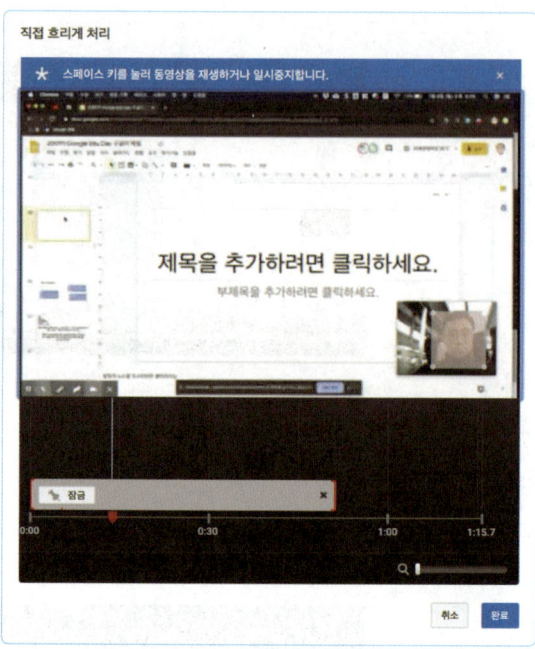

얼굴이 아닐지라도 특정 부위를 드래그하여 선택하면 이 부분을 특정 시간 동안 블러 처리할 수 있다. [직접 흐리게 처리]를 클릭하면 가능하다.

구글 설문지

A. 구글 설문지란?

1. 구글 설문지 소개

2008년 2월 6일 처음 출시된 구글 설문지(Google Forms)는 출시 몇 년 만에 세상을 바꿨다. 기본적으로는 설문조사로 쓰이며 사람들의 의견을 수렴하는 도구이고, 이를 자동으로 스프레드시트(Google Sheets)로 연동하여 데이터를 정리할 수 있게 해준다. 따라서 단체 티셔츠를 주문하거나 식사 메뉴를 결정할 때 활용할 수 있으며, 파일 업로드 기능이 있기 때문에 각종 대회에서 학생들의 참가 작품을 접수하는 용도로도 활용할 수 있다. 10년이 넘는 시간 동안 아주 느리게 조금씩 기능을 개선해왔는데 아마도 구글 설문지의 심플함을 최대한 보존하기 위해서인 것 같다. 2014년부터 부가기능(add-on)을 이용하여, 별도로 원하는 기능을 서드파티를 통해서 추가할 수 있도록 허용하고 있다. 이후에는 구글 설문지가 학교 현장에서 많이 활용되면서 '퀴즈' 기능이 부가되었고 최근에는 이 기능이 점점 더 강력해져서 교육 현장에서의 더 많은 변화가 기대되고 있다.

구글 설문지를 시작하는 방법은 여러 가지가 있다. 구글의 다른 도구들도 마찬가지이지만. 구글 검색창(www.google.com)에서 구글 설문지를 검색할 수도 있고, 자신의 구글 계정으로 로그인한 후 오른쪽 위 구글 바를 사용하여 한번에 찾아 들어갈 수도 있다(바에 있는 아이콘들은 마우스 왼쪽 클릭으로 끌어서 위치를 바꾸거나 아래의 '더보기'를 눌러서 자주 쓰는 앱들만 표시되도록 커스터마이징할 수 있다). 구글 드라이브에서 [새로 만들기] 버튼을 클릭하고 [더보기]를 선택해서 구글 설문지로 들어가거나 구글 드라이브의 빈 화면에서 마우스 오른쪽 클릭해서 [더보기]에서 구글 설문지를 만드는 방법도 있다.

구글 기본 화면 오른쪽 상단의 와플 버튼에서 접속

A. 구글 설문지란?

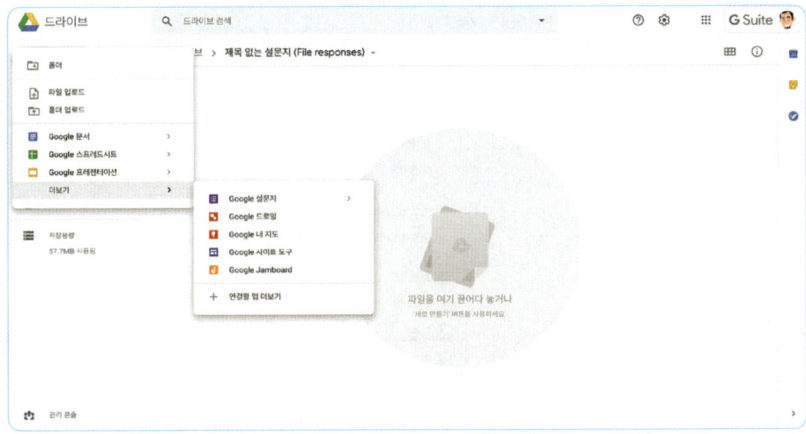

구글 드라이브의 [새로 만들기] 버튼에서 생성

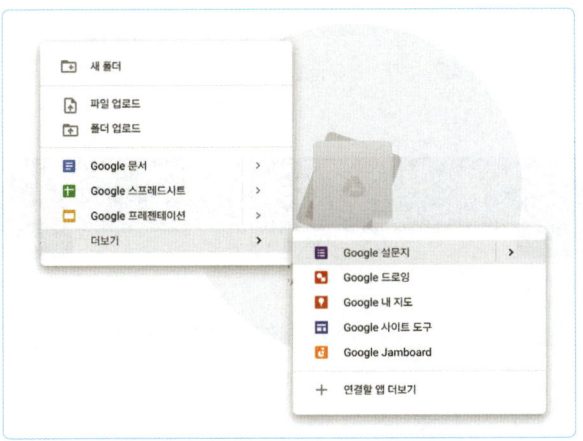

구글 드라이브의 바탕 빈 화면에서 마우스 오른쪽 클릭하여 생성

또는 잘 알려지지 않은 방식이지만 구글 시트를 작업하던 중에 그 시트로 구글 설문지의 응답을 모으는 방식과 바로 입력창에 주소를 넣는 방법도 있다.

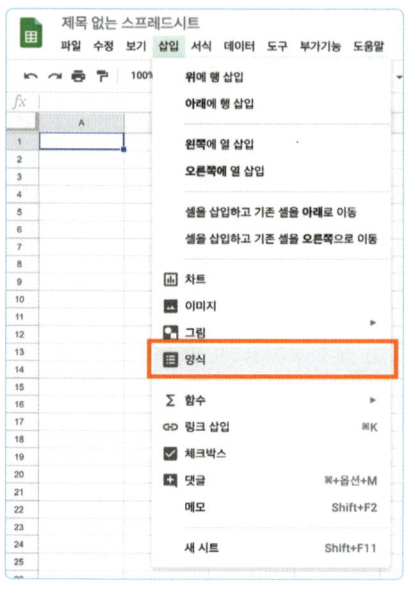

스프레드시트에서 [삽입] - [양식]을 선택하면 구글 설문지가 새로 열린다.

연동된 구글 설문지로 가면 새로운 설문지를 만들 수 있다. [응답]을 클릭하면 연결된 구글 시트가 나오는데 향후 연결 상태를 해제할 수도 있다.

또는 https://forms.google.com을 주소창에 입력하면 기존에 만들어 두었던 설문지들을 모아서 볼 수 있고 새로운 설문지를 만들 수도 있다. 구글 드라이브에서도 확인할 수 있지만 이 방식을 이용하면 설문지들만 따로 볼 수 있기 때문에 종종 이전에 만든 설문 찾기가 어려울 때 활용하고 있다.

A. 구글 설문지란?

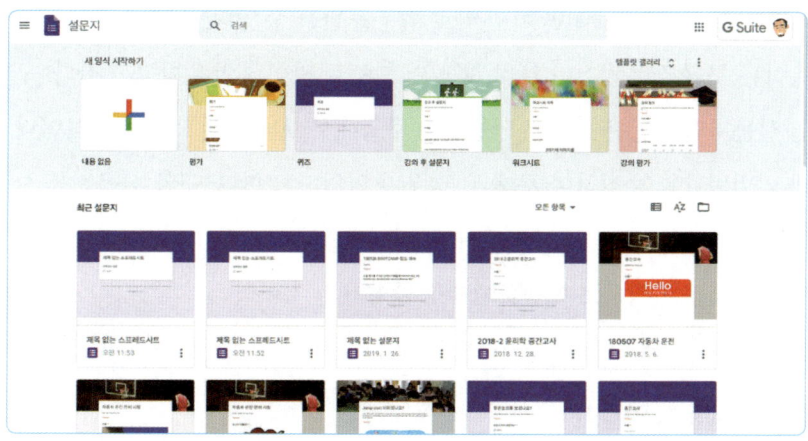

https://forms.google.com로 접속하면 보이는 화면

로그인한 후에 만든 모든 구글 설문지가 한곳에 모여 있다. 구글 드라이브에서 찾는 것보다 훨씬 손쉽게 찾을 수 있다. 오래된 설문지를 찾을 때 더 편리하며 상단에는 기본 디자인 템플릿도 제시되고 있어 도움 된다.

최근 구글은 '.new' 도메인을 구입했는데 이를 이용하면, 기존 구글 드라이브에 들어가서 새로 만들기로 파일을 만들었던 2단계 과정이 1단계 과정으로 바뀐다. 현재 제공되는 링크는 다음과 같다.

- **docs.new**(doc.new): 구글 문서 생성
- **sheets.new**(sheet.new): 구글 스프레드시트 생성
- **slides.new**(slide.new, decks.new, deck.new): 구글 프레젠테이션 생성
- **forms.new**(form.new): 구글 설문지 생성
- **cal.new**: 구글 캘린더 새 일정 생성
- **site.new**(sites.new): 구글 사이트(홈페이지) 생성

구글 설문지를 만들려면 복잡하게 찾을 필요 없이 인터넷 주소창(옴니박스

라고 부름)에 'form.new'만 치면 바로 설문을 만들 수 있다. 주변에서 쉽게 사용하는 구글 설문지이다 보니, 피싱의 도구로 많이 활용된다고도 한다. 구글 설문지와 똑같은 형태로 만들어서 구글에서 보내는 것처럼 하여 아이디와 비밀번호를 수집하여 문제 된 경우가 있었다고 한다. 구글 설문지를 사용할 경우에는 그 어떤 상황에서도 '비밀번호'를 설문지에 입력해서는 안 된다는 것을 기억하고 학생들에게도 알려야 할 것이다.

2. 구글 설문지 만들기

앞에서 구글 설문지를 새롭게 생성하는 다양한 방법을 소개했다. 이제 생성된 구글 설문지를 적절히 꾸며서 원하는 질문을 할 수 있게 만들어 보자. 우선 설문지의 제목을 입력한다. 제목은 설문 대상자를 위한 것이기도 하지만 설문을 만드는 이를 위한 것이기도 하다. 설문지를 많이 만들다 보면 어떤 설문이, 어떤 설문인지 도무지 생각이 안 나는 경우가 있다. 그렇기에 필자는 항상 '200112(년도+월+일)'와 같이 숫자를 앞에 입력하고 뒤에 내용을 넣어서 시간대별로 정렬되도록 한다. 각자의 방법대로 편하게 체계화하면 공통으로 적용할 수 있다.

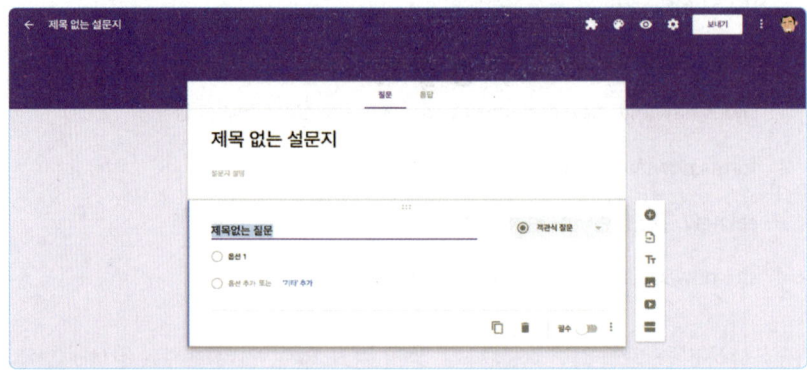

설문지의 첫 페이지. 제목을 먼저 적는다.

A. 구글 설문지란?

상단 중앙에 제목을 입력한 뒤 상단 왼쪽의 파일 이름 부분을 클릭하면 자동으로 파일 제목도 바뀐다. 겨울 방학 여행 목적지 조사를 위한 설문지라고 가정하고 설문지를 만들어 보자. 제목을 입력하고 간단한 설명을 넣는다.

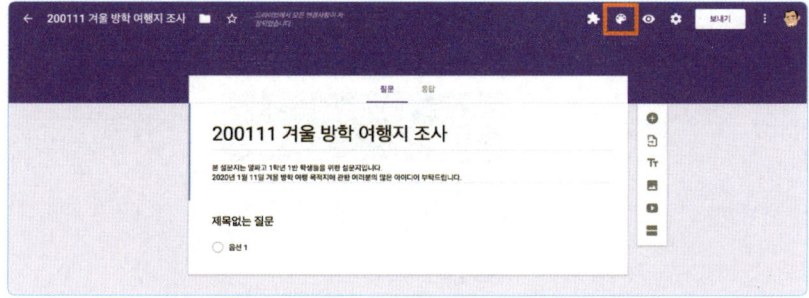

제목과 간단한 설명을 넣어 설문의 성격을 정확하게 정한다. 상단 아이콘을 클릭하여 테마도 바꿔보자.

명색이 여행인데 흥겨운 분위기를 주고자 테마를 바꾼다.

오른쪽 상단의 메뉴 중 팔레트 모양을 클릭하면 [테마 맞춤설정]이 제시된다. 색깔을 바꿀 수도 있지만 이미지를 넣어 바꿔보자.

머리글의 [이미지 선택]을 클릭하면 머리글의 배경을 바꿀 수 있다.

[여행] 테마 중에서 마음에 드는 그림을 선택한다. 원하는 경우 개인적으로 직접 찍은 사진을 [사진 업로드]를 통해서 올리거나 기존에 올려 둔 사진을 [내 앨범]에서 끌어올 수도 있다. 애니메이션 GIF 파일을 이용하면 움직이는 배경을 만들 수도 있다.

| A. 구글 설문지란?

2.1 설정

설정 [톱니바퀴]를 누르면 설정 기능이 제시된다.

- **일반**

    - **[이메일 주소 수집]**: 체크하면 설문을 하기 전에 강제로 응답자의 이메일을 입력하게 되어 있다. 간혹 설문을 진행하고 난 뒤에 학생들의 이름이나 개인식별 번호 등을 받지 않아서 누가 무슨 응답을 했는지 모르겠다는 경우들이 있다. 만일 그것이 퀴즈나 시험이었다면 매우 심각한 문제가 될 수 있다. 따라서 응답자의 이메일을 수집하도록 만들어 두면 최소한 그런 문제를 미연에 방지할 수 있다.

    - **[로그인 필요]**: 응답자는 반드시 구글 계정에 로그인해야 한다. [이메일 주소 수집]보다 더욱 강력한 정책이다. 이메일을 잘못 입력하는 경우도 가끔 있기 때문에, 번거로워도 학생들이 로그인하는 이 과정이 가장 확실하다. 만약 구글 계정이 없는 경우에는 아예 시험을 볼 수도 없는 것이다. 그만큼 확실하게 학생들의 정보를 받을 수 있다.

    - **[제출 후 수정]**: 티셔츠 주문을 받거나 겨울 방학 수학여행지에 관한 의견을 수렴한다면 수시로 학생들의 의견이 바뀔 가능성이 높다. 만약 그렇다면 설문 답안을 입력한 후에라도, 다시 그 링크로 돌아가서 입력한 정보를 수정하는 기능이다. 하지만 시험 문제로 구글 설문지를 사용한 경우, 학생들이 답안을 수정하는 것은 부정행위이므로 체크하지 않도록 주의한다.

- **[요약 차트와 텍스트 응답 확인]**: 이 옵션은 필자가 매우 큰 실수를 했던 옵션이라 아주 강조하고 싶다. 항목의 이름만으로는 자신이 입력한 답안과 응답을 확인할 수 있다는 뜻 같이 보여서 아무 생각 없이 체크할 수 있다(구글 팀의 번역이 별로 와닿지 않을 때가 많다). 하지만 사실 이것은 응답자가 다른 응답자의 입력값까지 모두 볼 수 있는 문제가 발생한다. 일반적으로는 큰 문제가 아니지만 개인정보가 민감한 사안에서는 이슈가 될 수 있다. 굳이 선택할 일은 많지 않은 옵션이다.

- 프레젠테이션

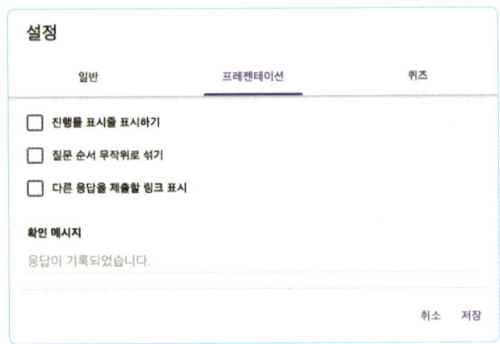

프레젠테이션 탭 선택 시 설문 진행에 관련된 옵션들이 제시된다.

- **[진행률 표시줄 표시하기]**: 설문이 여러 개의 섹션으로 이루어진 경우, 응답자들은 자연스럽게 지치고 응답에 소홀히 답할 가능성이 커진다. 때문에 해당 응답이 섹션 중 몇 번째인지 순서를 보여줌으로써 중간중간 힘을 낼 수 있도록 돕는 장치이다. 설문 페이지의 아래쪽에 위치한다.

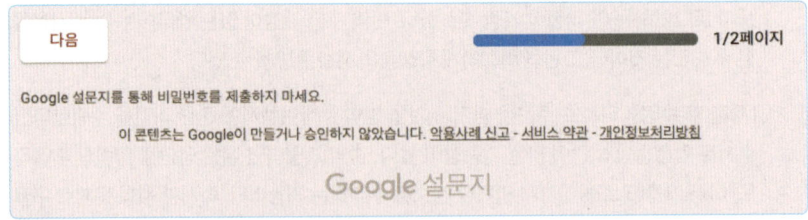

설문이 여러 섹션으로 나누어진 경우 전체 섹션 중 몇 번째 섹션에 위치했는지 보여주는 장치이다. 앞서 언급한, 피싱에 당하지 않도록 "Google 설문지를 통해서 비밀번호를 제출하지 마세요."라는 문장이 보인다.

A. 구글 설문지란?

- **[질문 순서 무작위로 섞기]**: 학생들이 디지털 디바이스로 시험 볼 때 커닝할 수 있는 가능성이 매우 높아지기 때문에 평가자는 아무래도 많은 걱정을 하게 된다. 다행히 구글 설문지에는 문제를 랜덤으로 섞어주는 기능이 있다(보기를 랜덤으로 섞는 것은 개별 문제에서 해주어야 한다. 이는 뒤에서 설명하겠다.). 이 옵션을 선택하면 문제가 무작위로 섞여 나오기 때문에 옆에서 시험을 보고 있을지라도 커닝하기가 쉽지 않다.

시험 문제 작성 화면

시험 문제가 랜덤으로 섞이기를 희망한다면 한 가지 주의할 사항은 보기 앞에 번호를 넣어서는 절대로 안 된다는 점이다. 앞의 그림처럼 문제 입력 칸에 '1. 무지개는 …'이라고 문제의 번호를 넣어서는 안 된다.

실제 학생에게 제시된 문제 모습이다. 문제 앞에 번호가 표기되어 있다.

문제가 섞여서 나올지라도 문제 앞에 적힌 번호가 텍스트로 인식되어 제공되기 때문에 학생들은 여전히 1번 문제의 답은 몇 번인지를 커닝할 수 있게 된다.

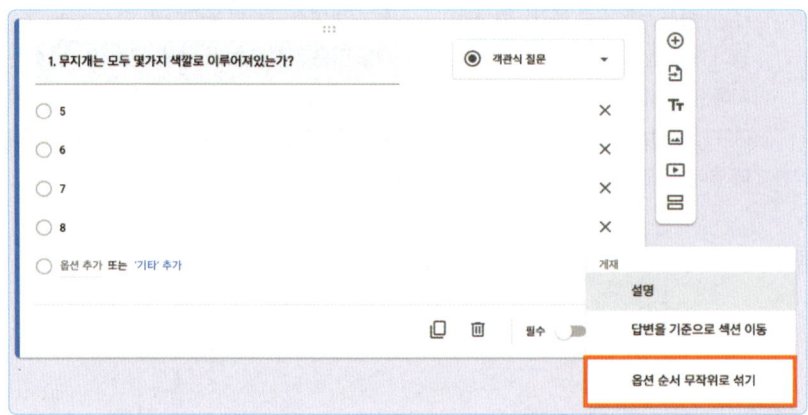

문제의 순서를 랜덤하게 섞을 뿐 아니라 보기의 순서도 섞고 싶을 때는 문제 오른쪽 하단의 [3점] 버튼을 클릭한다. [게재] 아래의 [옵션 순서 무작위로 섞기]에 체크한다.

앞의 그림처럼 [옵션 순서 무작위로 섞기]를 설정하면 이후 퀴즈에서는 객관식 보기 순서가 모두 섞여서 나간다. 보기에서는 5, 6, 7, 8로 입력했지만 앞 페이지의 그림(보기 7, 6, 8, 5 순으로 나열된 문제)처럼 보기가 모두 섞여서 나오게 된다.

- **[다른 응답을 제출할 링크 표시]**: 추가로 설문을 더 해야 하거나 같은 디바이스로 여러 명이 설문을 입력해야 할 경우 유용하게 사용하는 옵션이다.
- **[확인 메시지]**: 설문을 마치면 나오는 최종 메시지로 기본적으로 '응답이 기록되었습니다.'라고 나온다. 하지만 좀 더 상황에 맞춘 문장을 쓰고 싶다면 하단 공란에 문장을 입력하면 된다.

A. 구글 설문지란?

[퀴즈] 탭을 선택한 모습. 일반적인 설문일지라도 퀴즈를 선택하면 정/오답과 해당 문제의 점수를 미리 입력하는 기능이 활성화된다. 물론 자동 채점이 가능하다.

- **[크롬북의 잠금 모드]**: 일반적인 디바이스에서는 시험을 보는 중일지라도 화면 전환 기능 등을 이용해 시험 보는 학생들이 다른 화면을 참고할 수 있다. 학생들이 민감하게 생각하는 커닝이 손쉬워지는 것이다. 필자의 학교에서도 수업 중에 절대 커닝하지 않도록 강조하지만, 개인적으로 학생들에게 물어보면 몇몇 학생들이 스마트폰 화면을 전환해서 커닝했다고 불평하는 것을 들은 바 있다. 학생들의 커닝은 손등, 손바닥, 손톱, 책상 바닥 등 다양한 형태로 시도하기에 디바이스를 통제하는 것이 완벽한 해결책이 될 수는 없다. 하지만 최소한 화면 전환만큼은 막았으면 했는데, 이러한 피드백을 구글이 받아들였다. 크롬북을 학교에서 운영하는 경우에는 잠금 모드로 들어가서 시험 문제를 다 풀기 전까지는 절대 다른 화면으로 나올 수 없게 만들 수 있는 것이다.

- **[성적 공개]**: 학생들이 퀴즈를 보고 난 뒤 바로 자신의 성적을 볼 수 있게 할 것인지를 결정할 수 있다. 단순 객관식 문제에서는 충분히 가능하고 만일 출제자의 주관식 채점이 필요한 경우는 나중에 공개하도록 만들 수도 있다.

- **[응답자가 볼 수 있는 항목]**: 퀴즈를 볼 때 틀린 문제/정답/포인트 값을 학생들이 볼 수 있는지 여부를 결정할 수 있다.

2.2 퀴즈 만들기

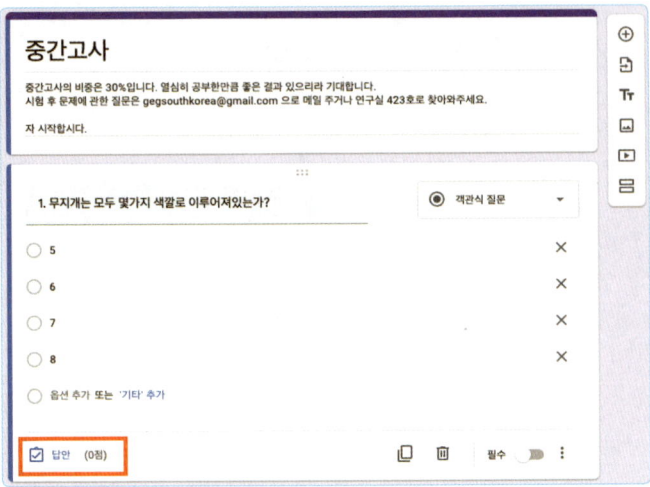

퀴즈 기능을 활성화하니 [답안]이라는 버튼이 추가되었다. 이곳에서 미리 정답/오답 그리고 관련 설명을 입력해 둘 수 있다.

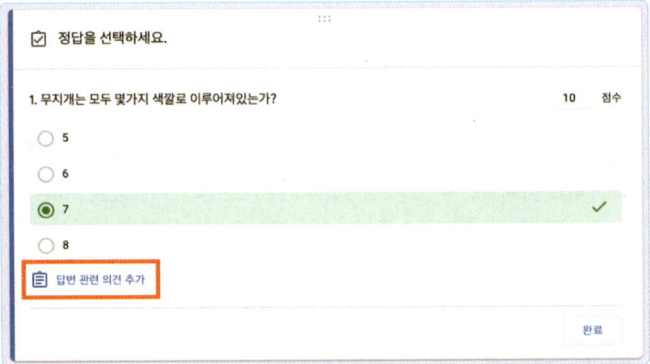

[답변]을 선택하면 열리는 화면. 정답을 미리 체크해 두고 문항의 점수를 임의로 부여할 수 있다. [답변 관련 의견 추가]에는 문제에 관한 설명을 미리 입력해둘 수 있다.

잘못된 답변을 선택한 경우에는 [의견 입력] 공란에 입력한 문장을 보여줄 수도 있다. 보통 정답을 알려주는 문구 등을 기재한다.

잘못된 답변을 선택한 경우 '안타깝게도 정답은 7개입니다. 무지개는 빨주노초파남보입니다.'라고 설명을 넣어줄 수 있다. 정답을 선택한 경우는 굳이 해설이 필요 없지만 '좋아요! 계속 이렇게 갑시다!'라는 식의 격려를 넣어줄 수 있겠다. 재미있게도 하단에 링크와 유튜브 영상을 추가하여 정확한 해설을 전달할 수 있도록 만들어져 있다. 실제 시험 시간에는 어렵겠지만 유용하게 활용할 수 있는 기능이다.

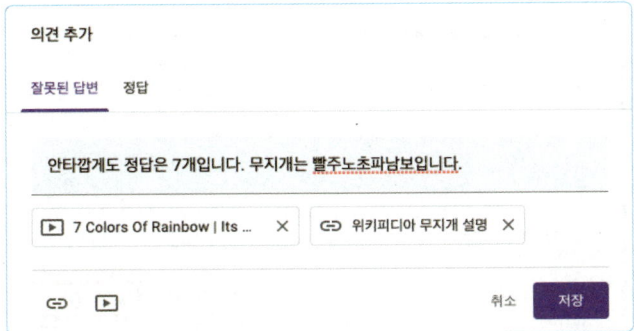

[잘못된 답변]에 정확한 해설을 하고 관련 유튜브 영상과 위키피디아의 무지개 관련 설명을 첨부했다.

오답 관련 의견이 입력 완료되면 출제자는 문제의 점수, 정답, 오답 시 제시될 내용을 한꺼번에 확인할 수 있다. 이런 식으로 문제마다 답을 달아줄 수 있다.

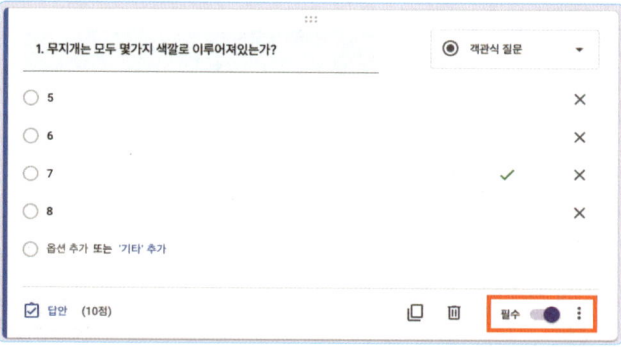

퀴즈나 시험 문제 출제 시 빼놓지 않아야 할 중요한 요소는 [필수] 버튼 활성화이다.

이 기능을 빼놓을 경우 학생들이 시험 문제를 풀지 않고 [제출]을 누르면 시험이 종료된다. 따라서 학생들의 부주의로 불이익을 받지 않도록 모든 문제에는 반드시 필수 입력 기능을 활성화하는 것이 좋다.

학생들이 시험 볼 때, 실제로 보게 될 화면

앞 그림을 보면 출제자가 미리 넣어둔 인사말을 읽은 뒤 '* 필수항목'이라 붉게 표시된 문제들을 반드시 풀어야 하는 것을 손쉽게 확인할 수 있다. 모든 문제 뒤에 붉은 별표로 붙어야 기능이 제대로 적용된 것이다. 참고로 앞 그림은 미리 보기 기능을 통해 출제자가, 학생이 보는 입장에서 문제지를 확인하는 화면이다. 문제 출제 전에는 반드시 미리 보기를 통해 출제에 오류가 없는지를 꼭 확인하는 것이 좋다.

2.3 부가기능으로 구글 설문 업그레이드

구글 설문지에서 기본적으로 제공하는 기능만으로도 퀴즈나 시험을 진행하는 데 전혀 문제가 없지만 부가기능(add-on)을 적절하게 잘 사용한다면 더욱 다양한 기능으로 편리하게 활용할 수 있다. 그중에서 많이 쓰이는 구글 설문지 부가기능 중 하나를 설명하려 한다.

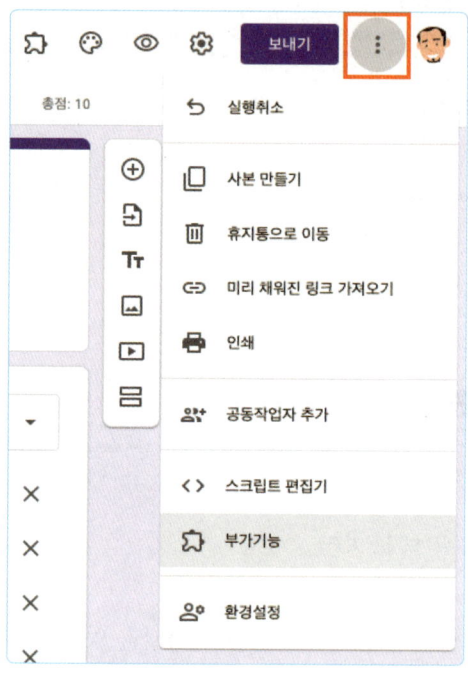

[부가기능] 활성화를 위해 구글 설문지 오른쪽 상단의 [3점 버튼(눈사람)]을 클릭한다. [부가기능] 추가가 가능하다.

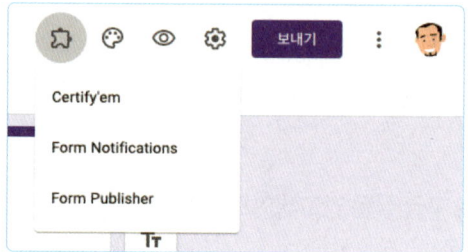

부가기능은 퍼즐 모양 아이콘으로 나타난다. 필자가 추가한 부가 기능들이 나열되어 있다.

A. 구글 설문지란?

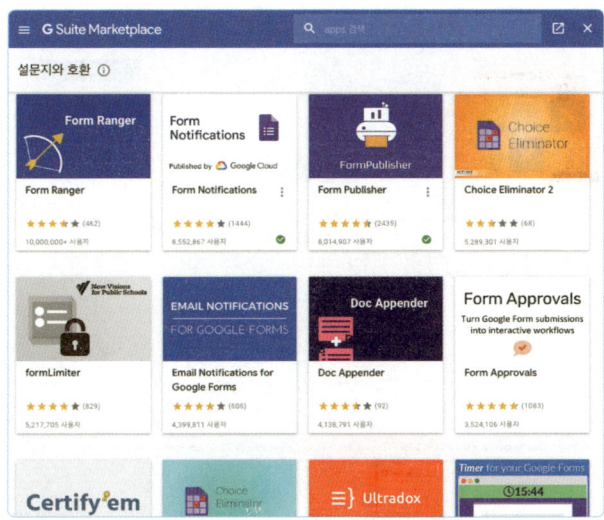

[3점 버튼]에서 [부가기능]을 선택하면 G Suite Marketplace가 열린다. 이곳에서 제공되는 다양한 기능들을 추가하면 더욱 강력한 구글 설문지를 만들 수 있다.

■ **폼리미터(formLimiter)**

이름에서도 유추할 수 있듯, 폼리미터(formLimiter)는 자동으로 응답자 수를 제한하거나 응답 기간을 제한할 수 있는 부가기능이다. 아쉽게도 구글 설문지에는 이런 기능이 없기 때문에 수동으로 제한해야 하는데 폼리미터는 이러한 단점을 커버해준다. 사실 별거 아닌 기능이라고 생각할 수 있지만 때에 따라 엄청난 능력을 발휘한다. 예를 들면 필자가 교육 세미나를 개최하려고 빌린 공간의 좌석이 200개밖에 없다고 하자. 폼리미터를 사용하지 않았을 때는 200명의 응답이 있을 때까지 수시로 확인해야 하는 번거로움이 생기지만, 폼리미터로 200명을 설정해 놓으면 미처 확인하지 못하여 200명이 훌쩍 넘어버리는 불상사를 막을 수 있다.

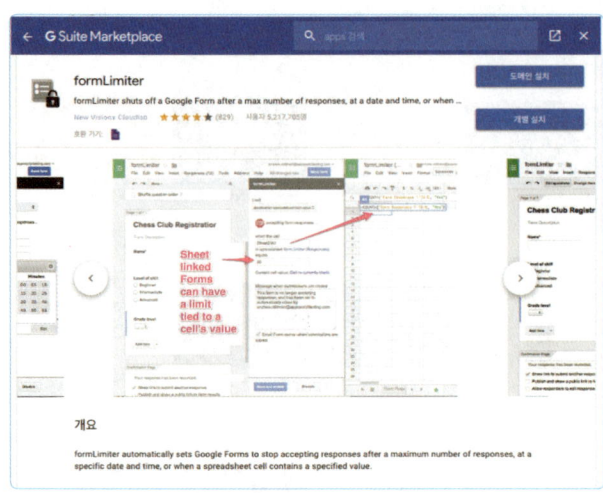

폼리미터를 설치하는 화면. 일반 gmail 계정에서는 바로 설치가 가능하고 G Suite을 사용하는 학교에서는 [도메인 설치] 또는 [개별 설치]가 가능하다.

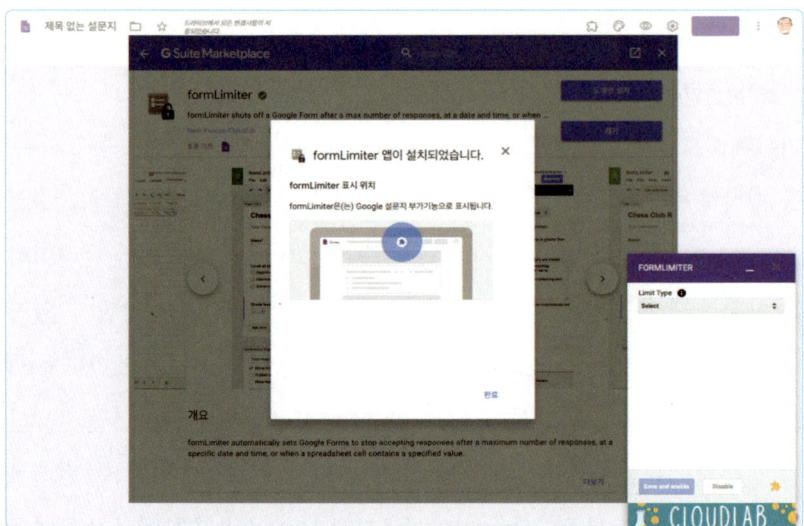

폼리미터 앱이 성공적으로 설치되면 바로 오른쪽 하단에 작은 창이 열린다. 앞으로도 폼리미터 접근은 이런 형태의 작은 창을 통해 이루어진다.

A. 구글 설문지란?

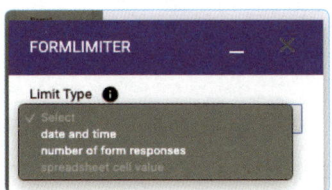

폼리미터는 마감 시간을 정하여 설문을 받거나 신청자의 수를 제한할 수 있다.

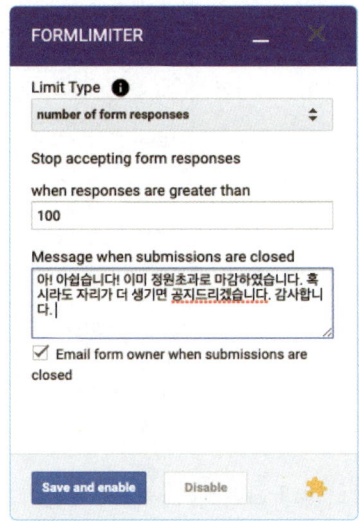

폼리미터에 인원수 제한을 두어 봤다. 100명이 넘으면 자동으로 설문이 중단되도록 만들었고 이후에 신청하는 분들에게는 안타까운 마음의 메시지를 보내도록 맞춤화하였다.

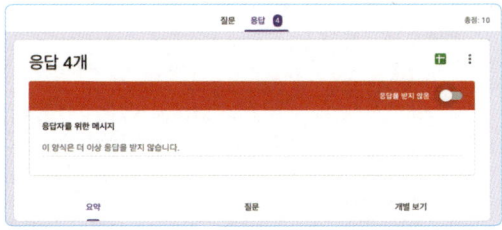

폼리미터에서 제한이 걸리면 자동으로 설문은 중단된다. 이는 [응답] 탭에 들어가 최상단에 [응답을 받지 않음]이 되어 있는 것으로 확인할 수 있다. 만일 수동으로 다시 설문을 받고 싶다면, 이 슬라이드를 활성화 하면 된다.

B. 구글 설문지 레시피

시나리오 1 퀴즈 보고 채점하기

자, 이전 내용을 통해 우리는 퀴즈를 만드는 방법을 터득했다. 이제 퀴즈를 본 뒤에 채점하는 요령을 살펴보자. 앞선 예제에서 몇 가지 단답형과 서술형을 추가하여 퀴즈를 완성하였다. 학생들과 시험을 보기 위해서는 우선 학생들에게 스마트 디바이스, 노트북, 태블릿 등이 있어야 한다. 간혹 배터리가 없거나 인터넷 데이터가 부족하다는 친구들이 있으므로 여분의 디바이스를 가지고 가는 것이 좋다.

가장 간편하게 학생들을 초대하는 방법은 학생들의 이메일을 알고 있을 경우, 이메일로 초대하는 것이다. 특히 구글 그룹스(Google Groups)를 통해서 이번 학년 학생들을 하나의 그룹으로 묶어 둔 경우라면 'class2019@school.hs.kr' 등과 같은 대표 메일을 만들어 모두에게 전체 메일을 보낼 수 있다. 그렇지 않은 경우 메일을 하나하나 입력해야 하는데 시간이 꽤 소비되는 일이다.

설문지에서 [보내기] 버튼을 누르면 설문지를 보내는 기능이 나온다.

첫 번째 이메일 탭에서는 이메일을 통해 링크를 전송하는 방법이 제시된다. 두 번째 방법은 [링크] 아이콘 탭을 클릭하여 설문지의 링크를 추출하여 공유하는 방법이다. 기본 링크가 너무 길기 때문에 [URL 단축]을 클릭하면 현저하게 짧아진다. 하지만 여전히 의미 없이 긴 주소이기 때문에 필자는 'bit.ly'를 애용한다. 다른 이가 만들어 둔 주소와 겹치지만 않는다면 'bit.ly/200420mid'와 같이 2020년 4월 20일 중간고사를 의미하는 주소를 만들어서 편하게 사용할 수 있다. 다만 이 주소를 카카오톡과 같은 메신저를 이용해서 전달하면 학생들이 카카오톡 내부에서 퀴즈를 보는 구조가 되기 때문에 구글에 로그인이 잘 안 된다거나 하다가 에러가 생기는 경우가 종종 발생할 수 있다. 따라서 가장 안전한 것은 크롬 브라우저를 열고 주소창에 단축 주소를 직접 입력하여 이동하는 것이다. 모두가 시험을 봐야 하는 상황에서 자신의 디바이스만 연결되지 않는다면, 학생 입장에서는 큰 스트레스가 된다. 따라서 필자는 몇 개의 여분 디바이스를 가지고 가서 접속 문제가 발생하는 학생들에게 대여해주고 있다.

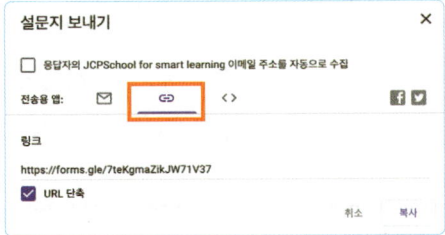

설문지 보내기의 링크를 클릭하면 주소를 추출할 수 있다.

이렇게 학생들에게 링크가 제공되면 학생들은 자신의 디바이스를 통해 시험을 보기 시작한다. 문제가 랜덤으로 나오기 때문에 학생들은 커닝을 하고 싶어도 쉽지 않다. 이전에 강조한 것처럼 시험 시작 전에는 반드시 눈 모양의 [미리보기] 버튼을 클릭하여 학생들에게 시험지가 어떻게 보이는지를 반드시 체크해야 한다. 어떤 형태로든 실수는 있기 마련이다. 한 번 실수하면 만회하기 어렵다.

학생들에게 보이는 시험 문제를 미리 보기 위해 [미리보기] 버튼을 눌렀다.

객관식, 단답형 문제가 제시되어 있고 시험 마지막에 학생들이 편하게 피드백을 남길 수 있도록 0점짜리 피드백 문제도 주었다. 이 문제는 어떻게 쓰든지 채점이 안 되기 때문에 시험 결과에 영향을 주지 않는다.

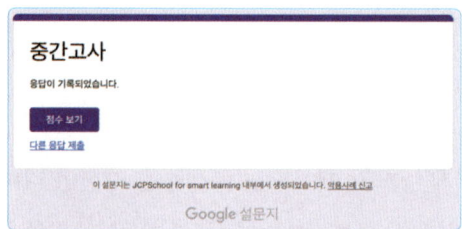

학생들이 시험을 보고 답안을 입력하고 나면 [점수 보기] 버튼이 생성된다. 미리 톱니바퀴 설정을 통해서 학생들이 바로 성적을 볼 수 있도록 배려해 주었기 때문이다. 대부분의 경우는 주관식 문제를 채점해야 하기 때문에 나중에 공개하는 옵션을 선택한다.

B. 구글 설문지 레시피   구글 클래스룸 수업 레시피

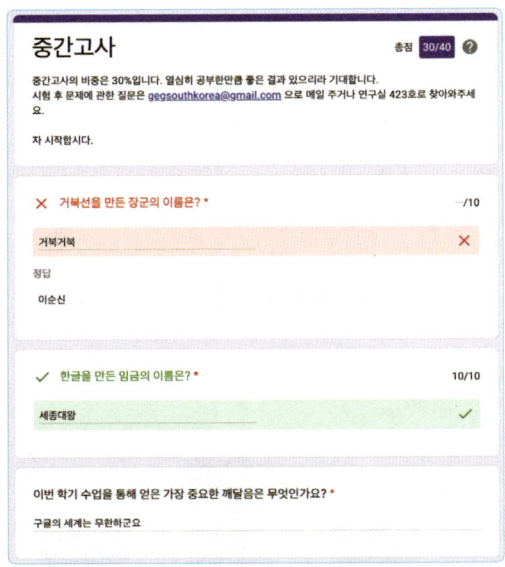

학생이 퀴즈 직후 자신의 결과를 확인하는 화면. 이미 채점되어 있다. 0점으로 부여했던 피드백 항목은 채점되어 있지 않다.

이렇게 해서 4명의 학생들이 시험을 종료했다고 하자. 이제 구글 설문지 내의 [응답] 탭을 클릭하면 시험 중의 실시간 결과와 종료 이후의 결과들이 정리되어 있다.

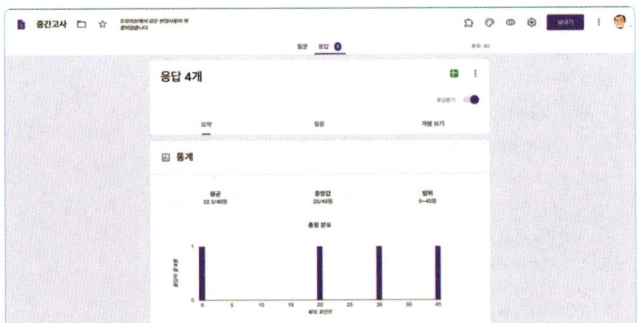

4명의 결과가 [응답] 탭 안에 잘 정리되어 있다. 자동으로 평균, 중앙값, 범위들이 집계되어 있다. 이 결과는 실시간으로 그래프로 반영된다.

결과를 보는 방식은 [요약], [질문], [개별 보기]와 같이 있고 구글 스프레드시트로 결과를 보내서 분석하는 방법이 있다.

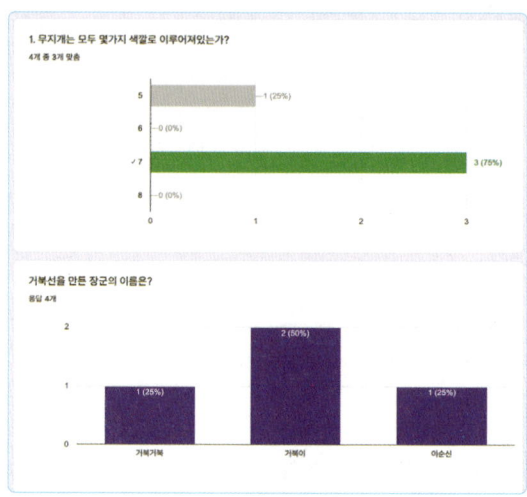

객관식 문제들의 다양한 답안 사례와 해당 답안을 선택한 퍼센트가 분석되어 제시된다. 이것은 [요약] 탭의 결과 디스플레이이다.

질문별로 학생들이 답한 내용이 나열된다.

이 디스플레이는 [질문] 탭을 선택하면 제시된다. 특히 주관식 채점이 필요한 경우에 유용하다. 답변 하나하나 확인하며 피드백을 적어줄 수 있다. 이후 개별적으로 점수를 넣어주면 최종적으로는 점수가 합산되어 제시된다.

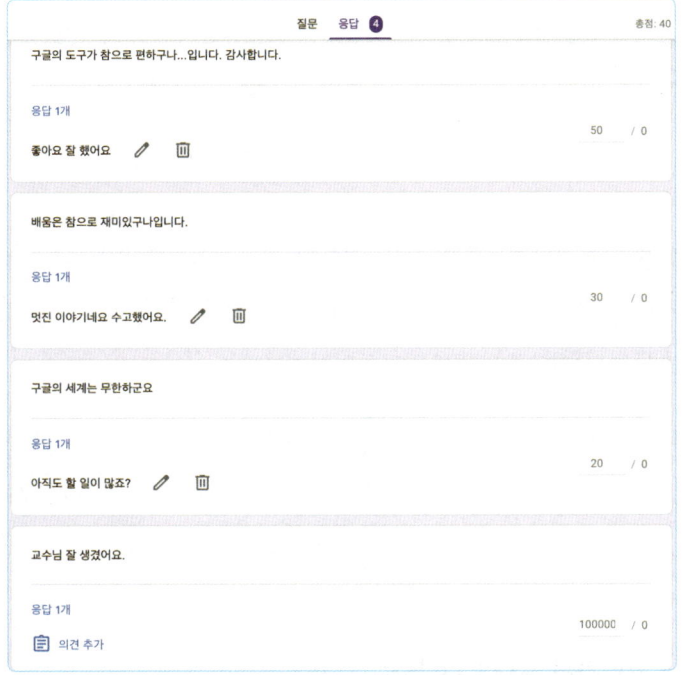

한 명 한 명 답변해주고 점수도 주었다. '교수님 잘 생겼어요'라는 답변은 좋은 정답이라 10만 점을 줬다.

스프레드시트 아이콘을 눌러서 스프레드시트에서 점수를 평가해 보기로 하였다.

새로운 시트를 만들어 보자. 기존에 학생들의 성적이 입력된 시트가 있으면 기존 시트에 추가할 수도 있다.

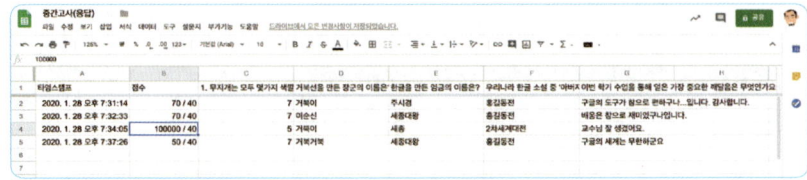

스프레드시트에 학생들의 답안이 입력되어 있고 심지어 입력 시간까지 적혀 있다.

점수는 자동 집계되었고 후반부에 수작업으로 채점하여 10만 점을 준 학생 성적도 반영되어 있다. 모든 문제를 다 틀렸지만 주관식 한 문제로 인생 역전을 한 듯하다(재미를 위해 만든 가상의 사례이다.).

이후에 이 자료를 그대로 출력하여 공개하거나, 학생들의 신상 정보 보호를 위해 개인 식별 번호를 입력받거나, 성적순으로 내림차순으로 정리하거나 하는 것은 사용하는 분의 개성에 맞게 진행하면 되겠다.

시나리오 2 공평하게 동시에 시작하는 노하우

시험을 진행하다 보면 가끔 디지털 디바이스의 차이 때문에, 또는 능숙도의 차이 때문에 공평하게 시험을 시작하지 못하는 경우들이 발생한다. 어떤 경우는 심하게 5분, 10분씩 차이가 나기도 한다. 학생들 입장에서는 정신이 산만해지는 이유가 되니 원성이 자자하다. 필자는 이러한 어려움을 해결하고자 장치를 이용해 학생들이 시험을 먼저 볼 수 없도록 만들었다. 바로 [답변을 기준으로 섹션 이동(data validation)]을 이용하는 것이다.

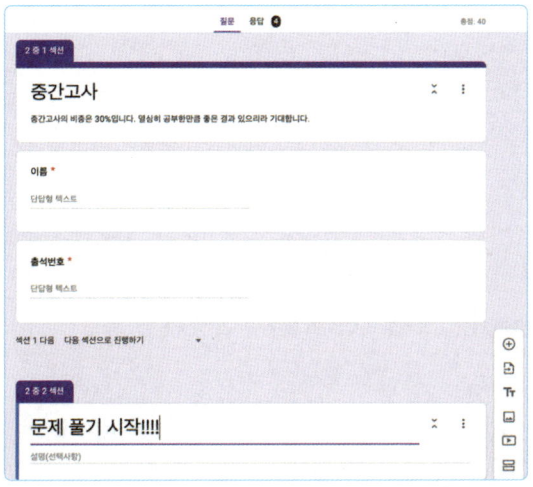

이전의 사례에서 만든 문제 앞부분에 이름과 출석번호를 필수로 입력하도록 섹션을 추가 형성하였다. 섹션 추가는 오른쪽의 [사이드 바]의 버튼 중에서 하단의 사각형 2개 모양 아이콘을 클릭하면 된다.

자, 이제부터 중요한 부분이다. 학생들이 이름과 출석번호를 입력하고 중간고사 문제를 풀기 전에, 즉 섹션을 넘어가기 전에 잠금장치를 해 둘 수만 있다면 참으로 편리할 것이다. 바로 이 방법이 '비밀번호 입력'을 이용하면 가능하다.

1번 섹션의 맨 마지막에 문항을 하나 더 추가하고 질문 칸에 "비밀번호"라고 입력하고 잠시 기다려 보자. 이전까지는 data validation의 옵션을 직접 입력했어야 하는데 구글의 인공지능이 이제 자동으로 설정해준다. 즉, 입력한 데이터가 일정 기준을 만족하면 다음 섹션으로 넘어갈 수 있는 것이다. 다음 그림의 옵션에서 보듯이 숫자가 특정 숫자 값과 일치하면 다음 섹션에 넘어갈 수 있게 된다.

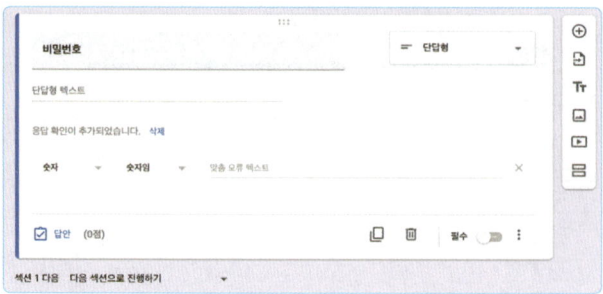

보는 것처럼 "비밀번호"라고 입력해도 바로 아래 특정 양식이 제시된다.

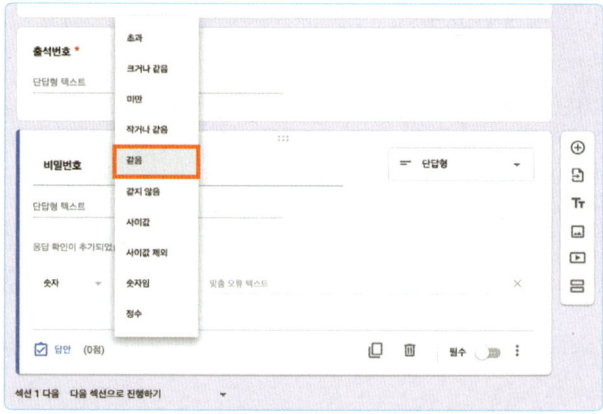

[숫자임] 버튼을 클릭하면 옵션이 제시되는데 여기서 [같음]을 선택하자. 비밀번호 정답을 입력할 수 있는 항목이 새로 생성될 것이다.

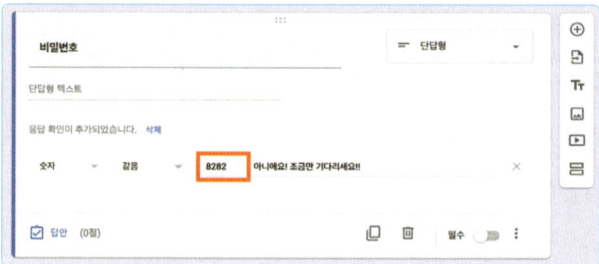

비밀번호를 '8282'로 설정하였다. 학생들이 조급함에 이런저런 비밀번호를 입력해 볼 텐데 미리 입력해둔 오류 메시지 "아니에요! 조금만 기다리세요!!"가 학생들에게 제시된다.

학생들은 어쩔 수 없이 교사가 알려주는 비밀번호를 기다려야 한다. 그사이 모든 학생이 성공적으로 이름과 출석번호를 입력했는지 확인한다. 모두 같은 지점에 도달했음을 확인하면 그때 비밀번호를 알려주자. 모두가 동시에 섹션 2로 넘어가서 시험을 볼 수 있다.

앞에서도 강조했지만 퀴즈나 시험을 볼 때는 모든 시험 문제에 반드시 [필수] 옵션을 켜두어야 한다. 시험을 보다 보면 '나중에 다시 풀어야지' 하면서 그냥 넘어가는 문제들이 반드시 있기 때문이다. 아직 구글 설문지에서는 임시 체크 기능이 없기 때문에 학생들이 시험 보는 데 어려움이 생길 수밖에 없다. 그러나 필수 옵션을 켜 놓는다면 풀지 않은 문제가 있는 경우, 입력 버튼을 눌렀을 때 바로 제출되지 않기 때문에 답안을 입력하지 않은 항목이 있음을 자연스레 알 수 있게 된다.

시나리오 3 CYOA, 구글 설문지로 방탈출하기

어린 시절 읽었던 책 중에 독자의 선택에 따라 결말이 달라지는 책이 있었다. 《CYOA(Choose Your Own Adventure)》라는 책인데 우리나라에는 《내 맘대로 골라라 골라맨》이라는 시리즈물로 번역 출간되었다. 이 책은 독자로서도 재미있지만 만드는 사람은 더 큰 재미가 있다고 하는데, 특히 최근 들어 강조되는 코딩의 근간인 'If then', 'and/or' 등에 대한 좋은 트레이닝이 되기 때문이라고 한다. 그래서 해외에서는 'unplugged coding'이라 하여 종이에서 만들어 보며 연습을 시키기도 한다고 들었다.

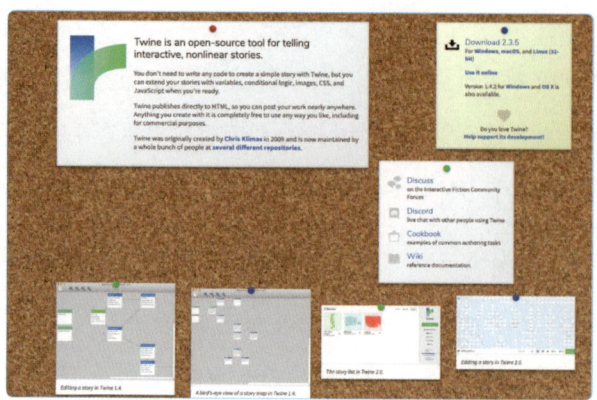

Twinery.org의 첫 화면

이 CYOA의 스토리보드를 만들기 위해서 사용할 수 있는 도구로는 포스트 잇부터 시작하여 'cyoa template'을 검색했을 때 나오는 수많은 구글 문서까지 아주 다양하다. 그중에서도 'Twine(twinery.org)'이야 말로 아주 강력한 도구가 아닐까 생각한다. 트와인은 게임 스토리나 소설을 쓰기에 최적화된 정말 간단하고도 강력한 도구인데, 일단 가지치기가 너무나 편하고 실제 스토리보드대로 바로 선택해 가면서 스토리를 플레이하는 것이 가능하기 때문에 오류를 찾거나 수정하기에 편하기 때문이다.

여하튼 이렇게 만들어진 스토리를 다른 이에게 통째로 내놓으면 당연히 결말이 뻔히 보이기 때문에 큰 재미가 없을 것이다. 따라서 사람들이 재미있게 선택하면서 결과를 찾아가는 즐거움이 있는 포맷으로 재가공해서 전달해야 하는데 이때, 구글의 도구들을 이용하면 아주 손쉽게 작업할 수 있다.

1. 구글 설문지
2. 구글 프레젠테이션
3. 유튜브

우선 구글 프레젠테이션은 링크 기능을 통해, 특정 슬라이드로 넘기는 방법으로 진행할 수 있다(영상으로 설명, http://bit.ly/cyoavideo). 반면 유튜브는 영상이 끝나는 시점에 추천 영상을 제시하고, 자의적 선택에 따라 영상을 클릭하여 스토리를 이어갈 수 있다. 구글 설문지에서는 이전에 봤던 섹션의 기능을 이용하는 것이다. 객관식으로 문제를 낸 경우에 기능이 활성화되는데 오른쪽 하단의 3점 버튼을 누르면 [답변을 기준으로 섹션 이동]이라는 기능이 활성화된다.

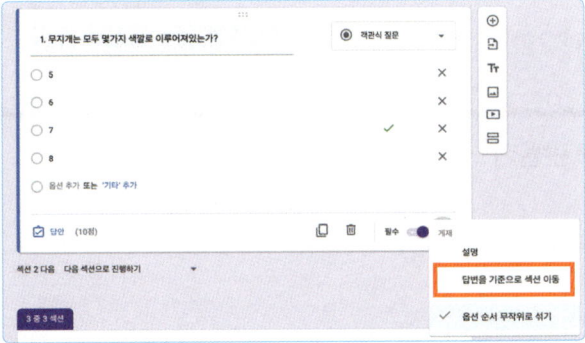

오른쪽 하단의 [답변을 기준으로 섹션 이동]을 선택하면 각 객관식 보기마다 이동할 수 있는 섹션을 지정할 수 있다. 즉, 독자의 선택에 따라 이동할 페이지가 달라지는 것이다.

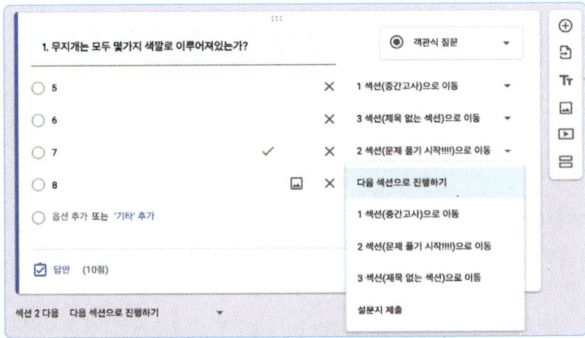

보기마다 섹션을 다르게 이동하게 되면, 그림과 같이 하나의 문항에서 4개의 가지치기가 가능해진다. 이러한 방법으로 섹션을 따라 이동하게 되면 멋진 CYOA가 완성된다.

시나리오 4 학부모에게 보낼 가정통신문 만들기

구글 설문지를 통해 입력받은 값을 다시 다른 형태의 문서로 바꾸어 전달하는 것은 흔한 일이지만 이 일이 반복적이라면 상당히 번거로워진다. 구글 설문지의 부가 기능 중 폼 퍼블리셔(Form Publisher)를 이용해서 간단하게 문제를 해결해 보자.

필자가 운영하는 다양한 코스가 있는데, 코스를 마칠 때마다 수료증을 제공해야 한다. 수료증을 굳이 종이로 뽑지 않고, PDF 같은 파일로 전달하면 얼마나 편리할까?

'수료증 만들기'라는 설문을 만들었다. 코스가 끝난 뒤, 이 설문의 링크를 참석자들에게 제공하면 이들이 스스로 정보를 입력하고 수료증이 이메일로 자동 발송된다.

B. 구글 설문지 레시피

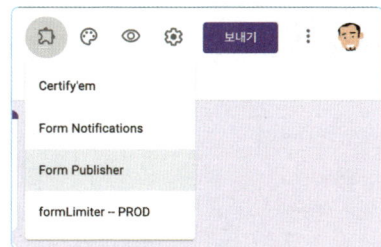

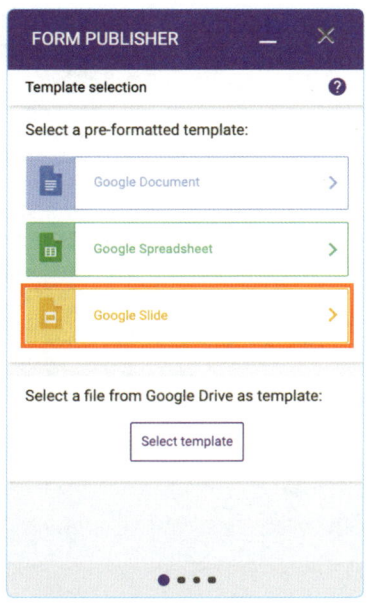

오른쪽 상단에서 폼 퍼블리셔라는 부가기능을 사용해 보자. 아직 설치되어 있지 않다면 3점 버튼에서 부가기능을 클릭하고 G Suite Marketplace에서 다운받아야 한다.

어떤 파일 형식으로 파일을 저장할 것인지 선택해야 한다. 예쁜 인증서 모양으로 만들 예정이므로 구글 프레젠테이션을 선택하겠다.

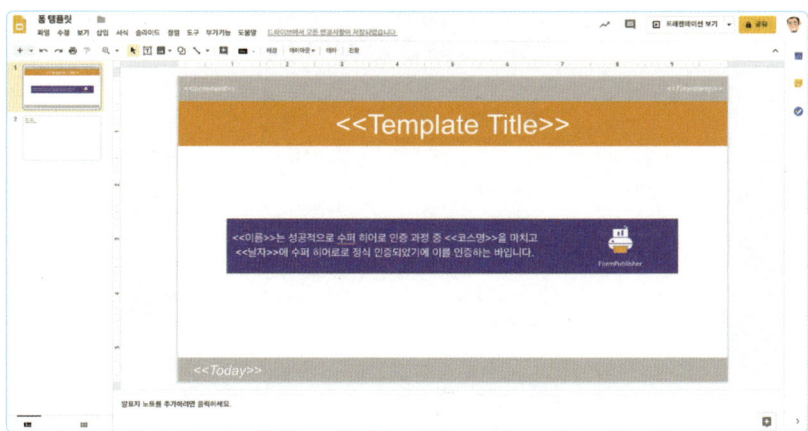

[edit]에 들어가서 구글 프레젠테이션을 제대로 된 인증서 모양으로 꾸며보자. 구글 설문지에 입력된 값은 자동으로 << >> 내부로 들어가게 된다.

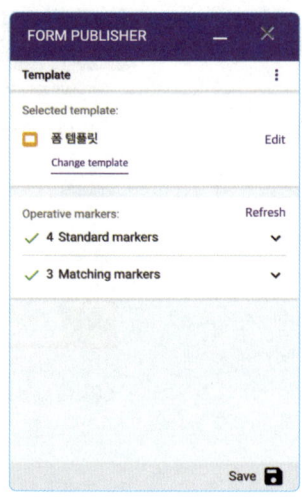

폼 템플릿이라는 구글 프레젠테이션이 만들어졌다.

아래의 4 standard markers와 3 matching markers가 보인다. 이것은 인증서에서 3개의 내용 즉, 코스명, 날짜, 이름이 자동으로 입력되도록 할 것이라는 뜻이다.

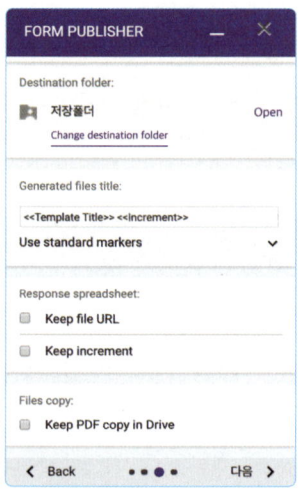

이 파일을 어디에 저장할 것인지를 물어보고 있다.

'Generated files title'은 폼 템플릿에 '1'이라는 숫자가 붙고, 파일이 만들어질 때마다 숫자가 1씩 늘어난다는 뜻이다. 만약 파일명을 '수퍼히어로 인증서'라 했다면 '수퍼히어로 인증서 1', '수퍼히어로 인증서 2' 등 이런 식의 파일들이 구글 드라이브에 자동으로 만들어질 것이다. 부가적으로 PDF를 만들어서 보관하기로 하였다.

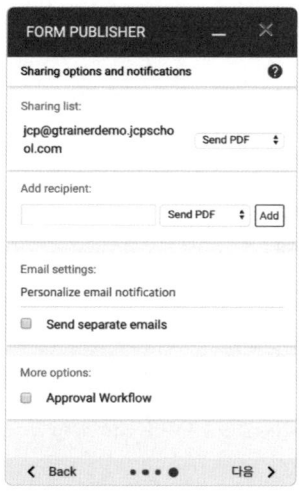

파일이 만들어지면 알림이 오는 것이 편하므로, 필자의 이메일로 알림이 오도록 기본 설정해두었다. 입력한 이들에게는 별도로 이메일이 갈 수 있게 해서 필자의 번거로움을 덜었다.

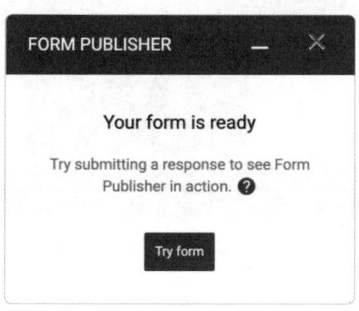

완성되었다. 이제 작동되는지 시험해 보자.

수료증을 발급 받는 사람은 이런 양식을 받는다. 이후 정보를 입력한다.

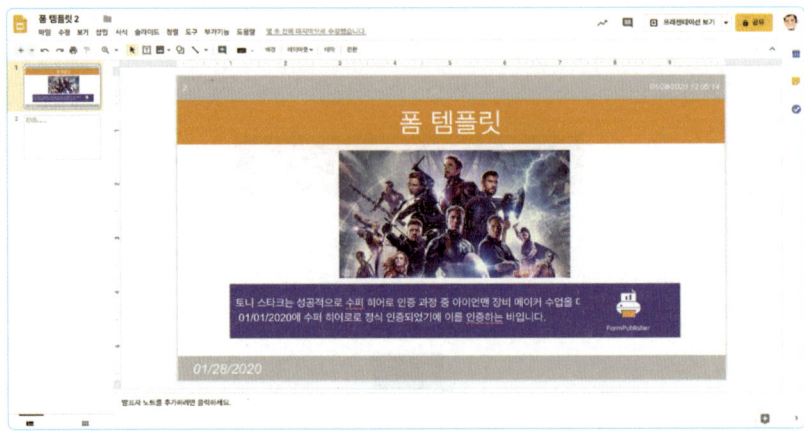

토니 스타크의 이름으로 입력을 마쳤다. 자동으로 구글 프레젠테이션에 입력값이 들어가서 멋지게 슬라이드가 만들어졌다! 컨셉에 따라 아주 멋진 대학 졸업장처럼 꾸밀 수도 있다.

구글 아트 앤 컬처를 활용한 차이 나는 클래스 만들기

A. 구글 아트 앤 컬처란?

다양한 명화 작품이 미술책에만 존재한다고 생각하는 사람은 많지 않을 것이다. 주위를 둘러보면 생각보다 쉽게 명화를 만날 수 있다. 한 예로 필자의 아파트 로비폰에는 칸딘스키의 '노랑-빨강-파랑(Jaune-rouge-bleu)' 그림이 그려져 있다. 광고에서도 명화 작품이 사용된 모습을 볼 수 있다. 예를 들어 한 대기업에서는 명화를 '아트 마케팅'으로 활용하여 기업의 이미지를 고급화하는 광고 전략으로 사용한 경우도 있다. 명화가 그려진 전자 제품이 많아지는 것은 곧 삶이 예술이 된다는 것을 의미하며, 고객의 품격이 그만큼 높아질 것이라는 전략을 사용한 예라 할 수 있다.

미래 사회는 삶을 얼마나 더 향유하는가에 관심을 가지는 사회이기에 예술에 대한 관심은 더더욱 높아질 것이다. 아름다운 음악 선율을 들었을 때, 그리고 지친 마음을 위로해 주는 미술 작품을 보았을 때의 감동은 단지 배가 불러서 느끼는 기쁨과는 또 다른 차원의 행복이다. 하지만 생각날 때마다, 가고 싶을 때마다, 좋은 그림을 보러 가거나 듣고 싶은 음악을 찾아서 직접 미술관이나 공연장을 찾는 것에는 한계가 있다. 이러한 갈증을 해소하기 위해 구글에서는 새로운 프로젝트가 시작되었고, 그 결과 Google Arts and Culture(이하 구글 아트 앤 컬처)가 탄생하게 된 것이다.

구글 아트 앤 컬처는 구글의 한 직원이 가진 호기심과 상상력에서 시작되었다. 구글은 20% 프로젝트라 해서 일정 근무 시간의 20%를 업무와 관계없는 일을 해도 무방하다고 한다. 이 시간에 아밋 수드(Amit Sood)라는 구글러는 미술관이나 박물관에 가지 않고 온라인에서 작품을 볼 수 있다면 얼마나 좋을까 상상했다고 한다. 그리고 자신의 상상을 현실화하는 작업을 20% 프로젝트 시간에 시작했다. 하고 싶은 일을 했을 때의 에너지와 창의력이 얼마나 대단한지는 누구나 알 것이다. 그 결과 2011년 Google Art Project(이후에는 Google Arts & Culture)를 시작하게 되었다. 당시에는 17개의 박물관, 미술관과 협약을 맺었지만, 현재는 80여 개국, 1,500여 개 미술관의 작품, 그리고 수백 곳의 역사적, 지리적 랜드마크를 모두 온라인상에 모아 세계의 미술관과 공연장, 랜드마크를 원하는 시간에 바로 감상할 수 있다. 작품들을 일반 디지털카메라의 1,000배 해상도에 달하는 '기가픽셀' 카메라로 찍었기 때문에 화가의 붓 터치 하나하나, 조각의 미세한 금까지 모두 볼 수 있다. 이처럼 구글 아트 앤 컬처는 예술, 역사, 건축, 음식, 공연 예술 등 방대한 자료를 담고 있는 보물 창고라 할 수 있다.

이 챕터에서는 구글의 보석과 같은 구글 아트 앤 컬처를 소개하고 이를 교실에서 적용할 수 있는, 다양한 수업 사례를 제시한다. 이 챕터를 통하여 여러분의 교실에 예술의 향기가 물씬 풍길 수 있기를 기대한다. 필자는 현재 고등학교에서 음악을 가르치는 교사로 음악 교과에서 구글 아트 앤 컬처를 활용한 수업을 소개하고자 한다. 하지만 이것은 음악 교과에만 적용할 수 있는 것은 아니다. 구글 아트 앤 컬처는 융합적인 요소가 많은 사이트이기에 이 글을 읽는 교육자 누구나 자신의 교과에 맞게 조금씩 수정하여 의미 있는 학습 자료로 활용할 수 있다. 미래 사회는 하나의 지식에 머무르는 것에서 벗어나 다양한 지식을 어떻게 연결 짓고 그것을 어떻게 내 것으로 소화하는지가 더 중요한 시대이다. 방대한 정보를 담고 있는 구글 아트 앤 컬처를 교과 수업의 목적에 맞게 설계해 나가길 바라며 대표적인 수업 사례를 소개하겠다.

B. 구글 아트 앤 컬처 입장하기

구글 아트 앤 컬처를 찾는 방법은 간단하다. 구글 검색창에 'Google Arts and Culture'나 한글로 '구글 아트 앤 컬처'를 치면 쉽게 사이트를 찾아 들어갈 수 있다.

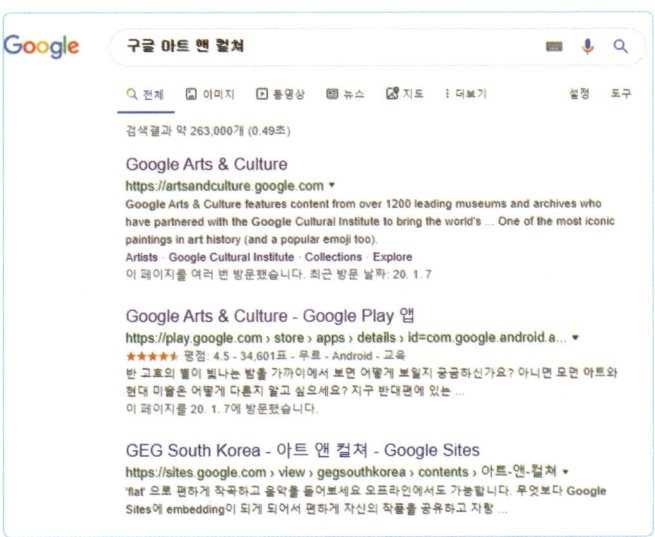

구글에서 '구글 아트 앤 컬처'를 검색한 화면

구글 아트 앤 컬처는 컴퓨터와 스마트폰 모두에서 사용할 수 있다. 컴퓨터를 이용할 경우에는 크롬에서 실행이 더 잘 되는 듯하다. 스마트폰에서는 Play 스토어에서나 앱 스토어에서 '구글 아트 앤 컬처'를 검색하면 된다.

상황에 따라 컴퓨터나 스마트폰으로 필요한 것을 찾아 적절히 이용할 수 있다.

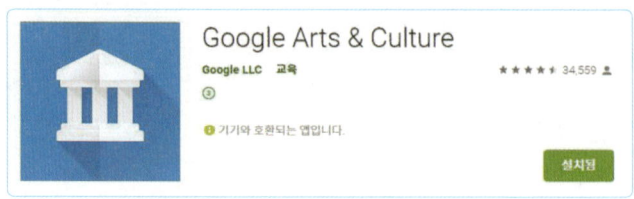

스마트폰에서의 '구글 아트 앤 컬처'를 검색했을 때 나오는 공식 앱

필자가 구글 아트 앤 컬처를 처음 접한 것은 약 3년 전, 교사 연수에 참석하여 알게 되었다. 이후 구글 아트 앤 컬처는 접속할 때마다 변화와 발전을 거듭하고 있다. 그 양도 기하급수적으로 많아지고 있고, 담은 영역의 범위도 점점 넓어지고 있다. 영역이 확장되어 다른 곳으로 이동되어 있기도 하고, 테마에는 기존에 없던 새로운 기능이 추가되었다. 시간의 여유가 있을 때마다 집 앞을 산책하는 기분으로, 컴퓨터 작업을 하다가 머리를 식히는 기분으로, 나의 예술적 소양을 길러볼까 하는 마음으로, 다른 나라 사람들의 문화는 어떤지 궁금할 때, 아트 앤 컬처 사이트를 방문해 예술 체험을 하는 것도 좋을 듯하다.

이제 구체적으로 수업에서 어떻게 사용할 수 있는지 그 레시피를 이야기하겠다. 구글 아트 앤 컬처 페이지를 열면 방대한 그림 작품과 세계 곳곳의 사진을 볼 수 있다. 스크롤을 아래로 내리면 주제에 따라 여러 섹션으로 나눠진 모습을 볼 수 있는데 이 섹션은 자주 바뀌는 편이다. 왼쪽 상단에 삼선 메뉴를 클릭하여도 또 다른 여러 섹션이 나뉘어 있는 것을 볼 수 있다.

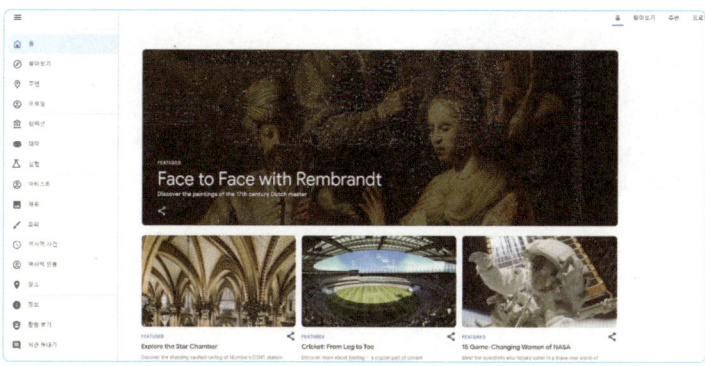

구글 아트 앤 컬처 페이지 첫 화면

C. 구글 아트 앤 컬처 레시피

시나리오 1 확대 보기 기능을 활용한 수업

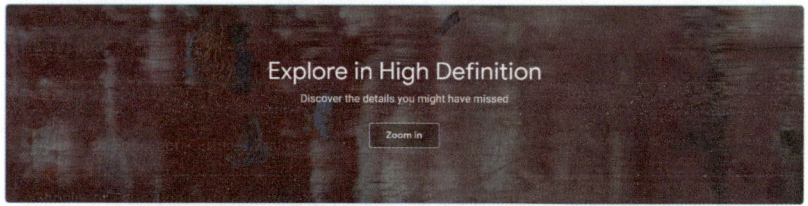

구글 아트 앤 컬처 화면에서 확대 보기 기능의 화면

구글 아트 앤 컬처에서는 'Explore in High Definition(확대 보기 기능)'을 통해 세계 여러 나라의 미술관에 전시된 작품이나 사진을 기가픽셀의 고해상도로 볼 수 있다. 기가픽셀 이미지는 1메가픽셀의 디지털카메라 대비 1,000배의 정보를 담을 수 있는 기능으로 작품에 담긴 붓의 방향, 터치까지도 확인할 수 있다.

구글 아트 앤 컬처의 미술 작품 오른쪽 아래 돋보기 모양 아이콘을 누르면 확대 보기 기능을 사용할 수 있다.

실행 방법은 해당 작품 오른쪽 하단 돋보기 모양 아이콘을 클릭하여 마우스로 확대하면서 살펴보면 된다. 확대하면 할수록 작품의 해상도가 떨어져서 깨져 보이는 것이 아니라, 미술 작품이 확대되면서 붓 터치, 물감의 질감까지도 느낄 수 있다(그림에 따라 줌 인이 되는 정도는 약간씩 다르다). 미술관 관람 시 작품에서 좀 떨어져서 보라는 미술관의 안전요원 이야기를 듣지 않아도 될 만큼 작품을 가까이에서 자세히 볼 수 있다.

구글 아트 앤 컬처에 제시된 Valldeoriolf. Red Fields 그림

앞의 작품을 돋보기를 누른 뒤 확대하여 보면 다음 그림처럼 확대된 모습을 볼 수 있다. 물감들이 서로 얽혀 있고 덧칠한 모양과 물감이 굳은 모양까지 세밀하게 살펴볼 수 있다.

확대한 Valldeoriolf. Red Fields의 그림

이런 확대 보기 기능을 수업에 어떻게 적용할 수 있을까 고민했고, 그 결과 다음과 같은 수업을 할 수 있었다. 수업의 제목은 '샤갈이 사랑한 작곡가와 오페라'이다. 순서는 다음과 같다. 구글 아트 앤 컬처에서 '샤갈'을 검색하면 아티스트 마르크 샤갈이 나오고 이를 클릭한다.

구글 아트 앤 컬처에서 '샤갈' 검색 후 나오는 화면 ①

샤갈을 클릭하면 스토리와 많은 작품을 볼 수 있다. 스토리에는 샤갈과 관련된 또 다른 공부 거리를 제시해 준다. 예를 들어 샤갈을 검색하면 'Gogol in Book illustration'과 'Double-portrait with a glass of wine'이 나오는데 이 주제와 샤갈이 어떤 관련이 있는지 미술 수업에서 충분히 다룰 수 있다. 구글 아트 앤 컬처는 수업의 다양한 설계에 따라 여러 가지로 활용할 수 있는 무한한 자료의 저장소라 볼 수 있다.

구글 아트 앤 컬처에서 샤갈 검색 후 나오는 화면 ②

우리가 지금부터 살펴볼 것은 스토리 밑에 있는 '예술가 자세히 알아보기'다. 정리 기준은 3가지로 나뉘어 있다. 첫 번째는 인기순(🔥)이고, 두 번째는 시간별(◷)이고, 마지막은 색상별(🎨)로 정리다. 오늘 찾고자 하는 작품은 'Marc Chagall's Ceiling for the Paris Opéra - 1st series of panels(일명 '샤갈의 천장화')'이다. 이 작품은 앞서 Chapter 2에서 플립 러닝의 한 사례로 소개가 되었으나, 또 다른 각도로 접근해 보자.

'샤갈' 검색 후 인기순으로 정렬

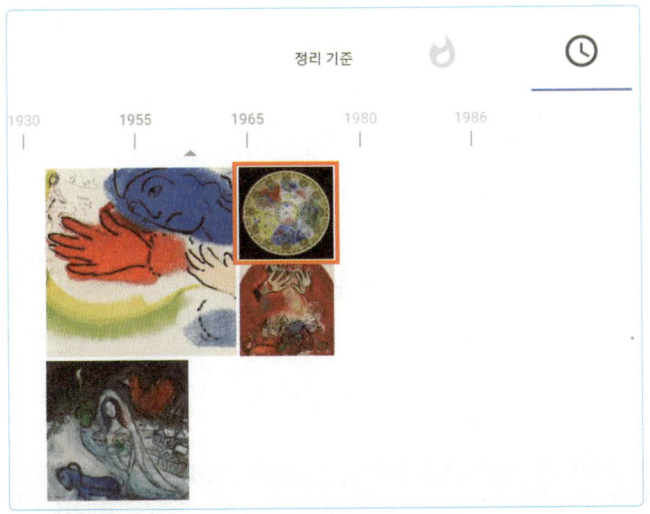

'샤갈' 검색 후 시간순으로 정렬

이러한 방식으로 'Marc Chagall's Ceiling for the Paris Opéra - 1st series of panels'를 찾은 후에 클릭하면 다음과 같은 모습을 볼 수 있다. 작품의 그림뿐만 아니라 스트리트 뷰와 주제별, 이 작품과 다른 작품의 공통점, 이 작품에 대한 설명, 세부정보, 추가항목 등이 적혀 있다. 물론 영어로 되어서 어려운 점도 있겠지만 작품에 대한 충분한 설명이 될 수 있을 정도로 자세히 적혀 있다.

Marc Chagall's Ceiling for the Paris Opéra - 1st series of panels

샤갈의 천장화에는 샤갈이 좋아했던 작곡가의 이름과 작곡가의 대표적인 오페라 장면들, 발레 장면, 그리고 파리에 머무르는 동안 자신에게 환대해 주었던 프랑스에 대한 고마움을 담은 프랑스 파리의 명소가 그려져 있다.

프랑스 오페라 극장 스트리트 뷰

C. 구글 아트 앤 컬처 레시피

프랑스 오페라 극장의 천장화와 공통점이 있는 작품들

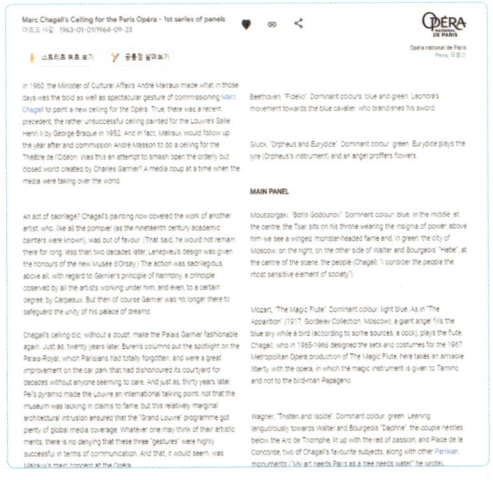

프랑스 오페라 극장 작품 설명

하나의 작품에 이렇게 많은 설명과 자료가 제공되는 것이 놀라울 따름이다. 이제 본격적으로 이 확대 보기 기능(Explore in High Definition)을 사용할 시간이 다가왔다. 우리가 직접 파리 오페라 극장을 간다고 하더라도 천장화에 그려진 그림을 자세히 살펴보기는 힘들다. 왜냐하면 높이가 높고 천장화의 규모가 크기 때문이다. 하지만 확대 보기 기능(Explore in High Definition)을 이용하여 천장화에 담긴 내용을 살펴보는 수업을 진행할 수 있다.

수업은 3단계로 진행해 보았다. 프로젝트 수업을 위한 시간은 교사가 어떻게 진행하느냐에 따라 충분히 변할 수 있기 때문에 1시간(차시)이라는 단어보다 전체적인 수업 진행을 위한 단계라는 표현을 사용하고자 한다.

1단계는 아트 앤 컬처를 소개하고 수업의 주제인 미술가 샤갈에 대한 간략한 소개와 프랑스 오페라 극장에 관한 수업이었다. 그다음, 천장화에 그려진 작곡가와 오페라, 프랑스 파리 명소 등을 스피드 게임의 형태로 빨리 찾고, 찾은 작곡가와 오페라 제목을 외치도록 하였다. 샤갈이 천장화에 친절하게 작곡가 이름과 오페라 제목을 적어 두었지만, 학생들에게 익숙하지 않은 언어이기에 제목을 찾더라도 읽는 것은 조금 어려워했다. 학생들은 각자 가진 종류에 따라 스마트폰과 컴퓨터 화면을 확대하면서 감탄사를 외치며 신나게 작곡가와 작품, 프랑스 명소를 찾는 모습을 보였다.

2단계는 천장화에서 찾은 오페라의 내용을 살펴보는 시간을 가졌다. 조를 나누고 조별로 해당하는 오페라의 내용을 조사하여 발표하였다. 그 후, 유튜브를 활용하여 오페라의 대표적인 아리아 연주 영상을 찾아서 감상하는 시간을 가졌다. 오페라의 내용이 간단하고 명료한 편이 아니라 이해하기가 쉽지 않았지만, 학생들은 자기 조에 해당하는 오페라의 내용을 이해하려는 모습을 보였고 조사하고 공부한 내용을 발표해야 했기에 집중하는 모습을 보였다. 설명하기 위해 표를 그리기도 하고 그림을 그리기도 하는 등 학생들 나름대로 자신이 이해한 내용을 표현하였다. 이러한 다양한 방식의 표현을 통해 학생들은 오페라를 훨씬 쉽고 재미있게 공부할 수 있었다. 이후에 각 오페라의 대표 아리아도 감상하는 시간을 가졌는데 오페라의 내용을 알고 듣는 음악과 그냥 선율만 들었던 아리아의 느낌은 분명히 다르게 느꼈을 것이다.

샤갈의 천장화에 담긴 노래를 찾아 들을 때는 유튜브에서 교사가 재생목록을 미리 만들어서 준비해 두는 것이 편리하다. 천장화에 나오는 오페라 아리아를 미리 검색해서 재생목록을 만들고 이것을 순서에 따라 감상하도록 하였다(재생목록 만들기는 Chapter 3를 참고하길 바란다). 재생목록을 만들면 여러 곡을 연결해서 들을 경우, 영상을 검색하는 데 걸리는 시간을 낭비하지 않을 수 있고, 영상 사이에 불필요한 영상(광고)이 나오는 것을 방지할 수 있어서 수업의 집중도를 높이는 데 도움이 된다.

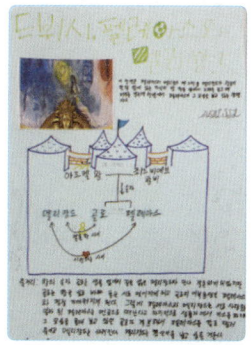 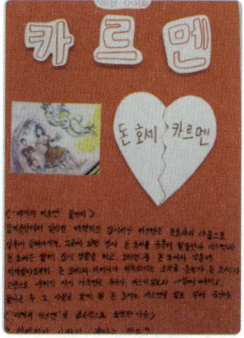 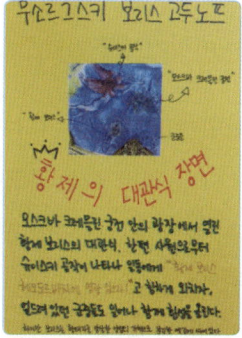

학생들이 조사한 오페라 내용

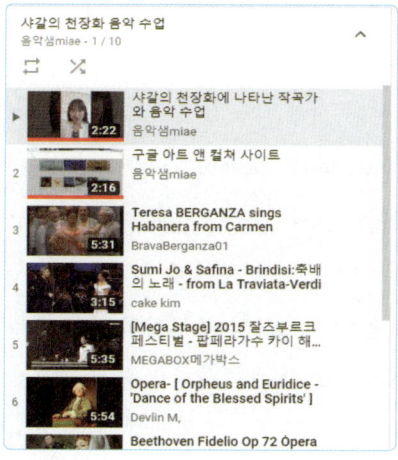

샤갈의 천장화 음악 수업을 위한 재생목록

3단계는 학생들이 좋아하는 음악을 그림으로 표현하는 시간이다. 학생들에게 소개할 때는 이전 수업과의 연계성을 고려하여 '나의 천장화 그리기'로 소개하였다. 공부한 바와 같이 샤갈이 좋아했던 작곡가와 오페라의 장면을 천장화에 나타낸 것처럼 학생 각자도 본인이 좋아하는 음악을 천장화로 표현해 보자는 의도였다. 학생이 좋아하는 음악을 선정하고 그 곡을 선정한 이유와 그 음악을 그림으로 나타내 보도록 하였다. 귀로 듣던 음악을 눈으로 표현하는 것이다. 음악을 그림으로 나타내기 위해서는 음악을 충분히 이해하려는 것도 필요하다. 집중하지 않고 대충 듣고 그것을 표현하기는 어렵기 때문이다.

음악을 그림으로 나타내는 활동이 교과를 통합하여 진행하는 초등이나 애초에 수업 목적을 융합 수업으로 설계하고 수업했다면 문제가 없겠지만, 혹 '음악 시간에 그림을 그리는 수업이 음악 수업이라 할 수 있느냐'의 문제와 '그림을 그리는 데 스트레스를 가진 학생을 위한 배려는 무엇이 있느냐' 하는 질문이 있을 수 있다. 이에 대한 대안으로 그림을 그리는 것에 너무 집중하거나 많은 시간을 투자하는 것이 아니라 본인이 나타내고자 하는 감정을 쉽게 표현할 방법을 생각하였다. 그래서 학생들에게 인공지능이 그림을 그려주는 프로그램을 소개하여 활용해 보도록 안내하였다. 스케치만 하고 그림을 업로드하면 색을 자동으로 입혀 주는 프로그램(PAINTSCHAINER, https://petalica-paint.pixiv.dev)을 소개하였다. 이 사이트를 이용하면 그림을 잘 못 그리거나 색칠을 잘하지 못해도 본인이 나타내고자 하는 느낌을 충분히 나타낼 수 있다. 귀로만 듣던 음악을 눈으로 보이는 그림으로 나타냄으로써 음악을 좀 더 깊게 이해하는 데 목적이 있다. 그림 작업을 마친 후 학생들은 자신이 좋아하는 음악을 본인이 그린 그림과 함께 발표하며 함께 들어보는 시간을 가졌다. 몇몇 작품은 액자에 걸어서 전시해 두고 싶을 만큼 완성도 높은 작품도 보였다.

학생들이 표현한 천장화

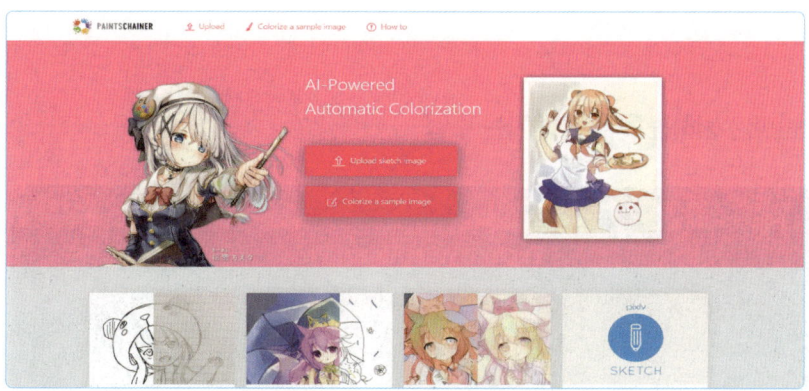

'PAINTSCHAINER' 홈페이지 첫 화면(https://petalica-paint.pixiv.dev)

단계	수업내용
1	- 샤갈은 누구? - 프랑스 오페라 극장 소개 - 뮤지컬 '오페라의 유령'의 배경지 - **작곡가와 오페라 찾아보기**: 비제 '카르멘', 베르디 '라 트라비아타', 베토벤 '피델리오', 글룩 '오르페우스와 에우리디케', 무소르그스키 '보리스', 모차르트 '마술피리', 바그너 '트리스탄과 이졸데', 베를리오즈' 로미오와 줄리엣', 라모, 드뷔시 '펠레아스와 멜리장드', 라벨 '끌로에', 스트라빈스키 '불새', 차이콥스키 '백조의 호수', 아돌프 아담 '지젤' - **프랑스 명소 찾기**: 파리 에펠탑 등
2	- 오페라의 내용 정리하기 - 오페라 줄거리 발표하기 - 오페라의 대표적인 아리아 감상하기
3	- 내가 좋아하는 음악 그림으로 나타내기 - 내가 좋아하는 음악, 함께 감상하기

'샤갈의 천장화' 수업 단계

시나리오 2 원하는 곳을 직접 가는 수업

구글 아트 앤 컬처에서 Explore with Street View의 화면

구글 아트 앤 컬처에서는 'Explore with Street View'의 기능을 통해 원하는 곳을 직접 간 것처럼 볼 수 있다. 360도로 촬영한 세계 여러 장소를 컴퓨터를 통해 그 거리에, 그 장소에 있는 듯 그 장소의 다양한 면을 볼 수 있는 것

이다. 예를 들어 러시아의 볼쇼이 극장도, 시드니의 오페라 극장도, 할리우드 거리에도 가 볼 수 있다.

구글 아트 스트리트 뷰에서 볼 수 있는 극장

시드니의 오페라 극장을 클릭하면 마치 시드니 오페라 극장 앞에 서 있는 것처럼 오페라 극장 앞의 의자와 호수, 각종 부대시설 모양을 360도로 자세히 볼 수 있다. 마우스를 클릭하여 거리를 따라 점점 더 앞으로도 나갈 수 있고, 뒤로 갔다, 오른쪽, 왼쪽으로 원하는 곳에서 그곳을 마음껏 살펴볼 수 있다.

시드니 오페라 극장의 스트리트 뷰

이번에는 구글 아트 앤 컬처의 '스트리트 뷰(street view)' 기능을 적용한 수업을 소개하고자 한다. 몇 해 전, '알함브라 궁전의 추억'이라는 드라마가 인기리에 방영되었다. 이 드라마에서 반복해서 나오는 음악 선율이 있는데 그것은 기타를 좀 쳐 본 사람이라면 누구나 아는 '알함브라 궁전의 추억'이라는 기타 연주곡이다. 드라마에 반복되어 나오는 곡을 들으면서 '알함브라 궁전의 추억'이라는 수업을 하게 되었다. 이 수업 역시 구글 아트 앤 컬처에서 많은 자료를 찾을 수 있었다.

> **여기서 잠깐**
>
> '알함브라 궁전의 추억'은 스페인의 기타리스트인 프란시스코 타레카(Francisco Tarrega Eixea, 1852~1909)가 작곡한 곡이다. 타레카는 그의 제자였던 콘차 부인을 사랑하게 되었다. 콘차 부인은 이미 결혼한 유부녀였지만, 타레카는 너무나 사랑하는 마음에 그녀에게 사랑을 고백하였고 부인은 그 고백을 받아주지 않았다. 실연의 아픔을 간직한 채 스페인의 여러 곳을 여행하던 타레카는 알함브라 궁전에 머무르게 되었고, 궁전에서 창밖의 달을 보며 콘차 부인에 대한 그리움을 간직하며 작곡한 곡이 바로 '알함브라 궁전의 추억'이라고 한다.

알함브라 궁전 이야기는 진짜 드라마에서나 나올법한 이야기로 학생들의 흥미를 집중시키는 데 적당했다. 이런 집중력을 지속시키기 위해 이제 구글 아트 앤 컬처로 넘어가 보자. 구글 아트 앤 컬처에서 'alhambra'를 입력한 후 검색하면 많은 양의 자료가 나오는 것을 볼 수 있다.

구글 아트 앤 컬처에서 'alhambra(알함브라)'를 검색하여 나온 자료

구글 아트 앤 컬처에서 알함브라를 검색하여 나온 자료를 살펴보면, '알함브라'라는 장소 항목에 현재 296개, 컬렉션이 3개, 아래 제시된 항목이 316개, 거리 뷰가 1개, 그 외 관련된 자료가 5개 파트가 있다. 장소 한 곳에 대한 정보가 이 정도로 많이 담겨 있으니 수업의 목적에 맞게 이 정보들을 적절히 선별하여 사용하면 된다.

'알함브라 궁전의 추억'의 수업 시작은 유튜브를 통하여 알함브라 궁전의 추억 기타곡을 실제로 들어보는 것으로 시작하였다. 드라마의 여주인공이 치던 곡 전체를 전문 기타리스트의 연주로 들어보면 또 다른 감동을 느낄 수 있다.

유튜브에 '알함브라 궁전의 추억 기타'를 검색한 결과

구글 아트 앤 컬처 자료에서는 국립민속박물관에 보관 중인 알함브라의 추억이라는 우리나라 LP 음반도 볼 수 있다. 의외로 꽤 오래 전부터 연주되던 기타곡이라는 것이 신기하게 느껴지고 그 제작연도가 우리나라 광복 이후라고 적혀 있어 더 실감 나게 느껴진다. 외국곡이지만 오래전 우리나라에 알려졌고 LP 음반까지 제작된 곡이라니 현실감 있게 다가온다. 작자 미상이라고 하니, 더욱 신비롭다.

국립민속박물관이 소장한 '알함브라의 추억' LP판

기타로 연주되는 '알함브라 궁전의 추억'을 들은 다음, 이 곡에서 기억해야 할 학습 요소에 대해 안내했다. 기타의 다양한 기법, 이 곡에서 반복되어 나타나는 기타의 트레몰로 기법은 무엇인지, 기타의 종류는 어떻게 구분되는지, 클래식 기타와 통기타의 차이는 무엇인지 등에 대해 알아보았다.

이후, 이 곡의 작곡가와 작곡 배경 이야기를 했다. 학생들은 타레카가 실연의 아픈 마음을 달래기 위해 머물렀다는 알함브라 궁전은 과연 어떤 곳인지 궁금해했다. 궁전과 정원이 그렇게 아름다웠다는데 그 모습은 어떨지, 상상 속에 그려보는 궁전의 모습과 실제는 어떤 차이가 날지에 대해 생각해 보며 계속해서 수업에 집중할 수 있었다.

드디어 구글 아트 앤 컬처의 '스트리트 뷰 (street view)'를 통해서 알함브라 궁전을 모습을 살펴보았다. 뷰를 누르면 알함브라 궁전의 중앙 분수대, 궁전 기둥까지 자세히 볼 수 있게 된다. 알함브라 궁전에 직접 가보기는 어렵겠지만 구글 아트 앤 컬처 안에서는 마음껏 그라나다를 다녀올 수 있다.

알함브라 궁전 뷰

스트리트 뷰를 통해 살펴본 알함브라 궁전의 내부 모습

뿐만 아니라, 구글 아트 앤 컬처에서는 알함브라 궁전을 그린 미술 작품도 찾아볼 수 있다. 호아킨 소로야가 그린 알함브라 궁전의 그림을 통해 빛과 물에 반사된 알함브라 궁전의 모습도 미술 작품으로 감상할 수 있게 되어 다양한 측면에서 알함브라 궁전을 살펴볼 수 있다.

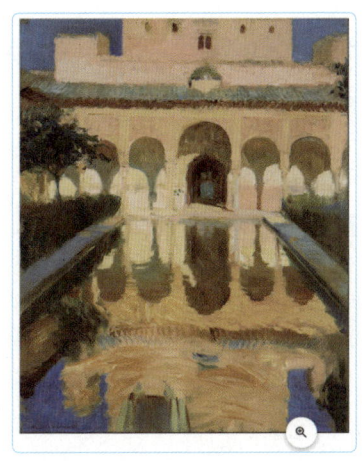

Hall of the Ambassadors, Alhambra, Granada

이처럼 구글 아트 앤 컬처의 스트리트 뷰를 활용하면 세계의 여러 명소를 직접 간 듯한 기분을 느끼며 체험할 수 있다. 지역과 문화, 예술은 서로 떼어 놓고는 생각할 수 없는 밀접한 관련이 있기에 어느 한 부분만 살펴보는 것이 아니라 그 장소와 그 문화와 예술이 나타난 형태를 함께 살펴볼 때 예술을 이해하는 깊이는 더 깊어질 것이고 그 감동은 배가 되리라 생각된다. 이 모든 것이 구글 아트 앤 컬처를 통해 실현될 수 있다.

단계	수업내용
1	• **'알함브라 궁전의 추억' 연주곡 듣기**: 유튜브 영상 자료 활용 • **제재곡의 배경 알아보기**: '알함브라 궁전의 추억'은 스페인의 기타리스트였던 프란시스코 타레카(Francisco Tarrega Eixea, 1852~1909)가 작곡한 곡이다. 타레카는 스페인의 여러 곳을 여행하다가 알함브라 궁전에 머무르게 되었고, 실연의 아픔을 가지고 궁전에서 창밖의 달을 보며 콘차부인에 대한 그리움을 간직하며 작곡한 곡이 바로 '알함브라 궁전의 추억'이라고 전해진다. • **학습요소 익히기**: 트레몰로 연주 기법, 통기타와 클래식 기타의 차이점 등
2	• 스트리트 뷰 기능을 통해 알함브라 궁전 살펴보기 • 구글 아트 앤 컬처에 있는 알함브라 궁전의 그림 살펴보기

'알함브라 궁전의 추억' 수업 단계

시나리오 3 역사적 인물을 알아보는 수업(전지적 참견 시점의 작곡가 살펴보기)

구글 아트 앤 컬처의 홈 화면에서 가장 왼쪽의 삼선(≡) 버튼을 누르면 홈페이지의 분류와 또 다른 다양한 분류가 되어 있는 곳을 발견할 수 있다. 이곳은 홈, 찾아보기, 주변, 프로필, 컬렉션, 테마, Experiments, 아티스트, 재료, 회화, 역사적 사건, 역사적 인물, 장소, 정보, View activity, 의견 보내기로 구성되어 있다.

다양한 메뉴 중에서 [역사적 인물]을 클릭해 보자. 역사적 인물을 누르면 인물을 찾는 방법은 총 3가지로 나타난다. 전체나 이름순(가나다순), 시간순으로 관련된 인물을 찾아서 자료를 살펴볼 수 있다. 찾는 인물의 태어난 연도를 알고 있다면 시간의 탭에서 인물을 찾을 수 있다.

왼쪽의 삼선 버튼을 누르면 나타나는 다양한 주제

역사적 인물을 찾는 3가지 방법: 전체, 이름순, 시간순

예를 들어 '볼프강 아마데우스 모차르트'에 대해 살펴본다면 먼저 모차르트의 탄생 연도인 1756년을 기억하고 시간 연대를 1700년과 1800년 사이에 두고 검색하자. 그러면 이 연도에 태어난 역사적 인물들이 나타난다. 1700년과 1800년 사이에 태어난 인물로는 나폴레옹(1769년 탄생), 조지 워싱턴(1789년 탄생) 등이 있다. 비슷한 시대에 활동한 역사적 인물들은 누가 있는지 비교해 보는 것도 재미있는 수업 소재가 될 수 있다. 계속 아래로 스크롤하다 보면 우리가 찾는 작곡가인 모차르트뿐만 아니라 베토벤, 슈베르트, 비발디가 나온다.

역사적 인물에서 찾은 작곡가들: 모차르트, 베토벤, 슈베르트, 비발디

볼프강 아마데우스 모차르트를 클릭하면 항목이 14개 나타나 있다. 구체적으로 항목을 살펴보면, 모차르트에 관한 설명과 스토리 2개, 역사적 인물 자세히 알아보기 항목 14개가 있다. 스토리에서는 모차르트 오페라 공연과 관련된 옛날의 포스터, 공연 장면, 오페라 공연 영상, 무대 배경을 살펴볼 수 있다.

모차르트 공연 포스터

모차르트 공연 무대 장면

모차르트 공연 영상

역사적 인물 자세히 알아보기의 항목에는 모차르트의 어릴 적 모습, 1756년에 출판된 악보, 라트비아 극장 모차르트의 부조, 빈에서 사용한 것으로 알려진 월터의 피아노까지 모차르트에 관한 다양한 내용이 있다.

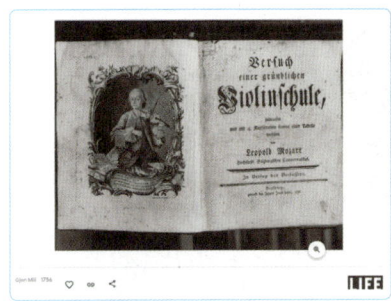
1756년에 출판된 모차르트 악보

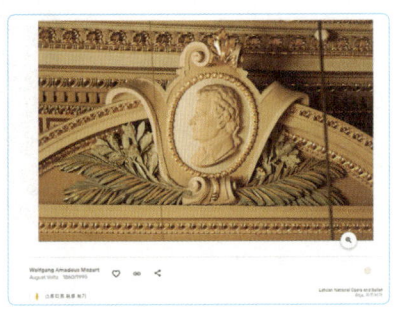
라트비아 극장의 모차르트 부조

모차르트뿐만 아니라 다른 작곡가의 다양한 모습도 발견할 수 있다. 예를 들어 피아노의 시인이라 불리는 낭만파 시대 작곡가 '쇼팽'의 손을 직접 볼 수는 없지만, 구글 아트 앤 컬처에서는 가늘고 긴 쇼팽의 손을 간접적으로나마 살펴볼 수도 있다.

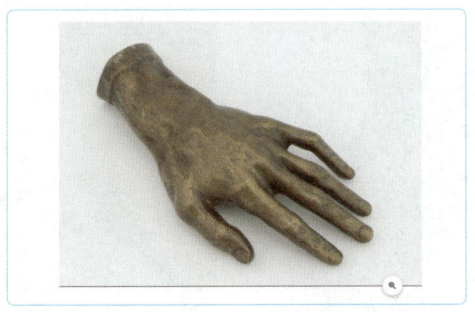
쇼팽의 왼손(물론 진짜 손이 아니라, 청동으로 만든 것)

가냘픈 볼살과 긴 목을 가진 쇼팽의 두상은 어떻게 생겼을까? 이 역시 구글 아트 앤 컬처를 통해 확인해 볼 수 있다. 이제까지 학생들은 쇼팽의 초상화 그림만 보았고 기억했는데, 구글 아트 앤 컬처를 통해 처음 본 쇼팽의 두상은 그림으로 보던 것과는 조금 다른 모습을 띠고 있는 듯하다.

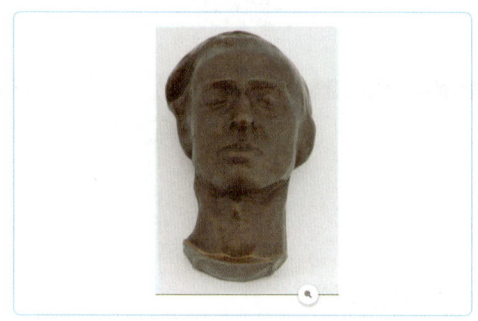

쇼팽의 두상

쇼팽의 연인이었던 '조르주 상드'의 모습도 볼 수 있다. 쇼팽의 조용한 성격과는 반대로 씩씩하고 밝은 성격으로 알려진 조르주 상드의 젊을 때와 노년의 모습까지도 볼 수 있다. 쇼팽의 여인을 이곳에서 볼 수 있다니 감동적이다.

조르주 상드의 젊은 시절 초상화(왼쪽)와 노년의 모습(오른쪽)

여기에서는 대표적인 사례로 모차르트와 쇼팽을 살펴보았지만, 실제 구글 아트 앤 컬처를 살펴보면 더 많은 작곡가의 여러 면을 살펴볼 수 있는 방대한 자료가 있다. 단지 음악을 듣는 것에서 벗어나, 작곡가의 다양한 면을 함께 살펴보면 작곡가는 물론, 그가 지은 곡도 좀 더 잘 이해할 수 있을 것이다.

이렇게 작곡가의 다양한 모습을 알게 된 것을 바탕으로 '작곡가 위인전' 만들기 수업을 진행해 보았다. 책으로만 접하는 작곡가가 아니라 학생이 직접 자료를 찾아 정리하고, 작곡가가 작곡한 음악도 함께 들어보면서 학생들은 한 작곡가 삶을 정리하여 위인전으로 만들 수 있었다. 위인전은 A4 용지를 접어 책 만들기 형태로 만들 수도 있고, 구글 프레젠테이션을 이용해서 작성할 수도 있다. 이제까지는 무슨 작곡가는 어떤 곡을 작곡했다는 것을 외우던 수업이었다면 이제는 작곡가의 여러 모습을 함께 알면서 작곡가를 좀 더 이해하고 더 깊이 음악을 들을 수 있는 준비가 될 수 있으리라 생각한다.

단계	수업내용
1	• 작곡가 선정 • 구글 아트 앤 컬처를 활용하여 작곡가에 대한 내용 살펴보기
2	• 작곡가 위인전 작성하기
3	• 발표하기

'작곡가 위인전 만들기' 수업 단계

시나리오 4 구글 아트 앤 컬처 앱으로 다양한 체험하기

구글 아트 앤 컬처 앱을 활용한 재미있는 활동에 대해 소개해 보려고 한다. 모바일 디바이스의 앱을 활용한 체험은 미술 교과에서 적용할 수 있는 방법이 다양하다. 구글 아트 앤 컬처 앱을 통해 나를 닮은 초상화를 찾을 수도 있고, 사진의 색상과 비슷한 색감을 가진 예술 작품을 검색할 수 있으며, 원하는 장소에 유명한 미술 작품을 설치할 수 있다. 그뿐만 아니라 마치 미술관에 있는 듯 미술관을 돌아다니며 미술 작품을 체험할 수 있다.

실행 순서는 다음과 같다. 먼저 구글 아트 앤 컬처 앱을 열어 맨 아래 중앙에 있는 카메라를 누른다. 카메라를 누르면 5개(Art Transfer, Art Selfie, Color Palette, Art Projector, Pocket Gallery)로 구분된 메뉴 창을 볼 수 있다.

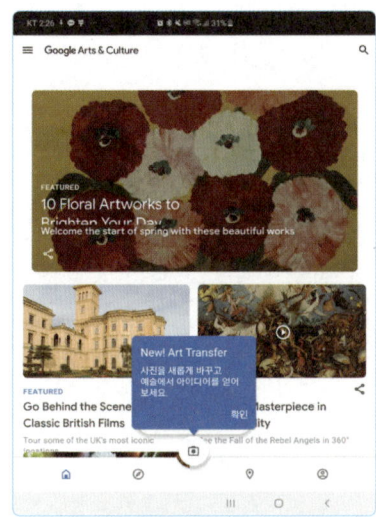 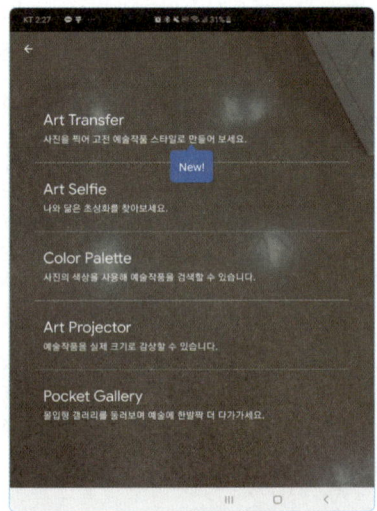

구글 아트 앤 컬처 앱에서 카메라를 클릭(왼쪽 이미지 하단 중앙의 아이콘)하면 보이는 5개의 메뉴(오른쪽 이미지)

첫째, Art Transfer는 2020년 새로 등장한 서비스이다. 찍어서 올린 사진을 유명 아티스트의 화풍에 맞추어 그림으로 변환해 주는 서비스이다. 단순하게 화풍의 필터를 걸어주는 것이 아니라, 업로드한 사진을 인공지능이 분석하고 실제 화가의 화풍으로 전환해 주는 것이며 로딩 시간에는 화가와 화풍에 대한 간단한 설명도 나와 어느 정도 학습 효과도 기대할 수 있다.

둘째, Art Selfie는 나를 닮은 초상화 찾아보기이다. 나를 닮은 그(그녀)를 찾는 것이 구글 아트 앤 컬처 앱을 통해서 가능하다. 실행 방법은 2가지인데 첫 번째는 스마트폰에서 구글 아트 앤 컬처 앱을 클릭한 뒤 조금만 아래로 스크롤을 내려보면 'Art Selfie'라는 화면을 찾을 수 있다. 여기에서 사진을 찍어 전 세계의 박물관에서 나와 닮은 초상화를 찾아볼 수 있다. 두 번째 방법은 구글 아트 앤 컬처 앱의 첫 화면 제일 아래에 있는 카메라를 누르고 Art Selfie 메뉴를 클릭하여 사진을 찍고 초상화를 찾는 방법도 있다. 부푼 기대를 하고 한번 찍어 보면 세계의 박물관에 있는 초상화들이 본인의 얼굴과 확률이 높은 순서로 나타난다.

구글 아트 앤 컬처 앱에서 Art Selfie를 선택

필자를 찍어보니 이렇게 나온다. 이마와 립스틱 색깔로 초상화를 찾은 듯하다. 초상화는 늘 고정되어 같은 것이 나오는 게 아니고, 찍을 때의 표정에 따라 다른 초상화들이 나온다. 본인의 얼굴과 여러 초상화가 본인의 얼굴과 몇 % 일치하는지 비율까지 나오는 것을 볼 수 있다.

구글 아트 앤 컬처 앱에서
사진과 비슷한 초상화를 찾은 결과

초상화를 찾고 나서 초상화가 어떤 작품인지, 어떤 인물인지 궁금하다면 초상화를 클릭해 보자. 초상화를 클릭하면 이 작품은 누구의 작품인지 알 수 있다. 그리고 다시 오른쪽 밑에 '예술작품 보기'를 누르면 예술작품을 좀 더 자세히 볼 수 있도록 안내되어 있다.

이 기능을 활용한 수업 레시피는 무엇이 있을까? 미술 시간에 드로잉 수업을 위한 동기유발 소재로 활용할 수 있다. 드로잉을 하기 위해서는 사물이나 인물을 자세히 관찰해야 하는 과정이 꼭 필요하다. 이전까지는 눈으로 자세히 관찰하여 표현하였다면, 이제는 AI의 기술력을 이용하여 나타낸 결과물을 보는 것이다. 또한, 캐리커처 그리기 수업에도 적용할 수 있다. 캐리커처를 잘 표현하기 위해서는 인물의 특징을 잘 살려 표현하는 것이 중요한데 Art Selfie를 통해 나타난 이미지를 보면서 인물의 특징을 찾아낼 수도 있다. 눈에 보이지 않았던 인물의 특징을 Art Selfie를 통해 찾게 되고 이것은 캐리커처를 그리는 데 도움이 될 것이다.

생각의 폭을 넓혀 보면, 진로 교과의 '나 탐색' 내용 수업을 진행할 때도 사용할 수 있다. 본인의 장단점, 과거와 현재 그리고 미래의 모습을 생각하고 계획하는 나를 탐색하는 수업에서 초상화를 수업의 동기 유발 소재로 사용한다면 학생들의 흥미는 이전보다 높아질 것이다. 나의 모습을 좀 더 관찰하고 생각할 수 있는 소재가 될 수 있다.

사회나 역사 교과에서도 활용할 수 있다. 학생들은 본인의 얼굴과 닮은 미술작품을 보면서 초상화에 나타난 인물에 대해 공부할 수 있고, 더 나아가 초상화의 인물이 활동했던 시기의 특징들도 함께 알아볼 수 있어 학습의 정도가 훨씬 더 깊고 넓어질 것이다.

초상화 작품 살펴보기

셋째, Color Palette(사진의 색상을 사용해 예술 작품 검색)이다. 구글 아트 앤 컬처 앱의 Color Palette를 실행하고 사진을 찍으면 사진에 나온 색상과 비슷한 색감을 가진 예술 작품이 무엇이 있는지 알 수 있다. 색상은 본인이 찍은 사진에 나타나는 여러 개의 색상 중에서 선택할 수 있다. 예를 들어 다음 그림처럼 Color Palette 메뉴를 클릭하고 노트북의 키보드 사진을 찍으면 키보드의 색감과 비슷한 수묵화 예술 작품을 감상할 수 있다. 선호하는 톤의 색감을 가진 예술 작품들을 한꺼번에 볼 수 있는 매력을 가진 기능이라 할 수 있다.

이 기능을 활용한 추천 수업 레시피는 다음과 같다. Color Palette는 비슷한 것을 어떤 기준에 의해 나누어 제시하기 때문에 수학 교과에서 집합의 개념을 처음 소개할 때 특정한 조건에 맞는 원소들의 모임이라는 집합의 개념을 설명하는 데 도움이 될 것이다. 음악 교과에서는 비슷한 장르를 구분하는 수업에서 활용할 수 있다. 비슷한 박자, 비슷한 느낌의 음악을 듣고 장르나 박자에 따라 분류하여 나타내는 수업에 동기 유발 소재로 활용할 수 있다.

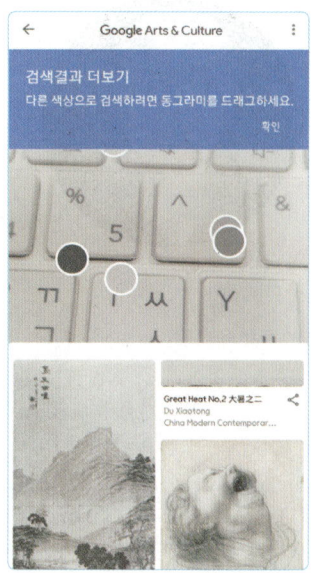 

Color Palette를 실행했을 때 검색되는 색감이 비슷한 예술 작품

넷째, Art Projector(예술작품을 실제 크기로 감상하기)이다. Art Projector를 실행하면, '카메라로 바닥을 가리키고 원 모양으로 움직인 후 예술작품을 스탠드에 놓으세요'라는 안내가 뜬다. 스마트폰의 렌즈를 바닥을 향하도록 한 후 원 모양으로 돌리면 작은 원 모양의 형태가 나타나고 아래쪽에는 감상할 수 있는 예술작품들이 나타난다.

Art Projector를 실행한 후 카메라를 바닥으로 향하면 나타나는 화면

앞의 그림처럼 바닥에 여러 점이 나타나면 모든 준비는 끝났다. 화면 아래에 있는 여러 예술작품 중에서 보고 싶은 작품을 선택하면 선택한 작품이 눈앞에 나타난다. 마치 집 안에 예술 작품을 설치한 것처럼, 눈앞에서 미술 작품을 보는 듯한 착각을 일으킬 정도로 실제와 거의 동일한 크기의 미술 작품을 감상할 수 있다. Art Projector에서 미술 작품의 크기는 조절할 수 있어 100% 실물 크기로도 볼 수 있고, 상황에 따라 크기를 줄여 작품을 감상할 수 있다.

Art Projector는 미술 작품을 감상하는 미술 교과뿐만 아니라 증강현실(AR: Augmented Reality)을 적용하여 범교과적으로 활용할 수 있다. 내가 있는 장소에 다양한 미술 작품을 가지고 와서 내가 보고 싶은 방법대로 볼 수 있는 체험을 하며 AR 기술에 대해 직접 경험하며 미래사회의 다양한 신기술을 알게 된다. 교과에서 AR를 언급한 교과는 많을 것이고 이것을 위한 수업의 소재로 사용하여도 좋을 것이다.

Art Projector를 실행한 후 고흐의 작품을 벽에 설치한 모습

마지막은 Pocket Gallery(몰입형 갤러리를 둘러보며 예술을 살펴보기)이다(실제 시연 영상을 보고 싶다면 다음 링크를 참고하길 바란다. http://bit.ly/포켓갤러리). 이것은 마치 내가 미술관에 들어가서 예술 작품을 감상할 수 있는 기분이 들게 하는 기능이다. Pocket Gallery를 클릭하면 '탁자와 같은 평평한 표면을 카메라로 가리키고 원 모양으로 기기를 움직이세요'라는 안내가 나온다. 안내대로 평평한 곳에 카메라 렌즈를 향하면 화면 아래에 5개 종류의 미술관 형태가 나타난다.

Pocket Gallery를 실행한 첫 화면

예를 들어, 5개의 미술관 중 'The Art of Color'를 클릭하면 전 세계 여러 미술 작품 중, 색상별로 정리된 작품을 살펴볼 수 있다. 누구나 아는 걸작에서부터 잘 알려지지 않은 작품까지 다양한 스타일, 다양한 시대의 작품을 색상별로 볼 수 있다. 들어가기 버튼을 누르면 마치 미술관에 온 것처럼 색상별로 정리된 여러 미술 작품을 감상할 수 있다.

이 기능을 활용한 수업 레시피로는 미술 교과에서 '큐레이터 되어보기' 수업이 있다. 'The Art of Color'를 다운로드하여 색상별로 정리된 미술관을 방문하면서 큐레이터가 되어, 여러 미술 작품의 제목, 작가, 그림의 내용을 조사하여 정리하고 설명하는 안내문을 작성하는 것이다. 미술관을 이동하는 동선도 미리 생각해서 실제 미술관에 온 것처럼 조를 구성해 미술관의 작품을 관람할 수도 있다. 조별로 미술관을 돌면서 미술관에 나타난 여러 그림을 직접 보면서 자신이 조사한 내용을 마치 큐레이터가 된 것처럼 발표하는 수업을 해 보는 것이다. 실제 미술관에서는 어렵겠지만 우리 교실에 걸어 둔 이 많은 명작을 설명할 기회가 학생들에게 주어진 것이다.

이를 교과 융합 수업으로 좀 더 확장해 보면, 조별로 1인 1역을 주어서 미술 작품을 소개하는 큐레이터, 미술관 관람 시 혹은 미술 작품에 어울리는 음악을 선정하는 음악감독, 큐레이터의 대본을 작성하는 작가, 작품의 배경과 시대상을 조사하여 발표할 역사가 등 실제 미술관에 온 것처럼 상황에 어울리는 미술관 체험을 미술, 음악, 국어, 사회(역사) 교과의 융합 수업으로 멋진 프로젝트로 실시할 수도 있다.

Pocket Gallery를 실행 후 나타난 화면

이번 레시피에서는 음악 교과나 미술 교과에서 적용 가능한 수업 사례를 중심으로 설명하였다. 하지만 구글 아트 앤 컬처는 음악, 미술뿐만 아니라 사회, 역사, 지리, 건축, 문학 등 거의 모든 교과에서도 충분히 활용할 수 있다. 구글 아트 앤 컬처에는 세계 여러 나라, 여러 영역의 문화에 대한 자료가 많기에 교과목의 성격에 맞게 적용할 수 있기 때문이다. 수업의 주제와 목

C. 구글 아트 앤 컬처 레시피

적에 맞게 수업 내용을 잘 전달하기 위한 수업 보물 창고로 한 번쯤 구글 아트 앤 컬처의 사이트를 방문하여 필요한 재료를 찾는 것은 어떨까 하는 생각을 해 본다. 어떤 점을 중점적으로 살펴보느냐에 따라서 나타나는 결과는 다양하게 나타날 것이다. 사실 필자도 처음에 구글 아트 앤 컬처는 미술 교과에서나 사용할 수 있겠다고 생각했었지만, 전공 교과인 음악 수업을 위한 자료의 관점을 가지고 사이트를 살펴보았을 때 그 전에 보지 못했고 듣지도 못했던 많은 자료를 발견할 수 있었고 수업에 활용할 수 있었다.

학생들에게는 우리나라를 벗어나 더 넓은 세상에 무엇이 있는지, 과거의 그 자료가 현재를 살아가는 우리와 어떻게 연결할 수 있는지, 그들의 문화가 그렇게 나타난 배경은 무엇인지를 구글 아트 앤 컬처를 통해 하나씩 하나씩 찾고 발견하게 된다면 이 수업은 그들의 기억에 남는 수업의 한 장면이 될 수 있으리라 기대한다. 이외에도 다음 영상에서 다양한 레시피를 추가로 살펴볼 수 있다. 램브란트의 그림 속 해부학, 가족 오락관 등, 다양하고 재미있는 사례를 소개했다(http://bit.ly/아트앤컬쳐레시피).

마지막으로, 초등학교 미술교과를 위한 구글 아트 앤 컬처 응용 레시피를 소개한다. 실제 수업한 레시피인 만큼, 독자 여러분이 보다 현장감 있게 느끼리라 생각한다. 이는 하나의 사례일 뿐이니, 독자 여러분은 각자의 수업 의도와 방향에 맞게 구글 아트 앤 컬처를 활용하길 바란다.

시나리오 5 미술 수업을 위한 응용 레시피

전 세계 예술 작품들이 한곳에 모인 구글 아트 앤 컬처! 이제 훌륭한 걸작들이라는 요리의 재료는 다 모았으니 이 재료를 바탕으로 수업이라는 멋진 요리를 만들어 가는 것이 중요하다. '구글 아트 앤 컬처로 수업을 한다'라고 생각했을 때 가장 먼저 떠오르는 과목은 미술이다. 수많은 화가의 명작을 인기순, 시대순, 색상별로 살펴볼 수 있을 뿐만 아니라 엄청난 화소로 찍은 작품들을 직접 확대해보고 관찰하면서 실제 박물관에 갔을 때보다 더 가까이서 감상할 수 있다. 그뿐만 아니라 직접 그 박물관으로 들어가 작품을 보며 갤러리 워킹을 하며, 직접 그 박물관에 간 느낌까지 생생히 느낄 수 있다. 그만큼 구글 아트 앤 컬처는 수업에 감칠맛을 더하며 훌륭한 재료를 제공해주고 있다. 그럼 이제 스마트 신쌤의 교실 속 수업 레시피를 한번 살펴보자.

5.1 색에 따른 그림의 느낌 표현하기 수업

구글 아트 앤 컬처는 인기순, 시대순, 색상별로 그림 감상이 가능하다. 그중 이번 수업 시간에 활용한 것은 바로 '색상별'로 그림을 감상하고 작가의 작품 느낌을 비교해보는 것이었다.

구글 아트 앤 컬처의 색상별 감상 세션 실행 후 나타난 화면

구글 아트 앤 컬처에서 작가를 선택하고 들어가 인기순(🔥), 시대순(🕐), 색상별(🎨)로 정렬하여 볼 수 있다. 이번 수업은 색에 따른 그림의 느낌을 표현하는 수업이므로 '색상별'을 활용하여 수업을 진행했다.

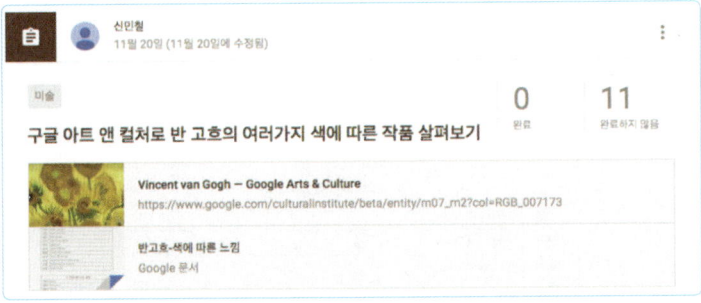

구글 클래스룸 과제 생성 장면

먼저 학생들과 함께 하는 구글 클래스룸에 구글 아트 앤 컬처 링크와 학생들이 느낌을 적을 구글 문서 링크를 함께 올려두었다. 학생들은 링크 클릭 한 번으로 감상할 작가의 작품으로 들어갈 수 있었다.

반 고흐의 그림을 감상하는 학생과 자료를 만드는 학생의 모습

구글 아트 앤 컬처는 매우 단순한 UI와 조작 방법으로 사용할 수 있기 때문에 학생들은 손쉽게 자신이 원하는 그림을 살펴보며 그림을 감상할 수 있었다.

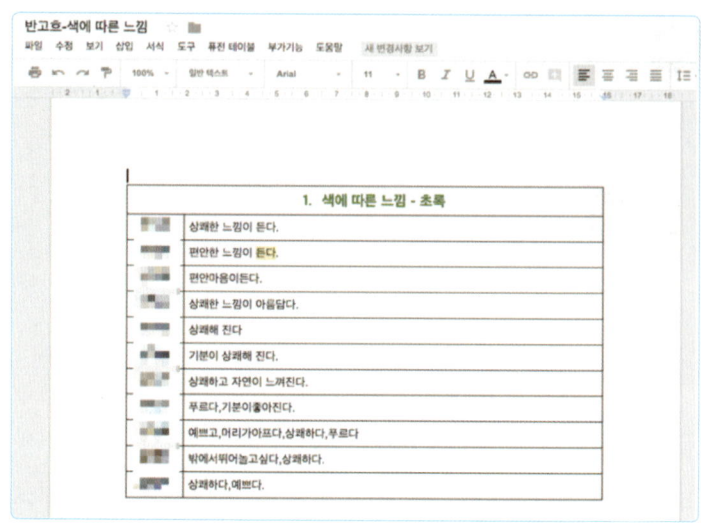

함께 공유한 구글 문서에 학생들이 작성한 감상. 함께 공유하고 다른 학생들의 반응도 볼 수 있도록 공동 작업으로 공유했다. 개별적으로 받을 경우엔 [사본 만들기]로 나누어준다.

학생들은 반 고흐의 그림을 감상하고 나서, 미리 만들어 둔 구글 문서로 들어와 협업 문서를 함께 작성한다. 색상별로 영역을 나누어 두어서 초록, 빨강, 파랑 등 색상에 따른 작가의 작품 세계를 살펴보고 자신의 느낌을 적고 서로의 감상을 나누었다.

구글 아트 앤 컬처 감상 수업 판서

다음 활동으로는 '반 고흐'가 아닌 '클로드 모네'의 그림을 감상해보는 시간을 가졌다. 이번에도 팔레트 기능을 활용하여 색상별로 미술 작품을 감상했다.

클로드 모네와 반 고흐의 작품을 감상하고 색에 따른 느낌을 비교하는 학생들

학생들은 반 고흐의 작품에서 봤던 색상에 따른 느낌과 클로드 모네의 작품에서 본 색상에 따른 느낌을 서로 비교하며, 같은 색이라도 작가의 작품에 따라 어떤 느낌을 주는지 살펴보았다.

	2. 색에 따른 느낌 - 갈색
	밝다
	슬픈 느낌이 나다.
	편안마음이든다.
	속상한느낌이다.
	슬픈느낌이다
	반 고흐보다 밝은 느낌이다.
	밝은 것 같다.
	기분이좋다,아름답다,멋있다,예쁘다,평화롭다,밝다.
	아름답다,예쁘다,반고흐보다밝다,평화롭다,멋지다.
	밝다,예쁘다,멋지다.
	예쁘다,아름답다,은은하다,평화롭다

클로드 모네의 그림 감상 후 작성한 학생들의 느낌

구글 문서에 자신의 감상을 적음과 동시에 다른 친구들의 감상까지도 한눈에 살펴볼 수 있었다. 서로의 느낌을 읽으면서 학생들은 친구들의 생각이 다르다는 것을 알 수 있었고 미술 감상에는 정답이 없고, 그 사람의 마음과 느낌이 더 중요하다는 것을 스스로 터득할 수 있었다.

학생들이 만든, 색상에 따른 느낌을 그린 그림으로 장식한 우리 반 미술관

작가의 작품 감상을 마치고 이번엔 학생들이 직접 '색상에 따른 자신의 느낌'을 주제로 작품을 그려보았다. 이후, 색상별로 작품들을 모아 미술관을 만들었다.

포스트잇에 그림 감상 댓글을 적어 남기는 학생들

자신과 친구들이 만든 작은 미술관에서 미술 감상을 마친 학생들은 포스트 잇에 자신의 감상을 적어 친구들의 작품에 붙이며 색에 따른 느낌이라는 이번 수업의 키워드를 200% 즐기는 모습을 보여줬다. 구글 아트 앤 컬처는 학생들의 미술 감상 수업에 정말 큰 도움을 줬다. 우선, 볼 수 있는 미술 자료가 방대하고 그림 하나하나의 퀄리티가 너무나도 좋아서 교과서로는 볼 수 없는 작가들의 붓 터치나 구체적인 색감들을 실감 나게 살펴볼 수 있었다. 그리고 학생들이 이런 작품을 자신의 눈으로 살펴볼 수 있다는 것에 큰 흥미를 느꼈으며 구글 아트 앤 컬처를 활용한 감상 수업을 한 후, 학생들의 색과 그림에 대한 느낌 표현이 매우 향상된 모습을 보였다. 이렇게 감상을 바탕으로 자신의 미술 작품을 구현하고 우리 반의 간이 미술관까지 만들어 본 학생들. 교과서에 실린 미술 작품을 넘어, 직접 그 작품을 즐길 수 있었기 때문에 아이들의 감상은 한 단계 더 업그레이드되었지 않았을까?

5.2 구글 아트 앤 컬처를 활용한 작품 감상 수업

이번 수업은 '나만의 비평문' 작성하기를 주제로, 미술을 감상하고 감상문을 써보는 활동이다. 교과서는 미술 작품을 한정적으로 제시하고 있기 때문에 이번에도 살아있는 미술 작품의 저장 창고인 구글 아트 앤 컬처를 활용하게 되었다.

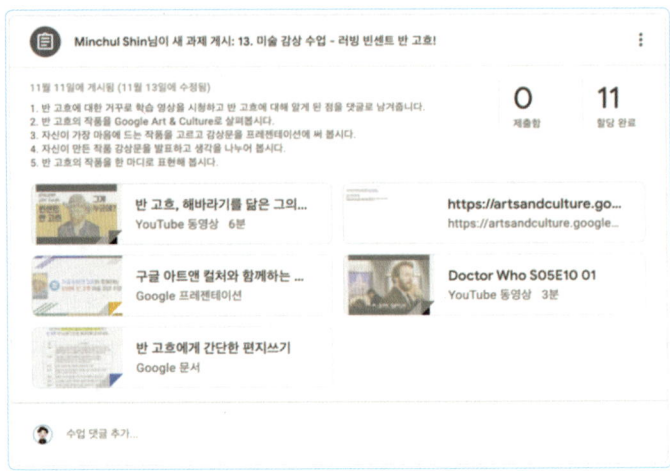

구글 클래스룸에 올린 과제 화면

이번 수업은 반 고흐의 작품에 대해 미술 감상문을 쓰는 활동이었기 때문에 사전에 화가에 대한 배경지식을 가지고 수업에 임하는 것이 중요했다. 하지만 제한된 시간에 알아보기 활동까지 하는 것은 힘들다고 판단했고, 이에 Chapter 2에서 언급한 플립 러닝 즉, 거꾸로 학습을 활용하기로 했다.

클래스팅에 플립 러닝 영상을 탑재한 모습. 다양한 도구 사용을 경험할 수 있도록, 이번에는 구글 클래스룸이 아닌 클래스팅을 활용했다.

그래서 '함쌤의 잡학사전'이라는 유튜브 채널에서 반 고흐에 대한 영상 학습 자료를 찾고 이것을 교육용 SNS인 클래스팅에 올려 학생들이 볼 수 있도록 하였다.

클래스팅에 학생들이 작성한 플립 러닝 결과물

학생들은 이 영상을 보고 반 고흐에 대해 새롭게 알게 된 사실들을 정리했고, 화가에 대한 배경지식을 늘려온 다음에 수업에 참여할 수 있었다. 수업하면서 느낀 것이지만, 이렇게 플립 러닝을 통해 학습할 내용의 배경지식을 미리 학습하는 건, 학습에 큰 도움이 되고 수업 자체가 좀 더 풍성해진다는 점이다.

반 고흐 그림 검색 - 인기순

반 고흐 그림 검색 - 시대순

반 고흐 그림 검색 - 색상별

수업에서 가장 먼저 한 것은 구글 아트 앤 컬처의 기능 설명이었다. 인기순, 시대순, 색상별 검색에 따라 감상 화면이 어떻게 달라지는지에 대해 설명한 후, 자신이 원하는 모드로 감상 활동을 수행할 수 있도록 안내했다.

하트 표시를 이용하여 컬렉션 만들기

지난 감상 수업과 다르게 이번 감상 수업에서 추가로 활용한 작지만 강력한 기능이 있었다. 바로 '하트' 표시를 통해 자신이 원하는 그림을 '찜'하여 하나의 미술 포트폴리오로 만드는 것이다.

C. 구글 아트 앤 컬처 레시피

나만의 작품 컬렉션

학생들이 하트를 누른 그림은 구글 아트 앤 컬처 페이지 상단 오른쪽에 있는 '프로필'을 누르면 하나의 컬렉션처럼 모여있고, 이 활동 자체로 학생들은 자신의 미술 작품 포트폴리오를 구성할 수 있다. 이번 시간은 작품 중 1개를 골라 감상문을 쓰는 활동이었고, 학생들은 최대 5개까지 하트를 누르며 자신의 반 고흐 작품 포트폴리오를 만들었다.

학생들이 협업 활동할 구글 프레젠테이션

학생들의 작품 감상 활동이 끝나면, 구글 클래스룸에 미리 올려 둔 구글 프레젠테이션으로 모이고 우리가 오늘 작품 감상문을 쓸 구글 프레젠테이션이 열린다.

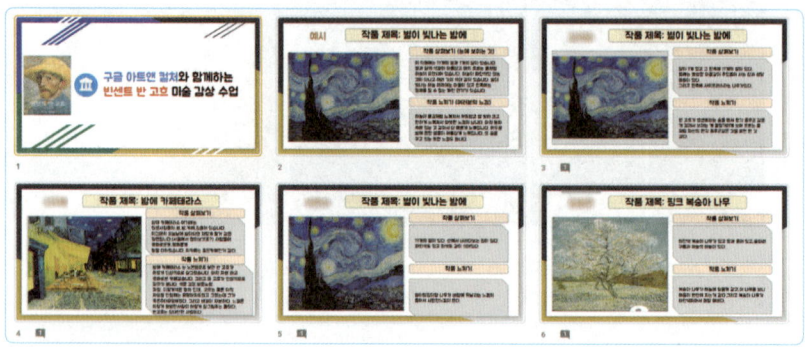

학생들이 협업 활동을 통해 함께 만드는 구글 프레젠테이션

학생들은 필자가 미리 만들어 놓은 양식으로 들어가 작품을 추가하고 눈으로 보이는 것과 느낌과 관련된 사항 등, 반으로 나누어 감상하며 본격적인 감상문을 써 내려 갔다. 필자는 학생들의 작품을 실시간으로 살펴보며 댓글로 피드백했다. 학생들은 댓글로 받는 피드백을 너무나도 좋아해서 불과 한 시간이었지만, 엄청나게 많은 상호 피드백이 오갔다.

작품을 발표하는 학생들과 감상 결과물의 모습

작품 감상문 작성을 마치고 나서 학생들은 서로의 작품 감상문을 공유하며 발표하는 시간을 가졌다. 친구들의 감상문을 살펴보며 자기 생각과 아이디어를 나누는 모습이 인상적이었다.

구글 클래스룸에 설정된 과제

감상문 활동을 마치고 나서는 미리 만들어 놓은 구글 문서로 들어와 반 고흐에게 메시지를 남기는 시간을 가졌다.

반 고흐에게 남긴 학생들의 간단한 메시지들

이처럼 플립 러닝, 작품 감상, 공유를 통해 학생들은 반 고흐의 작품에 대해 많은 것을 보고 듣고 느낄 수 있었고 따뜻한 감수성과 마음으로 작가에게 편지까지 작성했다. 반 고흐가 지금 세계로 타임머신을 타고 돌아온다면 자신의 작품 활동이 큰 사랑을 받고 있음을 알 수 있게 한 수업이었다.

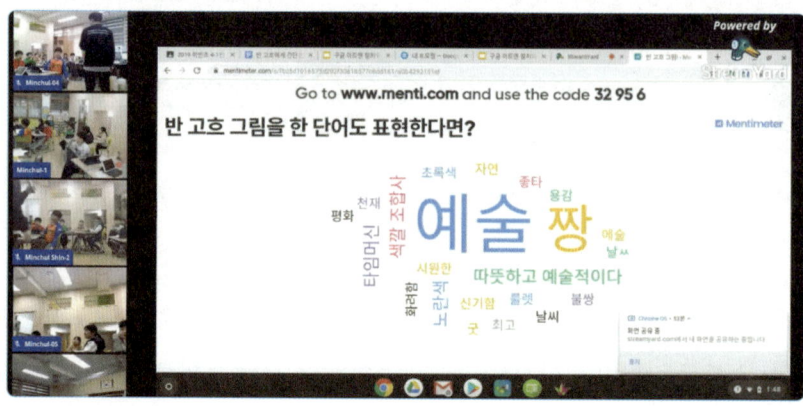

반 고흐 작품과 관련하여 아이들이 만든 워드 클라우드. 'Mentimeter'라는 도구를 이용하면 손쉽게 워드 클라우드를 만들 수 있다.

마지막 활동은 '반 고흐의 그림을 한 단어로 표현한다면!'이었다. 학생들의 답변으로 워드 클라우드를 만들었고, 이것만 보아도 이번 수업에서 필자가 성취하고 싶었던 수업 목표에 도달했음을 알 수 있었다.

교과서의 한계를 넘어 살아있는 미술 체험의 장으로 초대한 구글 아트 앤 컬처, 이렇게 훌륭한 요리 재료가 준비되었으니 이제는 많은 선생님의 레시피가 추가되어 멋지고 다양한 수업의 요리로 재탄생하기를 기대한다.

'구글'스러운 음악 코스 요리

음악 수업은 악보를 읽고 연주하고 노래를 부르는 것이 일반적인 형태이지만 구글의 디지털 도구를 활용하면 음악을 깊게 이해하고, 즐기기에 좋다. 이번 챕터에서는 구글의 도구 중 음악 교육에서 활용하는 도구들을 소개하고자 한다. 그 누구나 즐기는 좋은 음악을 통해서 학생들의 마음에 위로가 되는 멋진 음악 수업을 만들어 보자.

A. 메인 요리, 구글 크롬 뮤직랩

1. 구글 크롬 뮤직랩이란?

구글은 크롬 브라우저만으로 음악을 배울 수 있는 웹서비스 '뮤직랩(https://musiclab.chromeexperiments.com)'을 공개했다. 음악의 원리를 쉽게 알려주는 도구이자 오픈소스 소프트웨어다. 뮤직랩의 이용 방법은 간단하다. 소프트웨어를 따로 설치할 필요 없이 크롬 웹브라우저만 있으면 바로 이용할 수 있다. 구글 크롬 웹브라우저에서 한글로 '구글 크롬 뮤직랩'을 치면 바로 입장할 수 있다. 구글 크롬 뮤직랩은 PC뿐만 아니라 스마트폰과 태블릿에도 최적화되어 있다. 게다가 사용할 때 따로 로그인하는 번거로움 없이 웹 사이트나 앱을 이용해서 바로 사용할 수 있다는 편리한 장점이 있어서 저학년들이 사용하기에도 좋다.

뮤직랩은 현재, 총 13가지 메뉴가 있으며 화성, 박자 등을 배울 수 있는 도구가 있다. 목소리를 직접 녹음하거나 악기 음을 입력해 곡을 연주할 수 있다. 뮤직랩을 통해서 더 재미있고 조금은 실험적인 활동을 통해 음악을 더욱 쉽게 접할 수 있다.

뮤직랩은 음악뿐만 아니라, 음악과 다른 학문이 어떻게 연결되었는지를 살펴보는 것을 강조한다. 음악이 분수, 지수(데시벨), 비트 등으로 어떻게 수학과 연계되었는지 알 수 있다. 음악이 음파와 주파수와 어떤 관련이 있는지 살펴볼 때 과학과도 연결할 수 있다. 이처럼 음악의 개념을 탐색하고 다른 주제와 어떤 관련이 있는지 알아보기 위해 음악 개념을 창작, 연주, 학습할 수 있는 13개의 실험실이 있다. 최근 교육계에서 많이 제시하는 STEAM 수업을 위한 도구로도 충분히 사용할 수 있다.

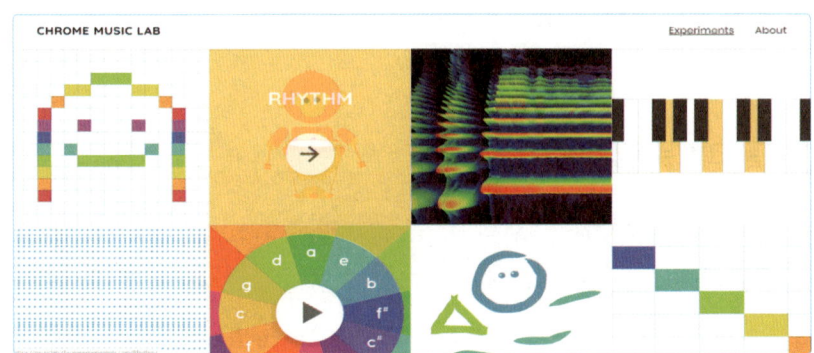

크롬 뮤직랩 페이지 화면

크롬 뮤직랩 소개 동영상 QR코드(http://gg.gg/gml2020)

2. 13개의 실험실 사용 방법 및 수업 레시피

2.1 송 메이커(Song maker)

송 메이커는 이름 그대로 작곡을 할 수 있는 실험실이다. 리듬과 선율을 동시에 작곡하고 연주 소리를 듣는 실험실이다. 송 메이커의 아랫부분을 보면 리듬을 나타내는 악기(우드블록, 드럼, 콩가, 전자악기)와 선율을 나타내는 악기(피아노, 마림바, 현악기, 목관악기, 신디)를 선택할 수 있다. 위에는 그리드 형태의 사각형 모양이 있고 여기에 마우스로 선율을 찍어 곡을 만들 수 있다. 작곡한 곡의 템포(빠르기)는 중간 부분에 조절하는 바가 있어서, 왼쪽으로 가면 느리게, 오른쪽으로 가면 빠르게 연주할 수 있다. 마이크에 녹음한 뒤, 이를 링크로 공유, 다운로드할 수도 있다.

송 메이커는 작곡 수업에서 사용할 수 있다. 교사는 작곡할 곡의 주제를 제시한 뒤, 곡의 분위기를 학생들이 고르게 한다. 학생들은 곡의 빠르기를 정하고, 리듬을 정한 뒤에 그리드를 마우스로 클릭하면서 선율을 입혀 나가면 된다. 오선지에 악보를 그릴 줄 몰라도, 피아노를 못 쳐도, 시창, 청음 실력이 없어도 누구나 작곡가가 될 수 있다.

수업 활용 예시 | **작곡 수업**

수업 순서: 주제 선정 - 곡의 빠르기 결정 - 리듬 및 박자 입력 - 선율 입력 - 연주

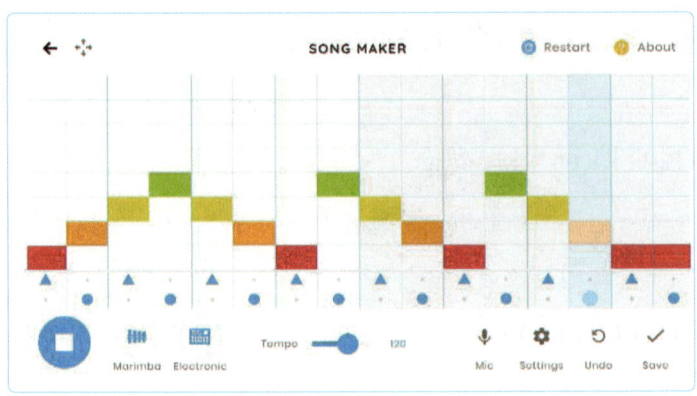

송 메이커 화면

2.2 리듬(Rhythm)

리듬 실험실을 이용하면 네모 모양의 그리드를 클릭하여 여러 타악기의 비트를 추가한 리듬을 만들 수 있다. 복합한 구성없이 드럼의 스네어, 베이스, 하이햇 총 3가지 정도로만 이뤄져 있어서 기초 리듬 지식을 쌓는 데 도움 된다.

수업에서는 리듬 악기로 기본 비트 악기를 연주하고, 멜로디는 다른 악기 앱을 이용해서 합주하는 수업을 진행할 수 있다. 예를 들어 4/4박자의 곡이라면 조별 협력학습에서 몇 명은 리듬 악기를 연주하고, 몇 명은 멜로디(가락)를 연주하고, 몇 명은 노래를 부르는 형태로 진행하는 것이다. 리듬에 나오는 악기 소리나 캐릭터 모양이 괜찮아서 학생들이 재미있게 연주에 집중하는 모습을 볼 수 있다.

> **수업 활용 예시 |** 연주 발표
>
> **수업 순서**: 리듬 도구 선정- 곡에 어울리는 리듬 넣기- 리듬 실험실의 악기로 리듬 연주하여 발표하기
>
> - 리듬 악기로 기본 비트를 악기로 연주하고 악기 앱을 이용하여 멜로디를 연주, 합주하는 수업

리듬 화면

2.3 스펙트로그램(Spectrogram)

스펙트로그램 실험실에서는 귀로만 듣던 소리를 시각적으로 볼 수 있다. 플룻, 하프, 트롬본, 새소리, 와인잔의 소리가 어떻게 나타나는지 스펙트로그램으로 확인해 볼 수 있다. 스펙트로그램을 활용하면 다양한 소리의 울림을 시각적으로 살펴보는 수업을 할 수 있다. 더 발전시켜, 성악 발성은 고른 비브라토가 중요한데 마우스를 클릭할 때나 드래그할 때, 변하는 스펙트로그램의 모양을 보면서 어떻게 노래하는 것이 좋은지 이야기할 수도 있다. 또한, 과학과 연계하여 악기와 사물의 소리에 따른 스펙트로그램의 변화가 어떤지 알아보는 수업도 진행할 수 있다.

> **수업 활용 예시 |** **사운드를 시각화해서 보기**
>
> - 고른 성악 발성의 중요성
> - 소리에 따른 스펙트로그램의 변화
> - 음의 높이에 따른 스펙트로그램 모양 살펴보기

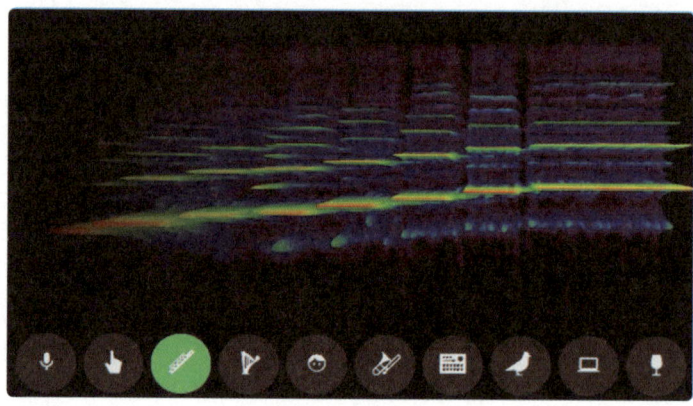

스펙트로그램 화면

2.4 코드(Chords)

코드 실험실에서는 코드를 배우고 직접 연주해서 소리를 들어볼 수 있다. 피아노 건반에서 음 하나를 누르면 코드에 따른 3개의 음이 동시에 눌러지면서, 해당 음이 무슨 코드인지 알 수 있고 그 소리도 바로 들을 수 있다. 화면 아랫부분에서 메이저(장조) 코드와 마이너(단조) 코드를 전환할 수도 있다.

요즘은 학교에서 우쿨렐레나 기타 수업을 많이 진행하는데 악기를 본격적으로 다루기에 앞서 이론을 공부할 때 코드가 어떻게 형성되고 음이 어떻게 구성되는지를 시각적, 청각적으로 배울 수 있다.

> **수업 활용 예시 | 코드 배우기**
>
> - 기타나 우쿨렐레 수업 전, 혹은 코드 반주를 배우기 전, 코드 구성 알아보기
> - 메이저 코드의 느낌과 마이너 코드의 느낌 알아보기

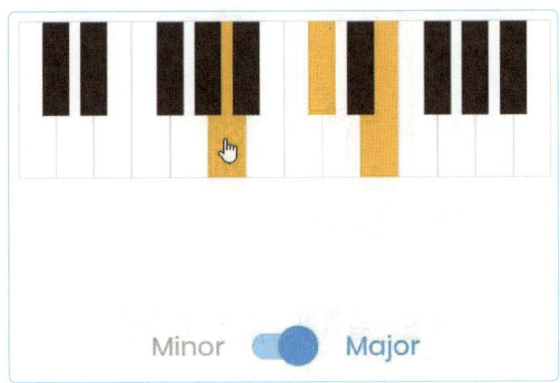

코드 화면

2.5 음파(Sound Waves)

음파 실험실에서는 음파가 진동하는 공기 분자에 어떻게 이동하는지 볼 수 있다. 화면에 나타나는 파란색 점 격자는 공기 분자를 나타내며, 화면 아래에 있는 피아노를 클릭하면 점들이 진동하면서 음파가 어떻게 움직이는지 보인다. 오른쪽 아래에 있는 돋보기를 클릭하면 음에 따른 음파의 모양을 조금 더 크고 자세히 볼 수 있다.

수업에서는 높이에 따른 음파의 모양을 설명할 수 있다. 예를 들어, 낮은 음인 경우 음파의 폭이 넓고, 높은음인 경우 음파의 폭이 좁은 것을 볼 수 있다. 음높이에 따른 진동수의 변화를 설명하는 수업 내용에도 적용할 수 있다.

수업 활용 예시 | 음악+수학+과학 융합 수업

음높이에 따른 음파의 변화를 살펴보는 수업

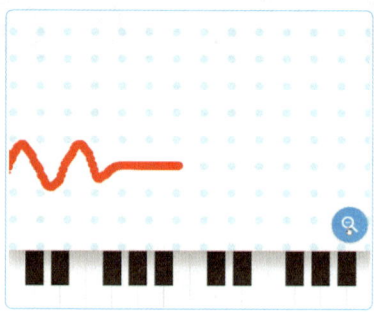

음파 화면

2.6 아르페지오(Arpeggios)

아르페지오는 분산화음을 의미한다. 즉, 화음의 각 음이 동시에 울리는 것이 아니라 연속적으로 차례로 연주하는 주법을 말한다. 보통은 기타에서 많이 사용한다. 아르페지오 실험실에서의 사용 방법은 다음과 같다. 먼저 원 안의 코드를 클릭한다. 원은 2개의 원으로 되어 있는데 안쪽의 원은 마이너 코드이고 밖의 원은 메이저 코드이다. 그다음, 원 위 양쪽에 있는 화살표를 눌러서 원하는 연주 패턴을 정할 수 있다. 아래쪽에는 아르페지오를 연주하는 악기를 고를 수 있다. 악기는 하프와 피아노가 있다. 오른쪽 아래에는 메트로놈이 있어 연주 속도를 정할 수 있다. 속도를 사람이 걷는 동작, 뛰는 동작으로 재미있게 표현했다.

수업에서는 코드에 따른 곡의 느낌을 바로 찾을 수 있어서 편리하다. 작곡 수업을 할 때, 코드를 적은 뒤 그에 따른 음이나 코드의 느낌을 잘 몰라서 어려울 때도 있는데, 이 아르페지오 실험실에서는 코드를 누르기만 하면 자동으로 아르페지오로 연주를 하니 코드의 느낌을 바로 알 수 있어서 곡을 완성하기가 편리하다. 더 발전시켜 기타 수업에서 아르페지오의 개념을 설명할 때 사용할 수도 있다. 또한, 빠르기도 마음대로 변경할 수 있어서 본인이 직접 연주하지 못해도 빠르기에 따른 느낌의 변화를 느낄 수 있다.

수업 활용 예시 | 작곡하기, 감상하기

- 코드에 따른 아르페지오 음을 들어보기: 기타 수업과 관련하여 아르페지오로 칠 때와 스트로크로 칠 때의 차이점을 느끼기
- 아르페지오 코드만을 이용해서 작곡하고 발표하기
- 빠르기의 변화에 따른 느낌 변화
- 악기(피아노, 하프)에 따른 느낌 변화
- 작곡하기: 작곡할 때, 코드를 적고 그에 따른 음을 알지 못하는 경우가 많은데 코드에 따른 아르페지오 진행을 직접 눌러 연주하면서 곡을 완성할 수 있다.

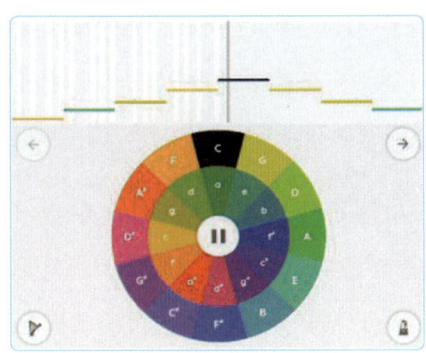

아르페지오 화면

2.7 칸딘스키(Kandinsky)

칸딘스키 실험실은 러시아의 화가인 '바실리 칸딘스키'에서 영감을 받아 제작되었다고 한다. 칸딘스키는 음악에서 느낀 감정을 그림으로 나타낸 것으로 유명한데 대표적인 작품은 '인상 III(Impression III(Concert))'이 있다. 이 작품은 친구였던 작곡가 쉰베르크의 콘서트에 다녀온 직후에 스케치했다고 한다. 얼핏 보면 무슨 그림인지 모를 그림에서 검은 피아노 뚜껑과 객석에 앉은 청중을 볼 수 있다. 객석을 휘감은 노란색은 그날 칸딘스키가 들었던 음악을 표현한 것이다.

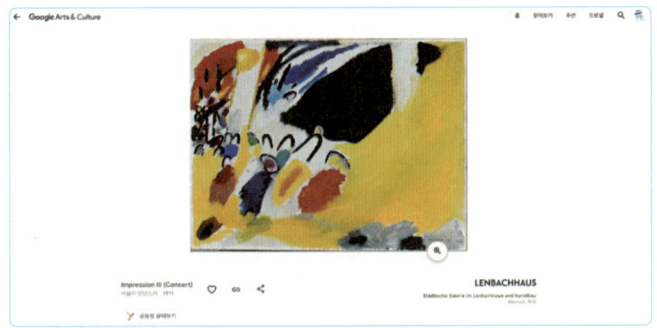

구글 아트 앤 컬처에서 칸딘스키의 그림을 검색하였다. '인상 III(Concert)'라는 작품이다.

칸딘스키 실험실 화면에 원, 삼각형, 선, 혹은 낙서를 그리면 그것들이 소리로 바뀐다. 제일 아래에 있는 컨트롤을 이용하면 다른 악기와 다른 빛깔의 소리도 들을 수 있다. 이를 활용하여 음악과 미술을 연계한 수업으로 구성할 수 있다. 이미 음악 교과서에도 미술과 음악이 융합된 형태는 많이 실려 있다. 가장 대표적인 것이 음악을 듣고 느낀 감정을 그림으로 나타내기 정도일 것이다. 이런 수업의 도입부에 칸딘스키 실험실을 활용하면 학생들은 또 다른 세계를 경험할 수 있다. 낙서를 그리는 높이에 따라, 낮게 그리면 낮은음이 나고 높게 그리면 높은음이 나며 낙서의 형태(원, 삼각형, 선)에 따라 다른 사운드를 내는 것이 신기하고 재미있게 느껴질 것이다.

수업 활용 예시 | 음악 감상하고 그림으로 나타내기

수업 순서: 음악을 그림으로 표현한 칸딘스키의 '인상 III' - 칸딘스키 실험실에서 낙서하고 음악 들어보기 - 음악 감상하기 - 그림으로 느낌을 표현하기

칸딘스키 화면

2.8 멜로디 메이커(Melody Maker)

멜로디 메이커는 송 메이커의 단순화된 버전이라 볼 수 있다. 원하는 네모 칸 안에 마우스로 클릭하면 음이 설정된다. 재생(play) 버튼 옆에 격자 선을 클릭해서 음을 추가할 수 있고, 템포도 변경할 수 있다.

수업에서는 빈칸에 블록을 놓고 멜로디를 직접 만들어 보는 활동에 활용할 수 있다. 오선지에 음표를 그리지 않아도 멜로디를 완성할 수 있다.

> **수업 활용 예시 | 멜로디 작곡하기**
>
> 간단한 멜로디 만들어 보기

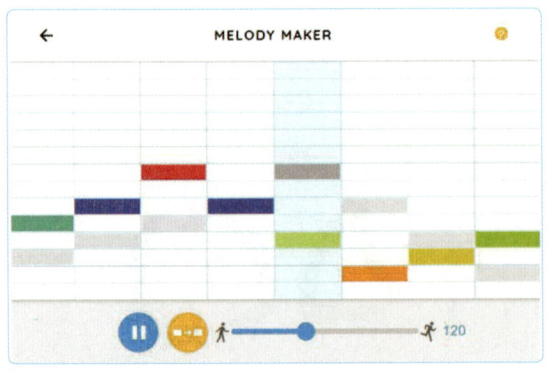

멜로디 메이커 화면

2.9 보이스 스피너(Voice Spinner)

보이스 스피너를 통해 주파수에 따른 피치(음높이)를 살펴볼 수 있다. 보이스 스피너에 녹음된 소리를 들으며 주파수의 변화 모습을 볼 수 있고, 화면 중앙에 있는 마이크에 본인의 음성을 녹음하여 주파수의 모양도 볼 수 있다. 화면 아래에 있는 컨트롤을 오른쪽으로 밀면 원이 오른쪽으로 돌아가고 왼쪽으로 밀면 왼쪽으로 돌아간다.

보이스 스피너는 음악과 물리, 음악과 수학 교과의 융합 수업의 소재로 사용할 수 있다. 주파수가 클수록 음높이가 높아지는 원리를 경험할 수 있다. 피아노를 조율할 때에도 A(라) 음을 440Hz를 기준으로 조율한다고 하는데 이런 개념도 함께 제시하면서 삶 속의 음악, 수학, 과학 이야기를 할 수 있다.

| 수업 활용 예시 | 음악+물리+수학 융합 수업 |

- 주파수와 음높이의 관계
- 피아노 건반과 주파수의 관계

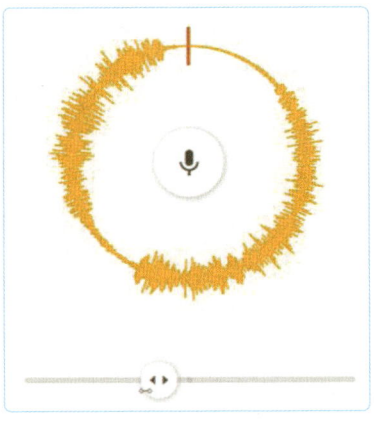

보이스 스피너 화면

2.10 하모닉스(Harmonics)

하모닉스로 음표를 연주할 수 있다. 하모닉스는 2배, 3배, 4배와 같은 간단한 관계를 한 주파수 세트이다. 기본 주파수에 대해 2배, 3배, 4배와 같이 정수의 배에 해당하는 물리적 전기량이 어떻게 나타나는지 알 수 있다. 이 역시 물리나 수학을 연계한 수업에 활용할 수 있다.

> **수업 활용 예시 |** 음악+물리+수학 융합 수업
>
> - 주파수와 음높이의 관계
> - 피아노 건반과 주파수의 관계

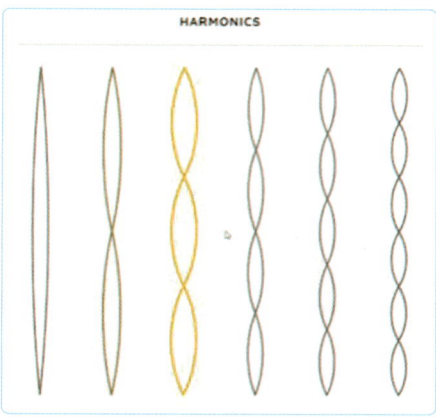

하모닉스 화면

2.11 피아노 롤(Piano Roll)

피아노 롤 실험실은 우리가 흔히 알고 있는 오르골이나 옛날 피아노 롤의

시뮬레이션이다. 음악을 재생하면, 지정된 선을 지나는 음들이 연주되는 것을 볼 수 있다. 연주되는 곡은 바흐의 '평균율 1번 프렐류드', '미뉴에트'와 모차르트의 '터키 행진곡', 베토벤의 '운명 교향곡', 에릭 사티의 '짐노페디 1번' 등이 있다. 바로크, 고전, 현대음악에 이르기까지 다양한 연주곡이 담겨 있다. 연주곡은 변경할 수 있고, 악기의 종류도 선택하여 들을 수 있다.

수업에서는 피아노 롤을 활용하여 시대를 대표하는 클래식 곡의 음이 어떻게 진행되는지 살펴볼 수 있다. 예를 들어, 2개 이상의 선율이 서로 독립적으로 움직이는 대위 음악과 2개 이상의 음이 동시에 울리는 화성 음악 설명에 좋은 자료가 된다.

수업 활용 예시 | **서양 음악사**

- 바로크, 고전, 낭만, 현대 음악 감상
- 음의 진행 형태에 따른 대위적 진행과 화성적 진행 탐구

피아노 롤 화면

2.12 오실레이터(Oscillators)

오실레이터를 클릭하면 귀여운 캐릭터가 보인다. 캐릭터는 정사각형, 톱니, 삼각형, 원 모양이 있다. 캐릭터에 따라 서로 다른 파형 모습을 가지고 있다. 캐릭터를 클릭해서 위로 올리거나 아래로 내리면 캐릭터 앞에 있는 파도의 웨이브가 다르게 나타난다.

수업에서는 음악 교과와 정보 교과를 융합하여 컴퓨터의 소스에 따라 다르게 나타나는 음의 변화를 설명하는 데 사용할 수 있다.

수업 활용 예시	음악+정보

컴퓨터 소스에 따른 음의 변화 알아보기

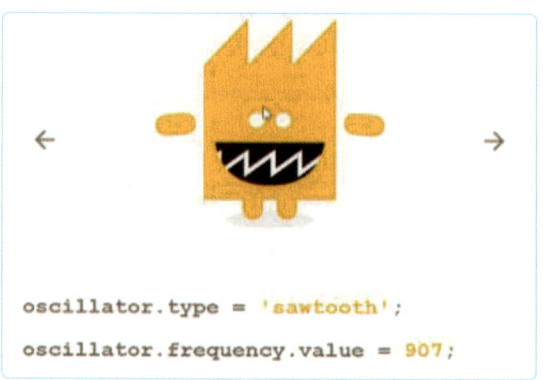

오실레이터 화면

2.13 스트링(Strings)

스트링은 현의 길이에 따른 음높이의 차이를 알 수 있는 실험실이다. 현의 길이가 길면 음높이가 낮고, 현의 길이가 짧아질수록 음높이가 높아진다는 것을 줄을 당겨보며 체험할 수 있다.

이를 활용하여 수업에서는 피타고라스 음계를 간접적으로 체험할 수 있다. 현의 길이를 1이라 했을 때, 기준 음인 '도'로 정하고, 1/2이 되면 한 옥타브 높은 도가 되는 원리를 실제 스트링을 보고 음 높이를 들으면서 익힐 수 있다.

수업 활용 예시 | 음악+수학+과학

- 현의 길이에 따른 음높이의 변화
- 피타고라스 음계

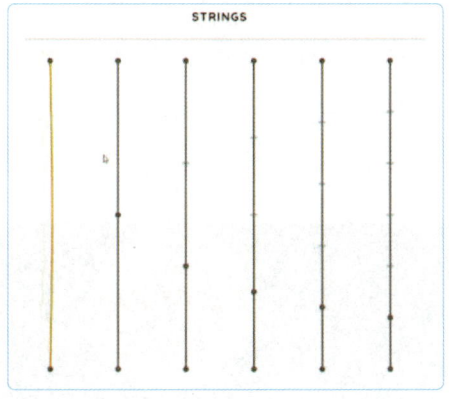

스트링 화면

B. 특급 소스, 음악 레시피

1. 그루브 피자

구글이 만든 도구는 아니지만, 비트를 생성하는 재미있는 오픈 소스 프로그램이 있다. 바로 그루브 피자이다. 웹 검색창에 'groove pizza'를 검색하면 그루브 피자 사이트에 접속할 수 있다. 회원가입이나 로그인 없이도 마음껏 사용할 수 있다. 'Specials'를 눌러 미리 만들어진 드럼 비트를 확인한 뒤, 하고 싶은 연주 장르와 드럼 소리를 선택하여 연주할 수 있다.

그루브 피자는 드럼 수업이나 리듬 수업을 진행할 때 재미있게 활용할 수 있다. 드럼 소리가 실제 악기 소리와 거의 비슷하여 수업에 집중도를 높일 수 있다. 연주 장르로는 'Rock', 'Techno', 'Afro-Latin', 'Hip-Hop', 'Jazz'가 있으며 악기를 변경할 수도 있다. 그루브 피자에서 만든 비트는 확장자 '.WAV' 파일로 다운로드할 수 있으며, [SHARE]에서 링크를 복사해서 이용할 수도 있다.

그루브 피자는 수학과 연계한 수업에도 적용할 수 있다. 왼쪽 아래에 [Angle] 버튼을 누르면 각 정점의 각도 측정값을 볼 수 있어서 다각형 각도에 관한 수업을 진행할 때 유용하게 쓸 수 있다.

`그루브 피자 URL` https://apps.musedlab.org/groovepizza

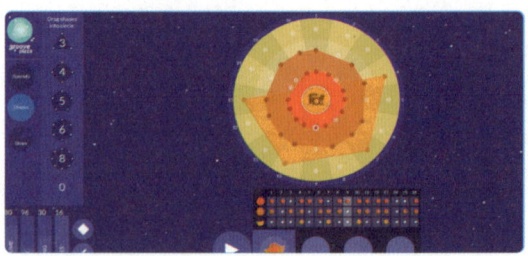

그루브 피자 화면

2. 믹스 랩

믹스 랩은 음성 명령을 통해 음악을 만들 수 있는 도구이다. 음악에 대해서 잘 모르더라도 몇 가지 명령어들만 잘 조합하면 나만의 음악을 만들고 공유할 수 있다. 웹 주소 창에 'https://mixlab.withgoogle.com'을 입력하면 믹스 랩에 들어갈 수 있다. 이 사이트 역시 회원가입이나 로그인이 필요 없다. 사용 방법도 어렵지 않고 직관적으로 알기 쉽다. AI 스피커처럼 우리의 음성을 듣고 악기를 배치하고 곡의 느낌도 맞춰준다. 믹스 랩은 4개의 트랙이 있는데 각 트랙은 기타, 드럼, 베이스, 키보드이다. 악기의 이름을 외치면 물결치는 화면에 악기들이 하나씩 나타나면서 연주가 시작된다. 본인이 만든 음악은 오른쪽 하단에 공유 버튼을 눌러서 다른 사람과 공유할 수 있다. 음악이지만 영어 표현이 필수이므로 영어 수업과 연계해서도 사용할 수 있다. 학생들이라면 다양한 영어 표현으로 기발한 음색을 넣을 수 있을 것이다.

`믹스 랩 URL` https://mixlab.withgoogle.com

믹스 랩 화면

3. AI 듀엣

AI 듀엣은 웹 검색창에 'ai duet'을 검색하면 찾을 수 있다. AI 듀엣은 구글의 머신 러닝을 이용한 프로그램으로, 연주자가 피아노를 연주하면 인공지능이 이를 듣고 연이어 피아노를 연주한다. 개인적으로, 인공지능이 연주하는 곡이 화성적이거나 아름답기보다는 '뭐지, 신기하다'라는 생각이 들지만, 인공지능이 음악에 사용된 예를 보고 경험할 수 있는 데 의의가 있는 듯하다. 구글의 실험정신을 본받아 실험하는 기분으로 피아노 건반을 두드리면 AI가 어떻게 반응해 줄지 기대된다.

AI 듀엣 URL https://experiments.withgoogle.com/ai-duet

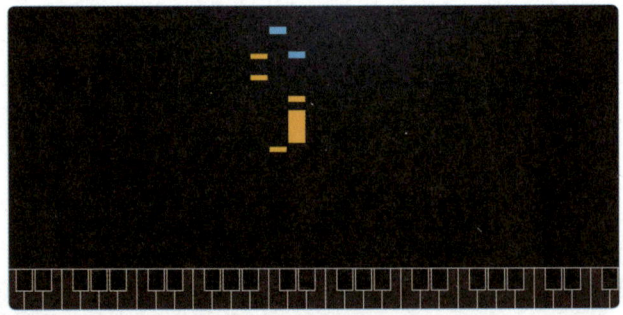

AI 듀엣 화면

4. 세미 컨덕터

세미 컨덕터(Semi-Conductor)는 컴퓨터 화면을 보고 오케스트라를 지휘할 수 있는 사이트이다. 사용 방법은 간단한데, 시작을 누르면 몸을 좀 풀라는 신호가 나오고 웹캠 화면의 윤곽선에 맞게 몸을 배치하라는 안내가 나온다. 인공지능이 사용자의 움직임을 파악하게 되는데, 잠시 후 바이올린, 비올라, 첼로, 더블베이스가 화면에 비치고 팔을 저어 지휘하면 내가 지휘하는 속도에 따라 악기가 연주하는 속도가 다르게 나타난다. 팔을 위, 아래로 움직이면 오케스트라 소리가 더 커지거나, 연주가 부드러워지고 팔을 옆으로 움직이면 오케스트라의 파트별 연주하는 악기가 달라진다. 연주하는 곡은 모차르트의 '아이네 클라이네 나흐트 무지크(Eine kleine Nachtmusik)'다. 음악 수업에서 지휘법 수업이 있기에 기본적인 지휘법을 배운 뒤, 지휘 연습을 컴퓨터 화면을 보면서 하는 것은 재미있고 의미 있는 수업이 된다.

`세미 컨덕터 URL` https://semiconductor.withgoogle.com

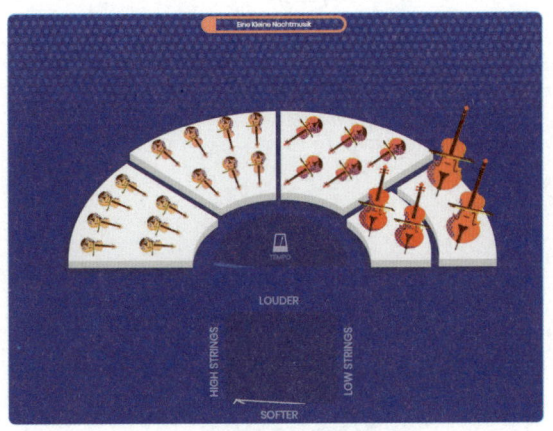

세미 컨덕터 화면

5. Flat for Docs

구글 문서나 슬라이드의 부가기능(add on)을 이용하면 아주 손쉽게 악보를 입력할 수 있다. 입력한 음표에 따라 음악을 바로 들을 수 있기도 하다. 음표뿐만 아니라 음악에 설명 글도 함께 적을 수 있어서 간단한 곡을 작곡한 후에 연주하고 발표하기에 좋은 기능이다. 음악 악보를 그리기 위해서는 피날레 같은 전문적인 악보 사보 프로그램이 필요하지만 Flat for Docs를 이용하면 학생들도 쉽게 악보를 그릴 수 있고 작곡 수업에 활용 가능하다. 또한 작곡한 곡을 바로 들어볼 수 있어 편리하게 수업에 적용할 수 있다.

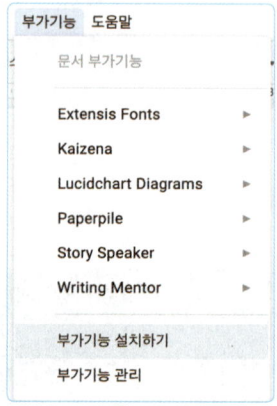

[부가기능 설치하기]를 선택한다.

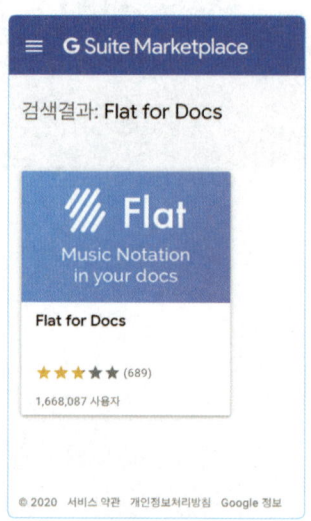

G Suite Marketplace에서 'Flat for Docs'를 검색한다.

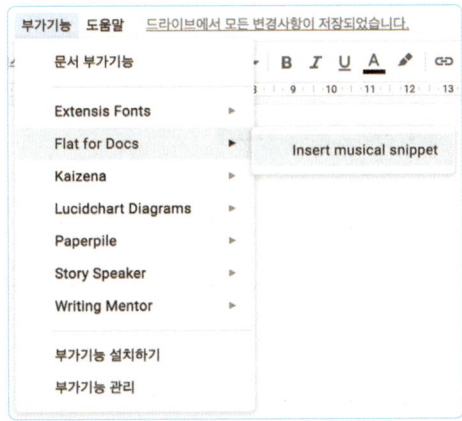

원하는 문서의 위치에서 [부가기능]을 선택하고 [Flat for Docs] - [Insert musical snippet]을 선택한다.

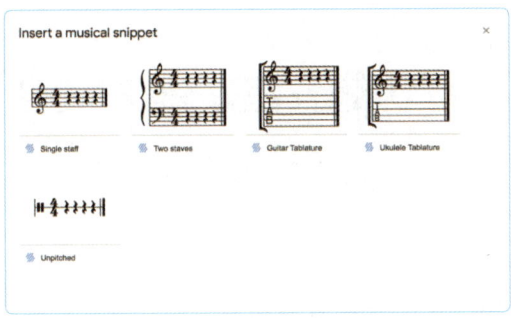

원하는 악보의 형태를 선택한다.

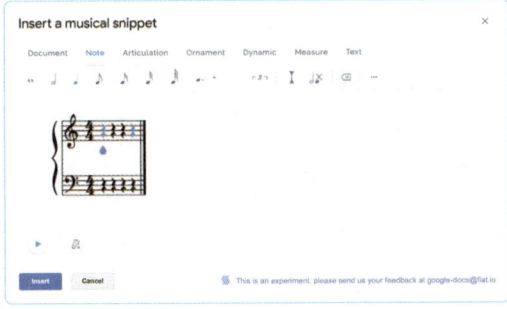

음표를 입력한다.

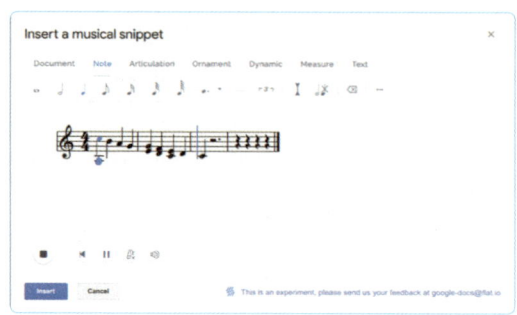

원하는 경우 재생 버튼을 누르면 음악을 들으면서 입력할 수 있다.

만든 악보가 성공적으로 입력되었다.

C. 응용 레시피: A.I 도레미 프로젝트

실제 교실에서 학생들과 함께 나누었던 사례를 여과 없이 공개할 차례다. 역시나 실제 학생들의 반응이 생생하게 살아 있기에 교실에서 적용할 때 큰 도움이 될 듯하다. 이번 내용은 웹 기반의 구글 음악 도구인 크롬 뮤직랩, 인공지능을 활용해 바흐가 작곡하듯 주선율에 화음을 더해주는 두들 바흐, 그리고 구글의 AI 프로젝트로 시작해 인공지능 피아노로 우리의 연주를 함께하는 피아노 지니(Piano Genie)와 AI 듀엣(A.i Duet)을 활용했던 A.I 도레미 프로젝트로, 현존하는 구글의 음악 도구를 다 사용하는 좋은 기회였다. 무엇보다 아트센터 나비와 함께하여 더더욱 큰 힘이 되었다.

아트센터 나비와 함께한 A.I 도레미 프로젝트

"구글이 음악까지? 왜 이런 걸 하는 거야?"라고 했을 때 필자가 할 수 있는 말은 "재미있으니까!"다. 구글 도구를 활용하면 음악에 전문적인 지식이 없어도 음악을 만들 수 있고 또 기존의 악보로만 이루어진 음악 체계를 놀이처럼 즐길 수 있다. 구글 음악 도구는 아이들을 위한 웹상의 음악 놀이 공간으로 만들었지만, 또 다른 새로운 구글 프로젝트가 탄생하는 곳이기도 하다. 음악을 위한 놀이 공간이자 새로운 프로젝트의 시작점인 구글 음악 도구. 필자가 직접 진행했던 프로젝트를 통해, 구글 음악 도구 활용 레시피를 알아보자.

1. 사운드 아트를 반영한 크롬 뮤직랩

이 프로젝트는 아트센터 나비와 함께 진행한 공동 프로젝트로, 사운드 아트라는 현대 미술의 개념과 인공지능을 융합한 STEAM 프로젝트였다. 사운드 아트는 시각 예술에 소리를 도입하여 시각이 아닌 청각에 초점을 맞추는 예술의 형태로서 소리를 눈으로도 볼 수 있고 또, 귀로도 들을 수 있는 아트다. 크롬 뮤직랩은 소리를 시각적 형태로 나타내기 가장 좋은 도구로, 사운드 아트에 활용하기 아주 좋은 도구다.

크롬 뮤직랩의 개념과 사용 방법에 대해 설명하는 모습

학생들에게 간단하게 크롬 뮤직랩의 기능과 음악을 만드는 방법을 설명하는 것을 가장 먼저 했는데, 학생들은 자신이 그린 그림이 음악이 되는 것에 상당히 즐거워했다.

각자 원하는 기능을 골라, 직접 태블릿에 하나하나 손으로 그려가며 자신의 음악을 만드는 학생들

C. 응용 레시피: AI 도레미 프로젝트

칸딘스키를 활용해 그림으로 음악을 만드는 학생

자신이 만든 작품의 연주를 들어보며 스스로 학습하는 학생의 모습

음악을 '악기를 잘 다루는 친구들만 할 수 있는 특별한 영역이야!'라고 어렵게만 느꼈던 아이들은 자신이 그리고 두드린 대로 음악이 만들어지는 경험을 통해 음악에 친숙함과 즐거움을 느끼고, 사운드 아트라는 새로운 영역까지 학습할 수 있었다.

2. 인공지능 A.I와 구글 그리고 음악의 만남

인공지능을 학생들에게 알려주는 가장 좋은 방법은 무엇일까? 아마도 직접 인공지능을 체험해보는 것이 아닐까? 구글에서는 다양한 인공지능을 연구하는 하나의 방법으로 '인공지능'을 활용하고 있다. 두들 바흐부터 피아노 연주를 도와주는 AI 듀엣과 피아노 지니까지, 구글은 학생들이 큰 어려움 없이 인공지능을 접하고 연구할 수 있도록 프로젝트의 결과물을 함께 공유하고 있다. 그럼 하나하나 살펴보자.

두들 바흐(Doodle Bach)는 아마도 처음 듣는 이름일 것이다. 두들 바흐는 작곡가 바흐의 탄생을 기념하여 구글이 만든 인공지능 프로젝트로, 화음의 왕으로 불린 바흐답게 학생들이 주선율을 간단히 입력하면 이에 맞춰 바흐풍의 음악으로 만들어주는 인공지능 체험 도구다.

두들 바흐(Doodle Bach) 사이트 로고의 모습

두들 바흐(Doodle Bach)를 검색하여 접속하면 다음과 같은 사이트로 이동한다.

두들 바흐를 실행했을 때의 모습

플레이 버튼을 누르면 게임처럼 귀엽고 깜찍한 시작 화면으로 넘어간다.

두들 바흐의 시작 튜토리얼

두들 바흐는 사용자가 주선율을 추가하고 인공지능이 이에 맞춰 화음을 넣는 형식이다.

두들 바흐의 작동 원리에 대해 설명하는 튜토리얼

사용자의 작곡 패턴에 따라 인공지능이 바흐 스타일로 바꾸어 화음을 추가한다. 즉, 새로운 음악을 탄생시키는 것이다.

두들 바흐에 주선율을 입력했을 때의 모습

앞 그림과 같이 클릭하여 주선율을 입력한 후 [화음 넣기]를 누른다.

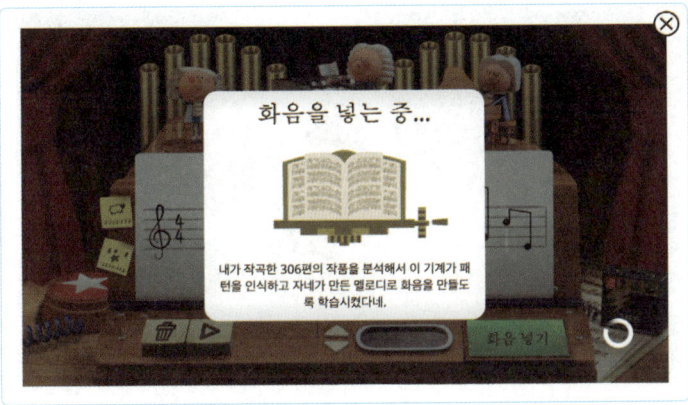

두들 바흐의 인공지능이 화음을 생성할 때의 모습

인공지능은 바흐가 작곡한 306편의 화음 패턴을 분석하여 사용자가 만든 주선율에 맞춰 화음을 고안한다.

인공지능으로 화음 생성을 완료했다.

그러면 주선율은 그대로 있지만 여기에 화음을 덧붙여 새로운 음악으로 탄생된다. 완성된 파일은 미디 파일로 저장하거나 링크를 통해 다른 사람들과 공유할 수 있다.

두들 바흐로 음악을 만드는 학생

학생들은 두들 바흐를 통해 쉽고 편하게 음악을 만들 수 있다.

두들 바흐에 주선율을 입력하는 학생

자신이 입력만 하면 뚝딱! 학생들은 자신의 멜로디를 멋진 음악으로 탈바꿈하는 인공지능에 감탄사를 유발했다.

두들 바흐가 음표를 입력하는 스타일이었다면 AI 듀엣은 직접 학생들이 피아노 건반을 움직여 인공지능 도우미와 함께 합주하는 형식이다.

C. 응용 레시피: AI 도레미 프로젝트

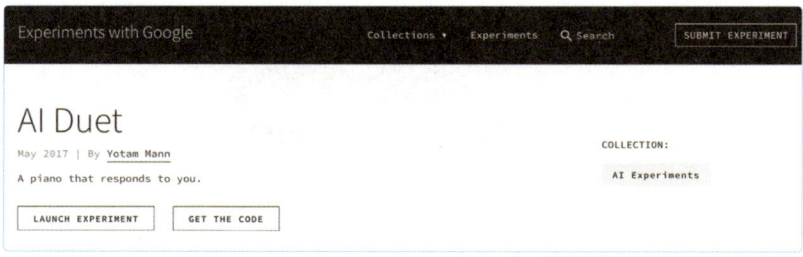

AI 듀엣의 시작 인터페이스

AI 듀엣은 인공지능 코딩 언어인 텐서플로(Tensorflow) 기반으로 된 인공지능 피아노로, 구글 실험실에 정식으로 등록되어 있다.

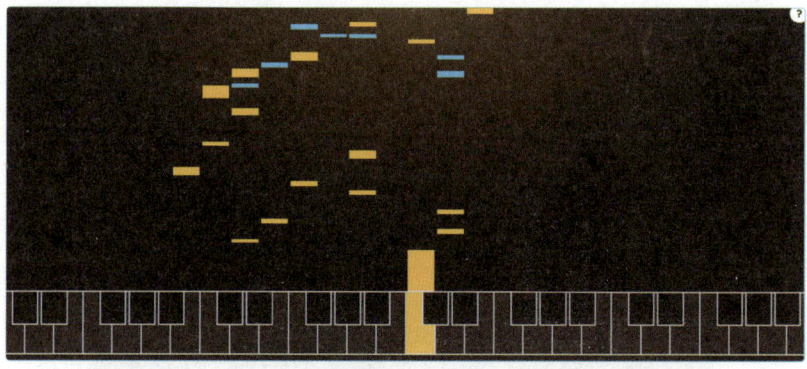

AI 듀엣의 작동 모습

앞 그림에서 볼 수 있듯이 학생들이 피아노를 연주하면 하늘색으로 나타나고, 학생들의 연주에 맞추어 인공지능이 연주하면 주황색으로 나타나기 때문에, 내가 어떤 부분을 연주하고 있고 또 인공지능이 어떤 식으로 합주하는지 분명히 살펴볼 수 있다. 학생들은 이 주황색 도우미가 나타날 때마다 정말 신기해했다. 학생들은 이렇게 직접 인공지능을 체험하고 나서, "인공지능이 멀리 있는 존재가 아니라 가까이 있는 친구 같다"라고 했다.

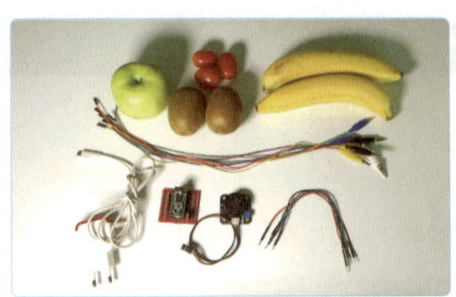

아트센터 나비의 A.I 도레미 프로젝트의 인공지능 과일 피아노 키트

다음은 이번 프로젝트의 하이라이트였던 'A.I 도레미 인공지능 과일 피아노 만들기'이다. 기존의 메이키 메이키(Makey Makey)와 같은 형식이지만 틴지 보드 형식으로 되어있다는 것이 다르다.

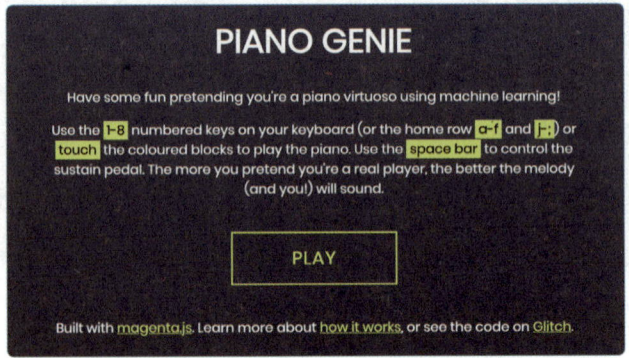

피아노 지니(Piano Genie)의 시작 화면

과일 피아노를 만들면 인공지능 피아노 친구인 피아노 지니에 연결한다. 피아노 지니도 인공지능 코딩 언어인 텐서플로(Tensorflow)를 사용하는 프로그램이다. AI 듀엣과 마찬가지로 구글 AI에 등록되었고, 인터페이스도 거의 유사한 모습을 보여준다. [Play] 버튼을 누르게 되면 바로 실행 화면으로 넘어간다.

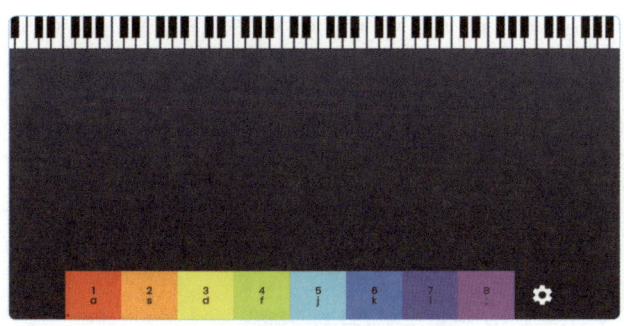

피아노 지니의 연주 화면

마찬가지로 입력하는 음에 따라 인공지능이 연주 패턴을 분석하여 함께 연주한다. 특이한 점이 있다면 똑같은 [a] 키를 눌러도 음이 시시각각 바뀐다는 점인데, 인공지능이 이 8가지 버튼으로도 훌륭한 음악이 되도록 연주 패턴에 따라 각 키의 음을 맞춤형으로 바꿔 준다.

피아노 지니와 인공지능 과일 피아노 키트를 연결하는 학생들

학생들은 자신이 만든 과일 피아노와 피아노 지니를 연결하여 인공지능 피아노로 만들었고 이를 통해, 연주할 때마다 패턴을 분석하여 음악으로 만드는 인공지능을 체험했다.

피아노 지니와 인공지능 과일 피아노 키트를 연주하는 학생들

피아노 지니는 친구와 함께 협주할 수 있는데, 과일을 여러 개 눌러도 동시에 인식하기 때문에 친구와 함께할수록 더 풍성하고 아름다운 연주를 즐길 수 있었다.

이렇게 구글에 있는 음악 도구와 인공지능 도구를 활용해 멋진 프로젝트 수업을 진행해보았다. 구글은 학생들이 어렵지 않게 음악과 인공지능을 접하면서 활용하는 방법을 알려주고 있다. 마치 하나의 코스 요리를 체험하듯 단계별로 구글 음악 도구를 잘 활용한다면 교사 여러분의 수업도 '구글'스러운 수업이 될 것이다.

구글 지도는 보물 지도

A. 구글 지도와 구글 어스

1. 구글 지도

2020년 15주년을 기념해서 새롭게 선보인 구글 지도 로고

구글 지도(Google Maps)는 구글의 지도 서비스이자 웹 지도(web map)이다. 웹 지도는 컴퓨터로 제작된다는 점에서 디지털 지도와 공통점이 있지만 웹 브라우저에서 실행된다는 점에서 디지털 지도와 다른 형태의 지도이다.

웹 지도의 시초는 1996년에 출시한 맵 퀘스트(MapQuest)다. 당시 지도를 웹 브라우저로 구현하는 혁신을 선보였지만 지도를 보거나 확대/축소할 때, 로딩 시간이 오래 걸리는 단점이 있었다. 반면 2005년에 선보인 구글 지도는 본격적으로 웹 지도의 시대를 열었다고 해도 과언이 아니다.

구글 지도가 당시 기술 면에서 혁신이라고 평가받던 이유는, 최초로 로딩 시간이 오래 걸리지 않는 타일 지도 방식(Tiled web map)으로 웹 지도를 제작했다는 점이다. 이 방식은 지도를 웹 브라우저에 한번에 띄워서 로딩 시간이 오래 걸리는 기존의 비트맵 방식의 WMS(Web Map Service)을 탈피한 방식이다. 지도를 여러 개의 타일로 구성해서 지도를 확대하거나 축소할 때,

사용자가 현재 보이는 지도를 유지한 채 빠르게 원하는 해상도의 지도를 보게 한다는 특징이 있다. 이때, 각 줌 레벨에 해당하는 타일의 수가 있으며 줌 레벨이 0일 경우, 전 세계 지도를 한 개의 타일로 나타낸다면 레벨 1은 4개의 타일을 의미한다. 작은 길을 본다면 줌 레벨이 15, 즉 1,073,741,824개의 지도 타일이 필요하다.[1]

 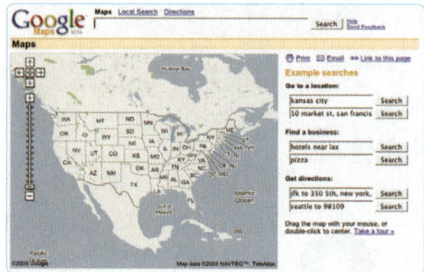

구글 지도 런칭을 소개하는 2005년 구글 블로그의 구글 지도

구글 지도는 라르스 라스무센(Lars Rasmussen)과 옌스 라스무센(Jens Rasmussen)이라는 덴마크 형제가 설립한 호주 시드니의 회사, 웨어 테크놀로지(Where2 Technologies)에서 만든 C++ 기반의 소프트웨어에서 출발했다. 처음에는 사용자가 개별적으로 다운로드해서 사용하는 방식으로 설계되었으나, 이후 순수 웹 기반 방식으로 배포 방법을 변경했다. 2004년 10월 2일, 웨어 테크놀로지는 구글에 인수되었고, 지도 소프트웨어는 웹 애플리케이션 형태의 구글 지도로 바뀌었다. 구글 지도의 데스크톱 버전은 2005년 2월, 모바일 환경에서 구동되는 모바일 버전은 같은 해 4월에 세상에 선보였다.

구글 지도는 비슷한 시기에 구글에 인수된 구글 어스의 모태를 만든 키홀(Keyhole)과도 인연이 깊다. 당시 구글이 Geo 부문의 총괄자로 영입한 존

---

1 https://wiki.openstreetmap.org/wiki/Zoom_levels

행키(John Hanke)가 훗날 구글 지도, 구글 어스, 구글 스트리트 뷰를 개발하고 런칭하는 데 큰 업적을 남겼기 때문이다. 존은 지도 기반의 증강현실(Augmented Reality) 게임인 포켓몬 고(Pokemon Go)의 개발사 나이앤틱(Niatic)의 창업자이기도 하다.

구글 지도는 2020년을 기준으로 15주년을 맞이하면서 우리들의 생활에 없어서는 안 되는 필수 도구가 되었다. 현재까지 구글 지도는 총 220여 개 국가에서 2억 개 이상의 장소의 정보를 매일 제공하고 있다. 구글 지도는 2005년 처음 출시했을 때부터 혁신적이었지만, 그동안 끊임없는 발전을 통해서 누구도 부정할 수 없는 최고의 지도 서비스이자 디지털 도구가 됐다. 구글 지도가 초반에 해결하고자 했던 문제는 "한 장소에서 다른 장소로 어떻게 가나요?"였다. 현재 구글 지도는 이런 문제는 물론, 자동차 내비게이션 장비를 대체하게 되었으며 증강현실과 인공지능을 이용한 라이브 뷰(Live View)를 통해서 올바른 길로 가도록 안내하는 것까지 가능해졌다. 또한, 이제는 장소까지 가는 것에 그치지 않고 장소 주변의 정보나 주변에 통제되는 도로 정보까지 다양한 정보를 습득하는 도구로서도 활용도가 높아졌다. 내비게이션 기능의 경우, 구글 지도는 이스라엘의 참여형 내비게이션 앱인 '웨이즈(Waze)'를 인수하여 웨이즈만의 독보적인 내비게이션 및 지도 기술을 기존 구글 지도에 접목하고 있다. 구글 지도는 단순한 지도에 그치지 않고, 목적지 주변의 레스토랑이나 요가 스튜디오 레슨을 예약하는 등의 더 복합적이고 편리한 생활밀착형 플랫폼으로 진화하고 있다.

1.1 기본 기능

구글 지도는 생활과 밀접한 관계가 있는 구글 도구로서 다음과 같은 기본

기능이 있다. 단, 국내에서는 국내 공간정보의 구축 및 관리 등에 관한 법률[2]
과 국가공간정보 보안관리규정 등의 법령에 따라 허가 없이 지도데이터를
국외로 반출할 수 없는 관계로 제한된 기능의 구글 지도만 사용 가능하다.
다음은 한국 외 국가에서 사용 가능한 구글 지도 기능에 대한 설명이다.

- **방향과 교통 정보**

구글 지도는 원하는 장소로 경로 정보를 제공한다. 즉, 길 찾기에 사용 가
능하다. 사용자는 도보, 자동차, 대중교통 수단 또는 자전거 경로는 물론이
고 가능한 도착 시간을 알 수 있다. 현재 구글은 800여 곳과의 협력으로 사
용자들에게 대중교통 관련 정보를 제공한다. 최근에는 일부 지역에서 항공
정보까지 제공하고 있다.

구글 지도를 활용한 자동차 경로 정보. 편리하게 여러 가지 경로로 목적지까지 가는 방법을 알려준다. 또 하
단의 아이콘을 통해서 주변의 주유소나 음식점 정보를 바로 찾을 수 있다(캐나다 핼리팩스 시내).

---

[2] http://law.go.kr/LSW/lsInfoP.do?lsiSeq=130882

A. 구글 지도와 구글 어스   구글 클래스룸 수업 레시피   **277**

구글 지도를 활용한 버스 경로 정보. 여러 가지 버스 경로뿐 아니라 편리하게 버스 배차 간격 혹은 다음 버스가 언제 오는지 알려준다. 대중교통 정보 역시 주변 주유소 및 음식점 정보를 같이 찾아볼 수 있게끔 되어 있다(캐나다 핼리팩스 시내).

구글 지도를 활용하는 도보 경로. 목적지까지 걸어서 가는 거리를 다양하고 정확하게 알려준다. 하단에서 길의 경사도까지 알려준다(캐나다 핼리팩스 시내).

구글 지도를 활용한 자전거 경로. 목적지까지 자전거로 가는 경로를 다양하고 정확하게 알려준다. 하단에서 길의 경사도까지 알려준다(캐나다 핼리팩스 시내).

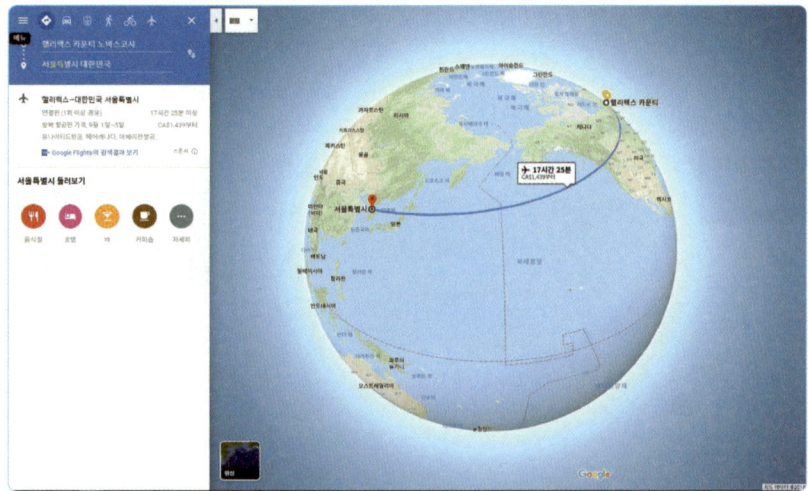

구글 지도를 활용한 항공 경로. 캐나다 핼리팩스에서 서울까지 가는 비행편은 물론 구글 플라이트를 클릭하면 비행기 가격까지도 알 수 있다.

■ 교통상황

구글 지도는 교통상황까지 알려준다. 예를 들어, 파란색은 현재 교통이 원활하다는 뜻이며, 주황색은 서행, 붉은색은 교통 체증이 있다는 것을 알려준다. 이런 정보를 토대로 사용자는 다른 경로로 우회할 수 있다.

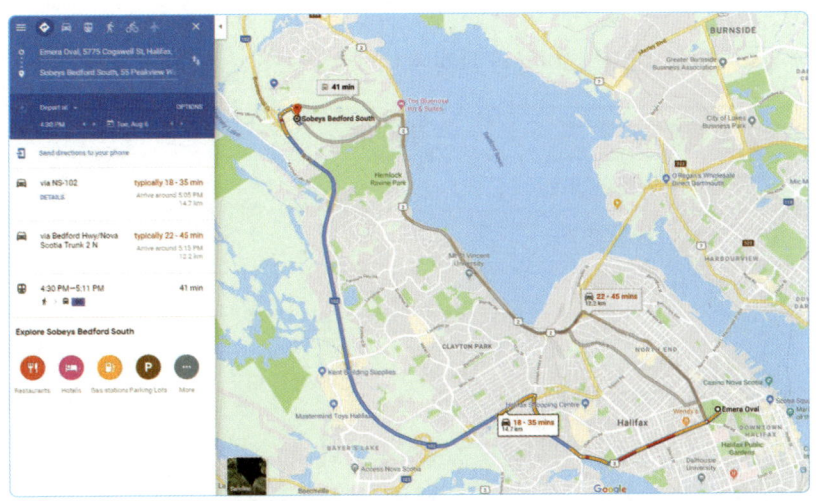

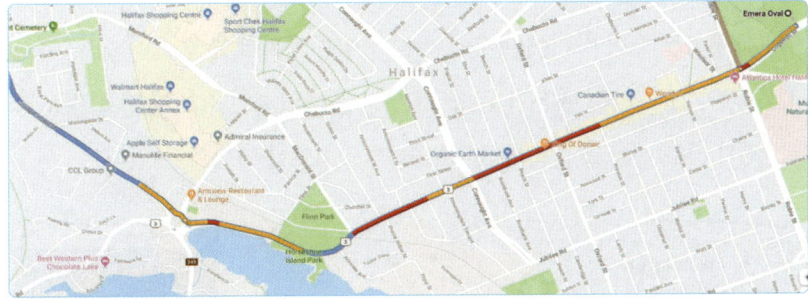

구글 지도를 활용한 교통상황

1.2 활용 팁

■ 위도와 경도로 장소 찾기

구글 지도로 장소의 위치를 검색할 수 있지만 위도와 경도를 이용해서 장소와 장소의 정보를 찾을 수도 있다. 다음 위도와 경도를 구글 지도 검색 창에 넣어 검색하여, 장소 이름과 특징에 대해 알아보자.

위도/경도	장소 이름	장소 특징
37°33'18.5"N 126°56'12.7"E		
37°32'56.3"N 126°54'48.7"E		
37°30'33.7"N 126°53'27.2"E		

■ 장소의 위도와 경도 찾기

구글 지도에서 장소를 검색해서 장소의 위도와 경도를 찾아볼 수도 있다. 먼저, 구글 지도의 검색 창에 원하는 장소의 이름을 적은 후 검색한다. 이때 마커가 등장하는데 이 마커에 마우스 커서를 이동하여 오른쪽 클릭하면 "이곳이 궁금한가요?"라는 메뉴가 뜬다. 이 부분을 클릭하면 장소의 좌표 정보가 등장하고 좌표 정보를 클릭하면 위도와 경도 정보를 열람할 수 있다.

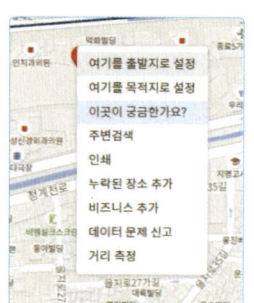

구글 지도를 활용한 위도와 경도 찾기

다음 장소의 위도와 경도 정보를 찾아보자.

장소 이름	위도와 경도
경복궁	
광장시장	
강남교보타워	

- **장소 간 거리 측정하기**

서울에서 대전까지의 거리는 얼마나 될까? 구글 지도의 기능을 통해 거리를 직접 측정할 수 있다.

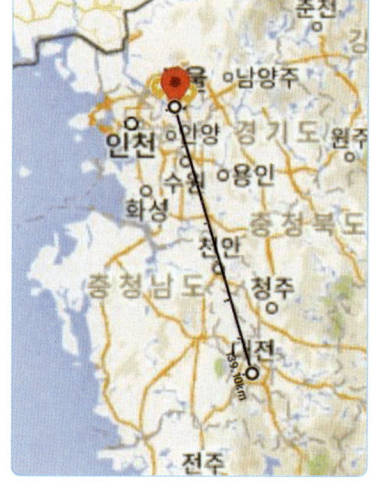

구글 지도를 활용한 장소간 거리 측정

> **거리 측정 방법**

1) 출발점을 정한 후, 마우스 오른쪽 클릭 – [거리 측정]을 선택한다.

2) 목적지를 선택하면 출발지에서 목적지까지의 거리를 측정할 수 있다.

서울과 대전 간 거리와 서울과 강릉 간 거리 중 어느 쪽이 더 먼가?

구간	거리
서울 - 대전	
서울 - 강릉	

- **수업 활용 레시피**

1. 한국 내지 외국의 명소 주변의 스트리트 뷰 사진을 감상한다.

프랑스 파리의 개선문 주변의 상점들을 찾아본다. 그 후 10년간, 5년간 어떤 변화가 있었는지 스트리트 뷰로 학생들과 논의해 본다. 어떤 종류의 상점들이 많은가? 왜 그런 상점들이 많아지는가?

2. 학생들과 스트리트 뷰 앱을 이용해서 스트리트 뷰 사진을 직접 찍어 본다.

자주 가는 놀이터, 공원 또는 학교 운동장을 가상 사진으로 찍어 본다. 학급 친구들과 주로 어디를 가는지 비교하고 이야기해본다. 친구들에게 자신이 자주 가는 장소들을 가상현실로 보여준다. 학생들은 친구들이 보여준 가상현실 장소 중 어느 장소를 가장 가고 싶어 하는가?

1.3 유사 지도 서비스 소개

구글 지도뿐만 아니라 해외에서 널리 사용 중인 지도 서비스는 많다. 가장 인기 있는 지도 서비스를 정리해보면 다음과 같다.

A. 구글 지도와 구글 어스

- 오픈스트리트 맵(OpenStreetMap) https://www.openstreetmap.org/
- 애플 맵(Apple Maps) https://maps.apple.com/
- 빙 맵스(Bing Maps) https://www.bing.com/maps
- 맵 박스(Map Box) https://mapbox.com/
- 히어 위 고(Here WeGo) https://wego.here.com/
- 톰톰 맵스(TomTom Maps) https://www.tomtom.com/
- 웨이즈(Waze) https://waze.com/
- 네이버 맵(Naver Map) https://map.naver.com/
- 카카오 맵(Kakao Map) https://map.kakao.com/
- 텐센트 맵스(Tencent Maps) https://map.qq.com/

이 외에 구글 지도를 활용하는 데 참고할 만한 링크를 소개한다.

구글 지도 리소스

- 구글 지도 공식 도움 https://support.google.com/maps
- 박정철 교수의 "구글 맵으로 타노스 고향 타이탄 가보기" http://bit.ly/parktitan
- 지오게서(Geoguessr) https://www.geoguessr.com/
- 비밀의 문(The Secret Door) http://bit.ly/3bRvFxC
- 구글 지오 포 굿 서밋 http://bit.ly/geoforgood

2. 구글 어스

구글 어스(Google Earth)는 구글이 제공하는 지구본 서비스로 높은 해상도의 위성 사진, 항공사진, 파노라마 뷰의 사진 및 360도 사진을 비롯한 위치 기반 지리 정보를 세계에서 가장 정교한 지구본을 통해서 제공한다. 사용자는 구글 어스를 활용해서 전 세계의 건물이나 지리 정보는 물론 유명하거나 생소한 장소의 모습을 볼 수 있다. 구글 어스는 2005년에 처음 선보였을 때는 데스크톱용 프로그램으로만 제공되었으나, 2017년에 새롭게 웹 기반의 프로그램을 개발하면서 사용자의 접근성이 이전보다 좋아졌다. 아쉽게도 현재 국내에서는 웹 기반의 구글 어스에만 접속할 수 있으며 구글 어스 프로그램 또는 구글 어스 스마트폰 앱을 내려받을 수 없다.

2.1 구글 어스와 구글 지도의 차이점

우리가 사는 지구는 실제로 구체에 가깝고 지도는 이 지구를 투영법을 이용해서 평면으로 나타낸 것이다. 따라서 지도는 지구본보다 왜곡이 심할 수밖에 없다. 오늘날에도 널리 사용되는 메르카토르 도법의 경우, 실제로는 아프리카 대륙이 그린란드보다 훨씬 크지만 지도에서는 아프리카가 그린란드보다 작게 보이는 것처럼 실제 크기를 왜곡한다. 하지만 메르카토르 도법의 가장 큰 장점은 위도와 경도를 이용해서 각도를 정확하게 나타낸다는 점이고, 이는 오늘날 구글 지도와 구글 어스를 비롯한 여러 디지털 지도 서비스에 사용되고 있다.

우선, 구글 지도와 구글 어스는 서로 비슷하거나 겹치는 기능이 있지만 지도와 지구본의 차이처럼 사용 목적이 다르다. 구글 지도가 방향과 가고자 하는 경로를 알려주고 생활 정보를 검색하고 공유하는 것에 초점이 맞춰져 있다면, 구글 어스는 원하는 지역을 탐색하거나 살펴볼 수 있도록 한다. 즉, 구글 어스의 제작자인 '고팔(Gopal Shah)'이 말했듯이 구글 지도가 길을 찾는 도구라면 구글 어스는 의도적으로 길을 잃는 도구인 셈이다.

2.2 실행 방법

구글 어스를 사용하는 세 가지 방법이 있다.

- 웹 버전의 구글 어스를 실행하려면 'earth.google.com'로 접속한다.
- 구글 검색 창 오른쪽에 위치한 와플 또는 런치패드에서 선택해서 접속한다.
- 해외의 경우, 구글 플레이나 애플의 앱 스토어에서 구글 어스 앱을 다운받아서 구글 어스를 사용한다.

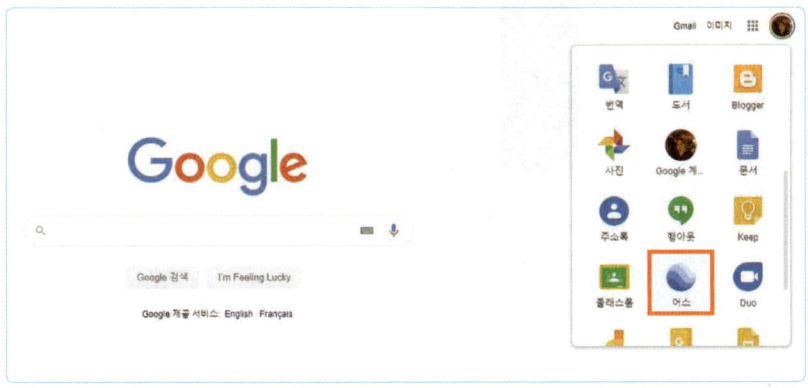

구글 페이지에서 구글 어스 실행하기 위해 런치패드를 클릭했다.

2.3 기본 기능

구글 어스를 실행하면 왼쪽에서 메뉴를 볼 수 있다. 왼쪽 맨 위의 삼선 아이콘을 클릭하면 구글 어스의 설정을 바꿀 수 있다.

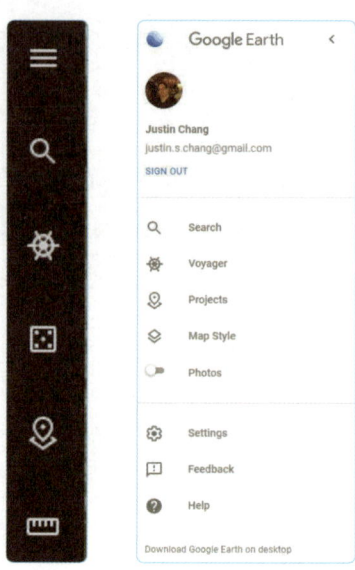

구글 어스 메뉴

다음은 구글 어스 메뉴 설명이다. 위부터 순서대로 설명했으니 참고하길 바란다.

- **삼선 버튼**: 기본 설정을 변경할 수 있다. 톱니바퀴 모양의 설정(Settings)으로 가면 위도와 경도 표기 방법, 지구본 상의 단위, 더 나아가 KML 형태의 파일을 구글 어스로 가져올 수 있는지 여부를 변경 가능하다.
- **검색**: 구글 어스로 가고자 하는 장소를 검색할 수 있다. 이때, 위도와 경도 정보로도 원하는 장소로 갈 수 있다.
- **Voyager**: 세계를 여행하고 다른 나라 또는 문화에 대해 배울 수 있다. 구글 어스 파트너가 작성한 지도 기반의 스토리 모음을 매주 새로운 콘텐츠로 맞이할 수 있다. 여행, 문화, 자연, 역사 등 다양한 콘텐츠를 즐길 수 있다.
- **I'm feeling lucky**: 새로운 장소로 훌쩍 떠나고 싶을 때가 있다. 이때 이 아이콘을 클릭하면 새로운 장소로 무작위로 가서 새로운 것을 배울 수 있다.
- **프로젝트 만들기 또는 열기**: 자신만의 지도 기반 스토리 또는 프로젝트를 만들 수 있다.
- **거리 및 면적 측정**: 구글 지도와 마찬가지로 구글 어스 내 위치한 장소들의 거리 또는 면적을 측정할 수 있다.

2.4 단축키

구글 어스 단축키	
단축키 목록 보기	[?]
지구본 이동(보기 이동)	화살표 키
검색	[/]
정북 보기로 돌아가기	[n]
2D 보기 및 3D 보기 간 전환	[o]
확대 또는 축소	Windows: [Page Up] or [Page Down] Mac: [Fn] + 위쪽 및 아래쪽 화살표
보기 재설정	[r]
지구본 회전	[Shift] + 화살표 키
지구본 및 카메라 회전 중지	스페이스 바
하향식 보기로 돌아가기	[u]
내 위치로 이동	Windows: [Ctrl] + [i] Mac: [Cmd] + [i]
스페이스 뷰로 돌아가기	Windows: [Ctrl] + [x] Mac: [Cmd] + [x]
카메라 고도 높이기 또는 낮추기	[Shift] + [Page Up] or [Page Down]
커서 위치 방향으로 확대/축소	더블 클릭(왼쪽)
커서 위치 반대 방향으로 확대/축소	더블 클릭(오른쪽)

여기서 잠깐

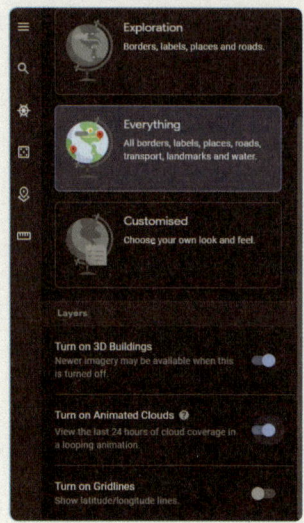

구글 어스 설정을 이용한 구름 애니메이션 사용

TIP 1: 구글 어스 구름 애니메이션 사용하기

1. 메뉴[≡] → 지도 스타일[◆]을 클릭한다.
2. 스크롤하여 구름 애니메이션을 찾은 후 버튼을 누른다.

TIP 2: KML 파일 가져오기

1. 메뉴[≡] → 설정[⚙]을 클릭한다.
2. [일반 설정]에서 [KML 파일 가져오기] 버튼을 누르면 가져올 수 있다.

TIP 3: 경도 및 위도 표시 방법 변경하기

1. 메뉴[≡] → 설정[⚙]을 클릭한다.
2. [형식 및 단위]에서 [위도/경도 형식]을 선택하면 '도,분,초' 또는 십진수로 변경 가능하다.

TIP 4: 비행 속도 변경하기

1. 메뉴[≡] → 설정[⚙]을 클릭한다.
2. [애니메이션]에서 비행 애니메이션 속도를 조절할 수 있다.

TIP 5: 측정 단위 변경하기

1. 메뉴[≡] → 설정[⚙]을 클릭한다.
2. 형식 및 단위에서 [측정 단위]를 선택하면 미터/킬로미터 또는 피트/마일로 변경할 수 있다.

2.5 구글 어스 프로젝트

구글 어스 프로젝트 기능은 구글 어스를 활용해서 지도 중심의 스토리텔링을 하는 도구이다. 구글 어스 메뉴에서 프로젝트 아이콘을 클릭하거나 원하는 장소를 검색해서 프로젝트에 저장하는 방식으로 여러 장소를 프로젝트에 넣은 후 관련 글을 쓰거나 링크를 삽입할 수 있다.

구글 어스 프로젝트를 활용해서 자기만의 지도 중심 스토리 또는 프레젠테이션을 만들 수 있다.

- **구글 어스 프로젝트 사용하기**

    1. **프로젝트 생성**

먼저 구글 어스 메뉴에서 [프로젝트(Projects)]를 선택한 후, [새 프로젝트(New projects)]를 클릭한다. 그 후 [프로젝트 생성(Create project)]을 선택한다.

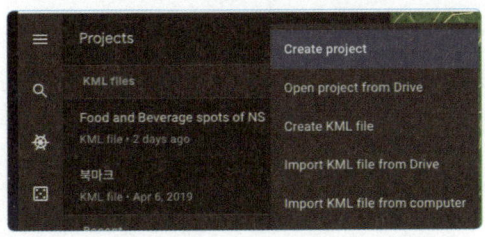

프로젝트 생성

2. 새로운 요소 추가 및 수정

프로젝트를 생성한 후, [새로운 기능(New feature)]을 클릭한 후 원하는 장소를 검색하거나 직접 구글 어스에서 장소를 찾아서 위치 표시를 삽입하고 프로젝트에 넣을 수 있다. 또한, 도형을 그려 넣을 수도 있고 글이나 사진을 삽입하는 슬라이드를 넣을 수 있다.

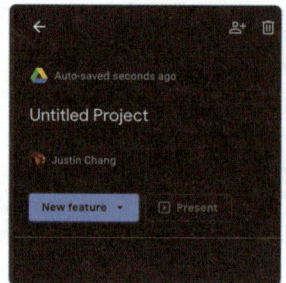 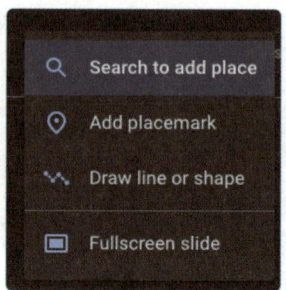

새로운 요소 추가

■ 수업 활용 레시피

1. 전 세계의 뉴스를 활용해서 구글 어스에 표기한다.

구글 뉴스(news.google.com) 또는 선호하는 뉴스 포털에서 해외 뉴스 기사를 5개 고른다. 고른 후 각 기사의 사건들이 일어난 장소를 구글 어스의 프로젝트 기능으로 구글 어스에 표시한 후, 기사 관련 내용을 요약하거나 기사 제목을 적는다.

2. 구글 지도의 '내 지도'로 만든 지도를 KML/KMZ 파일 형태로 내보내서 구글 어스에서 활용한다.

구글 '내 지도' 기능을 통해서 학생들과 지도를 만든 후, 이 지도의 일부 또는 전체를 KML/KMZ 파일 형태로 내보낸 후 구글 어스를 통해서 볼 수 있다. 지구본으로 정보를 볼 경우, 보다 입체적으로 볼 수 있다. 단, 이때 내 지도상의 위치 정보는 위도와 경도 정보를 정확하게 기입해야 구글 어스에서 정확하게 표시된다.

A. 구글 지도와 구글 어스

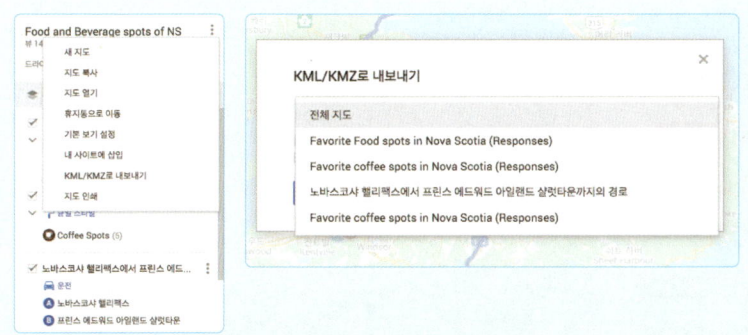

구글 지도의 내 지도 자료를 KML/KMZ 파일 형태로 내보내기

구글 내 지도로 만든 파일을 구글 어스로 보기

3. 구글 어스를 활용해서 여행 저널을 만든다.

최근 여행 다녀온 장소 3곳을 구글 어스 프로젝트를 활용해서 여행 저널로 만든다. 장소 표시는 물론, 장소에서 어떤 활동을 했는지 적고 장소와 관련된 유튜브 비디오가 있으면 링크를 넣는다. 완성 후 친구들과 자신의 여행담을 구글 어스를 활용해서 설명한다.

2.6 리소스

`구글 어스 교육` https://www.google.com/earth/education/

`구글 어스 교사 자료` http://bit.ly/2vMPLIQ

`내셔널 지오그래픽 콘텐츠와 구글 어스를 활용한 지리 학습` http://bit.ly/gettingstartgoogleearth

`구글 어스를 활용한 CYOA 스토리 만들기` http://bit.ly/GoogleEarthCYOA

`구글 달(Google Moon)` https://www.google.com/moon/

`구글 화성(Google Mars)` https://www.google.com/mars/

`구글 어스 퀴즈` https://earth.app.goo.gl/mdVRyd

2.7 카르멘 샌디에고 게임

구글은 최근, '카르멘 샌디에고'라는 캐릭터를 활용한 게임을 통해 구글 어스가 학습 또는 여행지 탐색용으로만 사용되는 건 아니라는 것을 보여주고 있다. 구글 어스는 기존에 제공하던 다양한 문화, 교육과 여행 정보와 더불어 퀴즈와 게임을 선보이기 시작했다. 지리 정보가 다양한 분야에서 폭넓게 사용되는 추세에 맞춘 변화로 보인다.

- 게임 설명

카르멘 샌디에고(Carmen Sandiego)는 80년대 학생들이 지리를 보다 손쉽게 배우고 세상을 알 수 있도록 고안된 게임이 원형이다. 그 후 텔레비전에서 인기 만화 애니메이션으로 제작되어서 여러 번 방영되었다. 최근에는 넷플릭스에서 새롭게 제작해서 큰 반향을 일으킨 콘텐츠다. 대략적인 줄거리는 주인공인 카르멘 샌디에고가 악당 집단인 바일이, 전 세계 박물관에서 훔친 보물을 다시 훔쳐서 돌려주는 의로운 활동을 그린다. 그 과정에서 카르멘 샌디에고는 전 세계 도시와 박물관을 방문하면서 그 나라의 풍습을 배운다.

구글 어스에서 선보이는 카르멘 샌디에고 게임은 80년대를 연상시키는 배경을 바탕으로 한 구글 어스 기반의 게임이다. 참가자는 카르멘 샌디에고 또는 주변인들이 말해주는 단서를 통해서 각 나라를 여행하는 게임으로 총 3가지 이야기가 제공된다.

- 왕관 보석 모험(The Crown Jewel Caper)
- 투탕카멘의 가면 모험(The Tutankhamun's Mask Caper)
- 크렘린으로의 열쇠(The Keys to the Kremlin Caper)

게임이 어떻게 진행되는지 간단히 살펴보자. '투탕카멘의 가면 모험'을 예로 들어 설명하겠다. 첫 화면의 초록색 버튼을 누르면 게임이 시작된다.

투탕카멘의 가면 시작 화면

게임을 시작하면 첫 목적지인 이집트의 카이로에 도착한다. 이때 파란색의 돋보기 아이콘을 클릭하면 카이로의 대표 명소를 고를 수 있는데, 명소를 고르면 다음 목적지의 단서를 찾을 수 있다. 기자 피라미드로 가서 고고학자를 만났고, 고고학자는 '베이글'이라는 단서를 줬다. '베이글'로 유명한 도시는 과연 어디일까? 주황색 비행기 아이콘을 눌러서 갈 수 있는 토론토, 방콕, 파리, 뉴욕 중 골라보자.

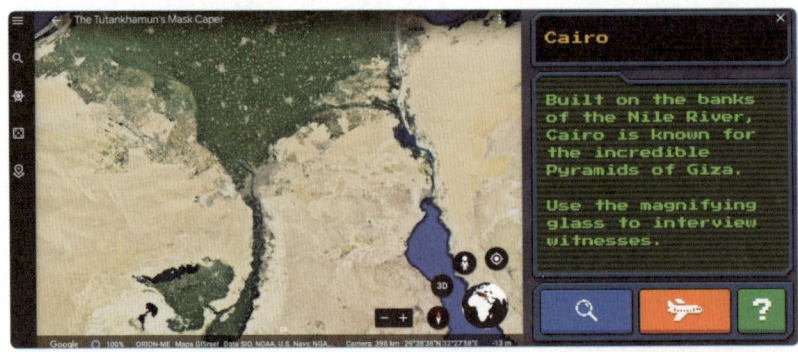

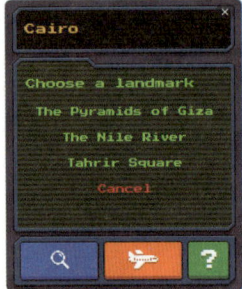  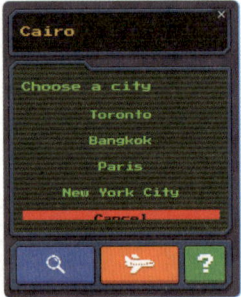

첫 목적지인 이집트의 카이로와 다음 목적지에 대한 단서

게임은 이런 방식으로 진행된다. 목적지에 대한 단서를 얻은 뒤, 이 단서를 통해 구글 어스에서 목적지를 고르고, 최종 목적지에 도달하면 성공이다.

- 시사점

구글 어스를 활용한 카르멘 샌디에고 게임은 게임 북의 시초라고 할 수 있는 CYOA(Choose your own adventure) 형태로 되어 있다. 책의 경우 독자, 게임의 경우 참가자는 직접 주인공이 되어서 결정하고, 이 결정에 따라 다른 결말이 나오기 때문에 큰 즐거움을 느낄 수 있다. CYOA 책은 세상에 나온 지 오래되었지만, 오늘날 시사하는 바가 크다. 독서를 독려하며, 특히 4차 혁명 시대에 필수인 컴퓨팅 사고력을 키워주는 데 큰 도움이 된다. CYOA 형태의 글을 쓰고 틀을 만들다 보면 학생들은 컴퓨터 알고리즘을 짜는 것에 익숙해지며, 상호작용이 가능한 흥미로운 이야기를 만들 수 있다는 점에서 컴퓨팅 사고력에 도움이 된다. 또한, 비판적 사고 및 문제해결 능력을 배양할 수 있으며 여러 가지 답과 상황을 생각할 수 있기 때문에, 여러 상황에서 당황하지 않고 능동적으로 대처할 수 있도록 도와준다.

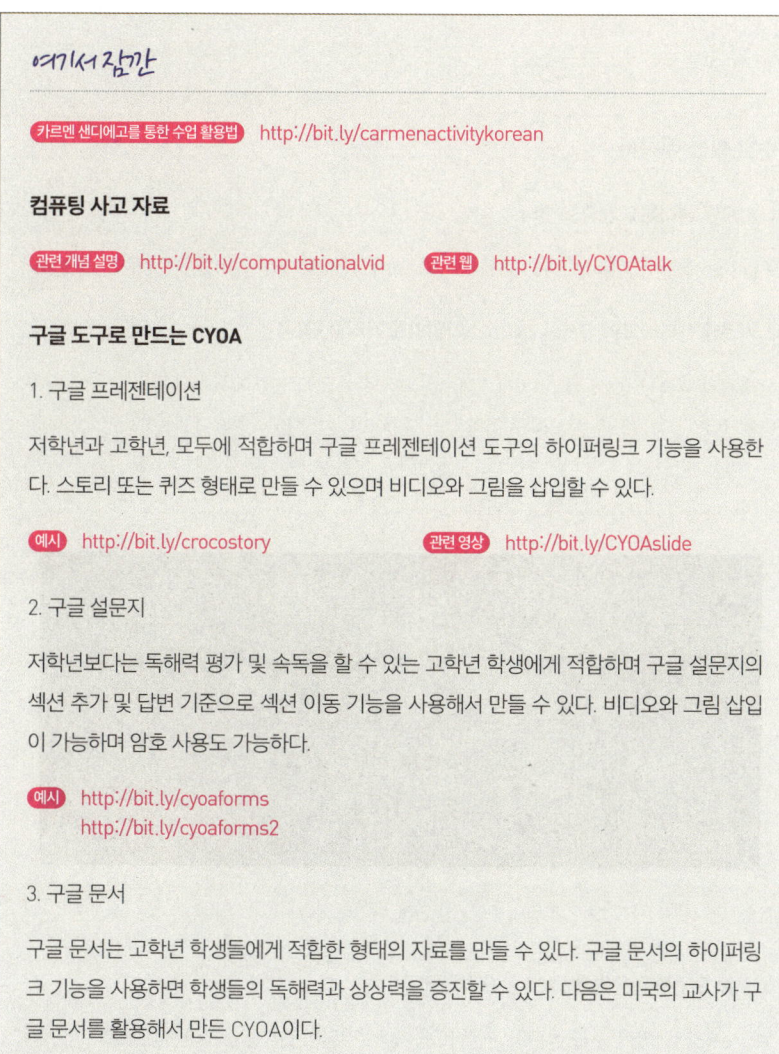

여기서 잠깐

`카르엔 샌디에고를 통한 수업 활용법` http://bit.ly/carmenactivitykorean

컴퓨팅 사고 자료

`관련 개념 설명` http://bit.ly/computationalvid   `관련 웹` http://bit.ly/CYOAtalk

구글 도구로 만드는 CYOA

1. 구글 프레젠테이션

저학년과 고학년, 모두에 적합하며 구글 프레젠테이션 도구의 하이퍼링크 기능을 사용한다. 스토리 또는 퀴즈 형태로 만들 수 있으며 비디오와 그림을 삽입할 수 있다.

`예시` http://bit.ly/crocostory   `관련 영상` http://bit.ly/CYOAslide

2. 구글 설문지

저학년보다는 독해력 평가 및 속독을 할 수 있는 고학년 학생에게 적합하며 구글 설문지의 섹션 추가 및 답변 기준으로 섹션 이동 기능을 사용해서 만들 수 있다. 비디오와 그림 삽입이 가능하며 암호 사용도 가능하다.

`예시` http://bit.ly/cyoaforms
　　　http://bit.ly/cyoaforms2

3. 구글 문서

구글 문서는 고학년 학생들에게 적합한 형태의 자료를 만들 수 있다. 구글 문서의 하이퍼링크 기능을 사용하면 학생들의 독해력과 상상력을 증진할 수 있다. 다음은 미국의 교사가 구글 문서를 활용해서 만든 CYOA이다.

`예시` http://bit.ly/dragonquestcyoa

4. 유튜브

유튜브 또한 CYOA 형태로 만들 수 있는데, 영상 끝날 때 마지막에 등장하는 최종 화면 기능을 활용해서 선택에 따라 다른 영상으로 갈 수 있다.

> **예시** http://bit.ly/MarkCYOA (스토리)
> http://bit.ly/CYOAgce2 (강의 영상)

■ **수업 활용 레시피**

1. 카르멘 샌디에고 게임을 한다.

구글 어스와 활동 자료(http://bit.ly/carmenactivitykorean)를 활용해서 학생들과 게임을 한다.

2. 카르멘 샌디에고와 유사한 CYOA 스타일의 줄거리를 만든다.

우리에게 익숙한 동화나 이야기를 먼저 선택한 후, 스토리 전개에서 주인공의 행동에 따라 다른 결과가 생기도록 전체적인 이야기의 줄거리를 정리한다. 이때, 트와인(www.twinery.org)이라는 도구를 사용하면 흥미로운 줄거리 구성을 할 수 있다. 트와인의 또 다른 활용은 Chapter 4의 내용을 참고하길 바란다.

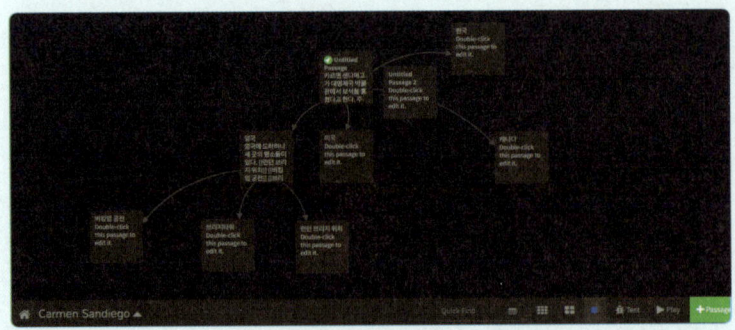

트와인을 사용해서 CYOA 스타일의 이야기를 만들 수 있다.

3. 구글 도구를 활용해서 CYOA 스토리를 만든다.

구글 프레젠테이션, 구글 설문지, 구글 문서, 유튜브로 만드는 CYOA 형태 중 구글 프레젠테이션을 이용해서 트와인을 통해 정리한 줄거리로 스토리를 만든다.

3. 내 지도

내 지도(My Maps)는 2015년 여름에 구글 드라이브에 추가된 기능으로 자신만의 구글 지도를 만들 수 있다. 만든 지도는 사용자의 구글 드라이브에 저장되어서 지도를 찾거나 수정하기 쉽다. 구글 지도가 사용자가 찾거나 가고자 하는 장소를 찾고 검색하도록 만들어진 도구인 반면, 내 지도는 자신만의 지도를 만드는 도구이다. 사용자는 지도상에 다양한 마커(marker)로 표시하고 이미지 혹은 영상을 넣거나, 도형을 그리기도 하고 지도 위 지점들의 거리를 측정할 수도 있다. 또한, 구글 스프레드시트의 정보를 지도상의 점으로 불러들여서 레이어에 한 번에 표시할 수도 있다. 지도가 만들어지면 구글 드라이브에서 열람할 수 있으며 웹 사이트에 삽입할 수도 있고, 다른 사람들과 협업하는 지도로 만들 수 있다. 또한 KML 파일 형태로 만들어서 구글 어스로 볼 수도 있다.

3.1 기본 사용 방법

먼저 구글 계정으로 로그인한 다음 구글 드라이브에서 [Google 내 지도]를 선택하면 바로 새로운 지도를 만들 수 있다. 또한 'mymaps.google.com'에서 구글 드라이브에 만든 여러 지도를 한눈에 볼 수 있으며 새로운 지도를 만들 수 있다.

내 지도 열기

모바일에서는 구글 지도 앱에서 하단의 [내 장소]를 클릭 후 오른쪽 끝에 있는 [지도]를 선택하면 구글 드라이브에 생성한 지도를 볼 수 있다.

A. 구글 지도와 구글 어스

 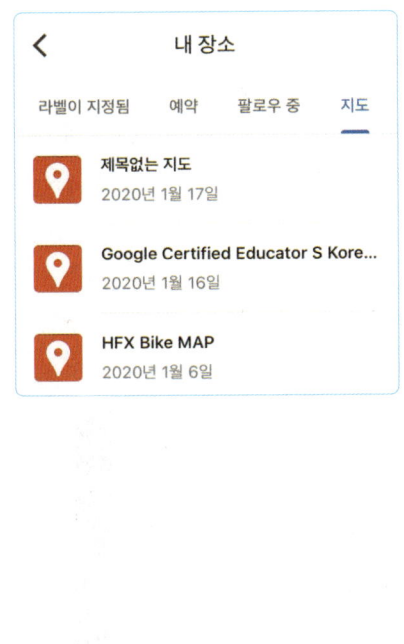

모바일에서의 내 지도. 구글 지도 앱의 [내 장소]를 통해 자신이 만든 지도를 볼 수 있다.

- **기본 지도 변경**

내 지도의 기본 지도를 변경할 수 있다. 지도 하단에 [기본 지도]를 클릭하면 총 9가지의 기본 지도(지도, 위성, 지형, 정치적 경계, 흑백 도시, 단순 지도, 육지(밝은색 배경), 육지(어두운색 배경), 바다(백색)) 중 원하는 형태의 기본 지도를 고를 수 있다. 단, 국내에서는 3가지(지도, 위성, 지형) 기본 지도만 제공된다.

 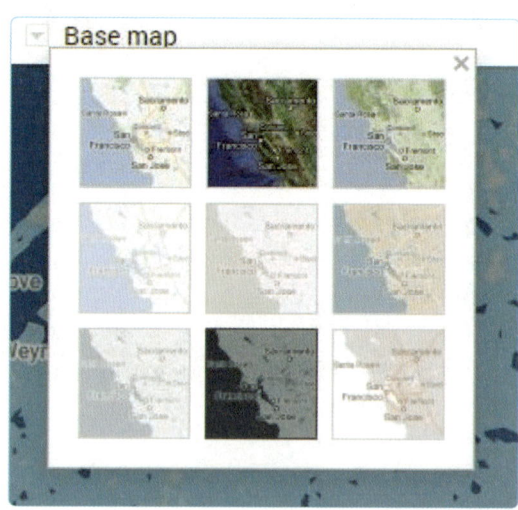

[내 지도]에서 기본 지도 변경(캐나다 핼리팩스)

▪ 레이어를 활용해서 정보 나타내기

내 지도의 여러 레이어를 활용하면 다양한 정보를 하나의 지도에서 보여줄 수 있다. 캐나다 핼리팩스의 음식점을 [내 지도]를 사용해서 나타낸다고 하자. 이때, 한 레이어는 수많은 커피숍을, 다른 레이어는 수많은 맛집을 표기했을 때, 이것을 지도 하나로 보여줄 수도 있고 필요에 따라 원하는 레이어만 보여줄 수도 있다.

핼리팩스 주 위의 음식점과 커피숍을 레이어 기능을 활용해서 하나의 지도로 보여줄 수 있다.

▪ 마커 사용하기

내 지도에서 지도를 생성하는 방법은 다양하다. 먼저 가장 손쉬운 방법 중 하나인 마커를 활용한 방법을 살펴보자. 마커는 두 가지 방법으로 사용할 수 있다.

1. 지도 위에 위치한 검색 창을 활용해서 지도에 표시하고자 하는 장소를 검색하면 결과가 지도와 왼쪽 화면에 나타난다. 이때, 왼쪽 화면에 표기된 초록 마커 위에 마우스 커서를 올리고 [+] 표시를 누르거나 지도에 표시된 초록 마커를 클릭해서 나타나는 [+]를 눌러서 지도에 장소를 표시한다

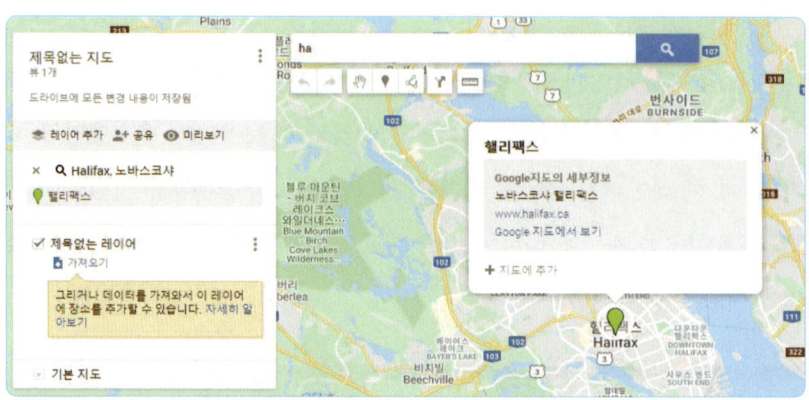

초록 마커로 표시된 장소

[+]를 클릭하면 다음 그림과 같이 지도에 파란색의 마커로 표시된다.

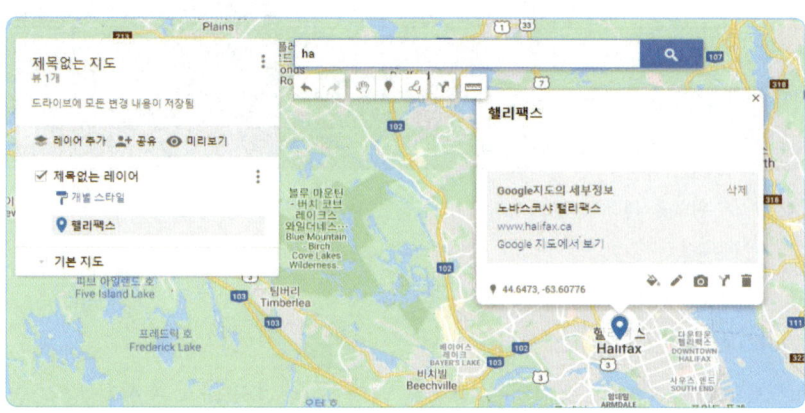

파란색으로 변경된 마커

2. 마커를 사용하는 또 다른 방법은 지도에 직접 표시하는 방법이다. 줌 인/아웃을 통해 원하는 장소로 이동한 후, 지도에 있는 도구를 사용해서 마커를 직접 지도에 넣을 수 있다.

구글 지도 도구 중 마커를 선택하면 지도에 직접 마커를 넣을 수 있다.

레이어에 여러 개의 마커를 표기할 경우, 마커들의 속성을 다양한 방법으로 바꿔 나만의 맞춤형 마커를 만들 수 있다.

- **마커의 아이콘/색상 변경:** 마커 아이콘이나 색상을 변경하기 위해서는 지도 메뉴에서 마커에 마우스 커서를 가져다가, 페인트 아이콘을 클릭하면 손쉽게 변경할 수 있다. 이때, 색상을 고르거나 아이콘을 골라서 변경 가능하다.

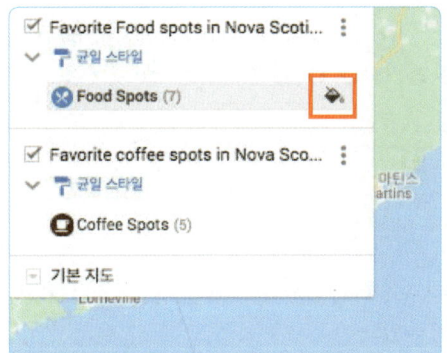
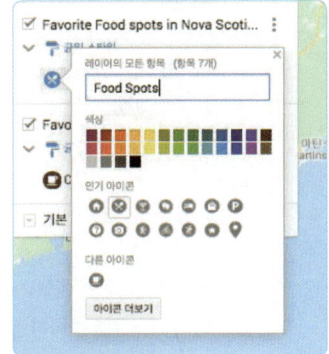

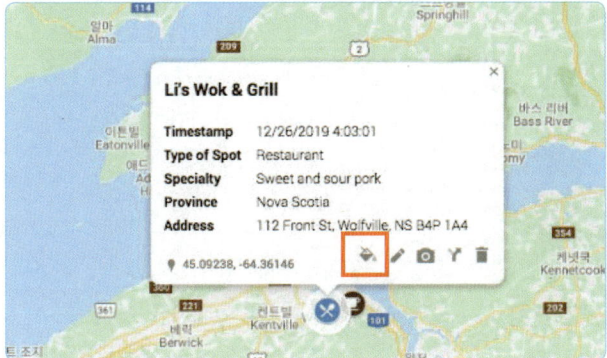

마커의 아이콘과 색상 변경

- **맞춤 아이콘을 첨가하기**: 자신만의 맞춤 아이콘을 추가하기 위해서는 페인트 아이콘을 클릭해서 [아이콘 더보기]를 누른 후 [맞춤 아이콘]을 클릭해서 첨가하면 사용 가능하다.

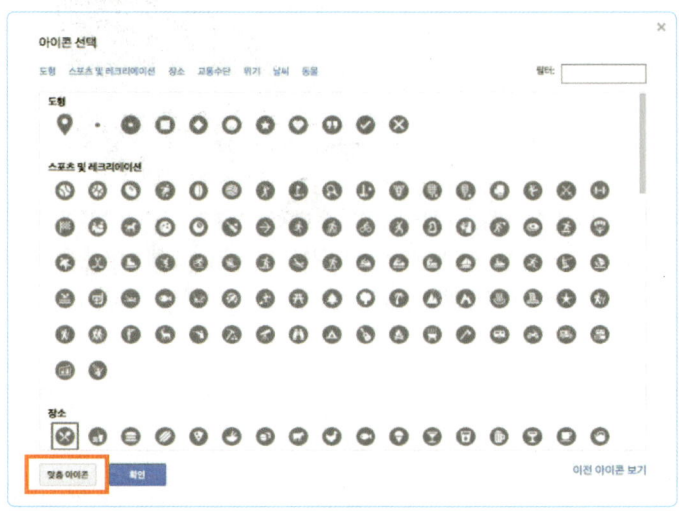

맞춤 아이콘 선택

- **마커 정보를 수정**: 마커 정보는 언제든지 변경이 가능하다. 마커를 클릭한 후, 정보 창에서 연필 모양의 아이콘을 클릭하면 수정할 수 있다.

연필 모양의 아이콘을 클릭한다.

- **사진이나 비디오를 추가**: 각 마커에 사진 및 비디오 추가 역시, 매우 손쉽게 가능하다. 마커를 클릭한 후 정보 창에서 카메라 아이콘을 클릭하면 사진이나 비디오를 추가할 수 있다. 이때 구글 드라이브, 구글 검색 또는 유튜브의 사진 및 영상을 첨가할 수 있다.

카메라 모양의 아이콘을 클릭한다.

- **마커 스타일 변경**: 마커는 기본적으로 [개별 스타일] 형태로 되어 있으나 [균일 스타일], [숫자의 순서], [데이터 열 기준 스타일 지정] 등 다양한 방식으로 스타일을 변경할 수 있다. [균일 스타일]의 경우 한 가지 스타일을 균일하게 전체에 적용할 수 있다.

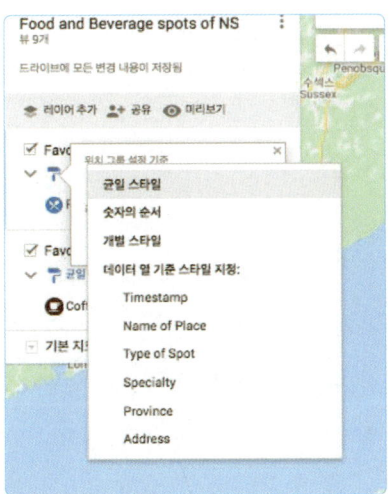

마커 스타일을 다양한 스타일로 변경 가능하다.

3.2 알아두면 유용한 내 지도 기능

▪ 데이터 표 열기

지도에 마커를 표시하고 레이어를 만들면 각 좌표는 데이터 표 형태의 자료로 표시된다. 각 레이어의 정보를 열람하거나 수정하고자 할 경우, 지도 이름 옆에 위치한 점 세개의 메뉴 아이콘을 클릭해서 [데이터 표 열기]를 선택하면 한눈에 자료들을 보거나 수정할 수 있다. 이때 철자가 틀리거나 오타가 있는 자료의 내용을 수정하거나, 열을 추가하고 제거할 수 있다.

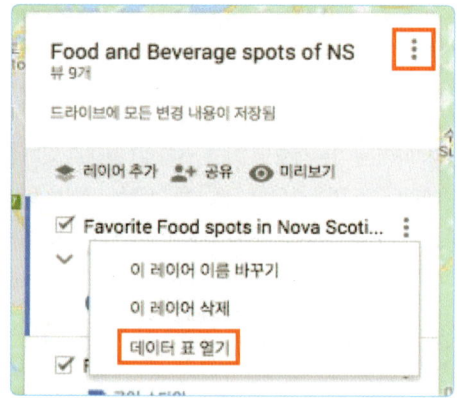

데이터 표 열기

▪ 선과 도형 그리기

내 지도에서는 사용자가 거리를 재기 위해서 선을 그리거나 도형을 그려서 도형의 크기를 계산할 수 있다. 이때, 내 지도에서 선 그리기 아이콘을 클릭한 후 [선 또는 도형 추가]를 클릭해서 선을 그리거나 도형을 그릴 수 있다.

A. 구글 지도와 구글 어스

지도 도구 중 선 그리기 아이콘을 클릭

선의 경우 두 지점의 거리를 측정할 수 있고, 도형의 경우 한 나라의 크기를 다른 나라의 크기와 비교해볼 수 있다. 예를 들어, 그린란드를 도형으로 그린 후 다른 나라의 크기와 비교해보자. 과연 그린란드가 아프리카만큼 클까? 그린란드를 도형으로 그린 후 아프리카에 도형을 가져다 비교해보면, 그린란드가 아프리카만큼 크지 않다는 것을 확인할 수 있다. 그린란드가 약 200만 평방 미터면 아프리카는 약 3,000만 평방 킬로미터라는 것을 알 수 있다. 이런 사실은 지도와 지도 투영법에 대한 이해도가 있으면 이해할 수 있는 부분이다. 즉, 지구는 구체지만 지도는 평면인 관계로 지도가 왜곡될 수밖에 없다는 사실에 기인한다.

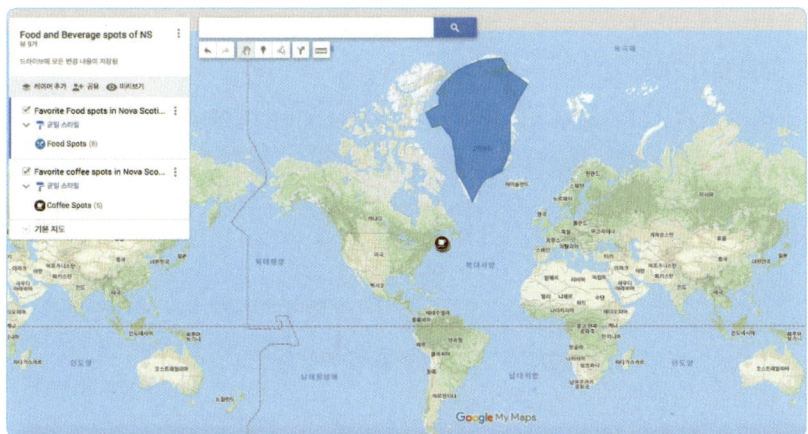

내 지도를 활용해서 그린란드의 크기를 알 수 있다.

- **경로 추가 기능**

내 지도에서 A지점에서 B지점까지의 거리와 시간 등을 원하는 교통수단으로 측정할 수 있다. 기능 중 경로 추가 아이콘을 클릭하고, 원하는 교통수단을 정하면 지점 간 거리와 시간을 측정할 수 있다.

구글 지도의 도구 중 경로 추가 아이콘을 클릭한다.

A. 구글 지도와 구글 어스

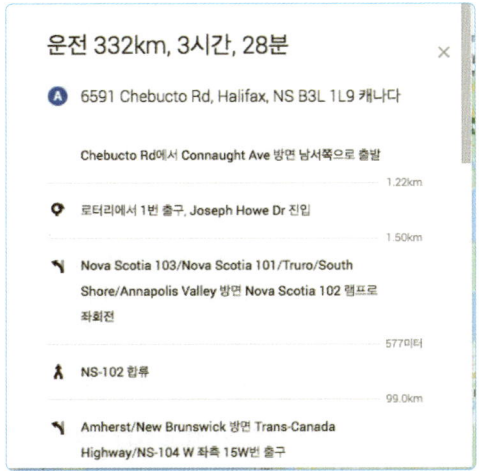

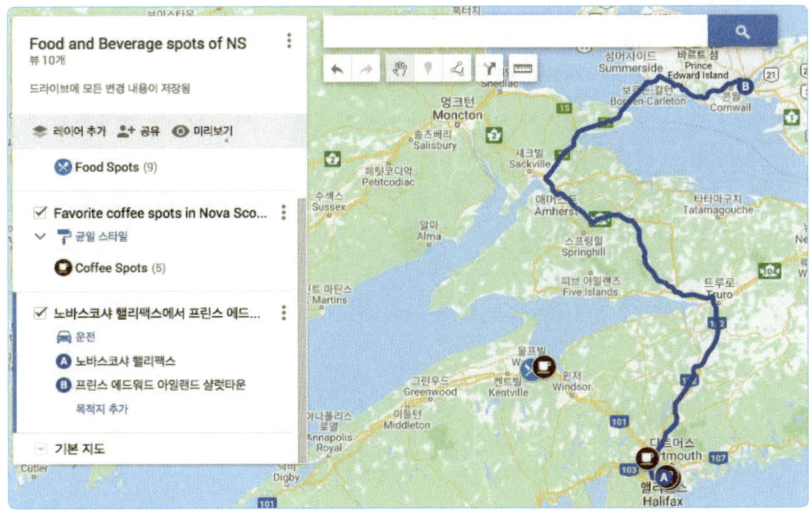

내 지도로 만든 경로

■ 지도에 데이터 가져오기

내 지도의 레이어 기능을 사용해서 CSV, TSV, KML, KMZ, GPX 또는 XLSX 파일 형태의 자료 또는 구글 스프레드시트로 만든 자료를 가져올 수 있다. 스프레드시트 형태의 자료를 가져오려면 다음과 같은 열에 해당하는 정보가 있어야 한다.

- 정확한 주소 정보
- 장소 이름
- 위도/경도 정보

앞에서 말한 정보가 있어야 내 지도에 마커로 장소들을 표기할 수 있다. 레이어 당 최대 2,000개의 행 정보가 허용된다. 행이 2,000개를 넘어가면 레이어의 정보를 나눠서 [다른 레이어로 가져오기]를 하면 된다. 첫 열은 반드시 열의 명칭들이 적혀 있어야 한다.

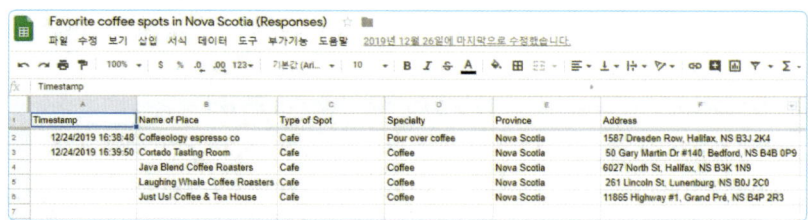

구글 스프레드시트로 만든 자료. 열에 장소 이름(또는 사람 이름)과 주소 또는 위도/경도 정보가 있어야 한다.

위도/경도 정보 없이, 주소만 잘 적어도 충분히 지도에 기재할 수 있다. 이때, 주소에 구글 검색 시 나오는 정확한 주소를 적거나 'FXP'로 시작하는 플러스코드[3]를 넣어도 지도에 위치를 표시할 수 있다. 데이터 테이블을 사용하는 방법은 다음과 같다.

---

3 https://plus.codes/

A. 구글 지도와 구글 어스

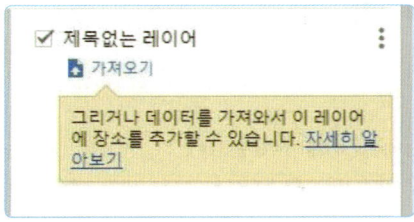

메뉴의 레이어 부분에 [가져오기]를 클릭해서 스프레드시트 자료를 불러올 수 있다.

1. 지도 왼쪽 메뉴에서 해당하는 레이어를 선택한 후, [가져오기]를 누르고 주소, 장소 이름(또는 사람 이름), 주소 등이 적힌 파일을 가져온다.

2. 장소표시 아이콘의 위치를 표시할 열을 선택한다. 이때, 좌표를 사용할 주소나 위도/경도가 있는 열을 선택하면 된다.

장소표시 아이콘의 위치를 표시할 열 선택

3. 아이콘에 제목을 지정할 열을 선택한다. 이름이나 장소명이 있는 열을 선택하고 [완료]를 누르면 된다.

아이콘에 제목을 지정할 열 선택

4. 메뉴에서 마커 스타일을 변경한다.

마커 스타일 변경

여기서잠깐

구글 설문지를 활용하면 구글 스프레드시트로 지도를 만들 수 있다. 구글 설문지에 이름과 주소 또는 위치를 입력 받아, 손쉽고 효율적으로 데이터를 수집할 수 있다. 이후, 지도 만들기 및 마커 등 자세한 지도의 내용을 수정하면 된다.

구글 설문지

구글 설문지를 공유해서 당사자가 직접 정보를 기입하도록 한다. 이때 반드시 위치를 나타내는 열과 각 마커에 해당되는 이름이 필요하다.

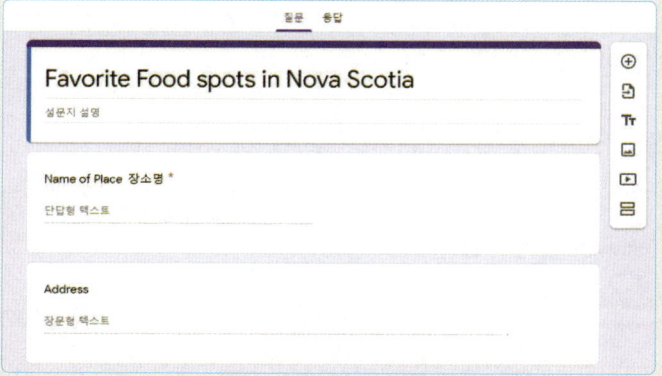

구글 설문지로 원하는 정보를 작성하도록 한다.

구글 스프레드시트

구글 설문지 작성이 완료되면, 구글 설문지 상단에 있는 [응답]을 클릭한 후 초록색의 구글 스프레드시트 아이콘을 선택하면 수집한 설문을 구글 스프레드시트로 변환할 수 있다.

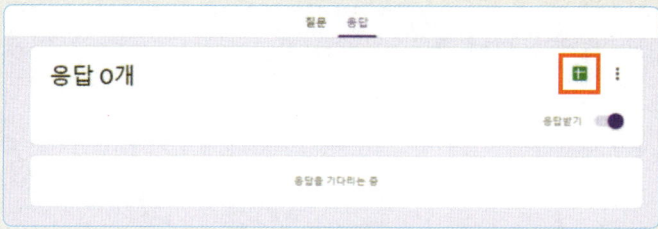

초록색의 구글 스프레드시트 아이콘을 누른다.

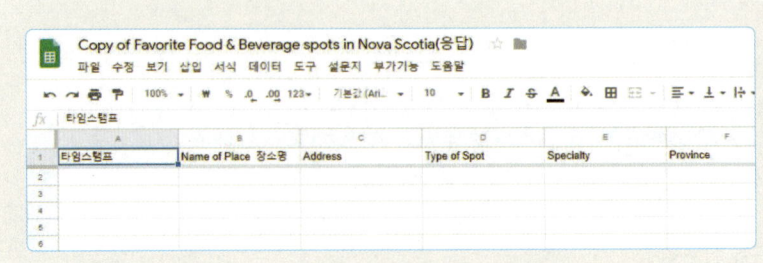

구글 설문지의 내용을 구글 스프레드시트로 변환한다.

구글 내 지도

구글 내 지도에서 [레이어 추가]를 누른 후, [가져오기]를 통해서 구글 스프레드시트로 작성한 정보를 가져와서 지도에 나타낸다.

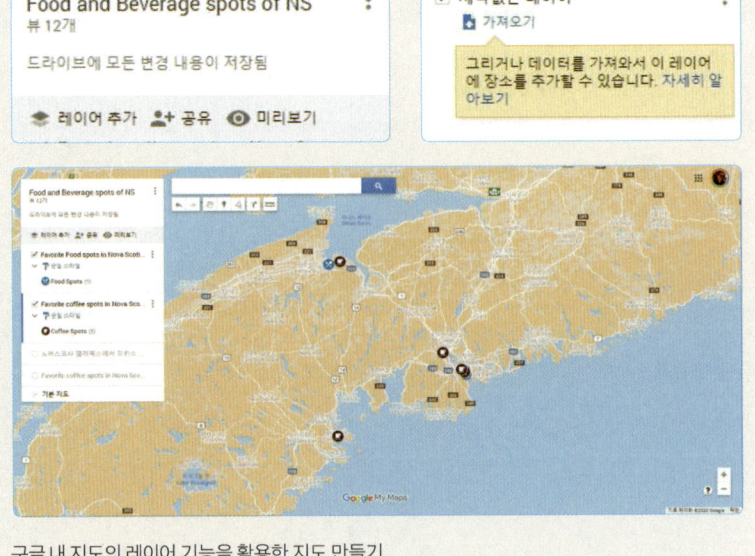

구글 내 지도의 레이어 기능을 활용한 지도 만들기

지도 공유하기

지도 메뉴의 [공유] 아이콘을 클릭해서 당사자에게 지도를 공유할 수 있다.

메뉴에서 [공유]를 클릭하고 공유 권한을 설정한다.

- 수업 활용 레시피

장소간 거리 및 시간 측정해보기

1. 구글 내 지도를 이용해서 두 국가를 비교하도록 한다.

지도 도구 중 선 그리기 아이콘을 선택한다.

- 내 지도의 선 그리기 도구를 활용해서 대한민국을 도형으로 그린다.
- 콜로라도 주의 크기를 대략적으로 알기 위해서 도형 도구로 그린다.
- 대한민국의 도형을 미국의 콜로라도 주의 도형과 비교한다.
- 도형의 크기를 통해서 두 장소의 대략적인 크기를 비교한다.

생각해 보기:
- 지도에서 대한민국과 콜로라도의 크기는 대략적으로 비슷해 보이지만 실제로 차이가 난다. 왜 그럴까?
- 지도의 투영법 중 구글 지도가 쓰는 투영법은 어떤 것일까?

2. 학생들만의 내비게이션을 만들어 보도록 한다.

지도 도구 중 경로 추가를 선택한다.

- 서울에서 천안까지의 거리를 내 지도 내의 경로 추가 기능을 이용해서 거리를 알아본다. 이때 자동차를 이용한 거리 및 시간을 측정한다.
- 같은 구간을 이번에는 도보로 측정해 본다.
- 마지막으로 같은 구간을 자전거로 측정해 본다.

세 가지 방법으로 거리를 측정했을 때, 각 교통수단 간의 차이를 비교해 볼 수 있다.

생각해 보기:

미국 뉴욕의 엠파이어 스테이트 빌딩과 록카펠라 센터를 가려고 할 때, 도보, 자동차, 자전거 중 어느 교통수단이 제일 빠를까? 각 교통수단 이용 시, 걸리는 시간을 다른 교통수단과 비교해보자.

현재 시각이 8시다. 9시까지 록카펠라 센터에서 친구를 만나기 위해서는 몇 시에 출발하면 되는가? 중간에 그랜드 센트럴 역을 들릴 경우는 몇 시에 출발하면 넉넉히 갈 수 있을까?

3. 학생들과 주변 또는 도시의 맛집 지도를 만들어 본다.

대한민국 천안시의 맛집 지도를 만들고 싶다고 가정하자. 이때, 혼자서 작업하기보다는 여러 명이 함께 작업하고 이를 손쉽게 기입하고 지도로 만드는 방안을 알고 싶다. 또한 레이어를 커피숍과 음식점 두 가지로 나누어서 지도에 나타내고 싶다고 가정하자.

1. 구글 설문지로 맛집 지도를 만들기 위한 문항들을 적는다. 예) 주소, 상호, 최고 메뉴 등
2. 맛집 정보들을 기입한 후 구글 스프레드시트 형태로 구글 드라이브에 저장한다.
3. 구글 내 지도의 레이어 기능을 통해 해당 구글 스프레드시트를 가져온다.
4. 구글 내 지도의 다양한 기능들을 통해 마커의 아이콘 및 색상을 변경한다.
5. 지도를 공유한다.

생각해 보기:
- 추가로 만들 수 있는 지도 레이어는 어떤 것들이 있을까? 예) 음식점, 커피점, 분식점 등
- 음식점 및 맛집 외에 내 지도로 만들 수 있는 지도는 어떤 것들이 있을까?

4. 구글 스트리트 뷰

구글 스트리트 뷰 아이콘

가끔 마법을 부리듯 원하는 장소에 가거나 그 장소를 학생들에게 보여주고 싶은 생각이 든 적이 있을 것이다. 구글 지도가 한 지점에서 다른 지점으로의 방향과 정보를 제공한다면, 구글 스트리트 뷰(Google Street View)는 수백만 개의 파노라마 이미지를 사용해서 구글 지도의 장소를 가상으로 표현한 생동감이 넘치는 도구이다. 구글 스트리트 뷰는 2007년 5월 2일 선보인 구글의 서비스이다. 처음에는 미국의 도시 다섯 곳을 보여줬으나 그 후, 상당량의 스트리트 뷰 사진들을 볼 수 있도록 촬영해서 서비스하고 있다. 2014년에는 언더 워터 스트리트 뷰라는 수중의 사진들을 보여주는 새로운 스트리트 뷰 기능을 선보였다. 스트리트 뷰는 구글이 제공하는 이미지와 더불어 일반 참여자들이 제공한 이미지를 함께 제공한다. 스트리트 뷰는 현재 구글 지도 내에서도 제공되지만, 스트리트 뷰 앱을 통해서 스마트폰으로도 사용할 수 있다.

4.1 스트리트 뷰 소개

- **기능 소개**

다음은 스트리트 뷰 메뉴 설명이다. 위부터 순서대로 설명했으니 참고하길 바란다.

- **삼선 메뉴**: 구글 계정에 로그인/로그아웃할 수 있으며 이용 방법이나 도움 정보를 볼 수 있다.
- **스트리트 뷰 검색**: 원하는 장소를 스트리트 뷰로 찾아본다.
- **내비게이션 바**: 추천, 프로필, 비공개, 참여 등 다양한 형태의 사진 자료들을 보거나 만들 수 있다.
- **검색 결과**: 검색한 결과나 주변의 360도 사진을 검색해 볼 수 있다.
- **지도**: 해당 장소의 지도나 사진을 보여주는 곳이다.
- **만들기**: 앱 오른쪽 하단에 있는 카메라 아이콘으로 360도 카메라를 연결하거나 360도 사진들을 가져올 수 있다.

스트리트 뷰 앱 실행 화면

- **VR 활용**

스트리트 뷰 앱과 VR을 같이 사용하면 학생들에게 보다 입체적이고 몰입감 있는 경험을 제공한다. 스트리트 뷰에서 상단의 VR 형태로 스트리트 뷰를 관람할 수 있다. 이 환경에서 나침반 형태의 아이콘을 클릭하면 사용자는 360도로 마음대로 가상으로 만들어진 세상을 볼 수 있다.

스트리트 뷰 내 VR 도구

VR 도구를 사용할 수도 있지만 스마트 기기를 활용해서 자신만의 360도 사진 또한 만들 수 있다. 이때 초기 화면에서 하단의 카메라 아이콘을 선택해서 사진을 찍으면 된다.

사진을 찍으면 초기에는 비공개 사진이고, 이 사진을 구글 지도에 공개하면 스트리트 뷰 사진으로 사용할 수 있다.

A. 구글 지도와 구글 어스

자신만의 스트리트 뷰 사진 찍기

4.2 구글 지도를 활용한 스트리트 뷰

■ 페그맨

구글 지도의 오른쪽 하단의 메뉴를 보면 사람 모양의 아이콘이 있다. 이 아이콘은 '페그맨'이라는 아이콘으로, 이 아이콘을 끌어다가 지도에 놓으면 스트리트 뷰가 실행된다. 스트리트 뷰를 실행하면 바로 페그맨을 놓은 지점의 사진을 360도로 볼 수 있다.

구글 지도 검색 창에 '뉴욕'을 검색하면 뉴욕이 구글 지도에 등장한다. 이때 오른쪽 하단의 페그맨을 클릭하면 지도가 푸른색으로 변경되고, 페그맨을 끌어서 뉴욕의 브루클린에 놓으면 브루클린을 더 자세하게 볼 수 있다. 또한 왼쪽의 작은 지도에서 페그맨을 끌어다가 다른 주변 도로에 놓으면 주변 다른 장소의 스트리트 뷰를 볼 수 있다.

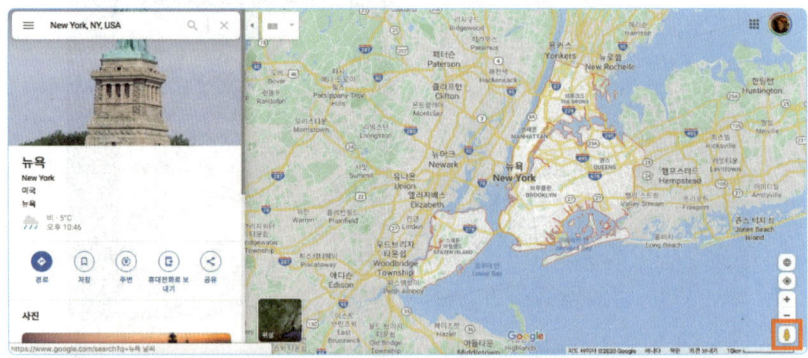

구글 지도에 뉴욕을 검색하고 페그맨을 활용해서 스트리트 뷰를 활성화한다.

A. 구글 지도와 구글 어스

스트리트 뷰로 본 뉴욕의 브루클린

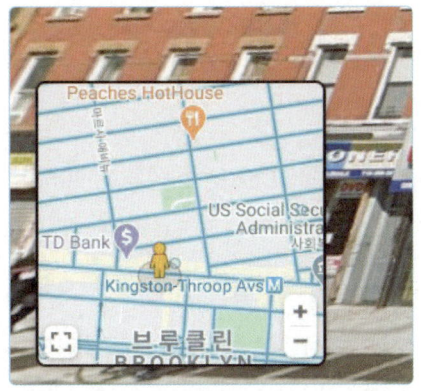

왼쪽의 지도를 통해서 다른 주변 장소의 스트리트 뷰를 볼 수 있다.

■ 과거로의 시간 여행

스트리트 뷰로 보는 장소 중 왼쪽 상단 메뉴 중 시간 표시의 아이콘을 누르면 과거 원하는 시기에 가서 과거의 모습을 볼 수 있다. 이전에 봤던 브루클린으로 돌아가서 시계 표시의 아이콘을 누르면 2009년의 모습을 볼 수 있다. 학생들과 2009년과 2019년의 모습 중 없어진 가게와 아직도 존재하는 가게들이 몇 개이고, 어떤 가게인지도 알아볼 수 있다.

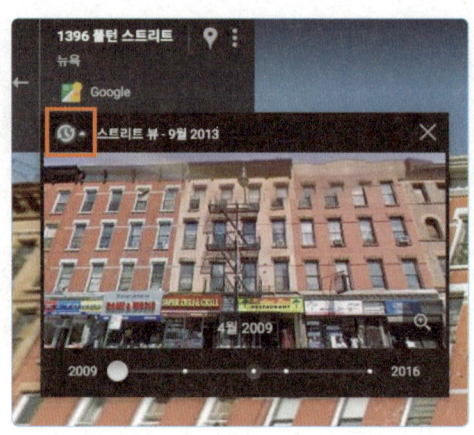

현재 보는 장소의 과거 모습을 찾아볼 수 있다.

5. 릿 트립

구글 릿 트립(Google Lit Trip) 또는 문학 여행은 2006년 제롬 버그(Jerome Burg)라는 교사가 시작한 리소스 웹사이트이다. 교사들이 구글 어스 또는 구글 지도를 활용해서 문학 작품을 가르칠 수 있도록 도와주는 가이드를 제공한다. 릿 트립은 구글의 공식 제품이 아니며, 현재 제롬 버그가 설립한 비영리 단체인 'GLT Global ED'가 현재 운영하고 있다.

교사들은 구글 어스를 활용하여 학생들과 여정(Trip)을 만든 후, 실생활과 연결해서 문학 작품을 이해하고 공부할 수 있다. 실제 지도에 마커나 사진 등을 넣거나 링크를 달아서 학생들의 이해를 높일 수 있게 고안되었다. 릿 트립에는 다양한 학생 수준에 맞는 여러 가지 여정이나 교안이 제공되며 교사들은 구글 어스 또는 구글 지도를 활용할 수 있다. 모든 여정은 구글 어스에서 활용 가능한 KMZ 파일 형태로 제공된다. 이러한 활동들은 수업에 사용될 문학 작품을 읽은 후 관련 내용에 대한 이해를 심화하기 위해서 사용되면 가장 효과가 좋다. 또한, 기존의 독후감 방식과 다른 학생만의 관점으로 릿 트립을 만들어서 다른 학생들과 공유할 수 있다.

릿 트립 홈페이지

5.1 릿 트립 사용하기

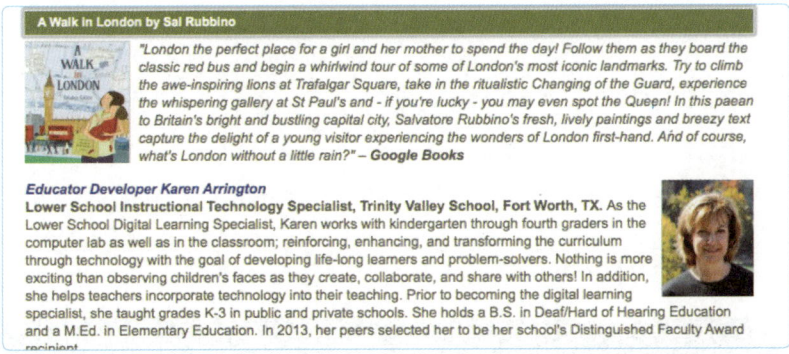

릿 트립에 등장하는 책 소개

릿 트립은 현재 영문으로만 제공되며 교사가 학생의 학년 및 수준에 맞는 콘텐츠를 직접 고를 수 있다. 먼저, 릿 트립 홈페이지(https://www.googlelittrips.org)의 왼쪽에서 학생에게 맞는 레벨을 선택한다. 이후, 원하는 릿 트립을 사용하기 위해서 사용 신청한다. 이때 이메일 주소를 기입하고, 입력한 이메일 주소로 해당 책과 관련된 릿 트립을 받는다.

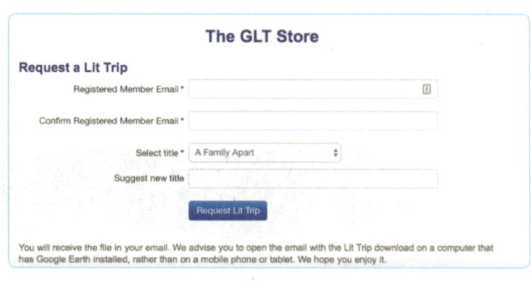
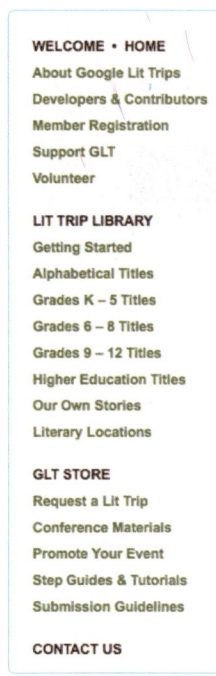

릿 트립을 신청하면 이메일로 관련 링크를 받을 수 있다.

이메일로 받은 링크를 열면 구글 어스로 연결돼서, 수업에 활용할 수 있는 구글 어스 프로젝트가 열린다.

이메일로 받은 구글 어스 릿 트립 링크

프로젝트를 실행하면 책의 내용과 연관 있는 유튜브 비디오를 보고 제공된 질문들에 대해 학생들과 대화할 수 있다. 'A Walk in London'의 경우, 첫 슬라이드에서 학생들에게 빅 벤의 실제 이름을 물어본다. 이후, 책을 읽고 빅 벤에 어떤 재미있는 사실들을 알게 되었는지 물어본다. 해당 내용을 읽고 하이퍼링크로 연결된 자료를 클릭하면 주제와 관련된 심화 내용을 배운다.

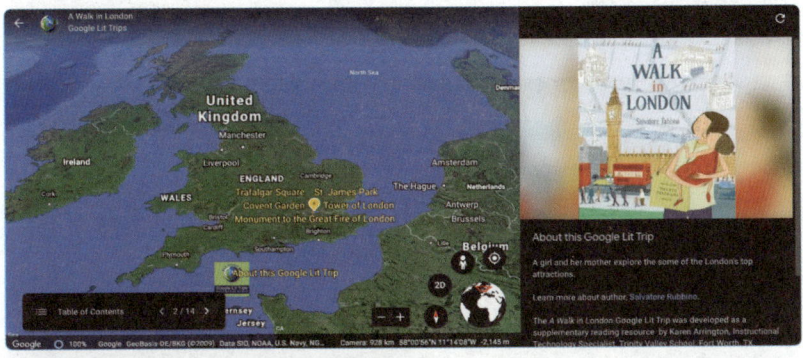

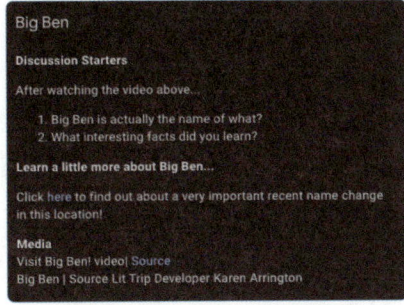 

릿 트립 내용

교사와 학생들은 준비된 구글 어스 프로젝트를 활용해서 미리 읽은 책 내용을 더 깊게 이해할 수 있다. 특히 책의 내용이 소설일 경우, 실제 있는 지명이나 자료를 통해 내용의 이해도를 한층 높일 수 있다. 릿 트립 사이트에서 제공하는 자료를 그대로 활용할 수 있지만, 교사가 또는 학생들이 주도적으로 릿 트립을 참고해서 자료를 만들 수 있다.

구글 어스를 활용해서 책에 등장하는 버킹엄 궁전과 트래펄가 광장에 대해서 더 배울 수있다.

6. 투어 빌더

구글 투어 빌더(Google Tour Builder)는 원래 퇴역 군인들을 위해서 고안된 구글의 도구로, 군인들이 임무지를 자주 옮기므로 임무지를 기록할 수 있도록 만들어졌다. 이 도구가 많은 인기를 끌고 활용도가 높아지자 구글은 이 도구를 세상에 공개했다. 투어 빌더는 지도를 중심으로 스토리텔링 하도록 고안되어서 명소나 지리적으로 상징이 있는 장소들을 표시할 수 있다. 사용자는 순차적인 형식의 스토리텔링을 통해 가상 투어를 만들고 이를 공유할 수 있다.

6.1 기본 기능

우선, 투어 빌더를 사용하기 위해서는 투어 빌더 페이지(tourbuilder.withgoogle.com)로 가서 로그인해야 한다. 홈페이지 상단 오른쪽 위에서 로그인할 수 있다. 로그인이 완료되면 상단에 네 가지 기능을 볼 수 있다.

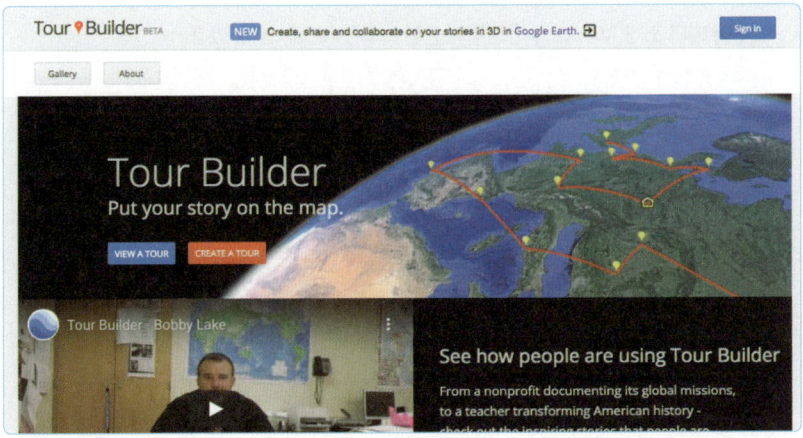

투어 빌더 홈페이지

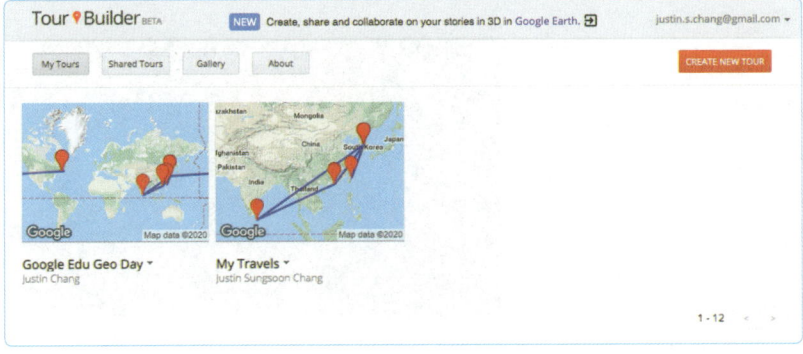

투어 빌더 내의 메뉴

- **내 투어(My Tour)**: 생성한 모든 투어는 이곳에 저장되어 있다. 투어를 만들기 시작했는데 나중에 추가 작업을 해야 한다면 만들기 시작한 투어들을 이 메뉴에서 발견할 수 있다.
- **공유된 투어(Shared Tour)**: 누군가 투어를 공유했다면, 이곳에서 공유된 투어를 찾을 수 있다. 아무도 사용자와 투어를 공유하지 않았다면 어떤 콘텐츠도 찾을 수 없을 것이다.
- **갤러리(Gallery)**: 대외적으로 공개된 투어들을 찾을 수 있다. 누구나 이곳에 있는 투어들을 열람할 수 있다.
- **투어 빌더 소개(About)**: 투어 빌더에 관한 자세한 내용을 볼 수 있다.

- **투어 생성**

투어를 만들기 위해서는 홈페이지 시작 화면에 있는 빨간색 버튼이나 로그인 후 보이는 화면 오른쪽 상단 빨간색 버튼을 눌러야 한다.

- **투어 빌더 인터페이스**

투어 빌더 화면은 왼쪽에 카드 내비게이션, 콘텐츠 패널과 맵 뷰로 구성되어 있다. 모든 프로젝트는 다음 그림과 같은 시작 페이지로 시작한다.

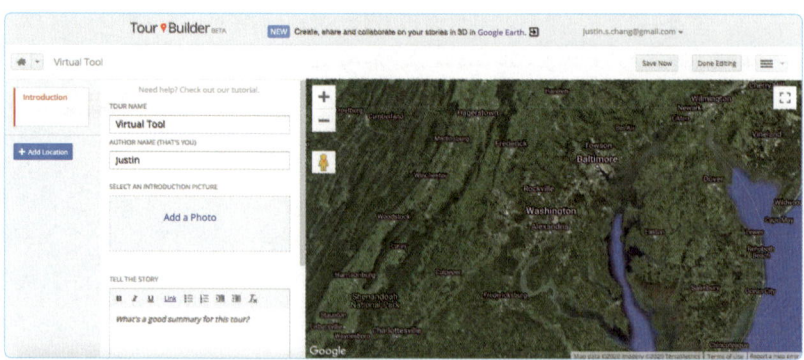

투어 빌더 프로젝트 시작 페이지

- **왼쪽 카드 내비게이션 카드**: 지리 정보가 담긴 각 카드의 위치를 한눈에 볼 수 있다. 필요에 따라 각 지점과 관련 내용의 순서를 손쉽게 바꿀 수 있다. 이때 편집이 이뤄지는 카드는

다른 카드가 파란색일 때 빨간색 탭으로 표기되어 있다.

- **투어 소개 카드**: 프로젝트를 열면 가장 먼저 보는 것이 투어 소개 카드이다. 소개 카드에 등장하는 지도는 해당 지점의 위치 주변을 보여준다. 또한 장소마다 여러 개의 사진을 삽입할 수 있으나 투어 시작점은 하나의 사진만 삽입 가능하다. 하단에는 지점 간 이동 시 어떤 방식으로 나타내는지 보여주며 기본적으로 '스토리 3D'로 설정되어 있다. 이와 더불어 지점 간 경로의 색 또한 바꿀 수 있다.

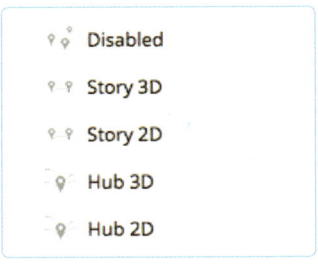

선택할 수 있는 스토리 방식

- **지점 추가하기**: 투어 소개 카드가 만들어졌으면 화면 왼쪽에 위치한 [+ 장소 추가]를 클릭하면 지점이 추가된다. 이때 장소를 검색해서 지점의 위치를 정하던가 마커를 바로 지도에 표기할 수 있다.

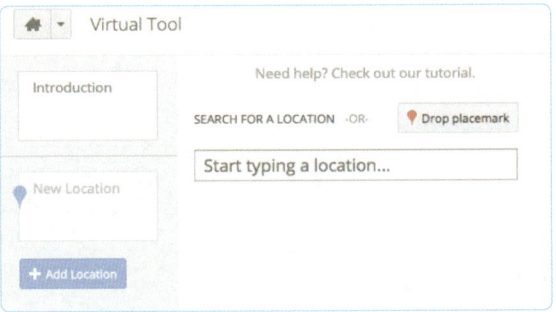

투어 내에 들어갈 지점을 추가하는 화면. 검색해서 입력하거나 마커로 바로 표시할 수 있다.

- **콘텐츠 패널**: 콘텐츠 패널은 추가된 사진이나 비디오, 또는 글을 저장한다.

6.2 수업에서 투어 빌더 활용하기

- 실제 일어난 사건을 구글 문서로 순차적으로 작성하기
- 자신이 최근 몇 년간 여행한 장소들을 순차적으로 작성하기
- 자연재해를 겪은 지역의 사건들을 순차적인 형태로 만들어 보기

6.3 투어 빌더 갤러리

다음은 구글 투어 빌더 갤러리에 공개된 흥미로운 스토리들이다.

`블루 보틀 커피 이야기`   http://bit.ly/bluebottlestory

`제인 구달 스토리`   http://bit.ly/janegstory

`칸자 언어와 풍경`   http://bit.ly/kanzastory

- **수업 활용 레시피**

1. 기존의 투어 탐색하기
이미 존재하는 기존의 투어들을 갤러리를 통해서 열람해 보고 탐색한다.

`URL` https://tourbuilder.withgoogle.com/gallery

2. 학생들과 투어 만들어 보기
학생들과 전체적인 스토리의 틀을 만든 후 투어 빌더로 투어를 만들어 본다. 역사적인 사건이나 개인적인 스토리를 투어 빌더로 만들어 본다.

가능한 소재
- 임진왜란, 삼국 시대, 조선 시대 테마의 역사 관련 내용
- 최근 몇 년간 방학 또는 주말에 가본 여행지 정보
- 국내에서 간 맛집 위치 및 관련 내용 정리
- 향후 가고 싶은 세계 유명 도시와 관련 내용 정리

7. 어스 스튜디오

세계사 수업에서 프랑스 대혁명을 가르치며 대혁명의 시작이 있었던 광장을 학생들에게 소개하였다. 얼마 전, 구글 어스를 통해서 세계 주요 대도시의 광경을 위성 사진이 아닌 항공 촬영으로 볼 수 있다는 사실을 알고 있어서 학생들에게 구글 어스로 광장을 보여주었다. 하지만 매번 이 광장을 찾고 영상을 보여주는 과정이 반복되다 보니 번거로움을 느꼈고, 이 과정을 화면 캡처 앱을 이용해서 촬영하면 어떨까 생각했다. 안타깝게도 현재, 좋은 앱이 없고 무엇보다 파리 개선문에서 에펠탑으로 이어지는 동선 모두를 보여주려면 좀 더 부드러운 조작이 필요하다는 것을 깨달았다. 어떻게 구글 어스를 이용하여 세련된 영상을 어떻게 촬영할 수 있을까? 이럴 때 유용하게 쓸 수 있는 것이 바로 구글 어스 스튜디오이다. 구글 어스 스튜디오는 마치 비행하듯이 항공 촬영 뷰로 도시 곳곳을 볼 수 있고, 이 비행 과정을 영상으로 만들어준다.

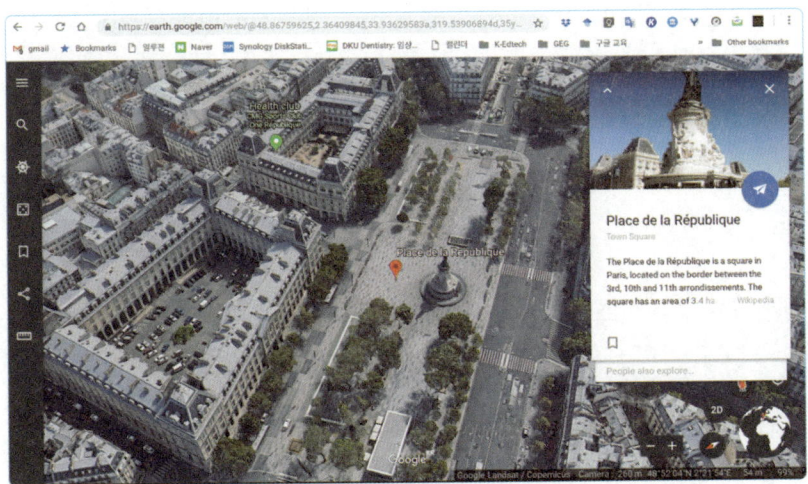

구글 어스는 3차원 이미지를 통해 지역을 나는 체험을 해볼 수 있다.

7.1 어스 스튜디오란?

구글 어스는 구글이 2차원 지도 정보상에 3차원 이미지를 스티칭하여 만든 3차원 모델 지도다. 구글 어스에는 대규모 지형부터 도시의 건물까지, 방대한 2D 및 3D 어스 데이터가 저장되어 있다. 어스 스튜디오는 이러한 데이터를 사진 및 애니메이션 콘텐츠에서 활용할 수 있는 가장 쉬운 방법이다. 많은 양의 이미지와 시스템 리소스가 필요할 것 같지만, 놀랍게도 구글 어스 스튜디오는 크롬 브라우저를 통해서 딜레이 없이 구현할 수 있다. 게다가 높은 해상도를 자랑한다. 이렇게 주요 도시 곳곳을 드론을 통해 구경하듯 볼 수 있는데 자연스레 그 비행 과정을 영상으로 만들겠다는 생각으로 넘어가서 탄생한 것이 구글 어스 스튜디오이다.

2018년 하반기 어스 스튜디오(https://earth.google.com/studio)는 베타 버전을 공개하고 신청자들에게만 기능을 제공하기 시작했다. 기능 자체는 복잡하지 않다. 카메라를 허공에 띄우고 이동하고, 상하좌우 각도를 조절하며 구름의 존재, 시간대 설정 등을 통해 원하는 영상을 촬영한 뒤 이를 렌더링해서 영상으로 만든다. 어스 스튜디오는 업계 표준 애니메이션 도구를 기반으로 만들어졌기 때문에 모션 전문가라면 어려움 없이 애니메이션 작업을 시작할 수 있다. 퀵스타트와 같은 유용한 도구를 이용하면 누구나 멋진 애니메이션을 단시간에 만들 수 있다.

다행히도 구글 어스 팀에서는 스튜디오의 기능을 자세하게 설명하는 튜토리얼 영상을 제작하였고 한글 자막까지 완벽하게 만들어 두었다. 하루 정도만 사용한다면 능숙하게 영상을 편집할 수 있다.

A. 구글 지도와 구글 어스

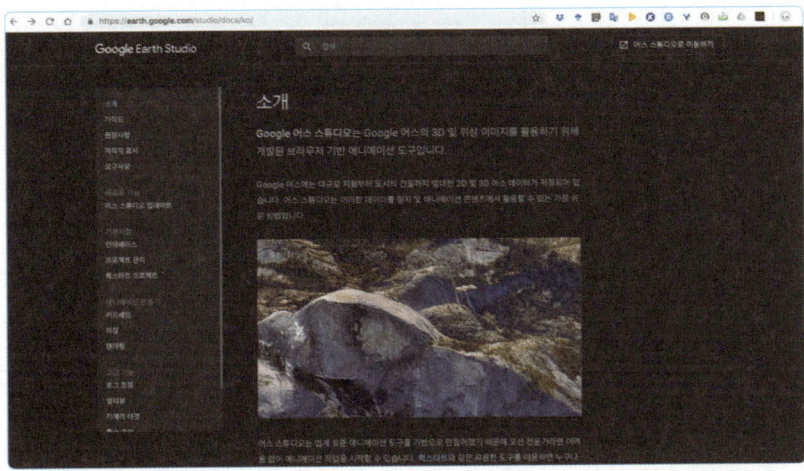

구글 어스 스튜디오 소개(https://earth.google.com/studio/docs/ko/). 누구나 손쉽게 배울 수 있다.

간단하게 사용 화면을 살펴보고 마지막에는 필자가 5분 만에 만든 프랑스 파리 에펠탑 투어 영상을 소개하겠다.

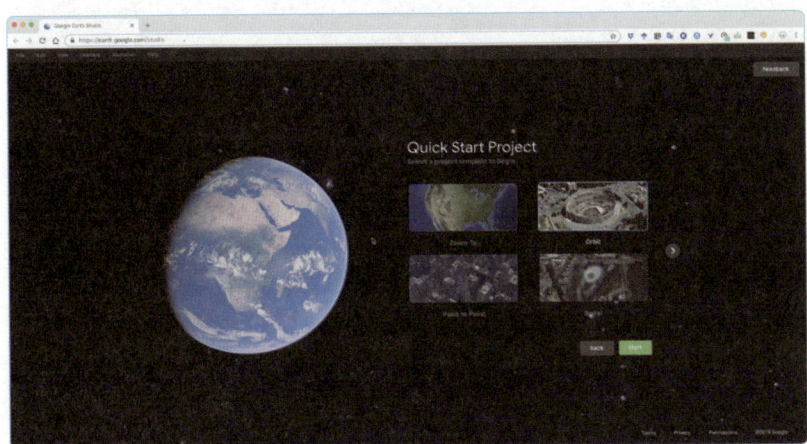

첫 화면. 기존의 프로젝트를 여는 화면과 추천 영상이 템플릿으로 제공된다. 템플릿을 선택한다.

비행하고 싶은 장소의 이름을 입력한다.

영국 런던에 있는 '런던 아이'를 선택했다. 위치를 확인한다.

A. 구글 지도와 구글 어스

이번에는 에펠탑으로 재설정하여 이동했다. 몇 초짜리 영상이 될지를 결정한다.

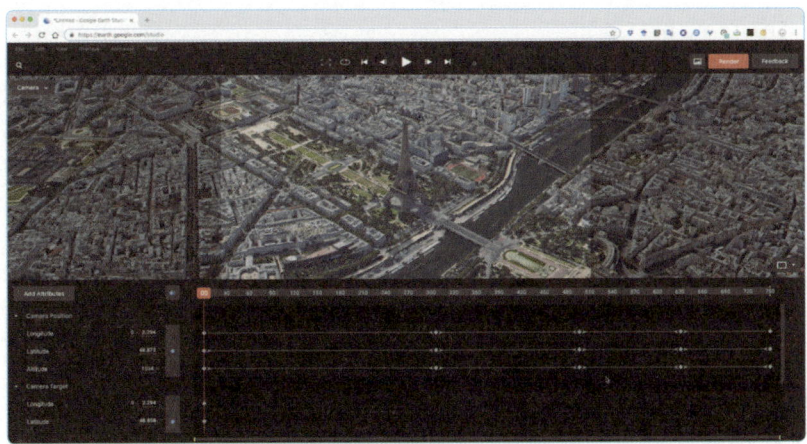

카메라의 이동, 각도, 패닝 등의 다양한 움직임을 조절할 수 있다. 이 대시보드에는 많은 기능이 있는 만큼 튜토리얼을 통한 공부가 필요하다.

에펠탑을 360도로 돌면서 점점 아래로 내려가는 경로를 택했다. 원하는 해상도 등을 선택한다.

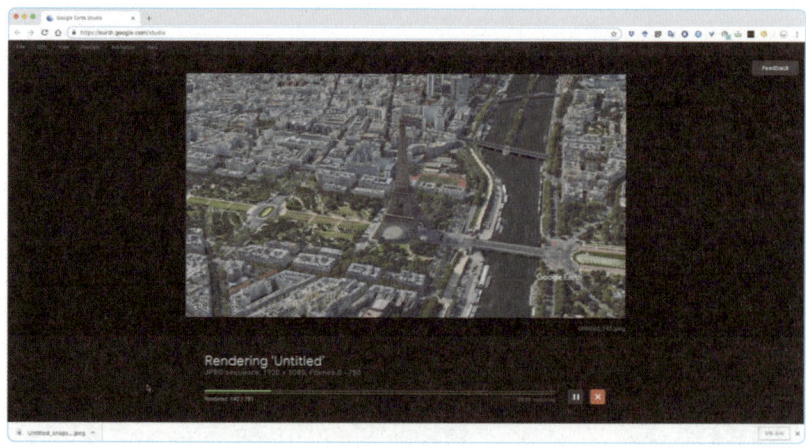

최종 단계로 영상을 렌더링한다. 다운받으면 압축 파일로 만들어지고 압축된 파일 내부에는 각 단계의 정지 화면들이 들어있다.

어스 스튜디오에서 렌더링할 때는 애니메이션의 각 프레임을 로컬 파일 시스템에 저장한다. 렌더링이 비정상적으로 종료되거나 렌더링을 포기하면, 다음에 어스 스튜디오를 실행할 때 중단되었던 상황에서 다시 시작한다.

단, 렌더링 속도는 인터넷 연결 상태의 영향을 크게 받는다. 인터넷 연결이 빠를수록 애니메이션 렌더링이 빨라진다. 모든 프레임이 렌더링되면 이미지 시퀀스가 ZIP 파일로 컴파일된 후 크롬 브라우저에서 사용자가 지정한 다운로드 디렉터리에 다운로드된다. 이 상태에서는 영상이 재생되지 않는다. 변환 과정이 필요하다. 이미지 시퀀스를 동영상으로 전환해 본 적이 없으면 어도비 미디어 인코더(Adobe Media Encoder) 또는 어도비 애프터 이펙트(Adobe After Effects)를 사용하길 바란다. 특히 애프터 이펙트를 이용하면 더욱 다양한 영상 효과를 추가할 수 있다.

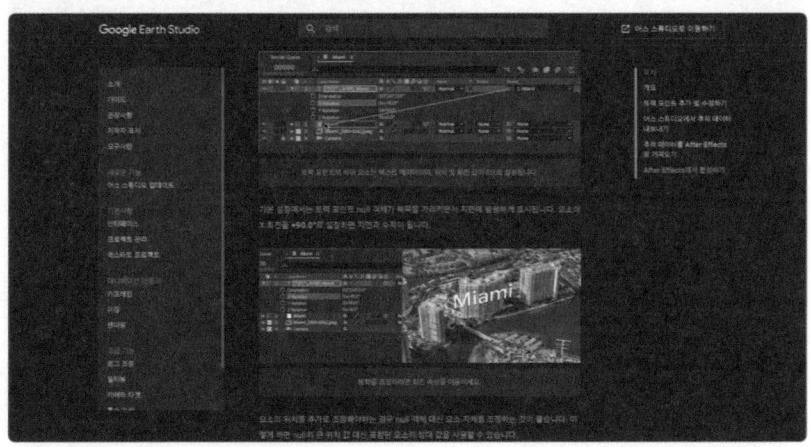

이미지 시퀀스를 애프터 이펙트로 변환하는 방법

어스 스튜디오의 특이한 점은 렌더링 전 과정이 브라우저에서 진행된다는 점이다. 즉, 크롬 브라우저를 종료하면 렌더링이 진행되지 않는다. 렌더링 문제를 예방하려면 크롬 창에서 어스 스튜디오 탭이 보이도록 열어둬야 한다. 렌더링 중에 웹 탐색을 하려면 새 창을 여는 것을 추천한다.

필자가 5분 만에 완성한 영상(https://youtu.be/Lb3fGECjDmc)

최대한 효과적으로 어스 스튜디오를 활용하려면 다음 사항을 유의하길 바란다.

- **계정 관리:**
    - 어스 스튜디오는 구글 계정이나 구글과 연결된 이메일, Gmail 또는 G Suite로 이용할 수 있다. 프리뷰 버전에서는 액세스 권한이 상황별로 부여된다.
    - 2개 이상의 계정(예: 개인 이메일과 조직의 업무용 이메일)으로 어스 스튜디오에 액세스할 수 있으며, 현재 로그인한 계정은 메뉴의 [파일] → [로그아웃] 옵션에서 확인할 수 있다.
- **파일 메뉴의 현재 사용자:** 다른 계정으로 전환하려면 메뉴에서 [로그아웃]을 선택한다. 이 경우 구글 계정에서도 로그아웃된다.
- **시스템 요구사양:** 어스 스튜디오는 크롬 웹 브라우저에서 실행된다. 어스 스튜디오를 사용하기 전에 크롬 버전이 최신인지 확인해야 한다. 최신 버전이 아니라면 예상치 못한 버그가 발생할 수 있다.
- **운영체제:** 구글은 현재 맥(Mac)과 윈도우(Windows)에서 어스 스튜디오를 지원하고 있다. 가능한 문제가 발생하지 않도록 최신 버전의 운영체제를 사용해야 한다.

- **인터넷 속도:**
  - 지구본을 탐색하면 질감과 3D 데이터가 동적으로 로드된다. 따라서 인터넷 연결 속도가 느리면 어스 스튜디오의 도구를 이용할 때 이미지의 속도와 품질에 영향이 있을 수 있다.
  - 참고: 어스 스튜디오에서는 렌더링 시, 항상 프로젝트 해상도 기준으로 최고 품질의 이미지를 렌더링하게 설정되어 있다. 이러한 원칙은 인터넷 연결 속도가 매우 느린 경우에도 적용되며, 연결 속도가 느리면 렌더링 횟수가 급격하게 증가한다.
- **WebGL:** 어스 스튜디오를 통해 브라우저에서 3D 이미지를 렌더링하려면 WebGL 지원이 필요하다.

- **수업 활용 레시피**

1. 학생들에게 소개할 새로운 지역을 구글 어스에서 검색한 후, 구글 어스 스튜디오를 이용해서 멋진 인트로 영상을 만든다.

2. 애프터 이펙트를 활용하면 훨씬 더 멋진 영화 같은 영상(스파이더맨이 건물 주변을 날아다니는 듯한 영상)을 만들 수 있다고 하니 이번 기회에 애프터 이펙트를 배운다.

3. 학생들 역시 비싼 앱 없이도 크롬 브라우저 상태에서, 손쉽게 어스 스튜디오에 접속하여 영상 제작이 가능하므로 영상 제작에 관심이 있는 학생들을 상대로 구글 어스 스튜디오 특별반을 운영한다. 특히 항공 촬영과 관련하여 비행기 운항을 간접적으로 체험할 수 있도록 유튜브에서 'pilot's view'를 키워드로 검색하여 학생들에게 비행기 조종사의 경험을 제공한다.

유튜브에서 'pilot's view'를 검색하여 찾은 영상(https://www.youtube.com/watch?v=Eudb9o59vXs)

B. 구글 지도 · 어스 레시피

지도를 펼쳐 두기만 해도 학생들은 굉장한 호기심에 사로잡힌다. 우리나라는 어떻게 생겼는지, 내가 사는 동네는 이 지도에서 어디에 있는지, 내가 가고 싶은 나라는 어딘지 등 지도를 펼침과 동시에 학생들의 호기심도 펼쳐지는 것이다. 최근에는 모바일, 태블릿 등에서도 쉽게 지도를 볼 수 있다. 특히 구글 어스와 같이 3D로 만들어진 지도를 보거나, 구글 지도와 네이버, 카카오 지도 등을 통해 로드 뷰, 항공 뷰, 필터 적용 등 지도 하나만으로도 실감나는 수업이 가능하다. 하지만 구글 지도는 보는 것을 넘어 지도를 '나의 것'으로 만드는 강력한 기능이 있다. 바로 '구글 내 지도(Google My Maps)'다.

구글 내 지도 로고

내 지도를 통해 학생들은 하나의 지도에서 협업 과정으로 함께 모둠별 지도를 만들 수도 있으며 포트폴리오처럼 나만의 지도를 만들 수도 있다. 밋밋할 수 있는 수업에 실감 나는 맛을 더 해주는 구글 지도. 지금부터 구글 지도로 만들어가는 감칠맛 나는 매핑 수업 예시를 소개한다.

시나리오 1 지역의 문제를 매핑하다. 구글 지도를 활용한 커뮤니티 매핑 수업

학생들은 자신이 사는 지역에 누구보다 큰 관심을 갖고 있으며 어른들의 눈에는 보이지 않는 여러 문제를 잘 알고 있다. 그래서 "우리 동네에 어떤 문제가 있을까?"라고 했을 때 학생들은 너도 나도 손을 들고 발표하기 시작한다. 하지만 학생들의 발표를 들으면 문제점에 대해서는 잘 알 수 있으나 '어디'인지는 알기 어렵다. "우리 집 앞이요.", "우리 동네 슈퍼 앞이요!" 등

학생들은 자신의 관점에서 말한다. 그렇다 보니 이렇게 지역의 문제 찾기 수업은 '지역'은 빼놓고 '문제점'을 중심으로 이루어지는 경우가 많았다. 그렇다면 지역과 문제점, 이 두 마리 토끼를 동시에 잡을 수는 없을까? 여기에서 바로 '커뮤니티 매핑'을 접목하게 된다.

하빈초등학교 학생들의 팀 구성

필자의 반 학생들이 살고 있는 곳은 하빈면 3명, 서재리 4명, 다사읍 4명이다. 따라서 자신들이 사는 곳을 기반으로 3개의 조를 만들어 팀을 꾸리고 모둠 협업 활동을 기반으로 수업을 구성하였다.

컴퓨터실에서 커뮤니티 매핑 작업을 하는 학생들

먼저 지역의 문제점에 대해 이야기를 나누는 브레인스토밍을 하며 모둠 협업 화이트보드에 여러 문제를 적어본 뒤, 학생들과 함께 컴퓨터실로 이동했다. 구글 내 지도는 태블릿에서도 되지만 학생들이 지도 매핑 작업을 할 때는 컴퓨터를 더 선호했기 때문이다. 이렇게 컴퓨터실로 와서 간단한 방법 소개만 해주었을 뿐인데, 모둠별로 자리를 잡은 학생들은 바로 작업에 몰두하기 시작했다.

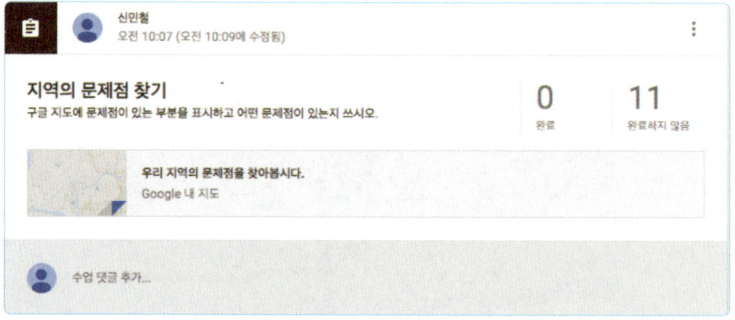
협업할 수 있는 구글 내 지도를 구글 클래스룸 게시글로 올렸다.

필자가 한 것은 간단했다. 바로 과제를 열고 학생들이 작업할 구글 내 지도를 클래스룸에 올려두었을 뿐이다. 학생들은 이 하나의 지도에서 함께 매핑 작업을 수행했다.

구글 클래스룸에 올라간 협업 지도 만들기 활동을 하는 학생들

구글 내 지도를 활용한 커뮤니티 매핑을 하며 자신이 사는 지역 문제를 알려주는 학생

학생들은 직접 구글 지도를 검색해 자신이 사는 동네로 이동하여 '점 표시' 기능으로 하나하나 표시해 나가며 어떤 문제가 있는지 작성했다. 사실 학생들이 '구글 지도를 잘 쓸 수 있을까?'라는 의문이 있었는데, 학생들의 수행 과정과 결과물을 보며 크게 놀랐다.

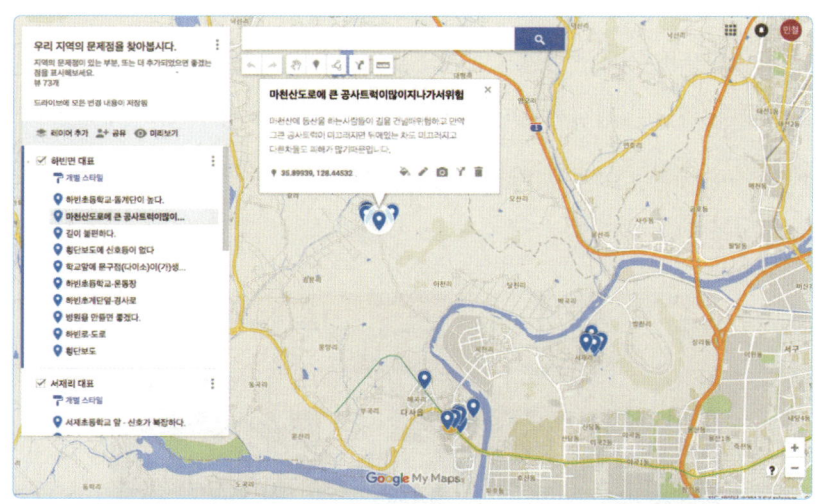

마천산 도로에 공사 트럭이 많이 지나간다는 문제점을 지적한 학생 결과물

학생들의 결과물을 살펴보면서 학생들의 눈에 비친 지역의 문제점과 그것을 문제점이라고 생각하는 학생들의 논리적인 생각을 동시에 볼 수 있었다. 학생들이 제시한 이 지역의 문제점들은 상당히 합리적인 이유를 바탕으로 하고 있었고, 또 어른이 아닌 아이의 입장에서 충분한 이유가 될 수 있었다.

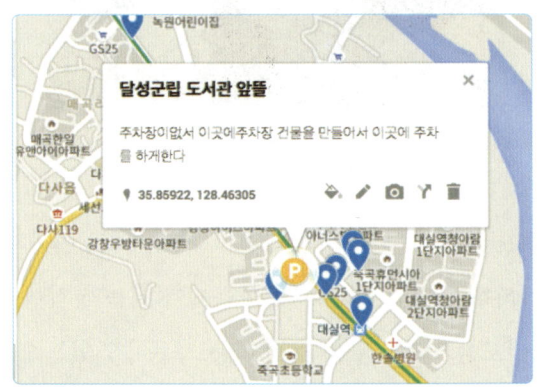

도서관에 주차장이 부족한 문제를 지적하며 해결 방안을 제시한 학생의 결과물

학생들은 찾은 문제를 바탕으로 자연스럽게 해결책까지 제시하는 모습을 보여줬다. 황당한 해결책보다는 실제로 적용할 수 있는 해결책이 많이 나와서 지금 수업하는 것인지, 정말 문제점을 찾아 해결하는 업무를 하는 것인지 헷갈릴 정도였다.

학생들이 함께 만든 커뮤니티 매핑 결과물을 살펴보며 즐거워하는 모습

학생들의 커뮤니티 매핑 활동이 끝난 후 우리 반에서 만든 전체 결과물들을 함께 살펴보며 이야기를 나누었다. 이렇게 하나의 지도에 모인 우리 반 학생들의 고민을 함께 살펴보며 이것을 꼭 전달하고 싶어 하는 학생들의 모습을 볼 수 있었다. 그래서 해당 지역 군청에 미리 전화하고 아이들의 염원을 담아 자유게시판에 건의했다. 해당 담당 공무원도 지도를 바탕으로 학생들의 발견한 문제점들이 논리적으로 담긴 것을 보고 격려의 답글을 달아주었으며, 실제로 회의 때 검토해보겠다는 긍정적인 회신을 줬다. 이 회신을 받은 학생들은 직접 참여한 수업으로 우리 마을을 바꾼다는 것에 매우 기뻐했다. 커뮤니티를 기반으로 한 매핑 수업이 실제로 커뮤니티를 바꾸는 잊을 수 없는 경험을 한 것이다.

학생들은 능동적인 커뮤니티의 구성원이라고 볼 수 있다. 내가 살고 있고 내가 누리고 있는 이 지역에 대해 정말 애틋한 마음을 가지고 있었다. 이렇게 구글 내 지도라는 도구를 하나 도입했을 뿐인데 수업이 현실로 이루어질 수 있었다. 아마도 구글 내 지도는 학생들이 커뮤니티 매핑을 경험할 수 있는 가장 좋은 도구이지 않을까?

시나리오 2 실제 지도로 국토를 매핑하다. 구글 지도를 활용한 국토의 영역 알아보기 수업

독도가 있어서 우리나라의 영해는 얼마나 넓어질 수 있을까? 작은 섬이기 때문에 이로 인해, 넓어지는 영해가 그리 크지 않다고 생각할 수도 있다. 하지만 결론부터 말하자면 독도가 있어서, 우리나라의 영해가 엄청나게 확보된다. 이번 수업을 하고 나서 아이들에게 공통으로 나온 이야기는 바로, 독도는 소중한 우리 땅이라는 것이다. 국토의 영역을 알아보는데 왜 아이들의 머릿속에는 독도와 영해가 머릿속에 딱 남아있게 된 것일까? 이유는 단순하다. 바로 직접 보았기 때문이다. 구글 지도로 직접 국토의 영역을 매핑해보고 우리나라 국토의 영역을 두 눈으로 확인한 아이들. 이번 수업을 함께 살펴보자.

OHP 필름으로 만든 국토의 영역에 대해 포스트잇으로 상호 평가하는 학생들

국토의 영역에 대해 알아보는 수업이었다. 원래는 교과서의 활동대로 대한민국 지도를 인쇄하여 OHP 필름 위에 국토의 영역을 표시하며 영토, 영해, 영공의 범위를 알아보는 활동이었다.

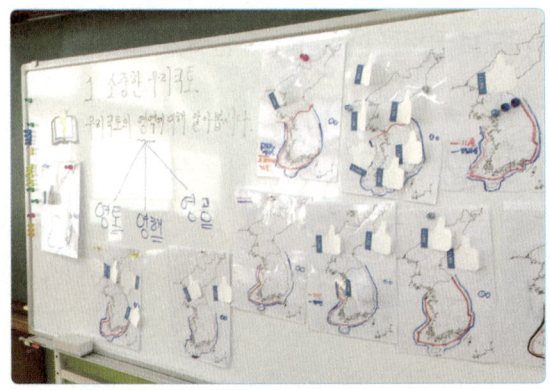

OHP 필름으로 정리한 국토의 영역 알아보기 결과물 모음

이렇게 모인 학생들의 작품을 보면서 '실제 거리를 기반으로 국토의 영역을 표시해보면 어떨까?'라는 생각이 들었다. 그리고 이 지도를 확대하면서 실제 위성 사진을 통해 살펴보면 더 실감 날 것 같다는 생각도 들었다. 이때, 떠오른 도구가 바로 구글 내 지도였다. 그래서 수업을 마치자마자 학생들에게 바로 컴퓨터실로 이동하자고 했고, 학생들은 어리둥절한 상태로 컴퓨터실로 이동했다.

우리 국토의 영역에 대해 알아보는 활동으로 구성된 구글 클래스룸 게시글

급하게 작성해서 먼저 구글 클래스룸에 올린 과제 구성은 단순했다. 학생들이 헷갈리기 쉬운 부분을 참고 형식으로 안내 사항으로 제시했고, 수업 시간에 활용한 프레젠테이션 자료는 첨부파일로 제공했다. 구글 내 지도는 학생별로 작업할 수 있도록 '사본으로 제공' 기능으로 배포했다.

세부적인 기능을 알아보는 시간

먼저 간단하게 학생들에게 사용 방법을 안내하고, 이번 시간에 새롭게 사용할 기능에 대해 설명하는 시간을 가졌다.

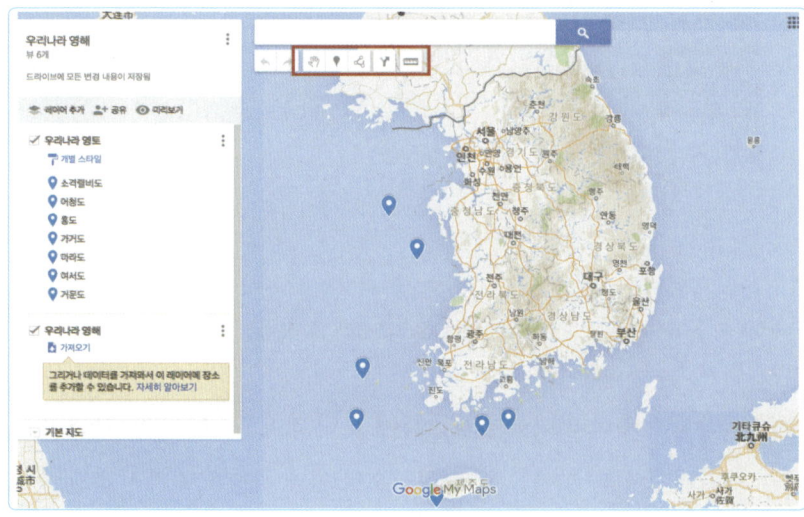

구글 내 지도와 매핑을 위해 필요한 도구 모음

이번 시간에 국토의 영역 매핑을 할 때 가장 핵심적으로 사용한 것은 바로 도구. '영역 표시' 기능을 통해 국토 끝에 미리 표시해 두고, '측정' 기능을 통해 실제 12해리에 해당하는 약 22km 거리를 측정했다. 그리고 그곳에 '선 긋기' 기능으로 영해를 표현할 수 있도록 했다.

학생 A의 구글 내 지도를 활용한 국토의 영역 학습 결과물

학생 B의 구글 내 지도를 활용한 국토의 영역 학습 결과물

실제 거리를 바탕으로 직접 국토의 영역을 표시해보면서 학생들은 우리나라 국토의 영역을 구체적으로 알아볼 수 있었다. 학생들은 울릉도와 독도가 있어서, 우리나라가 갖는 국토의 범위가 얼마나 많이 늘어나는지와 더불어 통일을 할 때 우리나라가 갖게 될 국토 영역이 얼마나 넓어질 수 있을지 알 수 있었다. 이 과정에서 단원의 제목인 '소중한 우리 국토'를 자연스럽게 터득할 수 있었다.

구글 클래스룸 결과물을 함께 살펴보며 결과 정리 및 피드백하는 학생들

학생들의 활동이 끝나고 학생들이 만든 국토의 영역 매핑 지도를 살펴보며 피드백을 주었다. 이 과정에서 자연스럽게 학생들의 질문에 피드백을 주며 함께 배우는 시간을 가질 수 있었다.

구글 클래스룸의 수업 댓글을 통해 자신의 구글 내 지도 결과물을 공유하는 학생들

또한 여기서 마치는 것이 아니라 학생들이 자신의 지도 링크를 구글 클래스룸 수업 댓글에 남기도록 했다. 서로의 지도를 살펴보고 동료 피드백하면서, 오류점을 찾고 보완하며 국토의 영역을 확실하게 알 수 있게 했다.

필자는 처음에 이 수업을 구성하면서 단지 국토의 영역을 정말 세부적으로 알아보는 것에 초점을 맞춰야겠다고 생각했다. 하지만 학생들이 만드는 수업은 국토의 영역을 알아보는 것을 넘어 '국토의 소중함'까지 자연스럽게 터득하는 수업이었다. 학생들의 결과물에 나타난 울릉도와 독도의 영해 범위와 또 통일되었을 때의 국토 확장 범위를 살펴보며, 필자도 예상치 못했던 더 높은 성취 수준에 도달하는 학생들의 모습을 보았다. 이번 수업은 교사가 학생들을 '코칭(coaching)'했지만 학생들은 교사를 '티칭(teaching)'했다는 것을 깨닫게 된 수업이었다.

시나리오 3 역사를 매핑하다. 구글 지도를 통해 만들어가는 역사 공부 포트폴리오

여러분은 역사 수업을 한 뒤, 학생들의 학습 정리를 무엇으로 안내하는가? 아마도 학습지, 비주얼 씽킹 또는 연습 문제 등의 방법이 있을 것이다. 그렇다면 지도는 어떨까? 지도 위에 정리하다 보면 지정학적 위치나 주변 나라와의 관계를 더 잘 이해하며 정리할 수 있지만 단점이 있다. 바로 지도가 엄청나게 커야 하고, 정리한 포스트잇 때문에 지도가 가려질 수도 있다. 필자는 지도가 가진 장점을 활용하면서, 지도에서는 불가능했던 활동들을 융합하여 새로운 정리 활동을 해보고 싶었다. 그래서 활용한 것이 바로 구글 내 지도! 구글 지도로 만드는 역사 공부 포트폴리오를 함께 살펴보자.

역사 단원의 마지막 시간에 컴퓨터실로 모여 구글 내 지도를 여는 학생들

역사 수업의 마지막 시간. 지루했던 학습지는 잠시 내려놓고 모두 컴퓨터실로 모였다. 바로 구글 내 지도로 역사 단원에서 배운 내용을 지도에 한 번에 정리하기 위해서였다. 역사 수업의 정리를 컴퓨터실에서, 그것도 문서도 아닌 지도로 한다는 것에 많은 분이 의아해하겠지만 조금만 이 수업을 살펴보면 '아! 이래서 구글 지도를 활용했구나!'라는 것을 알 수 있다.

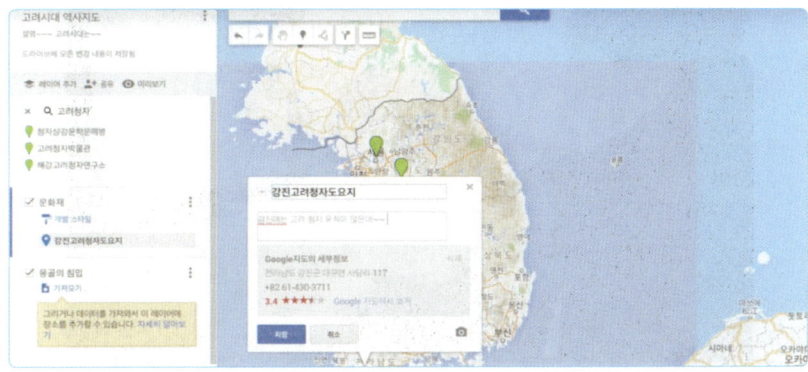

구글 내 지도의 아이콘 추가 기능과 설명 추가 기능

구글 내 지도에서는 검색 또는 위치 지정을 통해 아이콘을 지정할 수 있는데, 클릭과 동시에 그 장소에 설명을 추가할 수 있다. 설명할 수 있는 이 메모 부분을 학생들이 정리하는 포스트잇처럼 활용했다.

구글 내 지도를 활용한 역사 지도 만들기에 몰입하는 학생들

학생들은 교과서를 펼치고 교과서에 나온 내용과 관련된 지역을 열심히 찾아 지도에 매핑했다. 매핑과 동시에 설명을 함께 제공하여, 단순 매핑을 넘어 단원 정리를 함께 했다.

교과서를 참고하여 자신만의 역사 지도를 만드는 학생들

학생들은 역사적 사건이 있었던 곳을 지도에 표시할 뿐만 아니라, 지금의 위성 사진을 살펴보며 역사 유적지의 전경을 살펴보았다. 그리고, 왜 이러한 역사적 유물 또는 사건들이 일어났는지 호기심을 가지며 활동에 임했다. 이제 학생들의 결과물을 함께 살펴보자.

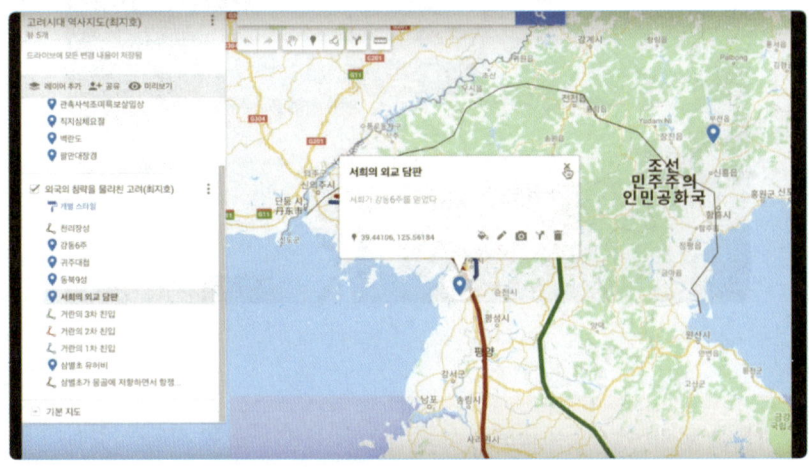
서희의 외교 담판을 매핑하여 정리한 학생의 결과물

이 학생은 우리나라 역사 중 대표적인 외교적 승리를 가져온 사건인 '서희의 외교 담판'이 어디에서 이루어졌는지를 살펴보며 서희의 외교 담판이 가져온 것은 무엇인지 정리했다. 지도를 이리저리 확대 및 축소하고 또 강동 6주의 위치도 살펴보며 스스로 정리하는 학생의 모습을 볼 수 있었다.

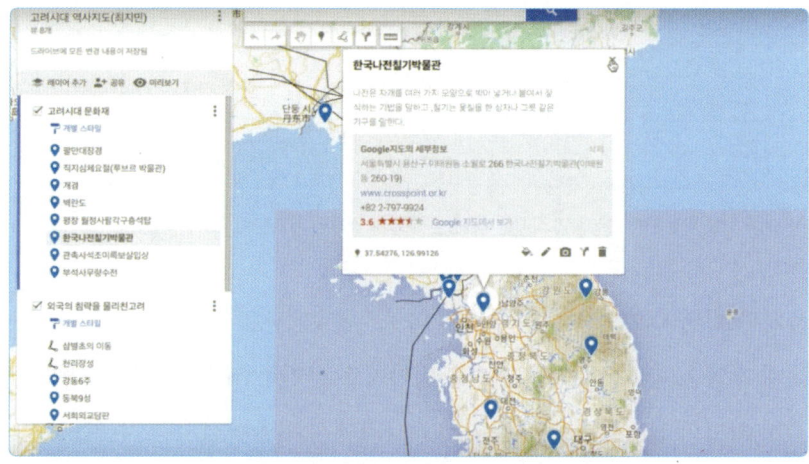

나전칠기와 관련된 자료를 매핑하며 나전칠기에 대해 정리한 학생의 결과물

또 다른 학생은 고려의 특산품인 나전칠기에 대해 정리했다. 나전칠기가 무엇인지 교과서의 내용을 토대로 정리했고, 이 나전칠기를 가장 잘 볼 수 있는 박물관의 위치를 매핑했다. 왜 이 지역에서 나전칠기가 유명했는지, 벽란도와 어떤 관련이 있는지 고민하고 탐구하는 모습도 볼 수 있었다.

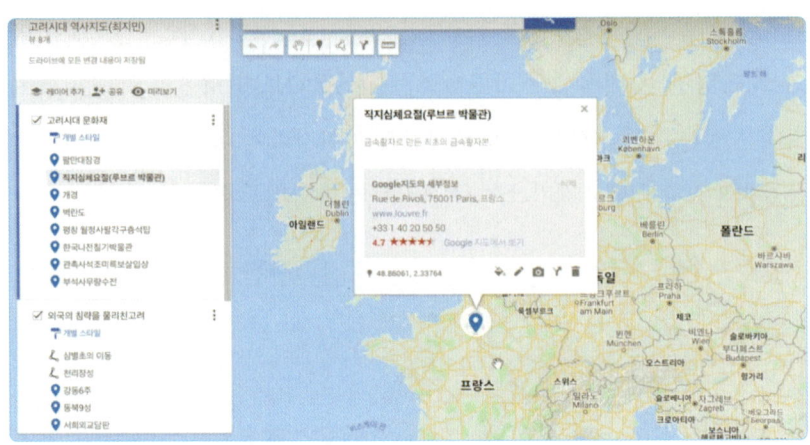

프랑스 루브르 박물관에 보관 중인 직지심체요절을 구글 내 지도에 매핑한 학생의 결과물

하지만 이번 수업의 하이라이트는 바로 '직지심체요절'이었다. 고려의 문화재 수업을 할 때, 참고하면 좋은 이야기로 들려준 직지심체요절 이야기. 세계 최고의 금속활자 인쇄본이 우리나라에서 만들어졌지만 지금은 머나먼 프랑스의 루브르 박물관에 있다는 사실이 안타까웠는지, 이 학생은 우리나라를 넘어 멀리 프랑스 루브르 박물관을 선택한 후 우리의 자랑스러운 유산인 직지심체요절을 매핑했다. 프랑스에 남겨진 직지심체요절을 어른이 되어 보러 가고 싶다는 학생의 말이 의미심장하게 들리는 순간이었다.

에드워드 핼릿 카(E.H.Carr)의 《역사란 무엇인가》란 책을 대학 시절에 읽으며 과연 어떤 역사 수업이 가장 학생들을 위한 역사 수업일지, 고민한 적이 있다. 역사적 지식을 암기하는 것이 아닌 그 역사적 사실을 바탕으로 사고하는 학생으로 길러내는 일. 그것이 가장 핵심이었지만 사실 그동안은 어쩔 수 없이 역사를 학생들에게 암기시키고 있었다. 하지만 이번 구글 내 지도로 학생들에게 학습을 정리하도록 하면서, 학생들이 주체가 되어 스스로 역사를 정리하고 생각하는 모습을 볼 수 있었다. 학생들이 만들어가는 역사 학습, 구글 내 지도로 시도하는 것은 어떨까?

구글 엑스페디션

학생들에게 지역 사회를 이해하고 우리 고장의 장점을 배우는 수업을 해 주고자 하는 교사. 하지만 막상 인터넷에서 지도를 열어 학교 주변을 살펴보아도 어디서부터 시작해야 할지 막막하고, 그렇다고 당장 학교 밖을 나가 봤자 목적의식 없이 '나가서는 그냥 시간 낭비만 될 듯싶다. 게다가 요새는 미세 먼지도 많아서 체험학습을 마음대로 가기도 어려워 실내 학습을 해야 하는데 아무래도 현장감도 많이 떨어질 수밖에 없다. 교사에게 꼭 필요한 수업을 위해서는 어떤 방식이 적합할까?

아마도 지역 사회를 이해시키는 지리, 역사, 사회 수업의 일반적인 수업에서는 흔히 내 고장 지도 그리기를 많이 시행하리라 생각된다. 커다란 전지를 펴고 우리 고장의 지도를 그리고, 그곳에 중요한 랜드마크, 즉 학교나 마트, 관공서 등을 표기하는 것은 물론 유해 시설을 마킹한다거나 어린이들에게 안전한 음식을 파는 식당을 매핑하면서 학생들의 공간 감각은 커지고 사회의 일원으로서 유기적인 존재감을 체험할 수 있다.

하지만 사실 이러한 활동은 수십 년 전의 필자들도 학창 시절에 해 본 것인데, 기술이 이렇게 발전했음에도 불구하고 여전히 비슷한 활동을 하고 있다는 것은 조금 의아한 부분이라 생각된다. 더 나은 방법은 없을까? 과연 이것이 최선의 방법일까? 바로 이때 구글의 GEO 도구를 이용하면 할 수 있는 이야기들은 상상할 수 없을 만큼 많아진다.

A. 구글 엑스페디션, #lovewhereyoulive

"사랑하면 알게 되고 알게 되면 보이나니, 그때 보이는 것은 전과 같지 않으리라."

정조 때의 문장가 유한준의 글을 유홍준 교수가 《나의 문화유산답사기》에 머리말로 인용하면서 널리 알려지게 된 문구이다. 어쩌면 이것이 우리 학생들에게 가르쳐야 할 지리 수업의 핵심 메시지가 아닐까 생각한다. 인간은 물리적으로, 공간적으로 어딘가에는 반드시 존재해야 한다. 그리고 통신, 교통의 발전에 따라, 경제의 복잡성으로 인해 하나의 나라는 더 이상 단독으로 존재하기 어렵고 인접 국가들과 매우 복잡하고 미묘한 관계를 유지하게 된다. 이러한 현상을 깨닫기 위해서는 우선 내가 있는 공간에 대한 이해가 필수적인데 구글에서는 그것을 '#lovewhereyoulive'라는 이름으로 프로젝트화하여 권장하고 있다. 사실 이 해시태그는 구글이 처음 시작한 것은 아니지만 구글 엑스페디션(Google Expeditions) 베타 버전 도입 시 사용했던 문구라서 필자들은 이 이름을 즐겨 사용하고 있다.

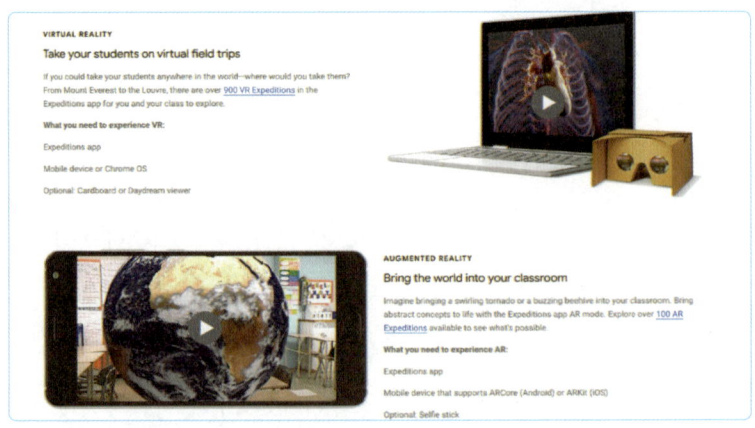

엑스페디션의 대표적인 도구인 카드보드를 이용한 VR과 스마트 디바이스의 앱을 이용한 AR

A. 구글 엑스페디션, #lovewhereyoulive

구글 엑스페디션은 무엇인가? 크게 VR, AR 그리고 투어 크리에이터의 3개 프로젝트가 교실에서 사용되는 것을 의미한다. 현재 구글 엑스페디션에서는 교사와 학생이 1,000개 이상의 VR과 100개의 AR 투어를 통해 세계를 탐험하는 몰입형 교육 콘텐츠를 제공하고 있다. 상어와 함께 수영을 즐기고, 우주를 여행하는 등 교실을 벗어나지 않고도 많은 경험을 할 수 있어서 "스쿨버스가 갈 수 없는 곳으로 학생들을 데려간다."라는 이야기도 하고 있다.

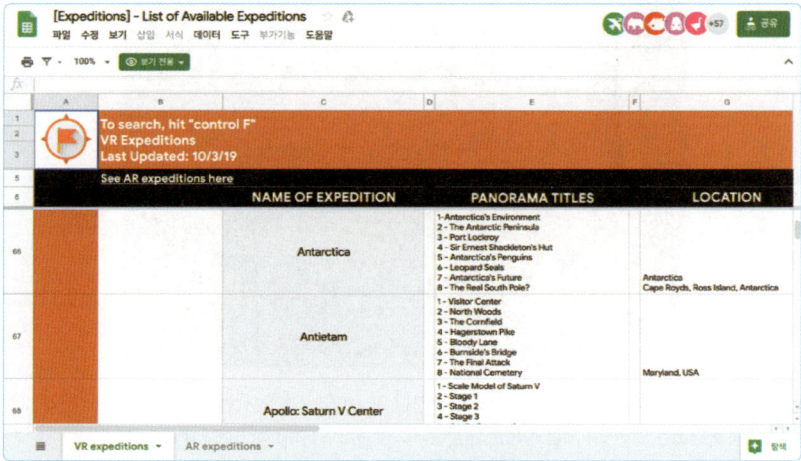

구글 엑스페디션에 업데이트되는 콘텐츠들은 다음과 같이 구글 스프레드시트에 계속 정리되고 있다. 아래쪽 탭을 이용해 VR과 AR 콘텐츠를 확인할 수 있다. [Ctrl]+[F]를 누르고 키워드를 검색하면 바로 찾을 수 있다. 단축 주소를 생성하였으니 저장해 두고 VR, AR 리스트를 확인해 보자(http://bit.ly/vrarlist).

1. 구글 카드보드

구글 VR을 체험하기 위해서는 눈을 덮을 수 있는 형태의 헤드셋이 필수이다. 대부분의 고가 장비와는 달리, 구글은 교실에서 많은 학생에게 제공할 수 있는 마분지 형태의 장비를 도면으로 제공하고 있다. 장비는 온/오프라인 마켓에서 아주 저렴한 가격으로 구입할 수 있다. 2014년 구글 I/O 개발자 회의에서 프랑스의 구글 엔지니어인 데이비드 코즈(David Coz)와 데미안 헨리(Damien Henry)가 20% 프로젝트를 통해 나온 결과물로 발표하였다. 당시 참석자들에게 모두 제공해서 직접 체험할 수 있도록 해 주었다고 한다.

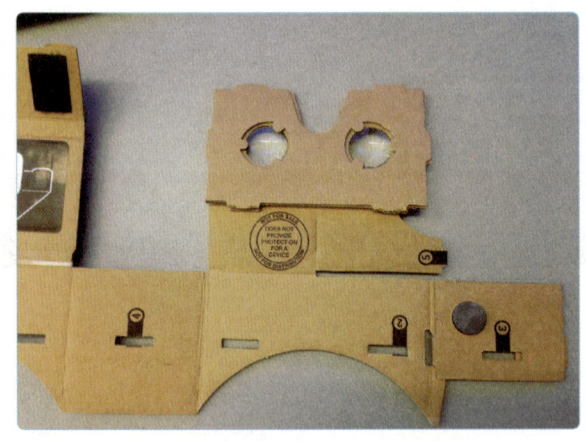

미조립 상태의 구글 카드보드. 아주 간단하게 조립한 뒤 스마트폰을 넣으면 머리의 움직임에 따라 360도 환경을 둘러보는 멋진 VR 체험 장비로 변신한다(그림 출처: By Runner1928 - Own work, CC BY-SA 4.0, https://commons.wikimedia.org/w/index.php?curid=34835357).

기본적으로는 카드보드만으로도 충분히 사용할 수 있지만, 이보다 더 높은 해상도를 원하거나 단순하게 보는 것이 아니라 좀 더 정밀한 상호작용과 조절을 원하는 경우 컨트롤러까지 달린 데이드림을 구입할 수 있다(자세한 정보는 https://arvr.google.com/intl/ko_kr/cardboard/). 하지만 안타깝게도 구글은 최근 이 장비의 지원과 추가 개발을 중단한 상태이다.

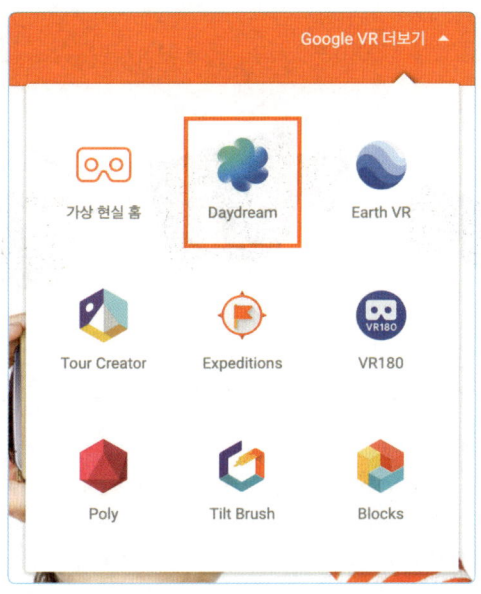

구글 VR 홈페이지에서는 관련된 프로젝트로 데이드림을 표시하고 있지만, 최근 기사에 따르면 구글은 더 이상 장비를 판매하지 않을 것이라 한다[1].

다행히 구글 카드보드만큼은 계속 진화를 거듭하여 초창기 버전보다 더 좋은 해상도와 디자인, 내구성(기존 마분지 형태는 몇 번 사용하면 얼굴의 기름이 마분지에 흡수되어 학생들의 위생 측면에서 문제 될 수 있다)을 가진 장비들이 판매되기 시작했다.

---

1 https://www.theverge.com/2019/10/15/20915609/google-pixel-4-no-daydream-support-view-vr-headset-discontinued

구글 카드보드 홈페이지에서 판매되는 기존 카드보드보다 더욱 개선된 장비들을 구입할 수 있다.

그렇다면 이 장비로 과연 어떤 콘텐츠를 볼 수 있을까?

- 유튜브의 영상 중 VR 아이콘이 붙은 것
- 엑스페디션 콘텐츠 중 VR 자료들(http://bit.ly/vrarlist)
- 투어 크리에이터로 직접 만든 VR 자료들(이후에 설명)

우선 유튜브 영상을 검색할 때 찾고자 하는 지역 명소 키워드와 함께 'VR' 내지는 '360'을 함께 검색하면 VR로 볼 수 있는 영상이 다음과 같이 검색된다.

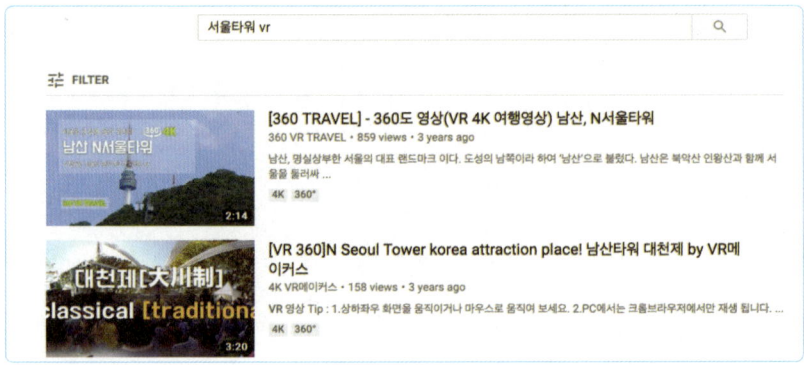

영상 제목 아래 작은 아이콘으로 '4K', '360°'라 표시되어 있다. 영상이 매우 높은 해상도로 VR의 형태로 제공된다는 뜻이다.

영상을 클릭하여 재생하면 데스크톱 버전과 모바일 디바이스 버전으로 나뉘어 반응한다. 우선 데스크톱은 머리에 쓸 수 없는 한계 때문에 VR을 제대로 구현하기 어렵다. 단 마우스를 이용해서 화면을 드래그하여 360°로 돌려볼 수 있다.

데스크톱에서 360° VR 영상을 재생하면 화면 왼쪽 상단에 화살표 버튼(　)이 나온다. 이는 화면을 드래그하여 사방을 둘러볼 수 있다는 뜻이다. 마우스로 화면상에서 드래그하거나 화살표 버튼을 눌러서 뷰를 조절할 수 있다.

모바일 디바이스에서 360° 영상을 시청하면 카드보드 형태의 작은 아이콘이 나오는데, 바로 카드보드를 통해서 감상할 수 있다는 뜻이다(단, 이때 반드시 유튜브 앱으로 시청해야 한다. 일반 브라우저에서 영상을 띄우면 VR 기능이 지원되지 않는다!). 이 영상을 재생하면 카드보드가 있는지를 묻고, '그렇다'라고 하면 스마트폰을 카드보드에 넣으라는 지시가 나온다. 이후 디바이스 화면에는 2개의 영상이 좌우로 갈려서 나오는데 예전에 매직아이라는 그림을 많이 보았다면 익숙할, 좌우 안구를 통해서 보는 이미지를 겹쳐 봄으로써 360°의 이미지를 보는 방식이 시작된다.

모바일 디바이스에서는 영상이 좌우로 나뉘어 나온다. 카드보드를 통해 좌우 안구로 서로 다른 영상을 보면서 깊이감을 느끼고 머리를 움직임에 따라 주변을 둘러볼 수 있다.

카드보드조차 구할 수가 없는 상황이라면 어린 시절 동화책 뒤에서 가끔 발견할 수 있던 종이 선글라스(좌우 색이 빨간색, 파란색으로 된)를 통해 입체로 보던 이미지를 유튜브에서도 동일하게 적용할 수 있다. 바로 이것이 '애너글리프(anaglyph)'라는 방식인데 유튜브에서 이 키워드로 검색하면 꽤 많은 영상이 제공되고 있다.

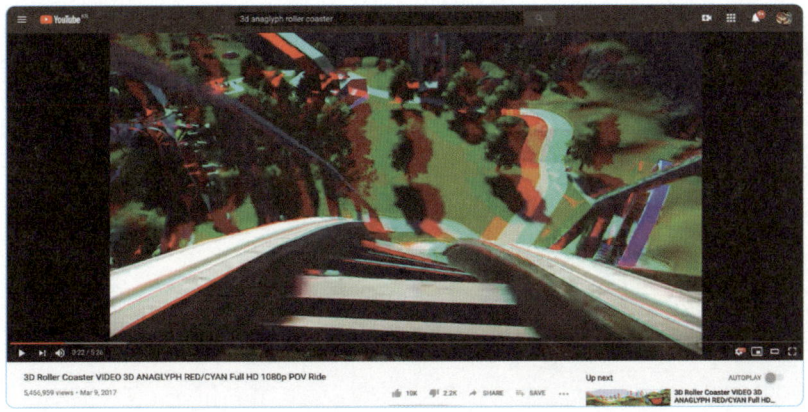

유튜브에서 'anaglyph roller coaster'를 검색했다. 2개의 이미지가 살짝 어긋난 영상이 재생된다. 이때 3D 종이 선글라스를 이용해서 시청하면 나름대로 입체감을 가진 영상으로 시청할 수 있다.

필자는 학생들에게 수술 강의를 시작하기 전에 수술방 환경을 먼저 소개하는데 사실 70여 명의 학생을 수술방에 직접 데려갈 수 있다면 가장 좋겠지만 현실적으로 불가능하다. 이에 한 학기에 딱 한 번, 카드보드를 제공해 주고 직접 수술방을 가는 것과 비슷한 VR 체험을 제공하고 있다. 이를 위해서는 수술방을 미리 촬영해서 그 영상을 학생들이 볼 수 있도록 만들어야 하는데 360 카메라와 유튜브를 이용하면 매우 손쉽게 해결된다.

필자가 사용하는 것은 삼성 360 카메라 2세대로서 20만 원대 미만의 가격으로 살 수 있다. 최근에는 이 장비 외에도 다양한 360 VR 카메라가 나오고 있어서 선택의 폭이 넓어졌다. 이 카메라를 들고 다니면서 적절한 음성 코멘트와 함께 일정 시간 이상 촬영한 뒤, 그 영상을 그대로 추출하여 유튜브에 업로드하면 유튜브에서 '스티칭'이라는 절차를 통해 360° 영상을 말 그대로 꿰매어 제공해 준다(약간의 시간이 소요됨). 이후 카드보드 장비를 이용해 머리에 쓰거나 데스크톱을 통해 마우스로 VR을 체험할 수 있다.

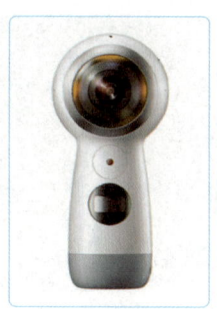

삼성 360 카메라 2세대

2. 구글 AR

구글의 VR은 유튜브 앱을 통해서도 볼 수 있지만, AR은 반드시 구글의 엑스페디션 앱이 필요하다. 구글 플레이스토어와 애플의 앱스토어에서 앱을 다운받자. 기본적으로 스마트 디바이스를 들고 현실 세계에서 감상해야 하는 것이므로 디바이스가 너무 크거나 무거우면 학생들이 사용하기에 어려울 것이다.

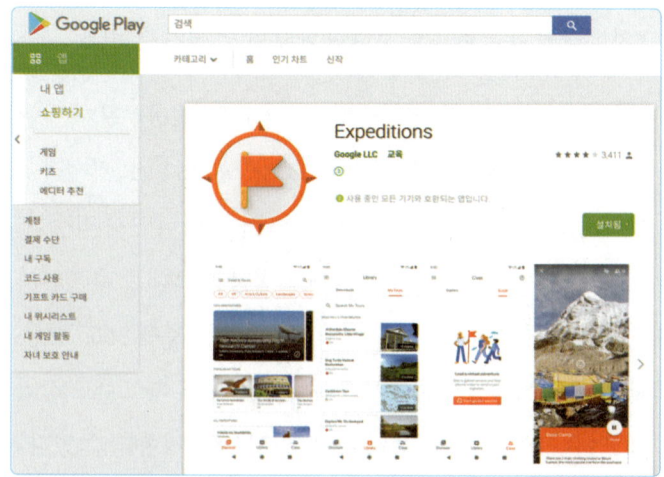

구글 플레이스토어에서 구글 엑스페디션 앱을 다운받을 수 있다.

다운받은 앱을 구동하면 구글 계정으로 로그인할 수 있다. 로그인하면, 학생들을 인솔하여 가상의 현장학습을 떠나는 기능을 사용할 수 있다. 우선은 로그인하지 않고 어서 AR을 체험해 보도록 하자.

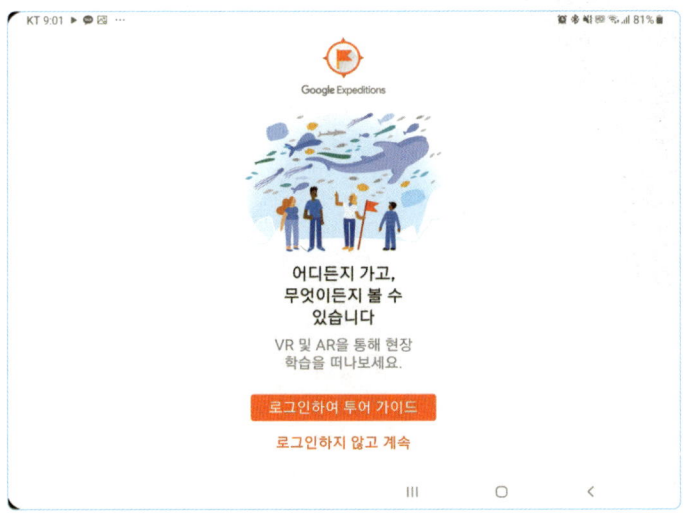

구글 엑스페디션 앱의 첫 화면

학생들의 경우에는 주변 와이파이를 이용해, 투어에 참여할 수 있다. 대한민국 공교육 현장에서는 아쉽게도 와이파이가 교실에 원활하게 공급되는 경우가 많지 않아서 이 도구를 활용하기 위해 교사가 직접 개인 스마트폰을 이용해 테더링을 통해 인터넷을 제공하는 경우도 있다고 한다. 각 시도교육청마다 정책이 다르고 환경이 다르기 때문에 아쉽지만 이 부분은 각자가 스스로 해결할 수밖에 없을 듯하다.

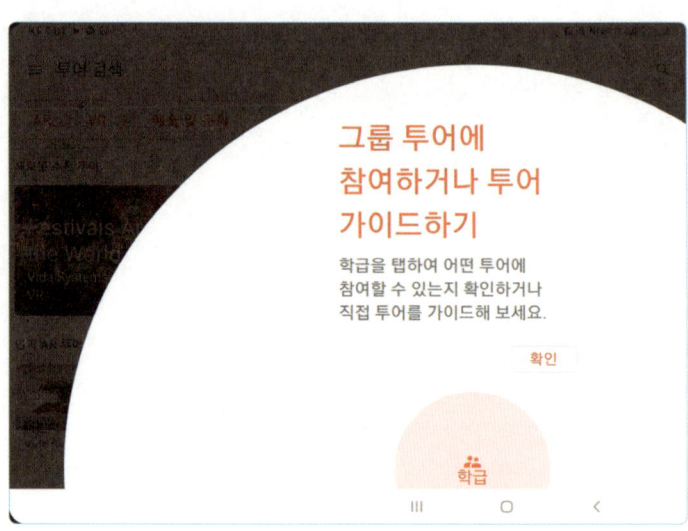

앱 구동 후 그룹 투어에 참여하거나 투어를 가이드할 수 있음을 설명해 주고 있다. [학급] 버튼을 통해 이 기능을 활용할 수 있다.

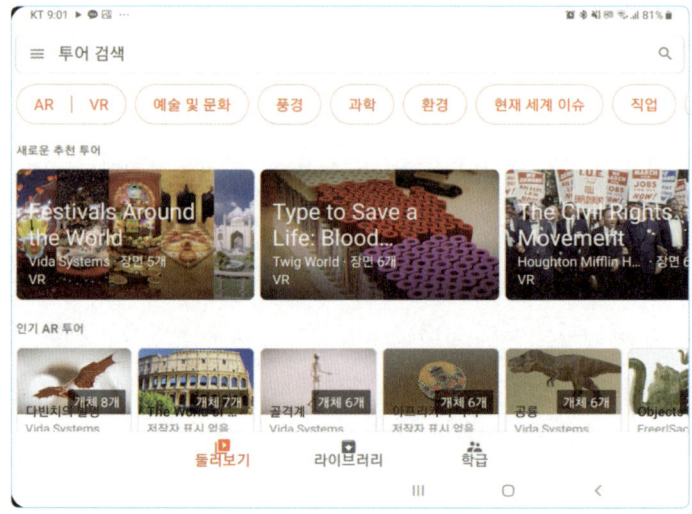

방대한 AR, VR 콘텐츠가 수집되어 있다. VR은 우리가 갈 수 없는 공간 속으로 학생들을 데려가는 것이라 보면 되고, AR은 우리가 만질 수 없거나 위에서 내려다볼 수 없는 것을 책상이나 손바닥 위에 올려놓는 것이라 보면 된다.

A. 구글 엑스페디션, #lovewhereyoulive

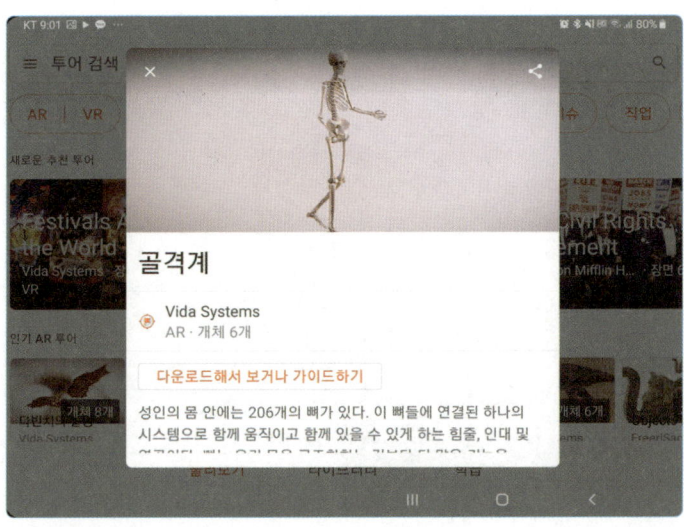

과학실에서 흔히 볼 수 있는 인체 골격 모델을 AR로 체험해 보자. 직접 만져보는 것만 하지는 않지만, 그래도 큰 비용 들이지 않고 손쉽게 볼 수 있다는 장점이 있다. 미리 한글 설명이 준비되어 있어 교사에게 큰 편리함을 제공한다.

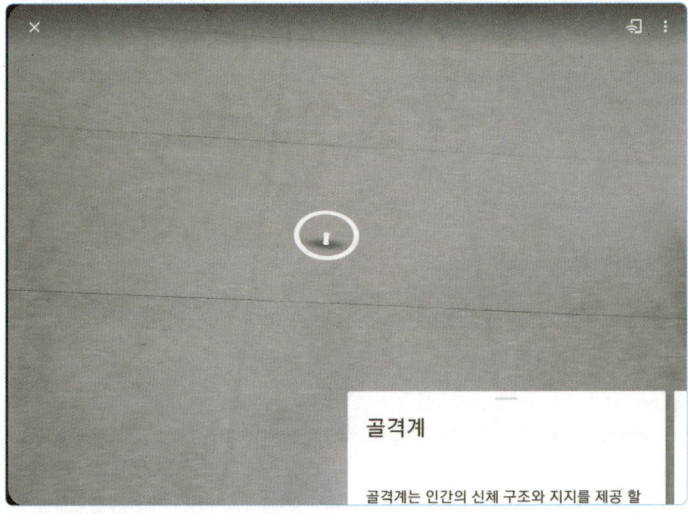

우선, 넓은 평면을 스캔한다. 바닥을 스캔해 보았다.

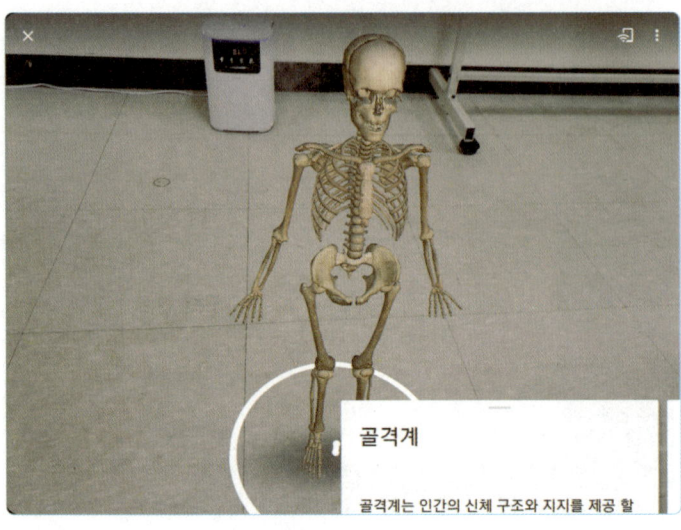

거대한 인체 골격이 갑자기 필자의 연구실에 나타났다. 손가락 두 개를 이용해 크기를 줄여 보았다.

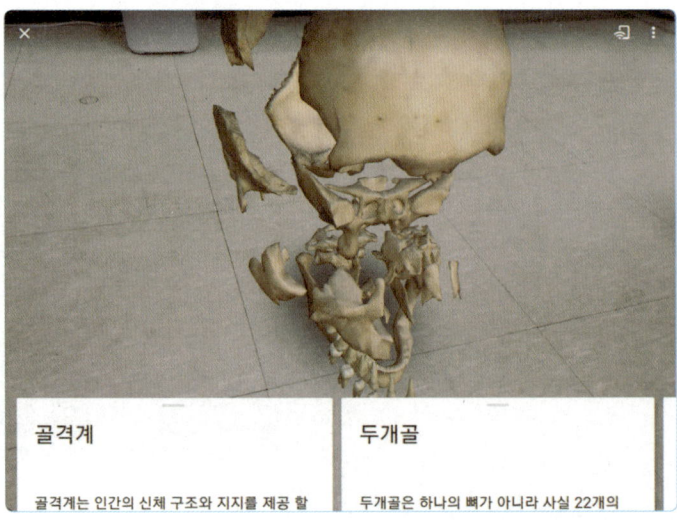

화면 오른쪽 하단에 줄지어져 있는 카드를 선택하면 관련 이미지와 설명들이 제시된다. 애니메이션도 구현되어 있어 재미있게 볼 수 있다. 무엇보다 스마트폰을 가깝게, 멀게 함에 따라 등장한 두개골도 가까워졌다, 멀어졌다 한다. 대단한 기술이다.

A. 구글 엑스페디션, #lovewhereyoulive

[학급] 버튼을 눌러 학생들에게 골격계 관련 투어를 진행해 보려 한다. 중요한 것은 학생들 디바이스와 동일한 와이파이에 접속해 있어야 한다는 것이다.

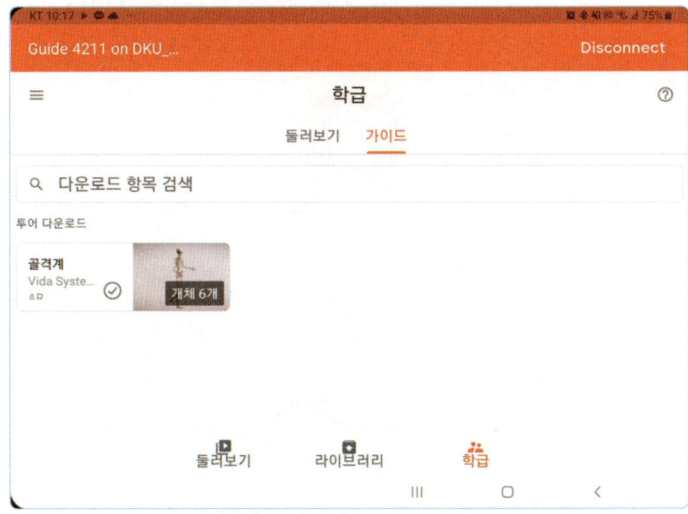

[학급]에 들어가 이전에 다운받은 골격계 수업을 선택하고 현장학습을 시작한다.

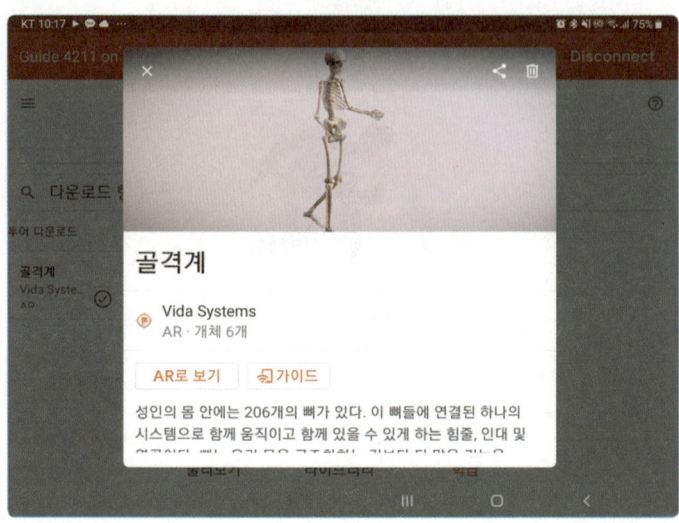

[가이드] 버튼을 클릭하면 학생들에게 수업 자료를 송출할 수 있다.

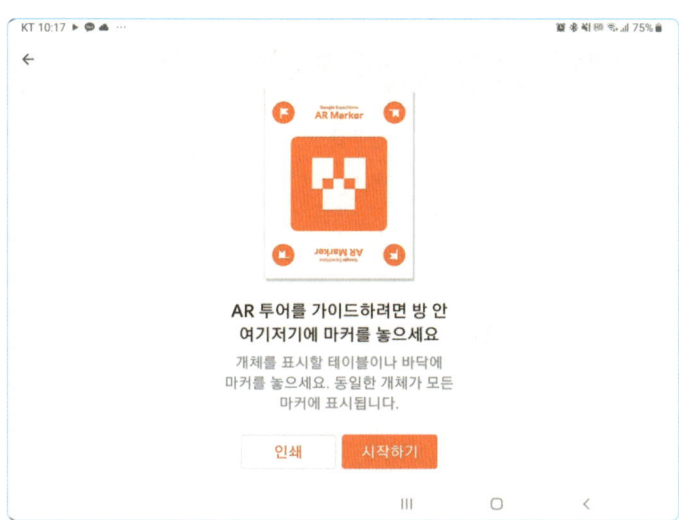

만일 이번 학습이 처음이라면 AR 마커 인쇄본이 필요할 것이다. [인쇄] 버튼을 눌러 PDF 파일을 다운받고 이를 여러 장 출력하도록 하자.

A4 용지로 이러한 마커를 여러 장 출력하고 각 2m씩의 거리를 두고 교실 내에 비치하면 학생들은 각각 흩어져서 동일한 콘텐츠를 동시에 직접 돌려 보고 확대하며 만끽할 수 있다. 물론 교사의 디바이스를 통해 이 콘텐츠를 일괄 조절할 수 있다.

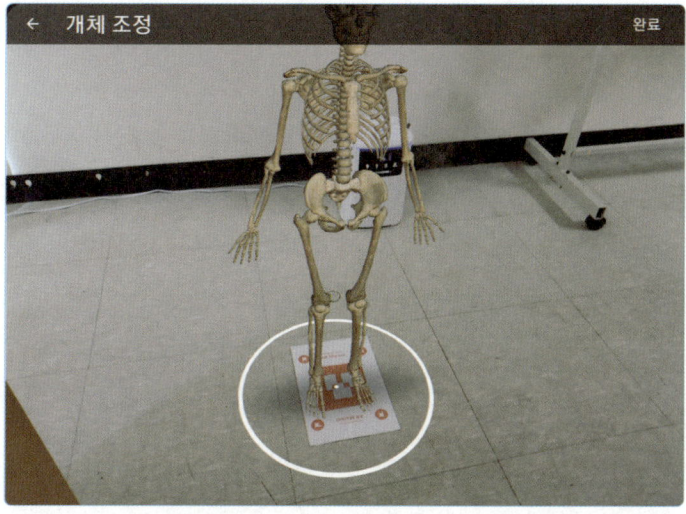

마커 위에 골격계 AR 콘텐츠가 정확하게 위치한다. 카메라가 마커를 인식하기 때문이다.

교사가 [시작] 버튼을 누르면 학생들에게는 선택한 콘텐츠가 제시된다. 예를 들어 지금은 모두가 전체 골격을 보고 있지만 교사가 두개골 카드의 [시작] 버튼을 누르면 일괄적으로 두개골 이미지로 바뀌게 된다. 학생들을 인솔하고 주의를 집중시키는 것이 물리적인 현장학습과 크게 다를 바 없다.

3. 투어 크리에이터

구글 엑스페디션의 마지막 요소로 투어 크리에이터를 소개하고자 한다. 사실 이 도구는 철저히 유저, 즉 교사들의 수요에 의해 만들어진 도구이다. 처음 구글 엑스페디션이 등장했을 때 전 세계의 많은 교사가 방대한 콘텐츠를 이용해 교실에서 다양한 활동을 할 수 있을 것으로 기대하고 열광했었다. 하지만 콘텐츠를 구글에서 제작하여 업로드하고 배포하는 식이다 보니 그 속도나 양은 물론 무엇보다 자신이 가르쳐야 할 부분에 대한 콘텐츠는 부족한 경우가 태반이었다. 그러다 보니 투어 크리에이터 베타 프로젝트를 진행하면서 절대다수(필자도 포함)의 교사가 우리의 힘으로 콘텐츠를 만들어 올리는 플랫폼을 제공해 달라고 요구했다. 시간이 흘렀고 드디어 구글에서 '투어 크리에이터'라는 이름으로 플랫폼을 제공해 주었다. 앞서 언급한 투어 빌더와는 전혀 다른 도구임을 명심해야 한다.

투어 크리에이터(https://arvr.google.com/tourcreator/)를 사용하면 그 누구나 VR 투어를 만들 수 있다. 템플릿, 스트리트 뷰, 360°이미지 컬렉션에서 제공되는 이미지를 사용한 다음 세부 정보, 오디오 파일을 추가하거나 관심 가는 장소를 강조 표시하여 완벽한 투어를 만들 수 있다. 무엇보다 따로 프로그램을 설치하는 것이 아니라 크롬 브라우저 안에서 구동되는 웹 기반이기 때문에 가볍고 편리하고 로그인만 된다면 언제 어디서나 작업할 수 있다.

일단 투어를 만들기 위해서는 카메라가 필요한데 시중에 판매하는 360 카메라를 사용하여 투어에 사용할 파노라마 포토 스피어를 만들 수 있으며 처음에 사진을 업로드하는 것이 좀 생소할 수 있으니 약간의 시행착오가 필요할 수 있다. 이미지는 JPEG 또는 PNG 파일만 사용 가능하며 파일 크기는 현재 2MB를 초과할 수 없다.

투어 크리에이터에서 사용할 수 있는 카메라는 다음과 같다.

- 리코 테타 S
- 리코 테타 V
- 리코 테타 SC
- 엘지 360 카메라
- 샤오미 미 스피어360
- 인스타360 one
- 삼성 기어 360
- 구글 카드보드 카메라

만일 360 카메라가 없는 경우에는 구글 카드보드 카메라 앱으로 찍은 VR 사진도 투어 크리에이터에서 사용할 수 있는데, 대신 이 앱은 위아래가 잘린 수평면만 나온다는 한계가 있음을 이해하자.

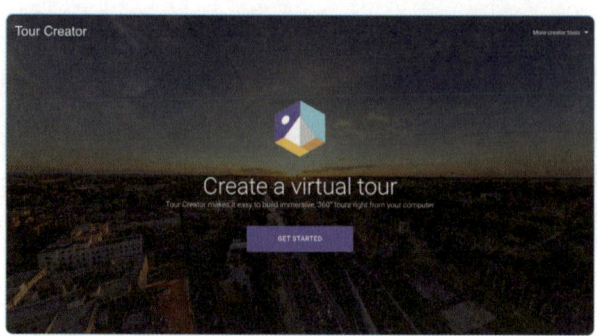

투어 크리에이터 초기 화면

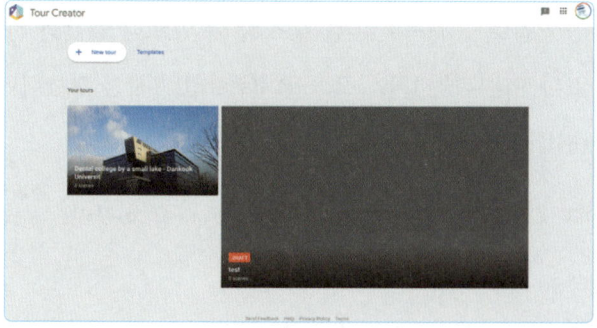

투어 크리에이터 접속 시 기존에 만들어 둔 투어와 현재 '드래프트' 상태로 작업 중인 프로젝트가 제시된다.

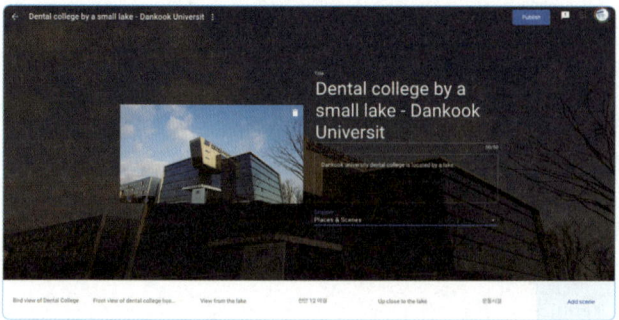

프로젝트의 이름과 세부 사항을 입력한다. 프로젝트의 성격에 따라 동물, 건축, 예술, 문화, 이벤트, 식음료, 가구, 역사, 사물, 사람들, 장소, 과학, 운동, 기술, 교통, 여행, 기타 등으로 분류할 수 있다.

A. 구글 엑스페디션, #lovewhereyoulive

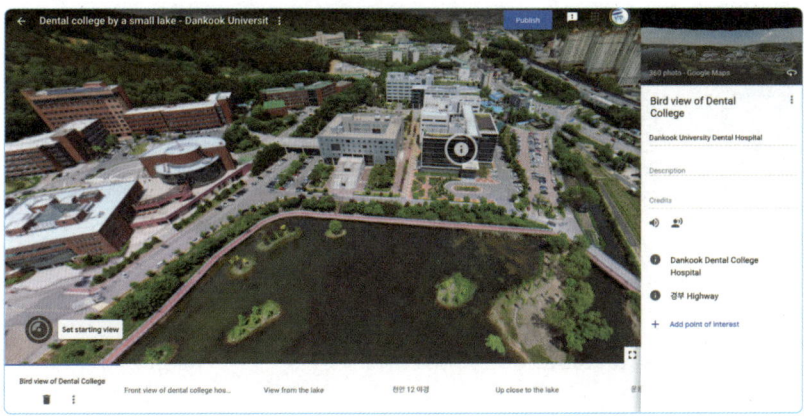

필자의 학교의 풍경을 첫 번째 이미지로 선택했다. 이 조망도는 직접 찍은 것이 아니라 구글 지도에 올라간 그림을 선택한 것이다. 직접 찍지 않은 이미지일지라도 이렇게 손쉽게 끌어와서 쓸 수 있다는 것이 또 하나의 장점이다.

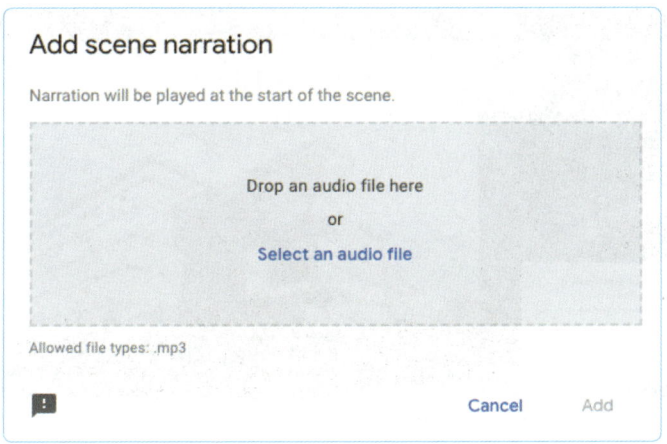

오른쪽의 사람 모양 아이콘( )을 클릭하면 mp3 파일 형태로 주변 소음과 내레이션을 입력할 수 있다. 단순하게 풍경만 보는 것이 아니라 이 장면과 관련된 설명도 들을 수 있는 것이다.

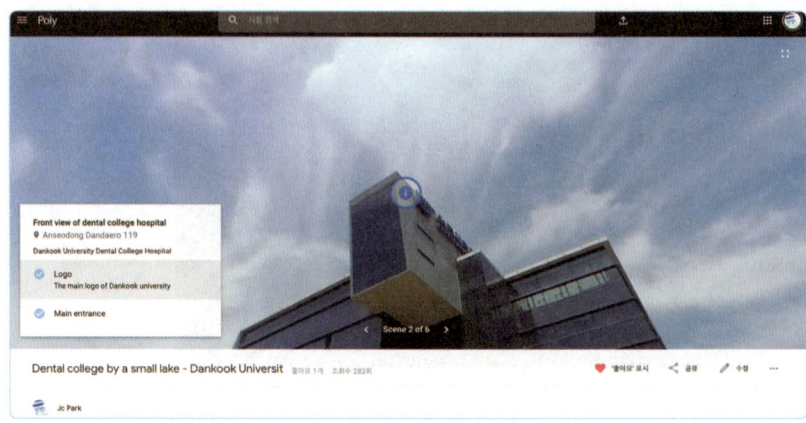

그림 중 특정 주요 부위를 클릭하여 관심 부위라고 설정하면 이 부분에 추가 설명 및 이미지를 별도로 넣을 수 있다. 단순하게 360˚ 풍경을 보여주는 데 그치지 않고 요소요소 자세하게 설명할 수 있다는 장점이 있다.

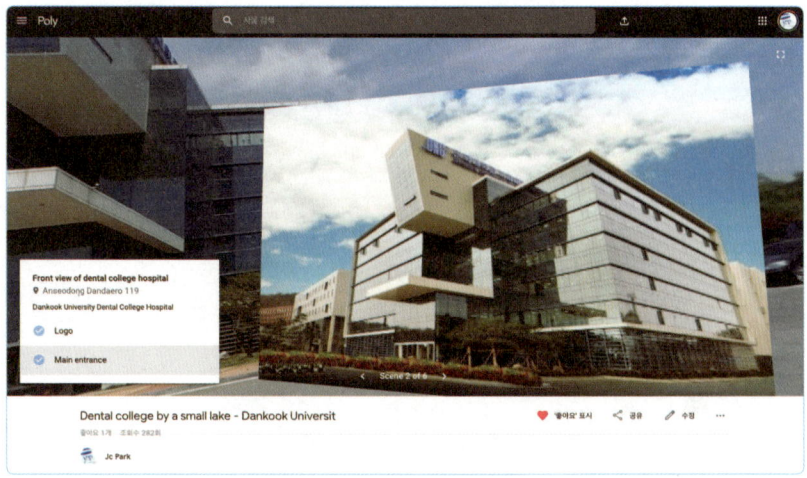

병원 정문에 관심 부위를 선택하고 그림을 하나 추가해 보았다. 360˚ 이미지에서 그림이 공중에 떠 있는 것처럼 제시된다.

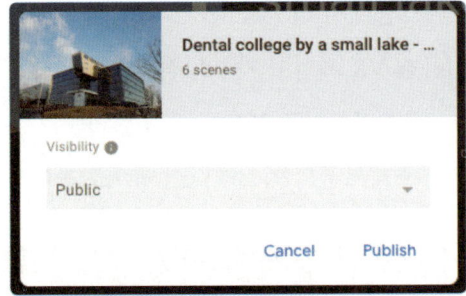

마지막으로 [Publish]를 눌러 발행한다. 이때 공개/비공개를 선택할 수 있다.

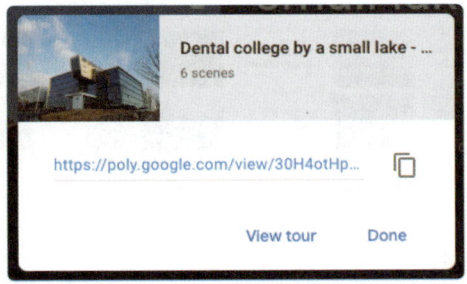

만든 링크 주소를 바로 복사할 수 있고 투어를 확인할 수도 있다.

만든 투어를 누구나 확인할 수 있다.

기본적으로는 데스크톱에서 확인할 수 있지만, 스마트폰을 이용하면 엑스페디션 앱을 이용해 VR 체험이 가능해진다(필자가 만든 시험물의 결과는 http://bit.ly/polytestlink에서 확인할 수 있다.). 많은 사용자가 원한 대로 이루어진 것이다. 이번에는 스마트폰의 엑스페디션 앱으로 들어가 확인해 보겠다.

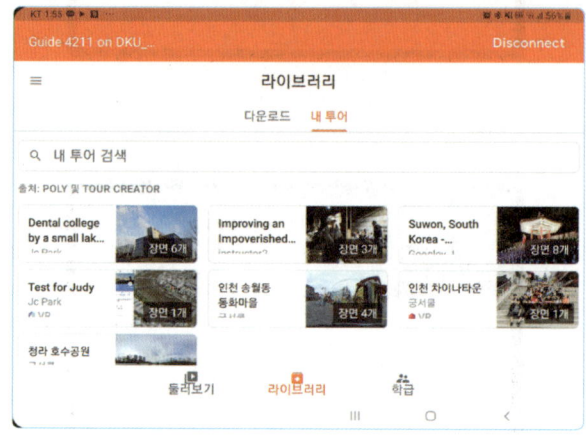

스마트폰 엑스페디션 앱에서 [라이브러리]를 통해 확인한 투어의 모습. 필자가 생성한 'Dental college by a small lake..'가 보인다.

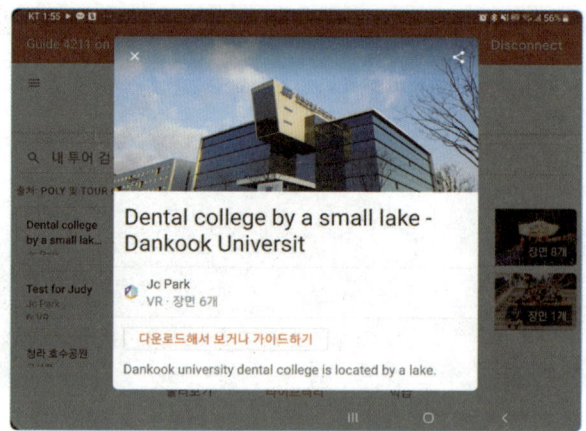

장면이 6개로 구성된 투어임을 알 수 있다. [다운로드해서 보거나 가이드하기]를 클릭한다.

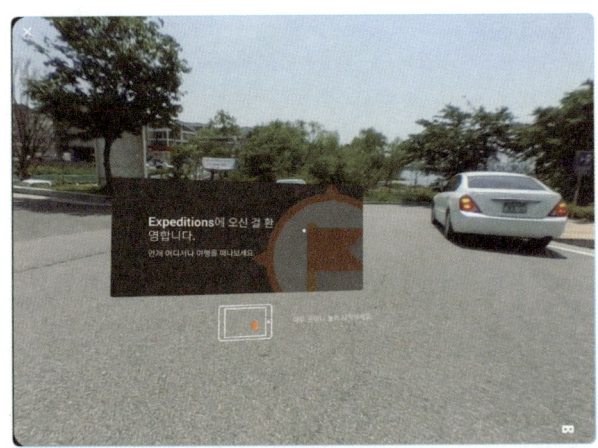

다운로드 후 VR 체험을 시작할 수 있다.

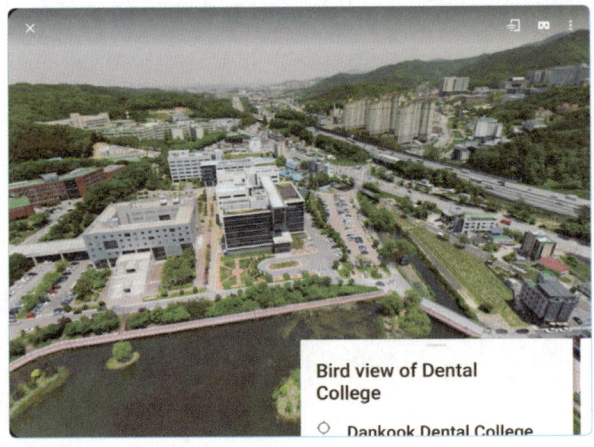

카드를 통해 전체 장면도 살펴볼 수 있다. 카드보드가 구비되어 있다면 아이콘( )을 클릭하고 헤드셋을 이용해 머리에 쓰고 VR 체험도 가능하다.

B. 바이오 블리츠

구글 엑스페디션과 함께 활용할 수 있는 활동으로 바이오 블리츠(BioBlitz)를 짧게 소개한다. 도구가 아무리 좋아도 결국은 이를 통해 무엇을 보고자 하는 것인가가 중요하기 때문이다. 바이오 블리츠는 구글의 도구는 아니다.

바이오 블리츠는 특정 지역 내의 모든 살아있는 생명체를 기록하기 위해 과학자, 자연 보호주의자 및 자원봉사자 그룹들이 일정 기간(보통 24시간) 동안 집중적인 현장 조사를 시행하는 것을 의미한다. 이러한 행사에는 대중이 생물 다양성에 관심을 두게 하는 것을 목표로 하려는 의도가 종종 있고, 대중 참여를 장려하기 위해 바이오 블리츠는 대개 도시와 가까운 도심 공원이나 자연 보호 구역에서 개최하지만, 학교 현장에서는 학교 뒷산이나 학교 내의 정원 등에서도 충분히 시행할 수 있다.

'바이오 블리츠'라는 용어는 미국 국립 공원 서비스의 생태학자 수잔 루디 박사가 처음 행사를 돕는 동안 이름을 지은 것으로 알려져 있다. 최초의 바이오 블리츠는 워싱턴 DC의 케닐 워스 수생 정원에서 1996년에 개최되었는데, 이 행사에서 무려 약 1,000종의 생명이 확인되었다고 한다. 당시 행사에는 다양한 언론 매체가 초대되었고, 그 덕분에 이후 전 세계 많은 조직에서 이러한 유사한 행사들이 널리 개최되게 되었다.

바이오 블리츠는 전통적인 과학 분야 연구와는 다른 기회와 장점이 있는데, 그 내용은 다음과 같다.

- **즐거움**: 고도로 구조화되고 측정된 현장 조사 대신, 이런 종류의 행사는 축제의 분위기를 가지고 있어서 흥겹게 진행할 수 있다. 짧은 시간의 검색일수록 더욱 흥미진진하다.

- **지역**: 생물 다양성의 개념은 산호초 또는 열대 우림과 주로 관련이 있다 보니 대중들은 주변에도 많은 생태계가 존재한다는 사실을 대부분 잊고 산다. 대중에게 주변 자연환경을 방문할 기회를 제공하고 지역 공원 내부에도 생물 다양성이 있으며 이를 보존하는 것이 중요하다는 사실을 알려 주는 기회로 작용할 수 있다.
- **과학**: 이 1일간의 이벤트는 일부 종의 그룹에 대한 기본 분류 정보를 실제로 수집하기 때문에 학문적 발전에 기여할 수 있다.
- **과학자와의 만남**: 바이오 블리츠는 학생들에게 실제 현장의 과학자를 만나 질문을 하도록 권장하는 기회를 주며 이를 통해 꿈을 키우는 학생들도 생길 수 있다.
- **희귀하고 독특한 종, 그룹 식별**: 자원봉사자와 과학자가 함께 작업할 때, 보호 및 관리를 위해 드물거나 특별한 서식지를 탐험할 수 있으며 경우에 따라 희귀종이 밝혀지기도 한다고 한다.

바이오 블리츠에는 기본적으로 과학, 교육, 커뮤니티, 경우에 따라 경쟁이라는 네 가지 측면이 존재하는데, 이러한 요소들을 잘 버무리면 학생들과 함께 '버그 블리츠'와 같은 교육이 가능하다(https://blog.nationalgeographic.org/2017/03/05/how-to-organize-a-junior-bug-blitz/ 에서 주니어 버그 블리츠 행사의 노하우를 소개하고 있으니 관심이 있다면 읽길 바란다). 버그 블리츠 교육을 요약하자면 다음과 같다.

학생들에게 10개의 용기를 제공한다. 플라스틱이나 유리로 된 통에 뚜껑만 있으면 되고 굳이 재료가 없다면 투명 샌드위치 봉지도 충분하다. 30분 동안 정원을 다니면서 수집한다.

1. 한 용기에는 한 마리의 '무척추동물'을 넣는다. 척추가 있으면 안 된다.
2. 다른 친구와 동일한 종의 곤충을 수집했다면 두 명 중 한 명은 포기해야 한다. 이것은 팀 활동이다. 적절한 협조가 필수적이다.
3. 이미 열 마리의 곤충을 수집했는데 더욱 신기한 곤충을 찾았다면 덜 흥미로운 곤충을 풀어 주어야 한다.

이렇게 30명의 학생이 수집을 마쳤다면 교사에게는 300개의 샘플이 남는데 이 용기들을 저온의 아이스 박스 등에 보관하면 곤충들의 움직임이 현저히 떨어진다. 뚜껑을 열었을 때 날아가거나 뛰어갈 확률이 줄어들어, 곤충의 사진을 찍기 편하고 이후에는 곤충을 풀어 준다.

이 데이터를 'iNaturalist.org' 사이트에 올린다. 현재 16만 개의 관찰 기록들이 올라간 방대한 데이터 뱅크이다. 이러한 활동을 통해 학생들은 생명 다양성에 대해 인지하고 거주 지역이 단순한 아스팔트 위의 학교나 아파트가 아닌 지구라는 거대한 자연에 존재하는 것을 깨닫게 될 것이다. 지구에는 우리만 사는 것이 아니다. 학생들에게 이런 큰 생각을 전해주는 교육이 되기를 희망해 본다.

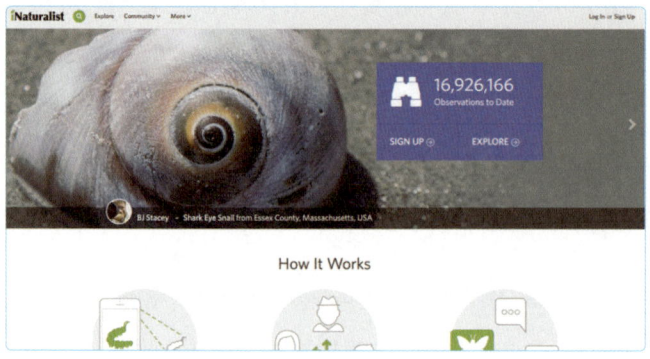

버그 블리츠 행사 후 생명체를 보고하는 사이트 iNaturalist

C. 구글 로컬 가이드

지역 사회에 대한 관심과 활동에 대해 학생들에게 교육한다면 게임적인 요소를 가미하는 것도 좋을 것이다. 하지만 이러한 것을 직접 하는 것은 쉬운 일이 아니기에 '이미 만들어진 게임 요소를 활용하면 좋을 텐데'하고 생각

C. 구글 로컬 가이드

하는 교육자들에게 바로 지역 가이드(Google Local Guide, https://maps.google.com/localguides)를 추천한다.

구글 로컬 가이드란 구글 지도에 리뷰를 작성하고 사진을 공유하고, 지역에 대한 질문에 답변하고, 장소를 추가 또는 수정하고, 사실관계를 확인하는 탐험가들이 모인 글로벌 커뮤니티로서 순수하게 자발적으로 지도에 자신들의 노력과 시간을 투자하는 플랫폼이다. 가이드들은 실제로 사용하는 사용자들이 세상을 더 쉽고 맛있고 즐겁게 경험하는 데 도움이 되는 리뷰를 작성하고 사진을 게시하며 사실을 수집한다. 이러한 노력을 통해 얻어지는 배지는 현장에 전문 지식을 보유하고 있으며 전 세계의 사용자들에게 자신의 일상적인 경험 공유를 위해 최선을 다한다는 것을 나타낸다. 반드시 맛보아야 하는 요리 사진 촬영부터 중소업체의 정보 추가에 이르기까지 지역 가이드는 주민과 여행자를 아우르는 다양한 사람들을 둘러싼 이야기를 수집하여 제공함으로써 주변 장소에 대한 이해를 돕는다. 이 정보의 완벽성을 기하기 위해 가이드들이 정보를 올릴 때, 구글은 아주 세심하게 지침을 제공하고 있는데 이는 다음과 같다.

섬세한 리뷰 및 팁 공유

세부 사항에 표시되는 내용입니다. 항상 장소와 경험에 관한 중요한 정보를 포함합니다. '좋습니다', '멋지네요', '음'과 같이 모호하고 일반적이며 반복적인 설명은 하지 않습니다. 설정, 디자인, 분위기, 장단점, 관련 세부 사항 등을 설명하세요.

- 레스토랑, 카페 및 바: 주문한 식음료를 올려주시고 추천하거나 피할 요리를 알려주세요.
- 상점: 선택 제품, 가격대, 서비스, 그리고 이를 좋아하는 고객 유형을 설명해 주세요.
- 리뷰를 복제하여 모든 장소에 업로드하는 지역 가이드는 프로그램에서 삭제됩니다.

> **위치를 명확하고 정확하게 나타내는 사진 촬영**
>
> 사진은 장소에 대한 이야기를 전달하는 데 효과적입니다. 이를 위해서는 이미지가 관련성이 있어야 하고 초점이 맞아야 합니다. 가장 멋진 사진을 업로드하기 전에 자연 채광을 활용하고 다양한 각도에서 촬영해 보세요. 건물의 전체 외관을 보여주는 가로 사진이나 위에서 촬영한 레스토랑 사진과 같이 피사체 전체를 캡처할 정도로 축소하는 것이 도움이 됩니다. 또한 다른 사람들의 개인 정보를 존중하고 허가를 요청하세요. 학교 및 병원과 같은 장소에서 사람들의 신원을 확인할 수 있는 이미지는 촬영하지 마세요.
>
> 어둡고 흐리며 중복된 사진은 삭제됩니다. 전체 위치로 사진을 복제하거나 저작권을 침해하는 이미지를 게시하는 사용자는 삭제됩니다.
>
> **신뢰 확보**
>
> 실제 경험과 정보를 기반으로 참여해야 합니다. 의도적으로 위조한 수정본, 복사본 또는 도난본, 주제를 벗어난 답변, 명예를 훼손하는 언어, 인식 공격, 불필요하거나 잘못된 수정 등은 모두 Google의 정책을 위반하는 것입니다. 이러한 행동이 보이면 신고하세요. 이러한 신뢰를 악용하는 사용자는 지역 가이드 프로그램에서 삭제됩니다.

이러한 활동을 열심히 수행함에 따라 가이드는 점수를 받게 되는데 여기서 레벨이 부여되고 이 레벨이 가끔씩 구글 본사로 초대되는 근거가 되기도 한다. 바로 로컬 가이드 커넥트 라이브라는 행사인데 localguidesconnect.com에서 이벤트가 종종 공개되니 수시로 확인해 보자. 이 행사에 초대되면 모든 경비를 구글이 지원한다. 구글 지도가 정식으로 지원되지 않는 우리나라에서는 선발되는 건 꿈꾸기 힘든 일 같지만 그래도 언젠가는 정식 서비스가 될 것이라 기대해 본다.

D. 구글 어스 아웃리치

초등학교 6학년 사회 수업 시간에 학생들에게 인간과 자연의 관계를 설명하는 수업을 진행하고 있다. '인간은 오랜 시절 자연재해로 큰 피해를 입었지만 이제는 자연을 극복하고 문명을 이루었다'라는 내용은 교과서에 나온 이야기이지만, 이외에도 인간이 만든 변화가 어떻게 자연을 변화시키는지를 직접 보여주고 싶다고 가정하자.

우선 시대별로 자연환경이 변화하는 모습의 자료를 찾고 싶은데 되도록 자연환경이 많이 보이는 자료를 찾고 싶다. 또한, 이러한 환경 변화가 오히려 인간 존재를 위협하는 경우도 있을 수 있겠다는 생각이 들어 이러한 변화를 막거나 조절할 수 있는 장치, 특히 국제적인 공조 단체가 있는지 궁금해졌고 이 내용을 학생들이 스스로 찾아 나갈 수 있으면 좋겠다고 생각했다. 이러한 내용은 바로 구글 어스 아웃리치를 통해 수행할 수 있다.

Chapter 7에서 구글 지도와 구글 어스 등의 지도 정보에 대해서 알아보았는데, 방대한 면적의 지리 정보를 한곳에 모으고 그 위에 레이어로 정보를 누적하고 GPS를 이용해서 사용자의 위치를 표시하는 것이 구글 지도와 구글 어스의 기본적인 기능이라는 것을 이해하게 되었다. 하지만 과연 여기까지가 지도의 전부일까? 그저 길을 찾는 데에만 이 소중한 정보들을 활용하면 너무 아깝지 않을까? 그래서, 구글은 방대한 양의 지리 정보를 수집, 정리한 뒤 이를 사회적으로 활용하는 방법을 고민하기 시작했다.

> *구글 어스 아웃리치는 여러분들이 GEO 도구를 이용해서 인류와 지구를 위한 선한 변화를 만들 수 있도록 돕습니다.*
>
> *- 구글*

바로 2007년 시작된 구글 어스 아웃리치(Google Earth Outreach, https://www.google.com/earth/outreach/)이다. 이 자선 사업을 통해 구글은 다양한 비영리 단체에 목적에 맞는 지리 정보를 제공하기 시작했는데 이 중에는 ARKive,

글로벌 헤리티지 펀드, WaterAid, 세계자연기금 등이 있다. 최근에는 유엔환경계획과도 협력했다.

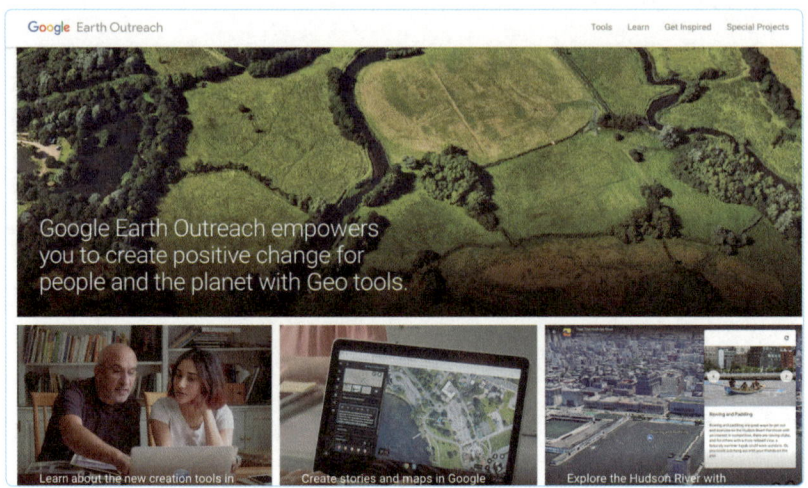

구글 어스 아웃리치 메인 페이지

예를 들면, 유엔환경계획의 주된 임무는 세계의 환경 상황을 모니터링하여 광범위한 국제적 중요성을 지닌 새로운 환경 문제가 관련 국가의 정부로부터 적절한 관심을 받을 수 있도록 하는 것이다. 유엔환경계획은 〈한 행성, 많은 사람, 변화하는 환경의 아틀라스〉라는 책자를 2005년 6월 세계 환경의 날 기념식에서 발표하였으며, 이후 정기적으로 업데이트해서 전 세계의 환경 핫 스팟의 위성 이미지로 제공하고 있다. 현재 유엔환경계획은 아틀라스 사진과 텍스트를 www.uneplive.org에 제공하고 있다.

D. 구글 어스 아웃리치

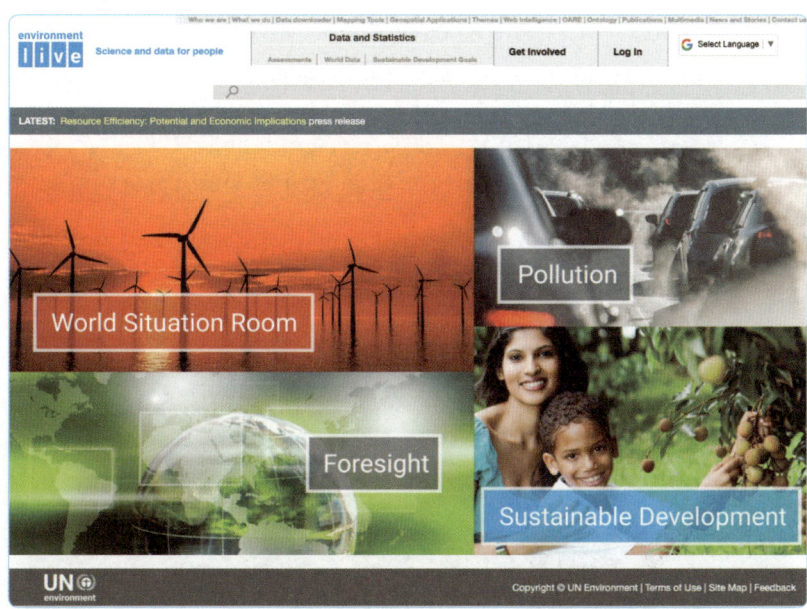

유엔환경계획(UNEP)에서 제공하는 환경 정보 사이트(http://www.uneplive.org/)

이 책자는 사람들이 지구 환경 문제를 파악하고 이해하며 행동하도록 돕는 데 매우 성공적으로 활용되어 왔다. 물 부족, 산림 손실, 생태계 파괴, 생물 종 다양성 손실, 외래 침입종 및 기후 변화와 같은 문제들에 대한 인지는 시간이 오래 걸리기에 정책 입안자와 대중들은 이를 시각적으로 인식하고, 중요성을 인지하기가 매우 어렵다. 하지만 지난 30년 동안 나사(NASA)의 우주선에서 촬영하고 미국 지질 조사국이 배포한 위성 이미지를 통해서 이러한 변화에 시각적 증거를 분명하고 손쉽게 얻을 수 있게 되었다. 책자는 즉각적인 성공을 거두었으며 유엔환경계획의 베스트 셀러이자 가장 수익성 높은 출판물이 되었다고 한다.

유엔환경계획과 구글 간의 파트너십 덕분에 이 귀중한 자료는 현재 5억 명이 넘는 전 세계 독자들에게 제공되고 있다. 2006년 9월 13일, 첫선을 보인 구글 어스에서는 지구의 위성 기반, 컬러, 3D 묘사를 통해 원하는 지역을 자유롭게 확대 관찰할 수 있고, 구글 어스 위에 유엔환경계획의 아틀라스 사진을 중첩함으로써 30년 동안 세계에서 가장 급격히 변화하는 지역 이미지를 많은 사용자가 볼 수 있게 되었다. 또한, 환경 및 천연자원의 변화를 이해하고 이를 통해 정책 입안자와 대중이 원인 요인에 대해 건설적인 조치를 취할 수 있도록 도와주게 되었다. 다음 주소에서 이에 대해 좀 더 자세한 정보를 얻을 수 있다.

URL https://www.google.com/earth/outreach/success-stories/unep-atlas-of-changing-environment

중앙아시아의 아랄 해. 주변 면 농장에 물을 대기 위해 수로를 개설하였는데 50여 년 만에 바다의 크기가 1/4로 줄어버렸다.

1. 활용 도구

구글 어스 아웃리치는 다양한 프로젝트와 관련 도구를 무료로 제공하는데, 도구는 다음과 같다.

- 구글 어스
- 구글 어스 스튜디오
- 구글 어스 엔진
- 구글 내 지도
- 구글 스트리트 뷰
- 변화를 위한 데이터 설루션
- 구글 지도 플랫폼
- 투어 빌더
- 오픈 데이터 키트

또한 많은 구글의 도구와 비슷하게 스스로 학습하고 활용법을 익힐 수 있는 교육 콘텐츠가 제공되는데 구글 어스와 구글 지도를 활용하여 나만의 지도를 만들고 활용하는 기술을 배우는 학습 자료를 볼 수 있다.

> **여기서 잠깐**
>
> 현재 구글에서 제공하는 강의는 다음과 같다.
>
> **구글 어스**
> - Annotating Google Earth (30분)
> - Creating photos & image overlays in Google Earth (30분)
> - Adding legends, logos and banners to Google Earth with screen overlay (20분)
> - Using views and perspectives in Google Earth (10분)

- Creating a narrated tour in Google Earth (30분)
- Importing global positioning systems (GPS) data in Google Earth (20분)
- Importing geographic information systems (GIS) data in Google Earth (20분)
- Storytelling with maps using Tour Builder (60분)
- Mapping from Google spreadsheet (60분)
- Avoiding overload with regions (60분)
- Packaging content in a KMZ file (10분)
- Using network links effectively (10분)

구글 어스 엔진

- Introduction to Google Earth Engine (30분)

구글 내 지도

- Visualize your data on a custom map using Google My Maps (15분)

오픈 데이터 키트

- Getting started with mobile data collection using ODK (45분)
- ODK collect and Google Drive Integration to Store and manage your data (30분)
- Mobile data collection using ODK collect (45분)
- Manage your data with ODK agregate (45분)
- Visualize field data in Google Earth and Fusion tables (45분)

이와는 별도로 특수 프로젝트 구글의 뉴스 이니셔티브 팀에서는 다양한 멀티미디어를 이용해서 좋은 기사를 만드는 교육을 하고 있는데 이 중 상당수가 지리 정보를 이용한 스토리텔링 기법이다. 학급 신문을 만들거나 글쓰기에 관심이 많은 친구가 있다면 이러한 과정을 함께 배워보는 것도 좋을 듯하다.

> **참고 URL** https://newsinitiative.withgoogle.com/training/
> https://newsinitiative.withgoogle.com/training/courses

2. 기타

2.1 구글 임팩트 챌린지

임팩트 챌린지는 비영리 재단을 대상으로 최고 35억 원을 지원하여 1년간 멘토링하고 세상을 바꾸는 일을 돕는 구글의 행사이다. 2016년 임팩트 챌린지에 선정된 것이 바로 '커뮤니티 매핑'인데 이를 주도하는 미국 머해리 의과대학 임완수 박사의 커뮤니티 매핑 이야기를 한번 검색해 보면 분명 교실 현장에서 지리 사회 수업과 관련하여 나눌 이야기가 많을 것이라 생각한다.

2.2 구글 크라이시스 리스폰스

전 세계적으로 정말 많은 재앙이 발생하고 있다. 유독 최근 들어 이 빈도가 더 잦아지는 느낌이다. 이러한 재난 상황에서 우리의 생존은 어떻게 보장받을 수 있을까? 개인이 할 수 있는 일은 너무나 작고, 국가나 정부가 하는 일들은 너무 느리다.

구글의 위기 대응팀은 자신들의 20% 프로젝트 시간을 이용하여 자발적으로 구글의 리소스를 십분 활용한, 사람들의 위기를 구하는 프로젝트를 진행하고 있다. 이 일에 관해서는 《구글의 72시간》이라는 책에서 자세히 언급된 바 있다. 이 책의 간단한 내용을 필자가 리뷰한 영상을 참고하면 좋겠다. 아울러 이 영상에 사용한 구글 프레젠테이션도 공개하니 큰 도움이 되었으면 한다.

`간단 리뷰 영상` http://bit.ly/72hrgoogle
`리뷰 영상 시 활용한 구글 프레젠테이션` http://bit.ly/72hrgoogleslide

수업 활용 레시피

1. 구글 어스 에듀케이션 커뮤니티에 가입하여 구글 어스를 활용한 교육 노하우를 배워 보자 (https://www.google.com/earth/education/about-us/).

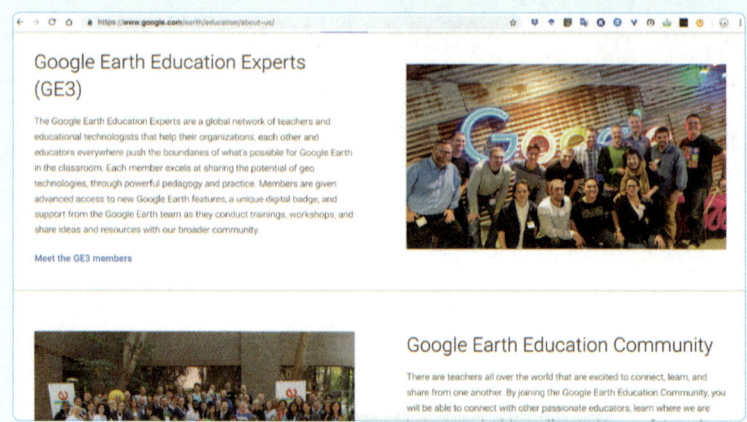

구글 어스 교육 전문가들의 모임

2. 유엔환경계획 한국협회(http://www.unep.or.kr/main/main.php)의 활동에 관심을 두고 이들이 시행하는 행사나 교육에 적극적으로 참여하자. 특히, 한국에서도 유엔 측에 분담금을 많이 내고 있기에 이들 활동에 참여하는 것은 당연한 권리이다.

3. 구글 어스 아웃리치의 활동 중 학교 현장에서 활용할 수 있는 내용은 소규모로 우리 교실에서도 시도해 보자.

1) 먹던 약을 폐기할 때는 쓰레기통에 버려서는 안 되고 보건소나 약국에 반납하는 것이 환경에 좋다고 한다. 그렇다면 우리 동네 보건소와 약국은 어디 어디 있을까? 구글 어스에서 내 지도(Chapter 7에서 설명)를 이용해서 '약물 폐기 장소 지도'를 만들고 주변에 공유해 보자.

2) 수단의 다르푸르 학살과 같은 인종 말살 정책과 우리나라가 겪은 일제 강점기 시대를 비교하고 관련 문화재나 유산들을 매핑하여 후손들이 잊지 않도록 만들어 보자. 우리 고장에는 얼마나 많은 일제 강점기 시대 억압의 잔재들이 남아 있을까?

> 참고 URL https://www.google.com/earth/outreach/success-stories/united-states-holocaust-memorial-museum/

E. 구글 엑스페디션 레시피

시나리오 1 **온 우주를 우리의 교실로, 구글 엑스페디션과 함께한 우주 대탐험**

까만 밤하늘에서 반짝이는 별을 보며 학생들은 무슨 생각을 할까? '언젠가 나도 저 광활한 우주를 내 눈으로 보고 싶어!', '저 별은 어떤 별일까?', '우주 정거장과 인공위성은 어떻게 우주에 떠 있을까?', '달에 가면 어떤 기분일까?' 밤하늘을 보며 떠올리는 학생들의 상상력은 우주의 넓이만큼 넓을 것이다. 과학 수업에서 학생들이 가장 신기해하면서도 가장 직접 체험하기 어려운 단원, 가장 흥미 있지만 너무나 멀게만 느껴진 단원은 무슨 단원일까? 아마도 우주와 관련된 단원일 것이다. 학생들에게 우주는 광활한 호기심의 대상이지만 직접 가지는 못하고 그저 사진만으로 바라만 봐야 하는 짝사랑과 같다. 역사 유적지가 궁금하면 박물관을, 동물이 궁금하면 동물원을, 바다가 궁금하면 바다에 가면 궁금증이 해결되지만 우주는 아직 기술적인 한계로 책에서만 바라보아야 하는 존재이기 때문이다. 그렇다면 이 한계를 조금이나마 극복할 수는 없을까? 바로 이 질문에서 우린 구글 엑스페디션을 찾게 된다. 온 우주를 우리의 교실로! 구글 엑스페디션과 함께한 우주 대탐험 수업으로 여러분을 초대한다.

구글 엑스페디션 로고

엑스페디션 로고처럼 구글 엑스페디션은 탐험가처럼 어디든 떠날 수 있는 콘텐츠를 가지고 있다. 그리고 더욱 재미있는 것은 교사가 여행 가이드처럼 학생들을 인솔할 수 있다는 것이다. 세계 최고의 퀄리티를 가진 콘텐츠를 무료로 즐길 수 있고, 또 실제로 우리가 가지 못하는 곳을 VR과 AR로 가장 실감 나게 누릴 수 있다는 것이 장점이다.

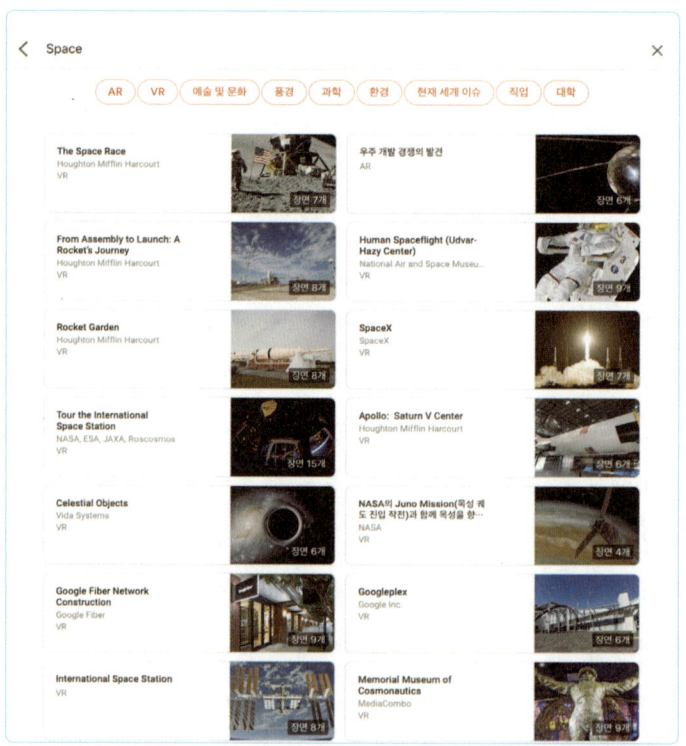

구글 엑스페디션 내 우주 관련 콘텐츠

구글 엑스페디션에는 정말 다양하고 좋은, 우주와 관련된 콘텐츠가 많다. VR과 AR을 기반으로 하여 학생들에게 직접 그 현장에 있는 듯한 느낌을 충분히 준다.

E. 구글 엑스페디션 레시피   구글 클래스룸 수업 레시피   399

우리의 눈에는 2D의 평면으로 보이는 달도, 구글 엑스페디션에서는 입체로 살펴볼 수 있다.

닐 암스트롱이 타고 간 달 착륙 모듈도 마치 우리의 눈앞에 있는 듯 생생하게 AR로 나타난다.

우주 정거장에 가야만 볼 수 있는 광경도 엑스페디션의 VR과 함께라면 마치 내가 우주정거장 안에 있는 것처럼 생생하게 살펴볼 수 있다.

구글 엑스페디션에는 이미 자세한 설명이 탑재되어 있다.

교육용으로 제작된 양질의 보충 자료와 함께 즐길 수 있기 때문에 더욱 풍성하며 실감 나게 배울 수 있었다. 영어로 되어있다는 단점은 있지만 교사가 숙지한 후, 학생들에게 배경지식으로 알려준다면 정말 강력한 교육 자료가 될 수 있다.

구글 카드보드를 만드는 모습

구글 엑스페디션은 VR 콘텐츠가 잘 구성되어 있고 학생들이 VR을 보는 상태에서 교사의 가이드를 따라올 수 있기 때문에 VR을 이용한다면 더욱 실감 나는 체험이 가능하다. 요즘은 카드보드와 같은 저렴한 VR 도구들이 많이 나왔기 때문에 주변에서 어렵지 않게 VR을 적용할 수 있다.

구글 카드보드 체험 중

선생님이 진행하는 '투어'로 들어와 같은 콘텐츠를 여러 가지 시선으로 함께 즐길 수 있기 때문에 마치 반 친구들 모두가 우주로 현장 체험학습을 떠난 것처럼 생동감 있는 학습을 경험할 수 있다. 이처럼 구글 엑스페디션은 우리가 쉽게 경험할 수 없는 체험학습을 우리의 교실에서 가능하게 해주는 마법과 같은 도구가 분명하다.

아무리 VR이 좋다고 해도 직접 눈으로 보는 것이 가장 좋다. 과학의 날 행사를 맞아 국립대구과학관의 천지인 학당을 찾은 학생들이 VR과 AR로 살펴본 우주를 이제는 눈으로 직접 확인하기 위해 배운 대로 망원경을 척척 조립하고 있다.

구글 엑스페디션으로 살펴본 달을 직접 내 눈으로 관찰하는 순간, 여기 저기서 학생들의 목소리가 터져 나온다. "아까 구글 엑스페디션으로 본 부분이다!", "AR로 본 거랑 색이 달라!" 등, 학생들의 관찰 속에서 나오는 배움의 목소리들은 보는 내내 많은 선생님을 흐뭇하게 했다.

구글 엑스페디션은 우리가 직접 경험하지 못하고 너무나도 막연했던 우주를 우리 눈앞에 선물해 준다. 직접 보고 느끼는 것이 가장 좋은 현장 체험학습이지만, 우리가 보지 못하는 부분을 눈앞에 선물한 것 자체가 학생들에겐 또 다른 의미로 훌륭한 현장 체험학습이 될 수 있었다. 구글 엑스페디션을 통해 호기심과 꿈을 꾸는 학생들, 이 학생들의 꿈은 이미 전 세계를 넘어, 온 우주를 탐험하는 중이다.

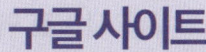

이제 앞선 내용을 통해 소개된 G Suite for Education과 다양한 도구에 어느 정도 익숙해졌으리라 생각된다. 또한 이를 토대로 하여 활용할 수 있는 다양한 레시피를 공유했으니 실제 몸담은 교육 현장에서 다양한 아이디어로 많은 활용 사례를 만들어 낼 수 있을 것이다. 이제 구글 도구의 마지막 결정판으로 구글 사이트(이전에는 구글 페이지 크리에이터)를 소개하고자 한다. 어떤 의미에서는 앞서 소개한 모든 도구를 한 곳에 모을 수 있는 거대한 플랫폼이라 볼 수 있다.

시작은 이러했다. 2006년 유망 스타트업 기업으로 촉망받던 잣스팟(JotSpot)이라는 중소기업용 홈페이지 업체가 구글에 인수되었다. 이후 2008년에 구글 사이트라는 이름으로 무료로 공개되면서 많은 사람이 손쉽게 홈페이지를 만들 수 있는 가능성을 제시했고, 2016년에는 새로운 구글 사이트(아직도 두 개의 시스템이 공존하고 있다. 기존 사이트의 데이터를 무시할 수가 없어서 계속 유지해야 할 것 같다는 구글의 설명이다.)가 등장하여 더욱 세련된 디자인과 기능으로 많은 이를 유혹하고 있다. 앞으로도 점점 더 많은 지원을 통해 구글 사이트는 발전할 예정이라 한다.

A. 구글 사이트 연동 도구

구글 사이트의 가장 큰 장점은 다양한 도구와 물 샐 틈 없는 연계를 가능하게 한다는 점이다. 구글 사이트와 연동되는 도구들을 몇 가지 꼽아보았다.

- 구글 문서/프레젠테이션
- 구글 지도
- 투어 크리에이터
- 유튜브
- 이미지
- 구글 캘린더
- 구글 설문지
- 차트

이 중에서 몇 가지 도구를 예로 들어 설명하겠다. 교사의 필요에 따라 다양하게 활용할 수 있기 때문에 다음 내용으로 설명하는 도구가 아니더라도 각자 필요에 맞게 유용하게 사용하길 바란다.

구글 사이트의 오른쪽 사이드 바에서 입력이 가능한 도구들

1. 구글 문서/프레젠테이션

먼저 구글 문서와 구글 사이트의 궁합을 살펴보자. 예를 들어 학생 10명이 구글 문서를 이용해서 숙제를 제출한다고 가정하자. 그리고 이 숙제를 매주 반복해야 한다. 구글 문서의 숫자가 너무 많아져서 하나하나 열어 보기 쉽지 않을 것이다. 이러한 경우에 구글 사이트를 활용하면 하나하나 구글 문서를 열지 않고서도 일괄 열람할 수 있다.

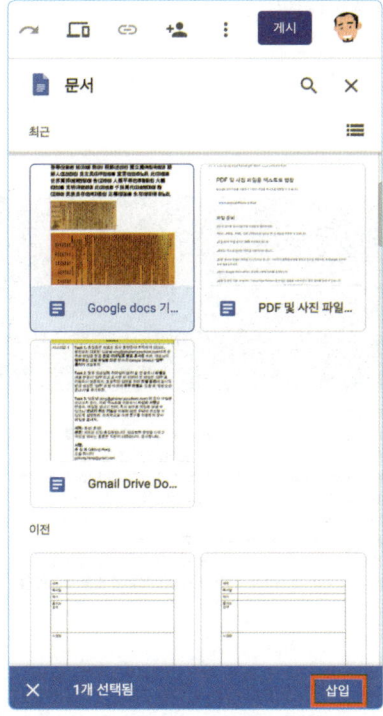

구글 문서를 먼저 선택한다. 최근 작업 파일 중 하나를 [삽입]한다.

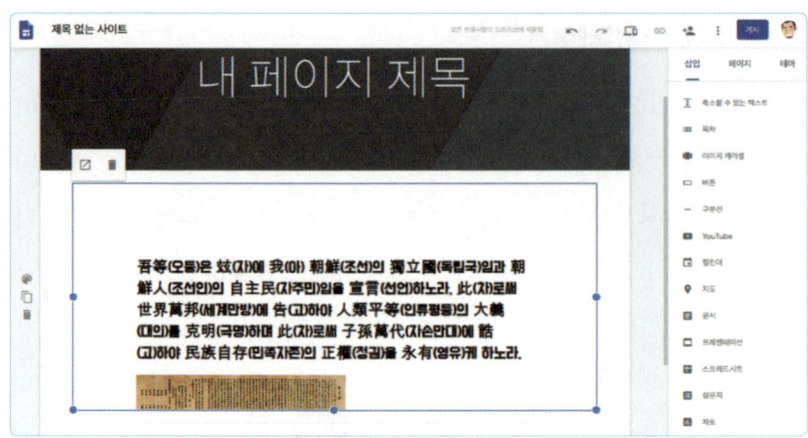

구글 문서가 페이지 안에 삽입되었다. 격자의 버튼을 드래그하면 화면에 뿌려질 페이지 크기를 조절할 수 있다. 현재는 문서의 상단 1/3만 노출되어 있다.

화면 오른쪽 상단의 [미리 보기] 아이콘을 누르면 반응형 홈페이지 기능을 활용하여 스마트폰, 태블릿, 노트북에서 어떤 식으로 보이는지를 미리 볼 수 있다.

특히 구글 문서의 경우, 페이지를 떠나지 않고서도 구글 문서를 그대로 스크롤해서 내용을 확인할 수 있다(구글 사이트의 가장 큰 장점이다). 따라서 다수의 구글 문서를 사이트에 순차적으로 얹어 놓으면 동일한 방법으로 화면을 떠나지 않고 내용을 확인하며 활용할 수 있다. 필요할 때만, 오른쪽 상단의 [나가기] 버튼을 이용하면 개별 구글 문서로 이동하여 좀 더 자세히 보거나 수정할 수 있다. 이러한 편리한 기능은 구글 프레젠테이션에서도 동일하게 적용할 수 있다. 구글 문서와는 달리 프레젠테이션은 자동으로 슬라이드를 넘기는 기능도 가능하다.

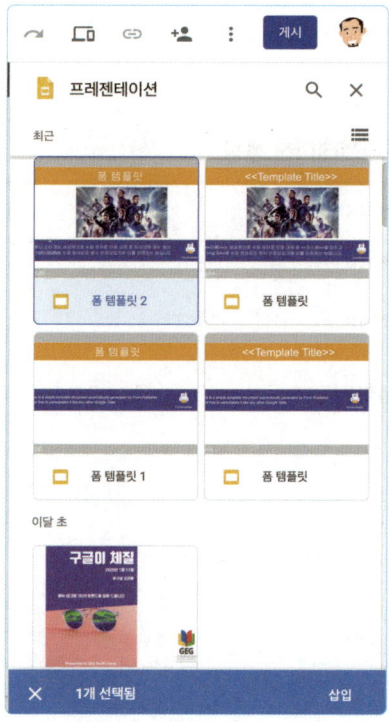

프레젠테이션을 선택하여 최근에 작업한 슬라이드를 고른 후, 삽입한다.

사이트에 프레젠테이션이 성공적으로 삽입됐다. 격자의 버튼을 드래그하면 슬라이드의 크기를 조절할 수 있다. 톱니바퀴 모양의 아이콘을 누르면 자동 재생 기능을 설정할 수 있다.

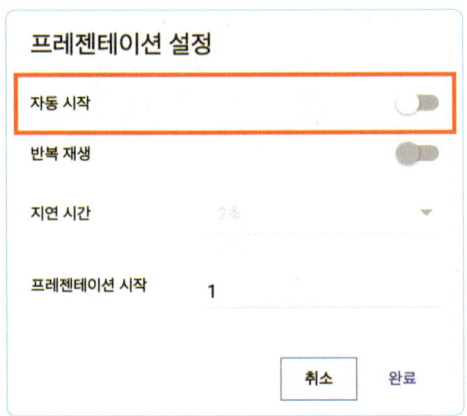

톱니바퀴 모양 아이콘을 누르면 프레젠테이션 설정이 가능하다. [자동 시작]을 선택해보자.

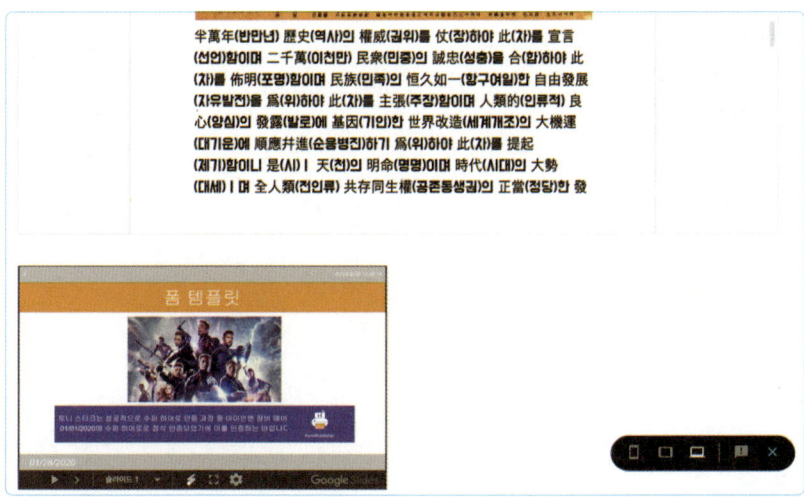

[미리 보기] 버튼을 누르면 노트북에서 어떻게 보일지 미리 볼 수 있다. 설정한 대로 프레젠테이션으로 자동 재생되는 모습을 볼 수 있다.

2. 구글 지도

구글 사이트를 통해서 외부에 학교를 소개한다면, 지도가 필수로 제공되어야 할 것이다. 혹은, 학생들의 수업 결과물로 지역 사회의 주요 랜드마크를 지도에 매핑했다면 해당 '내 지도'에 연결하는 것도 필요하다. 구글 사이트에서는 구글 지도를 손쉽게 적용할 수 있다.

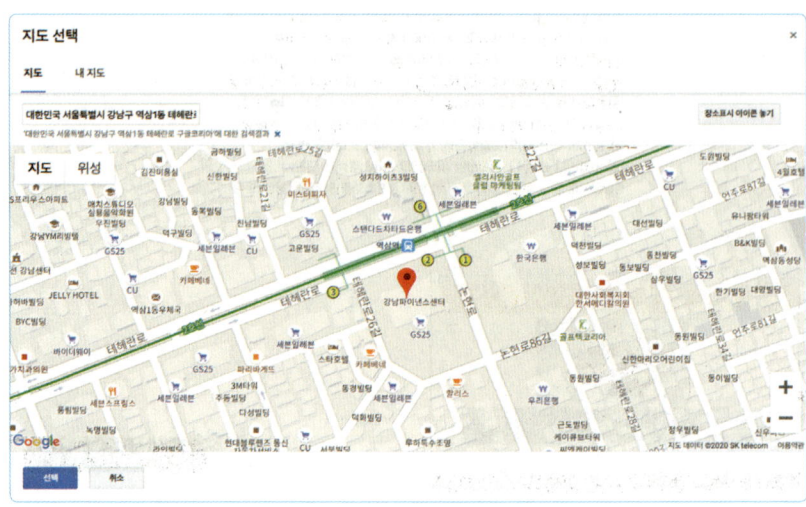

구글 지도에서는 지명을 검색해서 제공하거나, '내 지도' 기능을 통해 미리 만든 지도를 공개하는 방식이 있다.

필자가 미리 만든 지도가 하나 보인다. 이를 선택해서 사이트에 입력해 보겠다.

A. 구글 사이트 연동 도구

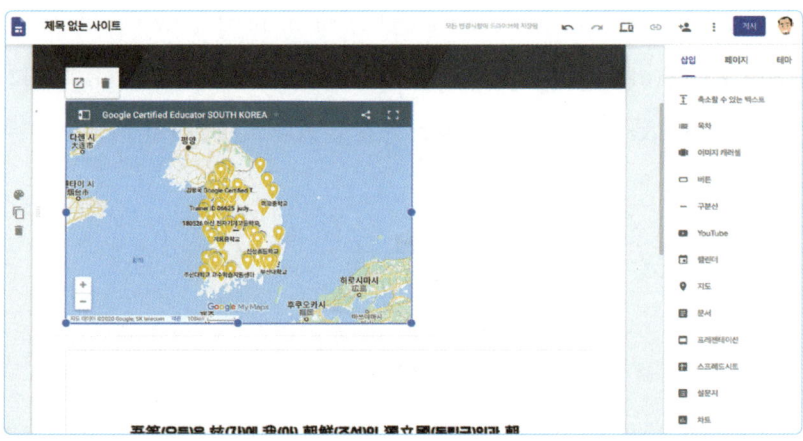

필자가 선택한 지도가 성공적으로 사이트에 들어갔다. 격자의 버튼을 드래그하여 지도의 크기를 결정할 수 있다.

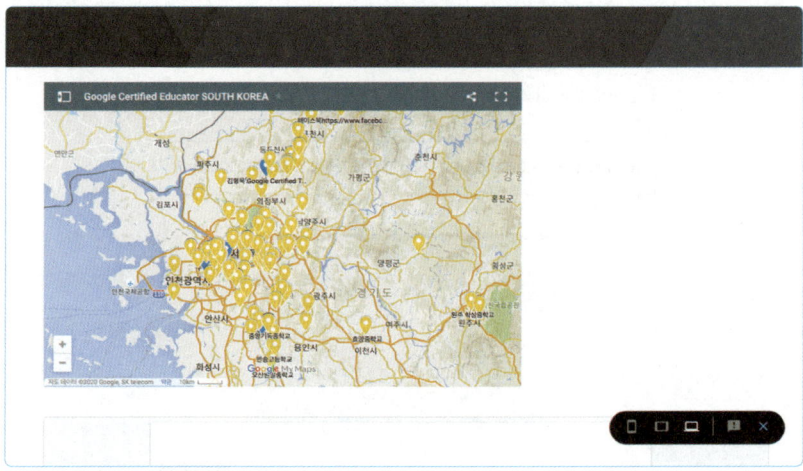

[미리 보기] 버튼을 누르면 어떤 식으로 지도가 보일지 미리 볼 수 있다.

구글 문서, 프레젠테이션, 지도와 유튜브 등 많은 도구는 각각의 홈페이지 링크가 자동으로 생성되어 그 링크를 통해 직접 접속할 수도 있다. 주소를 입력하면 동일한 결과를 얻을 수 있는데, 방법은 빈 화면에서 더블 클릭하면 된다. 예를 들어 'https://www.google.com/maps/d/viewer?mid=1Ifyy2of9JG8SatTv6Ks3-bRg7XPsMYqq&ll=37.02062213675666%2C127.73239360000002&z=7'라는 지도의 주소를 갖고 있다고 가정하자.

구글 사이트의 빈 화면을 더블 클릭하면 5개 버튼이 제시된다. 12시 방향 상단부터 시계 방향으로 각각 [이미지], [업로드], [드라이브에서 추가], [삽입], 그리고 중앙은 [텍스트] 기능이다. 현재 링크를 알고 있기 때문에 [삽입]을 선택한다.

지도의 URL을 입력하니 하단에 지도의 모습을 미리 볼 수 있다. 이러한 방식의 URL 바로 넣기는 유튜브나 구글 문서, 투어 크리에이터 등 모든 도구에서 동일하게 적용할 수 있는 방식이다.

A. 구글 사이트 연동 도구

구글 사이트에 동일한 결과로 적용되었다.

2차원인 평면의 구글 사이트에 3차원의 콘텐츠를 넣을 수 있다면 상당히 흥미로운 홈페이지를 만들 수 있다. 기존의 홈페이지라면 복잡한 코딩을 알아야만 할 수 있을 텐데, 구글 사이트는 아주 간단하게 해결한다.

3. 투어 크리에이터

앞선 내용에서 구글 투어 크리에이터가 프로젝트로 업로드되면 링크가 생성되는 것을 확인한 바 있다. 그 링크를 바로 빈 화면에서 더블 클릭하여 입력하면 된다. 너무나도 간단하다. 앞서 사례로 활용했던 프로젝트의 결과물 링크는 다음과 같다.

URL https://poly.google.com/u/0/view/30H4otHpbaS

하지만 이 링크를 앞에서 설명한 방식으로 그대로 입력하면 프로젝트의 첫 화면만 제시되고 3차원의 VR은 구현되지 않는다.

사이트의 빈 화면에서 마우스 오른쪽 클릭을 하면 [삽입] 버튼이 제시된다.

투어 크리에이터를 통해서 만든 프로젝트의 화면이 뜨는 것을 보아 제대로 된 링크임을 확인할 수 있다.

A. 구글 사이트 연동 도구

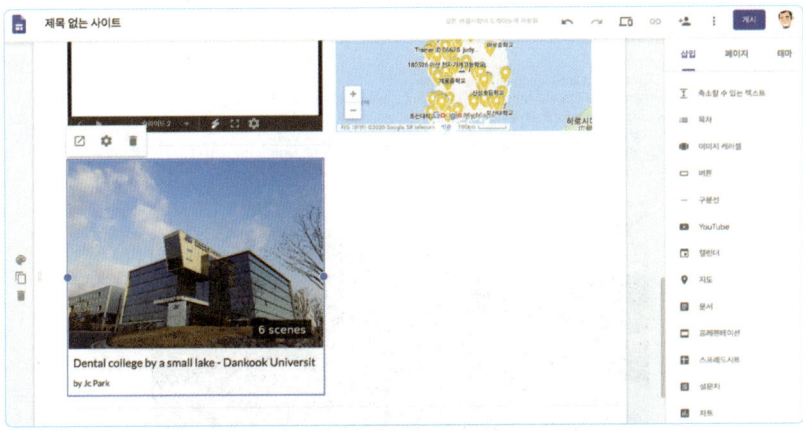

구글 사이트에 성공적으로 입력되었다. 하지만 주의하자. 이것은 우리가 원하는 형태의 VR 콘텐츠가 아니다.

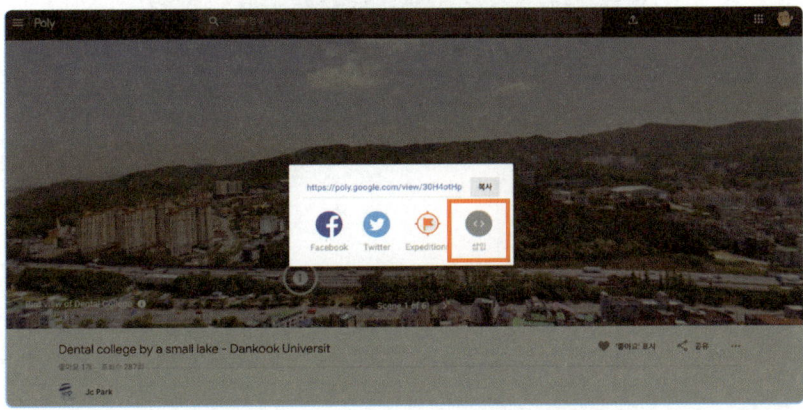

제대로 된 콘텐츠의 입력을 위해서는 구글 투어 크리에이터의 최종 프로젝트로 다시 돌아가야 한다. 프로젝트를 로딩하면 다양한 정보들과 함께 [공유] 버튼이 생성된다. 이때 [공유] 버튼을 누르면 그림처럼 되는데 여기서 링크를 그대로 복사하지 말고 [삽입]을 누른다.

드디어 VR 콘텐츠를 입력할 수 있는 임베딩 형식의 코드가 만들어졌다. 이 코드를 복사하자.

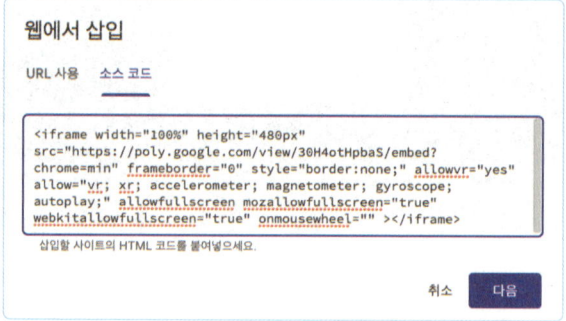

다시 구글 사이트로 와서 마우스 오른쪽 클릭을 한다. 이번에는 [URL 사용]이 아닌 [소스 코드]를 선택해야 한다.

A. 구글 사이트 연동 도구

마침내 실제 사용할 VR 이미지가 미리 보기로 바로 제시된다.

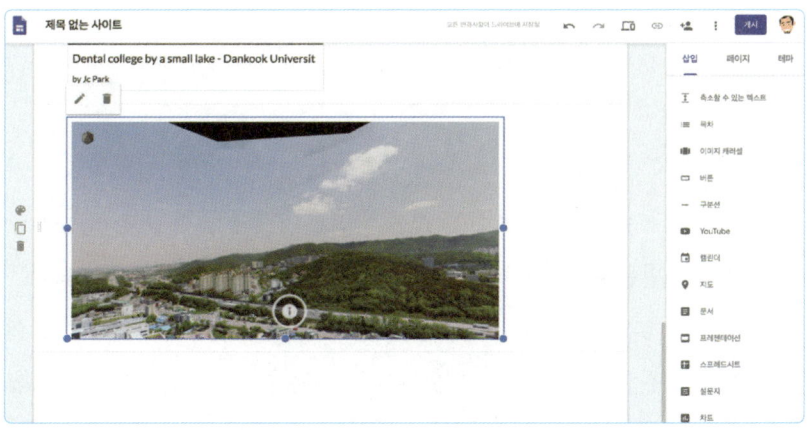

구글 사이트에 성공적으로 잘 들어갔다. 왼쪽 상단의 작은 폴리곤이 보인다. 바로 구글의 VR 콘텐츠 플랫폼 '폴리'의 로고이다.

구글 사이트 [미리 보기]를 하니 VR 영상이 자동적으로 천천히 오른쪽으로 돌면서 재생된다.

4. 유튜브

복잡할 것만 같은 VR 영상도 이렇게 손쉽게 넣을 수 있기에 동영상쯤은 아무것도 아니다. 이해해야 할 점은 기존의 홈페이지들은 파일을 서버에 올리고 링크를 만든 뒤, html 기반 홈페이지에 입력하는 식으로 진행되었는데 구글 사이트는 대부분의 오브젝트가 링크로 작동한다. 따라서 사이트의 크기가 아주 작고 가벼울 수밖에 없다. 역시 영상을 넣을 때도 동영상 파일을 직접 올리는 것이 아니라 링크를 통해서 입력하는 것이다. 영상을 넣는 것도 2가지 방법이 존재하는데, 마우스를 오른쪽 클릭하여 링크를 넣는 방법은 여러 차례 앞에서 설명하였으므로, 오른쪽의 사이드바를 통해서 넣는 방법을 보도록 하자.

A. 구글 사이트 연동 도구

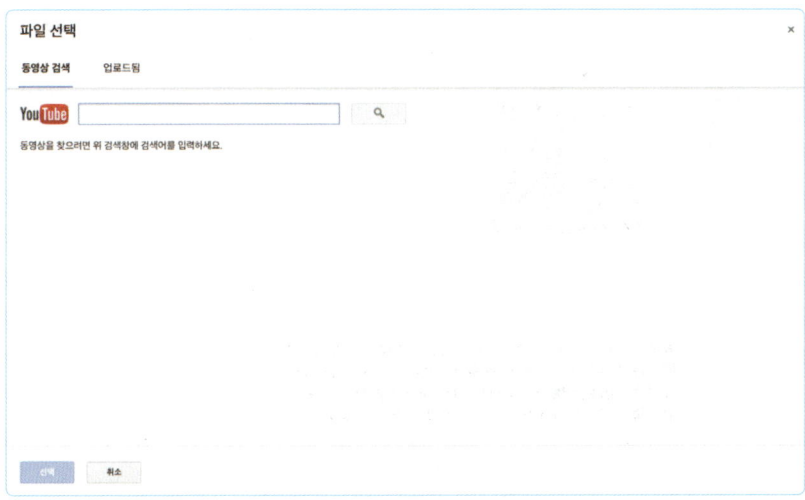

오른쪽의 사이드바에서 [Youtube]를 선택하니 창이 열린다. [동영상 검색]에서는 바로 키워드로 검색해서 사이트를 벗어나지 않고도, 유튜브와 동일하게 영상을 검색할 수 있다. 항상 이렇게 절차를 단축할 수 있도록 노력하는 구글의 철학을 다시 한번 확인할 수 있다.

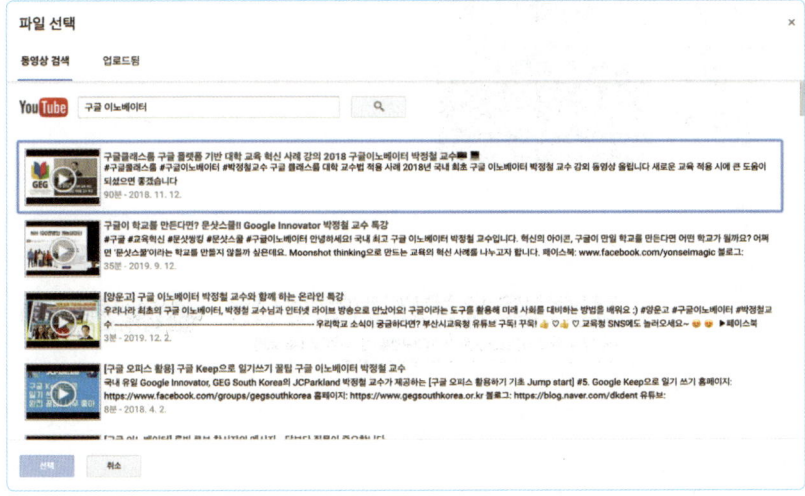

필자가 취득한 구글 이노베이터라는 키워드를 검색하니 그림과 같은 다양한 영상들이 제시된다.

영상 중 하나를 더블 클릭하니 그림과 같이 구글 사이트에 성공적으로 삽입된다.

[미리 보기]를 선택해서 어떤 식으로 보이는지 미리 볼 수 있다. 영상을 클릭하면 구글 사이트를 벗어나지 않고 사이트 내에서 바로 볼 수 있다. 여러 차례 강조한 구글 사이트의 토털 플랫폼으로서의 큰 장점을 다시 한번 체감하게 된다.

5. 이미지

이미지의 경우에는 단순하게 한 장의 이미지를 넣을 경우 드래그 앤 드롭 방식으로 화면에 넣을 수 있다. 이때, 내 PC에 있는 이미지를 선택한 뒤 화면으로 쭉 끌어서 놓으면 되니 매우 직관적이고 편리하다.

PC에 있는 그림을 끌어서 사이트 위에 놓았다. 간편하게 이미지를 삽입할 수 있다.

만일 인터넷에 있는 이미지를 활용할 경우에는 마우스를 오른쪽 클릭하여 삽입할 수도 있다.

화면에서 마우스를 오른쪽 클릭하여 [이미지]를 선택하면 URL을 바로 붙여넣거나 구글 검색으로 이미지를 찾아서 넣을 수 있다. 구글 포토에 있는 내 사진이나 구글 드라이브에 올린 사진도 바로 접근할 수 있어서 편리하다.

만일 여러 장의 이미지를 넣어야 한다면 어떻게 하는 것이 좋을까? 이 경우에는 이미지를 나열하는 것이 가장 직관적이겠지만 홈페이지를 보는 유저들의 입장에서는 스크롤하기 부담스러울 것이다. 이럴 경우엔 오른쪽 사이드바에서 [이미지 캐러셀]을 선택하여 처리한다. 참고로 캐러셀은 놀이공원에 가면 흔히 볼 수 있는 회전목마를 의미한다. 이미지가 돌아가면서 보인다는 뜻이다.

A. 구글 사이트 연동 도구

이미지 캐러셀을 클릭하면 이미지를 삽입할 수 있다. 단, 이 경우는 최소한 이미지가 2개 이상 있어야 한다. 내 PC에 있는 이미지를 올리는 [이미지 업로드]와 클라우드 상의 이미지를 끌어오는 [이미지 선택]이 가능하다.

이미지 검색으로 구글 로고를 2장 선택해 보자. 먼저 'google'을 검색해 보았다.

구글 사이트에 들어가는 이미지는 외부로 공개되는 사이트의 특성상, 저작권 문제에서 벗어나야 한다. 여기서 검색되는 이미지는 일반 구글 이미지 검색보다 저작권 문제가 해결된 이미지들로 나오다 보니, 이미지의 수가 제한적으로 나타난다. 대신 상업적 목적으로 재사용 및 수정이 가능하도록 허가된 이미지들이니 좀 더 안심하고 쓸 수 있다.

이미지를 2개 선택했다.

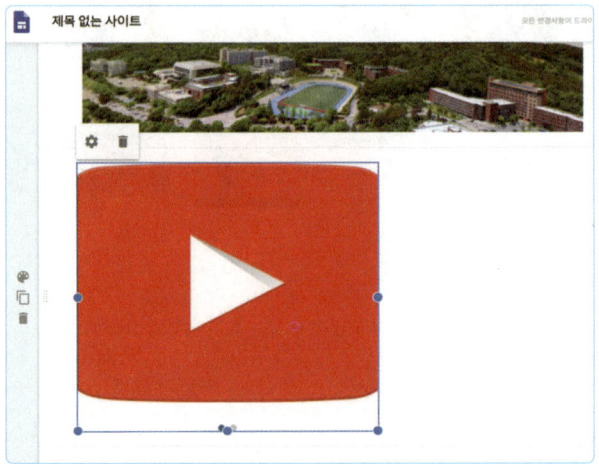

이미지가 사이트에 성공적으로 들어갔다. 하지만 캐러셀 기능은 딱히 보이지 않는다. 톱니바퀴 모양 아이콘을 클릭하여 좀 더 자세한 설정이 가능하다.

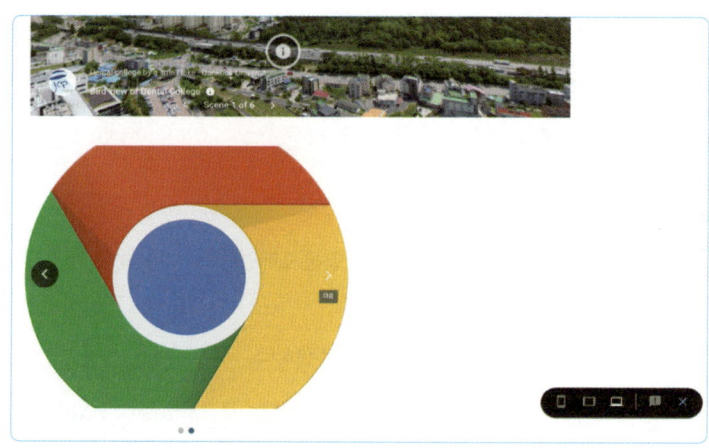

[미리 보기]를 해보니 이미지 위에 화살표가 나타난다. 이미지를 좌우로 오가며 볼 수 있게 되었다.

이렇게 구글 사이트는 다양한 도구를 복잡한 방법이 아닌, 매우 직관적인 방식으로 얹을 수 있다. 그리고 위화감 없이 아주 잘 녹아 들어간다는 장점이 있다. 자, 이렇게 멋진 도구를 학교 현장에서 어떻게 할 수 있을까? 몇 가지 꼽아 보았다.

- 교사/학생 포트폴리오
- 수업 홈페이지
- 온라인 교무실

B. 교사/학생 포트폴리오

일반적으로 개인이 홈페이지를 관리하는 것은 쉬운 일이 아니다. 비용도 들고 기본적인 코딩도 어느 정도 알아야 하기 때문이다. 무엇보다 다양한 결과물을 연동하는 것을 위화감 없이 깔끔하게 하기 쉽지 않다. 하지만 구글 사이트를 이용하면 결과물을 모아 두는 아주 강력한 저장소로 활용할 수 있고, 이를 통해 주변에 소중한 자료들을 나누는 포털로 활용할 수 있다. 구글 사이트를 활용했을 때의 장점은 다음과 같다.

- 기기를 가리지 않고 반응형 사이트로 예쁘게 제시된다.
- 도메인 매핑이 가능해서 'abc.com' 형태와 같은 도메인을 하나 구입하면 구글 사이트 위에 바로 얹어서 쓸 수 있다.
- 드래그 앤 드롭 편집이 가능하니 너무 빠르고 간편하다.
- 사이트를 볼 수 있는 권한은 소유자, 편집자, 뷰어 레벨 수준으로 설정할 수 있다.
- HTML, Javascript 모두 활용 가능하다.
- 멀티 레벨로 홈페이지 구성을 간단하게 만들 수 있다.
- 구글의 수많은 도구와 완벽하게 맞아들어간다.
- 기본적인 테마 디자인들이 제공된다(아직 그 수가 많지는 않음).

이러한 장점 때문에 필자는 수년간 작업한 자료들을 구글 사이트에 올려 두고 수시로 업데이트하여 방대한 포털을 만들고 있다. 필자는 수술에 활용되는 봉합술에 관심이 많아서 이에 관한 다양한 논문, 저술 그리고 영상들을 만들었다. 이것을 한 곳에 모아 두고 나누기 편하게 하기에는 구글 사이트가 최선이다. 게다가 한/영 버전으로 페이지를 나누어서 외국인들에게도 제공하려면 이보다 더 좋은 방법은 없을 것이다. 필자 사이트의 주소는 'www.backtothesuture.org'이다. 이 도메인은 우리나라 도메인 업체에서 아주 간단하게 구입한 것이고 리다이렉팅이라는 기능을 이용해서 구글 사이트로 연동되도록 만든 것이다.

www.backtothesuture.org 홈페이지. 언뜻 보아서는 구글 사이트를 이용한 지 알 수 없다. 구글이라는 기업이 참으로 대단해 보인다. 자신들의 모습은 최대한 감추었다. 자세히 보면 왼쪽 하단에 [i] 버튼이 있는데 이를 눌러야, 구글 사이트인 것을 확인할 수 있다.

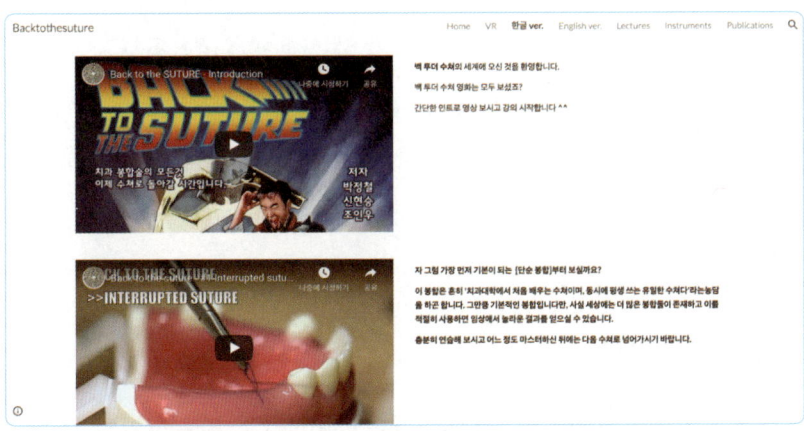

유튜브에 올려둔 다양한 강의 영상을 홈페이지에 삽입했다. 아주 손쉽게 관리할 수 있다. 오른쪽에는 관련 설명을 써 두었다. 모두 반응형 홈페이지이므로 스마트폰에서는 아주 깔끔한 디자인으로 바뀌어 보인다.

필자가 쓴 책과 논문들도 링크를 통해서 제공해 두었다. 만일 PDF 파일이 있다면 구글 드라이브에 올려 두고 링크로 삽입하면 된다.

이와 같은 방법으로 필자의 포트폴리오를 만들고 대표 홈페이지 이름을 통해 수시로 들어가서, 언제든지 편집할 수 있으니 한결 머릿속이 상쾌한 느낌이다. 이러한 포트폴리오를 학생들에게 제공해 주면 어떨까? 학생들의 초등학교, 중학교, 고등학교 결과물이 차곡차곡 쌓아가는 것이다. 어떻게 활용할지는 무궁무진한 상상력에 달려 있다!

c. 수업 홈페이지

구글 도구의 교육적 활용에 관해서, GEG Fortune City의 서광석 교사가 주도한 교육자 모임에서 멋진 DB를 만들어 주었다.

URL http://bit.ly/gegwiki

앞 링크에 들어가면 구글 사이트를 이용한 활용 사례가 있으니 관심 있는 독자들은 꼭 한 번 들어가서 살펴보기를 바란다. 이 중에는 체육 수업에 대한 소개 홈페이지도 있다.

C. 수업 홈페이지

서광석 교사의 체육 수업 홈페이지. 구글 설문이 들어가 있어서 체육 수업 후, 피드백과 자신의 목표도 기록할 수 있다. 홈페이지에 모든 것이 다 있기 때문에 번번이 설문을 찾을 필요가 없다.

현장 답사를 하기 전 자료 정리를 해 둔 조애진 교사의 홈페이지(송우중학교 역사동아리 '송사리'의 활동 사이트). 학생들이 손쉽게 접근할 수 있고 자료의 수정이 필요하면 언제 어디서나 수정한 후, 그 즉시 모든 학생에게 반영된다는 장점이 있다.

답사 후 후기를 바로 올릴 수 있도록 설문을 삽입해 두었다.

다음은 미국 사례이다. 반 이름으로 홈페이지를 만들고 매일매일 공부해야 할 내용들과 캘린더, 그리고 반에서 만든 결과물들을 모두 올린 것을 볼 수 있다.

피스가 포레스트(Pisgah Forest) 초등학교 1학년의 교실 홈페이지

학생들이 그린 그림과 교사가 직접 만든 전자책도 올라가 있다. 구글과 함께 사용할 수 있는 도구들을 적극적으로 활용한 것을 확인할 수 있다(https://sites.google.com/tcsnc.org/sabrinarhodes/class-projects?authuser=0).

D. 온라인 교무실

교육 환경에서 구글 사이트로 쓸 수 있는 가장 강력한 기능은 온라인 교무실이다. 교내의 보안 정보가 노출될 수 있기 때문에 자세히 공개하기는 어렵지만 국내에서는 몇몇 학교에서 모범적으로 잘 활용되고 있다. 물론 학교 전체의 홈페이지를 꾸미는 경우도 있다. 학교 입장에서는 비용도 줄이고 관리도 직접 할 수 있다는 장점이 있다.

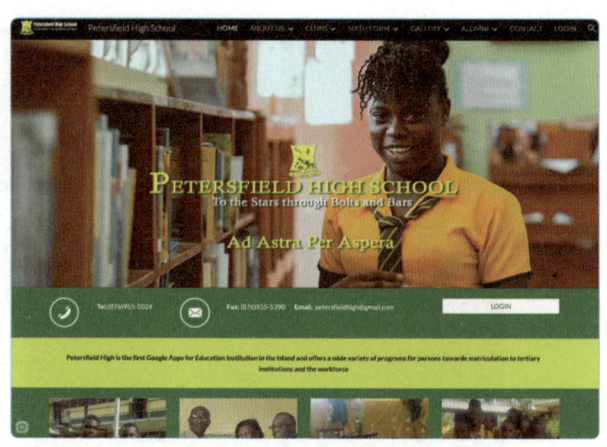

자메이카의 한 고등학교 홈페이지. 구글 사이트를 100% 활용하여 학교의 색깔이 잘 드러나는 홈페이지를 만들었다(https://www.petersfieldhigh.com/).

국내 교육계에서는 10년 전부터 '교원업무 정상화'를 핵심 정책 과제로 추진하고 있다. 이는 지난 10여 년간의 노력에도 불구하고 교육계가 해결하지 못하는 난제 중 하나이기도 하다. 교원업무가 정상화되지 못하는 가장 큰 원인은 교사가 가르치는 일 이외에도 학교에서 해야 하는 교육 행정적 업무와 불필요한 잡무가 너무 많기 때문이다. 또한 학교 안에서 교원 간 공유와 소통이 효율적으로 이뤄지지 못하는 점이 어려움을 더 가중시킨다. 예를 들면 각종 부서별 계획서, 규정집, 생활기록부 가이드북 등 수많은 교육 관련 안내 자료를 학교용 메신저를 통해 주고받는데, 메신저를 통해 받은 수많은 파일과 안내 메신저를 각자가 정리하고 찾다가 많은 시간을 허비하게 된다는 것이다. 게다가 업무 담당 교사에게 다시 보내 달라고 요청하거나 재차 묻는 선생님들이 많아질수록 교사는 업무 가중과 스트레스를 겪는다. "학교에 수업하러 온 것인지 업무 처리하러 온 것인지 헷갈릴 때가 많다." 이 웃지 못할 이야기는 교사라면 누구나 한 번쯤은 들어 봤을 이야기이다.

D. 온라인 교무실

최근 교육 현장에서는 구글의 다양한 도구를 활용하여 업무 효율화를 추진하는 학교가 늘고 있다. 필자가 근무했던 포천 송우중학교와 현재 근무하고 있는 포천 이동중학교에서는 구글 사이트를 활용한 온라인 교무실을 동료 교사들과 협업하여 구축 및 운영하고 있다.

포천 이동중학교의 온라인 교무실 모습

무료 단축 주소 서비스인 'bit.ly'를 이용하여 이동중학교 온라인 교무실만의 주소를 만들었다. 스마트폰, 태블릿 할 것 없이 언제 어디서나 어떤 디바이스로도 접근할 수 있다. 온라인 교무실(http://bit.ly/idongmskr)의 경우는 대외적인 홈페이지가 아닌 온라인 교무실이라는 이름으로 만들어진 교사들이 공유하는 포털인데, 담임, 교무, 학생, 보건, 연구, 진로, 행정, 수업 자료 공유 등으로 명확하게 업무를 분류하고 이를 서브 페이지로 정리함으로써 쉽게 접근할 수 있다. 접근을 철저하게 단계별로 분류하였기 때문에 이동중학교의 G Suite for Education 계정에서만 내부 서류를 볼 수 있다. 원하는 경우에는 공유 설정을 바꿈으로써 외부인도 부분적으로 접근할 수 있도록 만들 수도 있다. 무엇보다 학교에서 쓰는 계정 하나로 모든 사안이 공유되고 협업 되기 때문에 업무의 효율이 매우 높다.

이동중학교 온라인 교무실에서 구성한 메뉴는 다음과 같다.

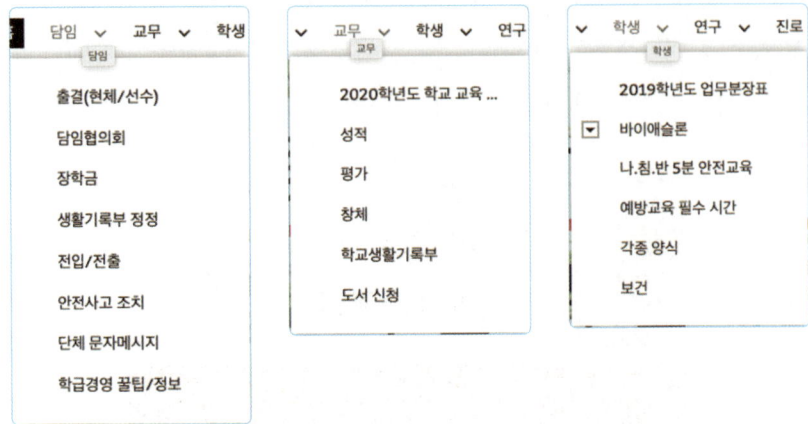

이동중학교 온라인 교무실의 메뉴

앞 그림처럼 각 부서 페이지마다 하위 업무 페이지를 자유롭게 구성할 수 있으며 각 부서의 특색에 맞게 동료 선생님들과 자유롭게 협업하여 구성할 수 있다.

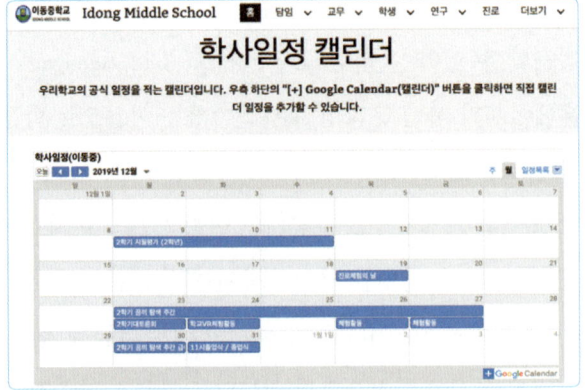

더 이상 책상 위의 캘린더를 회의실까지 들고 다니며 학사 일정을 옮겨 적을 필요가 없다. 컴퓨터로, 태블릿으로, 스마트폰으로 언제 어디서든 서로의 업무 일정을 공유할 수 있다. 학사 일정, 부서별 일정, 월중계획, 주간계획에 활용하고 있다.

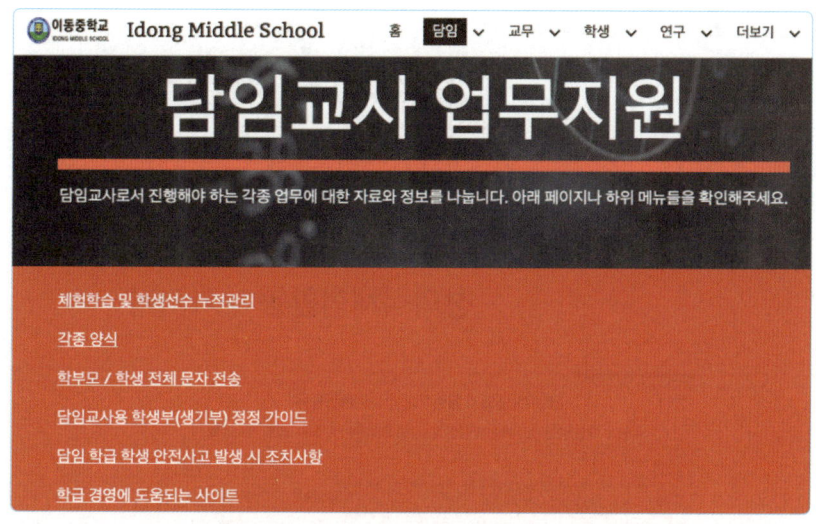

담임교사 업무지원 페이지의 모습. 스크롤의 부담 없이, 목차 기능으로 밑줄 그어진 메뉴를 클릭하면 바로 해당 게시글로 연결되어 빠르게 원하는 정보를 찾아갈 수 있다.

현장 체험 학습 누계 시트를 삽입하여 담당 교사, 담임 교사 또는 운동부 담당 교사와 협업할 수 있다. 혼자서 관리, 운영하는 것이 아니라 동료 교사들과 협업하여 작성하고 언제든 확인할 수 있기 때문에 시간을 절약할 수 있다. 그 외 창의적체험활동, 생활기록부 정정 가이드 등 각종 자료가 정정되거나 추가될 때마다 동기화되어 리뉴얼된다.

Chapter 09 　 구글 사이트

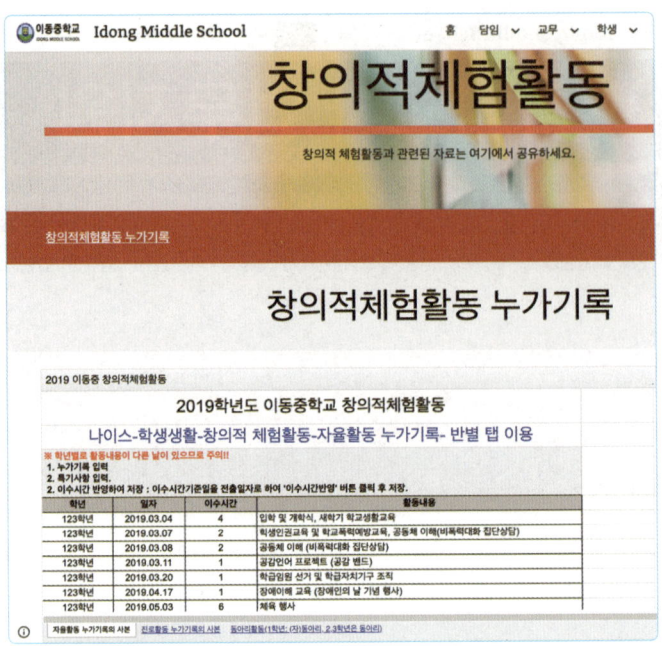

창의적체험활동 누가기록

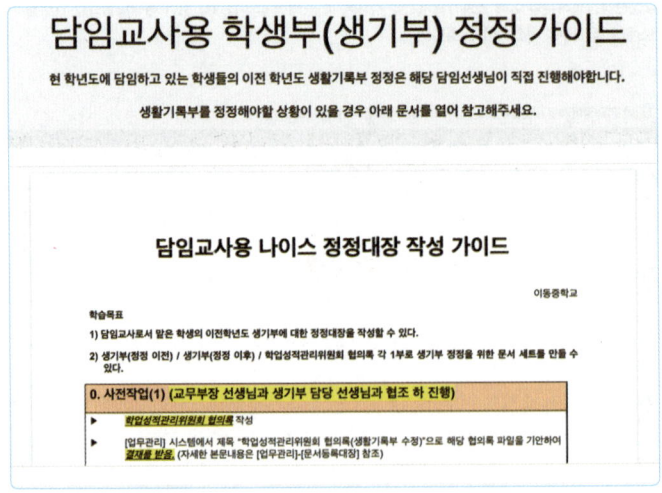

생활기록부 정정 가이드

D. 온라인 교무실   구글 클래스룸 수업 레시피

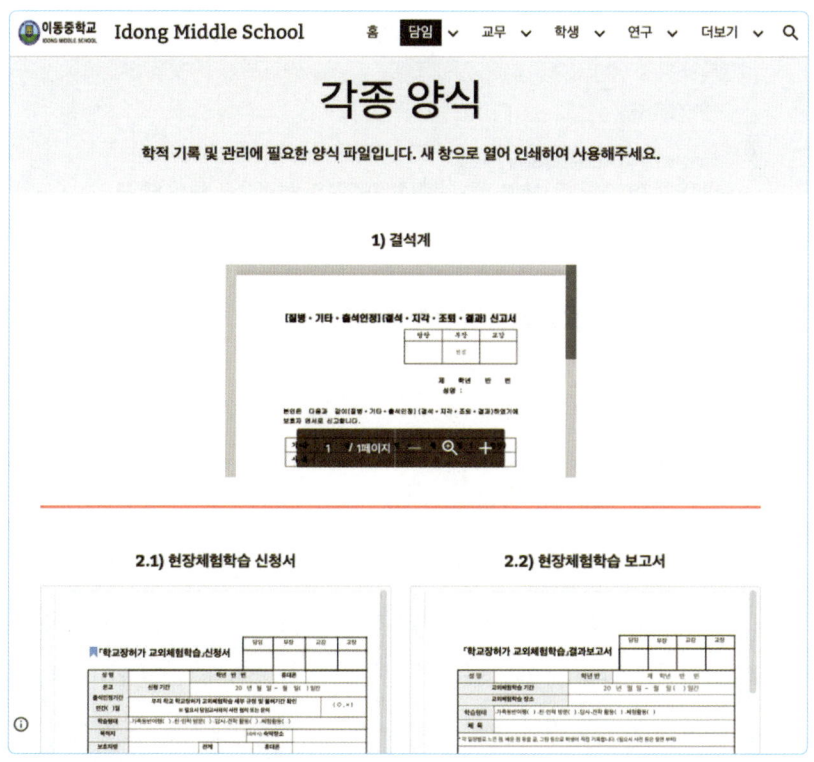

각종 양식을 구글 문서로 탑재한 모습이다.

"구 선생님! 그 양식 어디 있죠? 서 선생님! 그 양식 하나만 보내 줘요. 문 선생님…" 꼭 쓰려고 하면 안 보이고 없어지고 못 찾아서 주변 선생님들을 힘들게 하는 것이 있다. 바로 각종 양식이다. 자꾸만 물어보고 메신저 날려서 귀찮게 하는 민폐 선생님에게 한마디만 하자! "민폐 선생님! 온라인 교무실 가 보세요." 자주 쓰는 각종 양식을 구글 문서로 변환하여 삽입해 놨기 때문에 언제든지 온라인 교무실에서 검색 기능을 활용해 쉽고 빠르게 찾아서 바로 출력해 쓸 수 있다. 구글의 검색 기능은 온라인 교무실에서도 빛을 발한다. 오른쪽 상단 돋보기 모양의 아이콘을 클릭하면 검색할 수 있으며 구글 사이트에 기본적으로 탑재된 핵심 기능이다.

구글 사이트 검색 기능을 활용하는 온라인 교무실

최근 교육부에서는 교사의 성장을 위한 가장 확실한 방법은 교원성과급, 직무 연수, 독서, 유명한 교수의 강연, 사이버 원격연수와 같은 외적 요인이 아니라 교사의 자발적 참여로 이뤄진 전문적 학습공동체[1] 라고 한다. 즉, 유명한 교수의 강연도 좋지만 나와 같은 현장, 같은 교무실에 있는 옆 반 선생님이 나의 상황과 맥락을 가장 잘 알기 때문에, 서로 보고 배우며 협력한다는 것이다. 전문적 학습공동체의 개념을 교원 능력 개발에 적용하는 이유는 자발성을 기반으로 한 공동체적 접근이 교사들의 지식과 통찰력을 기르는 데 상호 간의 시너지를 창출할 수 있기 때문이다(2015, 이석열, 교원의 능력개발을 위한 전문적 학습공동체 운영 방안, 한국교육개발원). 외국에서는 한국의 전문적 학습공동체를 우수사례로 다루기도 한다. 그러나 학교 안 전문적 학습공동체가 모두 성공적으로 이뤄지지는 않는다. 전문적 학습공동체의 전제 조건 중 '학습공동체에서의 의사소통'은 필수적인데 바쁘게 돌아

---

[1] 전문적 학습공동체는 교사들의 팀 학습 활동을 통한 교사의 성장에 높은 가치를 부여하여 학생의 학습에 연결하는 조직이다(2015, 이석열, 교원의 능력개발을 위한 전문적 학습공동체 운영 방안, 한국교육개발원).

D. 온라인 교무실

가는 학교 현장에서의 소통이 쉽지만은 않다. 이동중학교는 온라인 교무실을 통해서 수업 자료, 동료장학 참관록, 학생 생활교육 등의 다양하고 방대한 자료를 공유하는 장점이 있다.

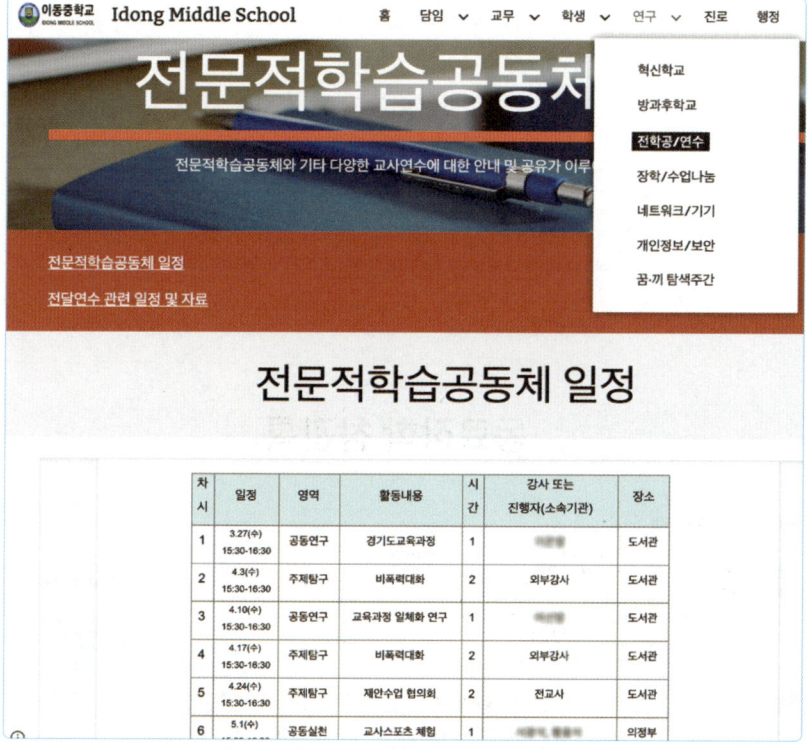

온라인 교무실에 공유한 전문적 학습공동체 운영

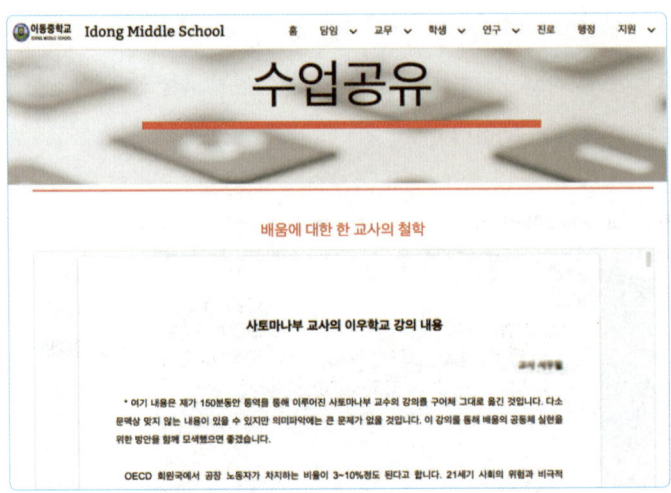

전문적 학습공동체 수업 자료 공유

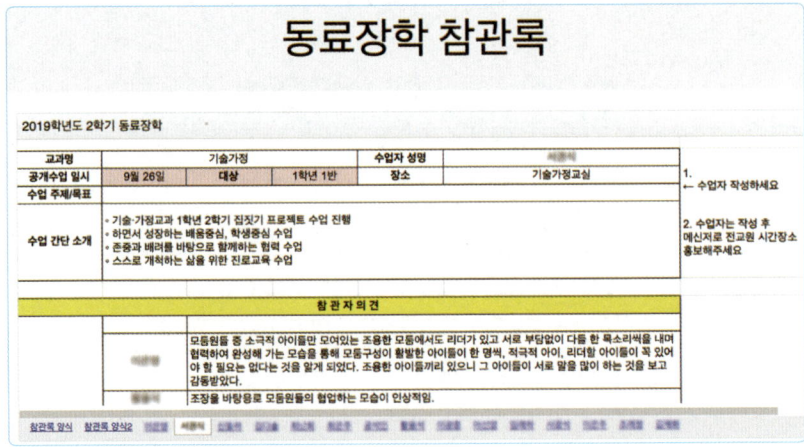

공개수업 동료장학 참관록

D. 온라인 교무실

지역의 현장 체험학습 지도를 구글 지도로 공동 제작하여 온라인 교무실에 삽입하여 공유하고 있다.

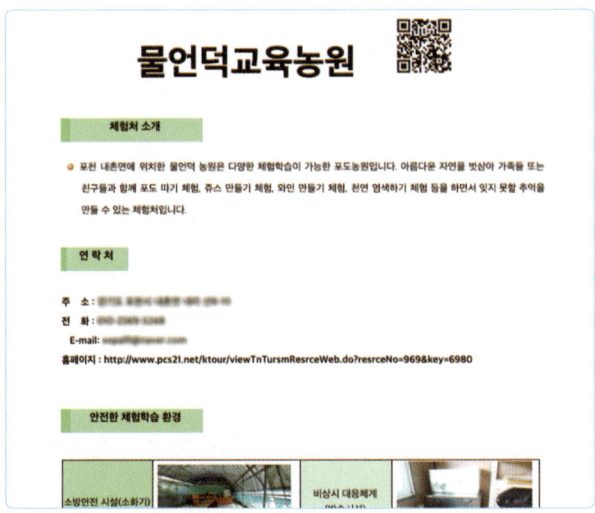

지역 현장 체험학습 자료 공유(구글 문서)

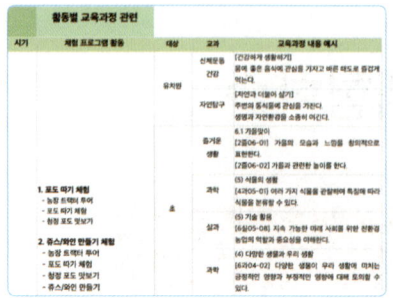 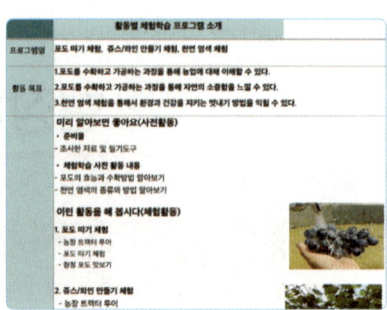

지역의 현장 체험학습 지도를 구글 지도로 공동 제작하여 온라인 교무실에 삽입하여 공유하고 있다.

온라인 교무실은 업무 효율성만을 위해 존재하는 것이 아니다. 이곳에서 수업을 공유하고, 교사의 고민을 나누는 장이 되기도 한다. 온라인 교무실은 교사의 성장을 위한 전문적 학습공동체의 허브가 되며 그 역할은 점점 커질 것이다.

E. 구글 플러스

구글 사이트가 교내 게시판과 같은 역할을 한다고 설명하였지만 여기에는 가장 중요한 기능이 빠져 있다. 바로 구성원 간의 소통이다. 교내에서는 모두가 메신저로 톡을 주고받지만 그 외에도 페이스북이나 트위터처럼 수시로 이런저런 이야기, 공지사항, 좋은 사진들을 공유할 필요성이 있는데 구글 사이트에서는 구현되지 않는다. 바로 이런 가려운 부분을 긁어주는 것이 구글 플러스이다.

구글 플러스는 2011년 만들어진 SNS로 유튜브, 블로그를 모두 합친 궁극의 포털을 만들려는 의도로 출시되었으나, 생각만큼 좋은 결과가 생기지 않았다. 게다가 2018년 개인 정보 유출이 발생하면서 일반 대중을 상대로 한 서비스는 2019년 중단되었고, G Suite 도메인 내부에서만 활용하는 SNS의 역할로 변하여 구글 커런트(2020년 현재 베타 버전, https://gsuite.google.com/products/currents/)로 변했다. 하지만 오히려 이런 상황이 더, 교내 적용에는 편리할 수 있다. 왜냐하면 외부에서는 일체 접속할 수 없는 폐쇄적인 SNS가 될 수 있기 때문이다.

구글 커런트 로고

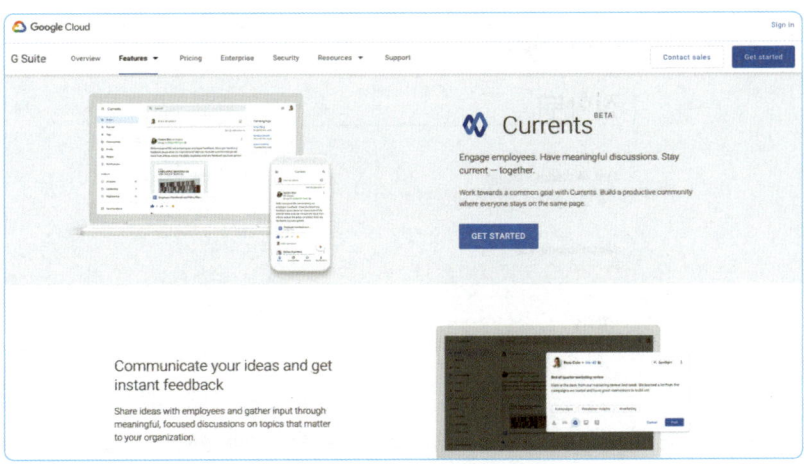

현재 계속 서비스 중인 구글 커런트 화면. 책이 쓰이는 시점에서는 베타 버전으로만 사용할 수 있었다.

현재 계속 서비스 중인 구글 플러스(https://plus.google.com)로 들어오면 구글 플러스의 첫 화면이 보인다. 구글답게 아주 단순한 디자인이다.

교내 전체 사이트로 만들면 혼잡할 수 있으니 커뮤니티를 만들어 구별하여 운영하려 한다. 교내 도메인에 오픈할 경우 모든 교사가 부서별 활동을 다 볼 수 있다. 물론 폐쇄적으로 만들면 내부 인원만 볼 수도 있다.

E. 구글 플러스

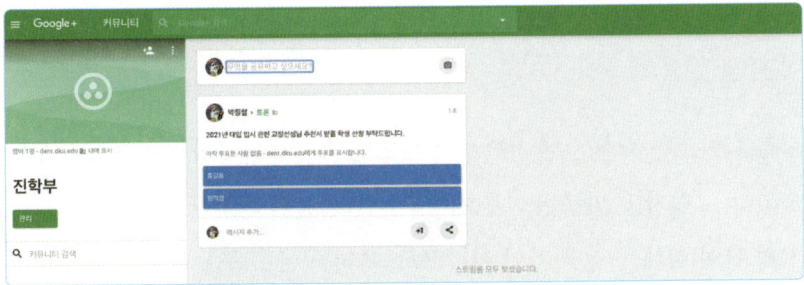

'진학부'라는 작은 커뮤니티를 만들었다. 사진이나 링크를 올릴 수 있고 간단한 설문도 할 수 있다.

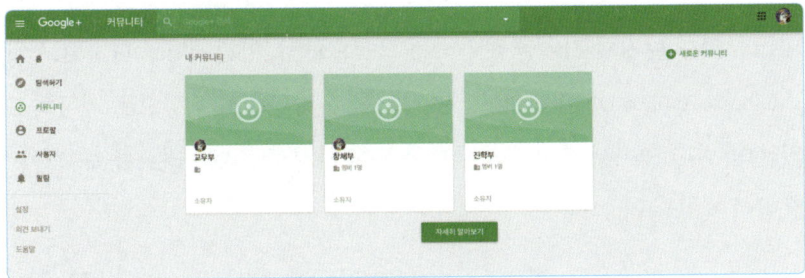

커뮤니티를 생성한 모습. 교무부, 창체부, 진학부별로 관리자, 참가자 등을 한눈에 볼 수 있다.

전체 스트림에서는 각 커뮤니티, 즉 부서별로 오가는 교류 내용을 한눈에 볼 수 있다.

교내 교사들 간의 소중하고 비밀스러운 공간으로 활용될 수 있는 구글 플러스를 온라인 교무실과 함께 적절히 사용한다면 차가운 디지털 세상이지만, 편리함과 효율로 가득한 따뜻한 공간으로도 만들어질 수 있으리라 믿어 본다.

구글 사이트는 사실 수년 전까지만 해도 없어지지 않을까 불안해했던 서비스였다. 그렇지만 2016년 이후 계속되는 업데이트와 혁신으로 점차 홈페이지의 완성 형태를 향해 가기 시작했고, 특히 구글 도구들의 완벽한 콜라보를 통해 더욱 유용하게 사용할 수 있게 되었다. 앞으로 교육 현장에서 구글 사이트의 발전은 크게 기대해 볼 만하다.

최근 구글이 디지털 기술을 전파하는 교육으로서 '어플라이드 디지털 스킬스(Google Applied Digital Skills)'라는 강좌를 온라인에서 무상으로 제공하고 있는데, 이 강의에서도 구글 사이트를 통한 자신의 포트폴리오를 구축하는 요령이 제시된 바 있다.

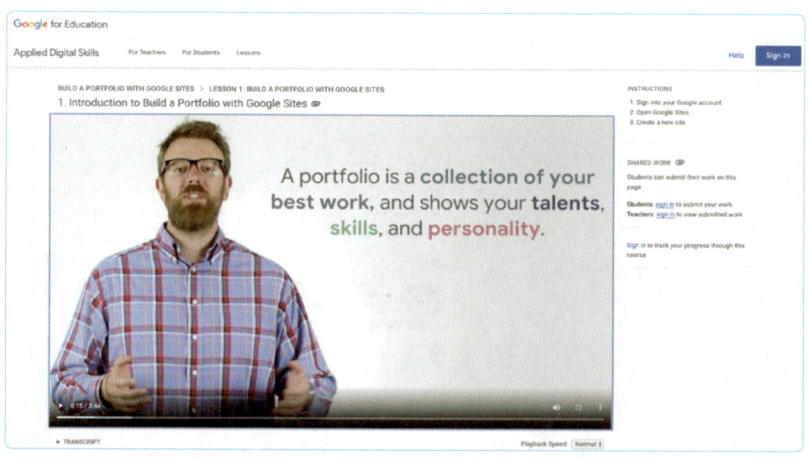

어플라이드 디지털 스킬스(https://applieddigitalskills.withgoogle.com/)에서 포트폴리오를 구글 사이트로 만드는 방법이 제시되고 있다.

구글 전문가 인증 받기

자, 이제 다양한 구글 도구를 활용한 교육에 익숙해졌다면 다음 단계는 무엇일까? 더더욱 실력을 발전시키고 새로운 내용을 습득하며 이제 자기가 가진 노하우를 다른 교육자들에게 나누어 주는 단계로 발전해야 하지 않을까? 그리고 무엇보다 이러한 실력을 인정받아 만천하에 자랑할 수 있는 수순을 밟아야 하지 않을까?

바로 이 모든 것들을 성취할 수 있는 과정이 있으니, 이름하여 구글 공인 교육자(레벨 1, 2로 구성됨)와 구글 공인 트레이너 그리고 구글 공인 이노베이터다. 이 챕터에서는 이 과정들이 무엇을 의미하며, 어떤 과정으로 취득하는지, 그 여정을 간단히 소개하고자 한다.

이미 미국을 비롯한 많은 나라에서는 구글 공인 교육자 및 구글 공인 트레이너가 되기 위한 교육 과정이 생기는 등 많은 관심이 쏟아지고 있다. 교육 과정이 아직까지 한글화가 되지 않았다는 점 때문인지 한국에서는 이제 시작되는 수준으로 보인다. 하지만 확실한 것은 점차 이러한 움직임이 보편화되고 있다는 점이다.

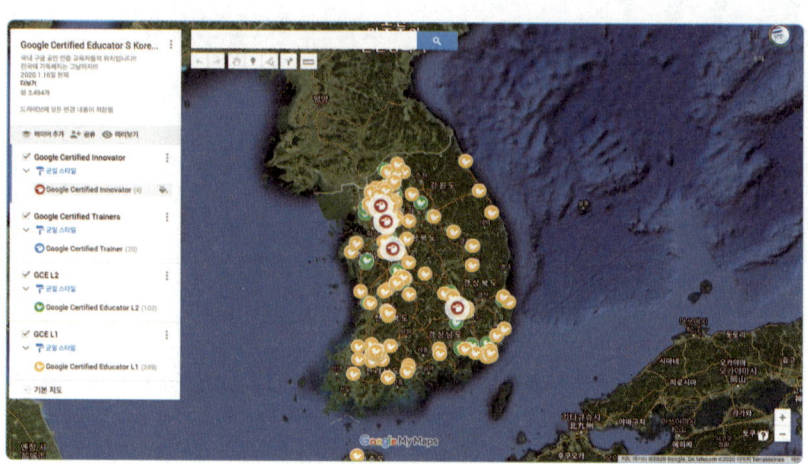

국내 공인 교육자, 트레이너, 이노베이터의 현황(http://bit.ly/gcegctgci). 지도에서 확인 가능하다. 등록을 원하면 gegsouthkorea@gmail.com으로 연락하길 바란다.

Google for Education Training Center에서는 구글 공인 교육자를 다음과 같이 정의한다.

> 만일 당신이 구글 도구 등을 사용하여 교실에서 이를 활용할 수 있는 교육자라고 한다면, 이 인증 과정은 당신의 숙련도를 증명해 주는 것이다(If you're an educator who knows how to use Google tools in the classroom, this certification proves your proficiency).

그리고 그 인증 과정은 그 수준에 따라 나뉘는데 교육자 개인의 G Suite for Education에 대한 능숙도를 알아보기 위해 치루는 단계별 시험 중 가장 첫 단계가 구글 공인 교육자 레벨 1(Google Certified Educator Level 1)이고, 레벨 1을 획득하면 레벨 2 시험 자격이 주어진다. 이 과정을 모두 마치고 나면 다음 단계는 구글 공인 트레이너 과정이다. 이 과정을 거치면 이제 다른 교육자에게 구글 플랫폼을 도입하고 활용할 수 있도록 트레이닝을 시킬 수 있는 권한과 능력, 의무를 준다. 그리고 이 인증 과정의 마지막 단계는 구글 공인 이노베이터인데 구글 교육 단계에서 가장 높은 위치에 오르는 것이다. 이 과정은 전 세계 주요 도시에서 특정 기간에 열리는 3일간의 수업을 듣고 다시 1년간의 온라인 교육과 활동을 해야 한다.

이메일이나 강의 슬라이드에 넣을 수 있는 디지털 배지. 사실 큰 의미 없는 작은 아이콘이지만 외부에서 보기에는 구글이라는 로고가 들어가서인지 다들 신기해하고 부러워한다. 이것이 작은 매력이기도 하다.

구글 공인 교육자 레벨 1 시험에 통과하면 자신의 이름이 적힌 증명서와 디지털 배지가 첨부되어 축하 메시지와 함께 자신의 이메일로 날아온다. 필자는 이메일 아래에 필자의 이름과 함께 이 디지털 배지가 항상 표시되게 설정해 두었는데(지메일 설정에서 서명 기능을 활용하면 가능), 전 세계의 구글 교육자들과 소통하다 보면 그들도 대부분 이렇게 설정해 놓은 것을 자주 본다. 심하면 여러 가지 배지가 덕지덕지 붙어 있는 경우도 있다. 약간은 지저분해 보일 수도 있지만, 이 배지 하나가 자신이 누구인지, 어떤 길을 가려 하는지, 그리고 무엇에 가치를 두고 있는지를 너무나도 잘 설명하고 있어서 큰 힘을 가지고 있다고 생각한다.

사실, 구글 공인 교육자 증명서나 디지털 배지가 직접적인 경제적 이익 내지는, 대중성이 없어서 "아무짝에도 쓸모없다."라고 생각하는 교육자들도 있는 것으로 안다. 뒤에서 다시 한번 설명하겠지만, 아직까지는 인기 있는 자격증이라고 보기는 어렵지만 그 과정을 걷다 보면 경제적 이익보다 더 중요하고 좋은 혜택들과 노하우를 얻게 될 것이라고 생각한다.

그리고 이제는 구글 공인 교육자가 되는 것이 선택이 아니라 필수가 되고 있다. 최근부터 구글 본사가 새로운 구글 교육자 그룹 리더에 지원하기 위한 최소한의 조건으로, 구글 공인 교육자 레벨 1을 취득할 것을 요구하고 있기 때문이다. 이를 보았을 때, 구글 공인 교육자 시험은 단지 자격 증명을 위한 시험이 아니라는 것이 분명해 보인다.

이제부터는 구글 공인 교육자 취득을 위한 공부 노하우를 아낌없이 공유하겠다.

A. 필승 공부법

1. 구글 도움말

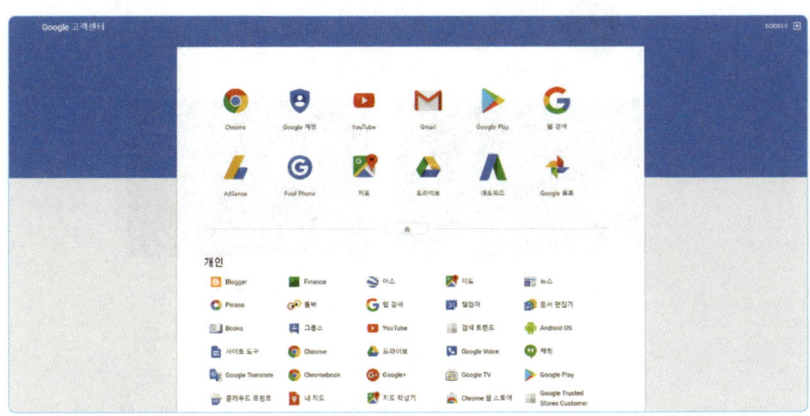

구글 도움말 화면

구글에서 구글 도움말을 검색하면 맨 위에 구글 고객센터가 나올 것이다. 고객센터와 도움말은 같은 뜻이므로 크게 상관하지 않아도 된다. 여기에서 원하는 제품의 도움말을 찾아도 되고, 아니면 구글 클래스룸 도움말과 같이 구글에서 '제품 이름+도움말'을 검색해도 같은 결과가 나온다. 따로 교재가 필요 없을 정도로 좋은 내용이 수시로 업데이트되고 있으니 잘 모를 때는 먼저 도움말부터 검색하는 습관을 기르자.

2. 구글 티처 센터

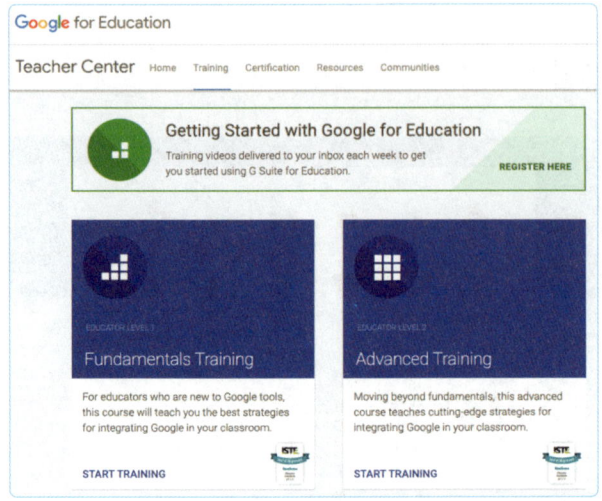

구글 티처 센터(https://teachercenter.withgoogle.com/)에 들어가면 아주 꼼꼼하게 자료가 정리되어 있다.

앞에서 설명한 구글 도움말은 구글 초심자나 구글 공인 교육자 시험을 준비하기 위한 초석을 다지는 사람에게 적절한 곳이라면, 티처 센터는 구글에서 직접 제공하는 코스로 구글 공인 교육자나 트레이너 시험을 대비하는 곳이라 할 수 있다.

여기에서는 구글 공인 교육자 레벨 1, 2뿐만 아니라 트레이너 코스, 이노베이터 코스까지 준비되어 있는데, 교육자는 시험을 치기 전에 자신이 원하는 레벨의 코스를 모두 완료하여야 시험을 칠 수 있는 자격을 갖는다. 예를 들어, 구글 공인 교육자 레벨 1 시험을 치려면 [Fundamentals Training]을 눌러 그 안의 내용을 모두 공부해야 시험을 칠 수 있다. 유닛마다 공부 예상 시간이 표시되어 있기 때문에 계획을 잘 짜서 짬짬이 공부해야 하고 생각보다 많은 분량이 포함되어 있으므로 꾸준히 공부해야 한다.

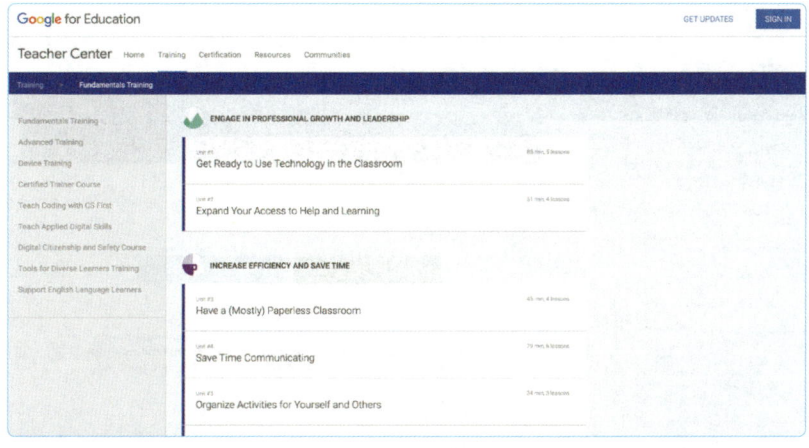

기초 트레이닝 과정의 모습

자, 이제 공부를 시작했다고 해 보자. 앞 그림은 구글 공인 교육자 레벨 1을 위한 [Fundamentals Training] 코스이다. 보는 것처럼 유닛 1부터 13까지 구성되어 있다. 각 단원은 몇 개의 소단원으로 나눠져 있고, 그 소단원 끝에는 레슨 체크가 있다. 곧바로 정답 확인이 가능한 문제들로 구성된 것을 볼 때 답을 맞히는 것이 중요한 것이 아니라 정답이 무엇인지 알고 가는 것이 더 중요하다는 것을 보여준다. 성적이 중요한 우리나라의 교육과 과정의 중요성을 강조하는 서양식 교육의 차이로 보인다. 이 문제가 나중에 실제 시험에 나오는가 하고 긴장했는데 그렇지는 않았다. 별개의 문제이다. 아무래도 미국 위주다 보니, 한국과는 조금 괴리감이 있었다.

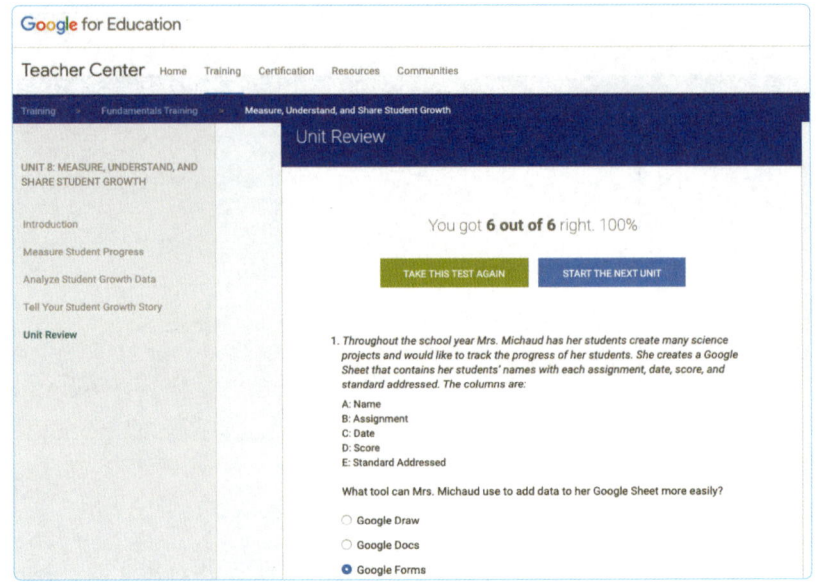

유닛 리뷰

각 유닛의 소단원 끝에 있는 레슨 체크를 끝내면 유닛의 맨 끝에는 유닛 리뷰가 있다. 레슨 체크처럼 맞힌 정답만 표시되며 원하는 만큼 시험을 칠 수 있는데, 한 유닛의 모든 내용을 포함한 시험이므로 레슨 체크보다는 조금 더 까다로운 느낌이 있어 필자의 경우에는 모두 맞히지 못하는 경우가 부지기수였다. 허나, 모르는 문제는 몇 번이나 도전해서 다 맞히도록 하고 그래도 정답을 모르는 문제가 있으면 구글링해서 모두 맞히고 넘어가도록 했다. 필자는 개인적으로 시험 전 모든 레슨 체크와 유닛 리뷰 문제들을 캡처해 놓은 뒤 저장해두고 몇 번이나 다시 돌려 보았다.

이런 식으로 한 단원, 한 단원 차근차근 진행하면 된다. 그 내용이 아주 어려운 것은 아니지만 모두 영어로 되어 있어서 다소 어려울 수도 있다. 특히 시험을 혼자서 보는데 영어로 독해하고 답을 찾아내야 하는 것이 큰 부담일 수 있다. 완벽하지는 않지만, 크롬 브라우저에서는 화면에서 마우스 오른쪽 클릭을 하면 '한국어로 번역' 기능을 사용할 수 있다. 이를 통해 순식간에 페이지를 한국어로 번역하면 다음 그림과 같이 꽤 나쁘지 않게 한국어로 문장을 독해할 수 있다. 이해 안 되는 문장은 다시 영문으로 복귀하여 확인하면 되니 100% 영어로 읽는 것보다는 속도가 빨라진다.

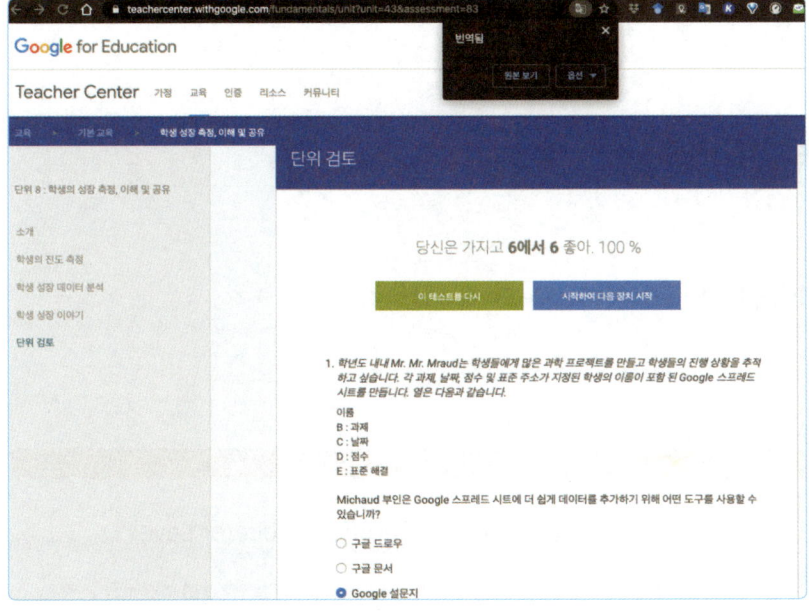

동일한 페이지를 한국어로 번역한 것. "6에서 6 좋아"라고 엉뚱하게 번역되지만 그래도 이해하는 데 큰 어려움은 없다. 구글 번역은 계속 업그레이드되는 중이다.

다시 영어로 돌아가기 위해서는 크롬 브라우저의 주소창(옴니박스라 부른다)의 오른쪽에 만들어진 구글 번역 아이콘을 클릭하여 [원본 보기]를 클릭한다. 이를 통해 다시 영어로 돌아갈 수 있다. [옵션]에서는 [영어 항상 번역], [영어 번역 안함], [이 사이트 번역 안함], [언어 변경] 옵션이 제공된다. 만일 영어 번역이 안 되는 사이트가 있으면 [언어 변경]을 클릭하고 영어를 선택하면 된다.

구글 번역 아이콘이 옴니박스 안에 만들어졌다. 언제든 원본으로 돌아갈 수 있다.

B. 시험 진행 방법

1. 구글 공인 교육자(Google Certified Educator)

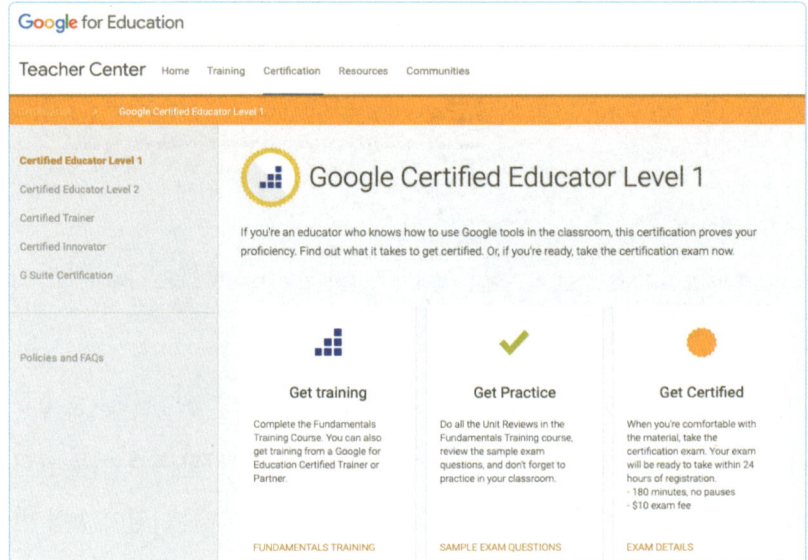

구글 공인 교육자 레벨 1 메인 화면

B. 시험 진행 방법

구글 도움말로 기본을 다지고 자신이 도전하고자 하는 레벨의 코스를 완료하였다면 이제는 본격적으로 시험을 볼 차례이다. 티처 센터 상단에 있는 [Certification] 탭을 클릭하면 시험을 등록할 수 있다. 자신이 원하는 화면 왼쪽에서 자신에게 알맞은 레벨의 시험을 고른 후 아래의 노란색 박스를 클릭한다. 레벨 2는 굳이 레벨 1이 없더라도 응시할 수 있다. 단, 트레이너가 되기 위해서는 레벨 1, 레벨 2 모두 인증받아야 한다. 반면 이노베이터가 되기 위해서는 트레이너가 될 필요는 없다. 즉 레벨 1, 2 인증만 받으면 도전할 수 있다.

시험을 보는 과정은 매우 간단하다. 먼저 간단하게 자신의 개인정보를 넣어 시험용 ID를 만들고 자신이 원하는 시험을 고른 뒤(처음이라면 구글 공인 교육자 레벨 1일 것이다), 시험 비용을 지불하면 얼마 지나지 않아 지불 영수증과 시험을 시작하는 방법이 적힌 이메일을 받게 될 것이다. 주의할 사항이 하나 있다. 필자는 집에 있는 데스크톱으로 시험을 치려 했지만 웹캠이 필수인 것을 깨닫고 웹캠이 내장된 노트북으로 시험을 봤다.

간단히 준비 사항을 적어보면 다음과 같다.

- 웹캠이 구비된 노트북이나 데스크톱 PC
- 원활한 인터넷 환경
- 충분한 전원
- 시험 전 화장실 다녀오기(3시간 동안 진행되고, 긴장하다 보면 한 번은 위기가 오는 것 같다!)
- 간단한 음료와 간식
- 무엇보다 인터넷이 잘 돼야 마음이 편하다.
- 혹시 재결제해야 할 수 있으므로 해외 결제가 가능한 신용카드

이 시험에 대해서 자세히 설명하고 싶지만, 약속한 바가 있어 그렇게 하기 어렵다. 인증 과정의 첫 단계가 바로 기밀 유지 협약을 작성하는 것이기 때문이다. 따라서 자세한 시험의 내용은 직접 경험해 보는 수밖에 없다. 구글 공인 교육자 레벨 1 테스트는 3시간의 온라인 시험을 거쳐서 취득하며 객관식 25~26문항, 시나리오 약 10~11개로 구성된다. 각 시나리오는 1~6개의 과업으로 구성된다. 체력 싸움이다. 시험 직후, 자동화 채점 과정을 거쳐 5분 이내에 바로 결과를 알 수 있다. 80점 이상 받아야 합격이며 합격 시, 점수는 나오지 않는다. 탈락하면 점수를 알 수 있고 자신이 부족했던 부분을 알려 주므로 다시 공부할 때 도움을 받을 수 있다.

1.1 시험 대비 학습 자료

1. Online preparation 온라인 교육 자료 학습
   https://edutrainingcenter.withgoogle.com/training

2. 온라인 학습을 돕기 위해서 박정철 교수가 제작한 'Bible reading (60분)' 시청 권유
   http://bit.ly/biblereadinglevel1

3. 장성순 트레이너가 제작한 도구별 학습 플립 영상 (4부작) 시청 권유
   - Part 1 http://bit.ly/bootcamppart1
   - Part 2 http://bit.ly/bootcamppart2
   - Part 3 http://bit.ly/bootcamppart3
   - Part 4 http://bit.ly/bootcampart4

1.2 시험 등록 절차

레벨 1 시험에 대한 자세한 정보는 공식 트레이닝 센터(티처 센터) 홈페이지 (https://teachercenter.withgoogle.com/certification_level1)에 나와 있다.

왜 하루 전날 등록을 권장할까? 물론 시험을 등록하면 대개 바로 시험에 응

시할 수 있지만, 가끔씩 시험 문제 생성에 24시간 이상 소요될 수 있어서 안전하게 전날, 내지는 그 전날 미리 신청해 두는 것이 좋다.

구글 공인 교육자 레벨 1 시험을 찾아 들어간 뒤 [Register for the level 1 exam] 링크로 들어가서 등록하면 된다. 이후에는 해외 결제가 가능한 카드로 결제하면 된다. 참고로, 등록하는 지메일은 앞으로 레벨 1, 2 트레이너로 계속 이어질 지메일을 선택하는 것이 좋다. 등록을 마치면 등록한 지메일로 시험 보는 절차에 관한 이메일이 하나 온다. 이메일 속에 시험용 1회용 아이디와 비밀번호가 들어 있다. 이 아이디와 비밀번호로 시험을 보면 된다. 이때 주의할 것은 절대 기존 개인 지메일이 아니라 새로 부여된 아이디와 비밀번호로 시험을 봐야 한다는 점이다.

시험 등록 화면부터 영어라서 막히는 경우가 종종 있다. 하지만 앞서 언급했듯이, 이 화면에서 오른쪽 마우스를 클릭하면 어느 정도는 이해할 수 있는 한글로 신속하게 바꾼다. 가끔씩 내용 입력 부분에 한글로 정보를 적는 경우가 있는데 안전한 진행을 위해 영어로 하는 것이 향후 오류 발생 시 대처에 도움 된다.

1.3 시험 방법

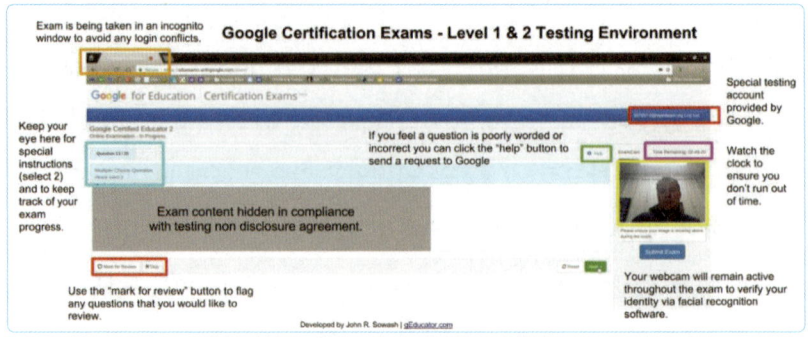

구글에서 검색한 구글 공인 교육자 시험의 대략적인 레이아웃 이미지

기밀 유지 협약을 체결하였으므로 시험 화면을 노출하면 안 되지만, 이 그림은 구글링하면 나오는 이미지이고 누구나 볼 수 있는 상태라 캡처해 왔다. 물론 실제 시험은 이것과는 완전히 다르지만 대략적인 느낌은 받을 수 있다.

한편에는 웹캠을 이용해서 시험 보는 응시자의 얼굴이 계속 보인다. 따라서 당연히 웹캠이 있는 노트북이나 데스크톱에서 시험을 봐야 한다. 이는 대리시험을 하거나 누군가와 같이 시험을 보는 등의 부정행위를 막기 위한 것이다. 이를 위해 시험 전에 먼저 셀프 카메라를 한 장 찍게 한다. 그리고 시험이 시작되면 동영상의 형태로 얼굴이 나타난다. 알려지기로는 5분마다 무작위로 사진을 찍어서 처음 찍은 얼굴과 바뀌거나 화면에서 얼굴이 사라지면 탈락시킨다고 하는데 정확하게 확인된 바는 없다.

객관식 문제는 다중 선택과 드래그 앤 드롭 유형이다. 다중 선택은 단순히 2개가 아닌 1, 3, 4개를 고르는 문제도 있으므로 반드시 몇 개를 골라야 하는

지를 본 뒤에 문제를 푸는 것이 중요하다. 필자는 많은 부트캠프 경험을 통해 객관식 문제에 공을 너무 많이 들이면, 탈락률이 높아지는 것을 보았다. 그 결과 필자들이 만들어 낸 룰은 '1분 안에 풀 수 있으면 풀고 아니면 넘어가라'이다. 절대 망설이지 말고 과감히 넘어가야 한다. 그리고 넘어갈 때는 [Mark for review] 버튼을 이용해서 나중에 다시 풀어 볼 수 있도록 체크하면 된다. 1분 넘게 시간을 쓰면, 시나리오에서 공을 들이기 어려워지는데 시나리오는 일단 양도 방대할 뿐만 아니라 그 비중이 객관식보다 크기 때문에 이 방식을 준수하는 것이 좋겠다.

화면 상단에 계속 시간이 카운트될 텐데 1시간이 넘도록 객관식을 풀고 있다면 이미 너무 늦었을 수 있다. 반드시 객관식은 1시간 이내에 마무리하고 (다 풀었든 넘겼든 간에) 시나리오로 넘어가야 합격 확률이 높아진다. 시험 창은 시크릿 창으로 보아야 한다. 이것은 브라우저의 색이 검게 바뀌므로 한눈에 알아볼 수 있다. 또한 시험 보기 전에는 개인 지메일은 모두 로그아웃 하는 것이 좋다. 시험 보는 중에 자신의 계정이 자꾸 뜨면 시험이 뒤죽박죽 될 수 있기 때문이다.

크롬 브라우저에서 탭에 마우스 오른쪽 클릭하면 [탭 고정]이라는 메뉴가 나오는데 이를 클릭하면 탭의 크기가 작아지면서 클릭만으로는 탭을 닫을 수가 없다. 따라서 탭을 오가며 시험을 보다가 실수로 메인 화면을 닫아 버리는 일이 현저하게 줄어든다.

이러한 방식으로 문제를 풀어나가면 대략 20~30분 정도 남은 시점에서 문제를 다 풀게 될 텐데 남은 시간은 이제 [Mark for review] 체크한 문제들을 다시 보면 된다. 전체 답안 화면이 뜨고 파란색으로 체크된 문제들을 클릭하여 하나하나 살펴보는 식으로 보면 된다. 중요한 것은 전체 화면으로 매번 돌아올 때 로딩 시간이 꽤 걸린다는 점이다. 하지만 절대 조급해하지 말고 기다려야 한다.

마지막으로 오류에 관한 이야기이다. 유독 구글 공인 교육자 시험은 서버의 불안정성 때문인지 오류가 종종 난다. 일단 오류가 난 경우 당황하지 말고 로그아웃하고, 다시 5분 이내 로그인하면 시험 보던 내용이 그대로 저장되어 있으니 문제없이 시험을 진행할 수 있다. 문제는 아무리 로그인을 반복해도 계속 오류가 나오는 경우다. 이때는 시험 진행이 불가능하다. 일단 오류 메시지가 뜬 화면을 캡처해 두자. 그리고 'https://support.google.com/a/contact/certification?hl=en' 사이트에 들어가면 오류 케이스를 보고하는 창이 나온다. 자세히 상황을 설명하면 수 시간 뒤에 답변이 오는데 만일 그때까지 본 성적이 80점 이상이면 바로 합격 처리된다. 하지만 이런 일이 없기를 기도하는 것이 좋겠다.

1.4 결과 통보

통상적으로 시험 완료 후 3~5분 이내에 자신의 개인 지메일로 연락이 온다. 합격이라면, 받은 이메일에 [here]이라는 작은 링크가 제시되고 이를 클릭하면 결과 창으로 연결된다. 만약 불합격이라면, 이메일에 성적과 함께 불합격 고지 내용이 제시된다. 재응시하고 싶은 경우 2주간은 불가능하며 또 다시 떨어지면 1달, 또 떨어지면 1년간 시험 응시가 불가능하다. 자격은 합격 후 36개월간 유효하며 이후에는 재시험을 쳐서 재인증을 받아야 한다. 이제 마지막으로 시험의 예시를 한번 살펴보자. 이 문제는 구글이 직접 제공하는 예문이다.

F. Sample GCE Level 1 Exam Questions

You will be given a test G Suite for Education account to complete the Google Certified Educator exams. Your test account will represent a teacher at a fictitious school. Log in to your temporary test account to complete the given tasks.

Multiple Choice
Sample Question 1.

Objective: Use technology to move beyond textbook-based instruction. Students in your history class are having difficulty understanding the significance of World War II. What activities could help students get more engaged? (Choose 2 answers)

- ☐ Students create YouTube videos describing key battles in World War II
- ☐ Teacher creates a final exam in Forms to give students a grade on what they know
- ☐ Students use the Explore Tool to search for more information in Docs
- ☐ Students answer quesons at the end of the chapter on World War II

Drag and Drop
Sample Question 2.

Objective: Communicate better through email and chat Drag and drop to match the feature of Gmail with a benefit of using the tool.

Feature	Benefit
1. Canned Responses	Sample Benefit (내용 비공개)
2. Anytime, anywhere access	Sample Benefit (내용 비공개)
3. Labels Sample	Benefit (내용 비공개)

Performance-Based Scenarios

The test taker will need to open a new tab in their browser window to complete the scenario questions. The resources for these questions have already been created and are in the account of the test user.

Sample Question 3.

Objective: Access, view, and understand results in spreadsheets Your students have answered a few questions about an upcoming Presidential election and submitted their results in a Google Form. You want to review their opinions to prepare for an upcoming class.

- ☐ Access the form "Election Opinions" and view the results in a spreadsheet.
- ☐ Sort the sheet based on student first name in ascending alphabetical order (a-z).
- ☐ Create a pie chart that represents who they selected as their favorite candidate (Column F).

Sample Question 4.

Objective: Enhance and share videos

You want to be sure that students are able to view your "Award Winners" broadcast at a later date. You decide to share the video again via your YouTube channel to maximize views. Complete the following tasks.

- ☐ Find the "Award Winners" video on your YouTube channel.
- ☐ Add a poll with the following question "What should we tackle next?" (provide your own answers)
- ☐ Share the video with your students.

2. 구글 공인 트레이너(Google Certified Trainer)

앞서 언급한 구글 공인 교육자 과정을 연속으로 성공하여 마침내 레벨 2 시험에 통과했다면 다음 단계로 다른 교육자를 교육할 수 있는, 구글 공인 트레이너 시험에 도전할 수 있다. 구글 공인 트레이너(이하 구글 트레이너)는 구글에서 인증하는 구글 교육 트레이너로서 공식적인 구글 트레이너라는 이름으로 교사 연수나 구글 교육 트레이닝에 참여할 수 있다. 기존 교육자 시험과 트레이너 시험은 큰 차이점이 하나 있는데 시험을 보는 포털이 따로 만들어져 있다는 점이다.

`URL` https://googleedu.onlineapplications.net/app/main/

따라서 해당 사이트로 접속하여 지원서를 작성하면 온라인으로 지원할 수 있다.

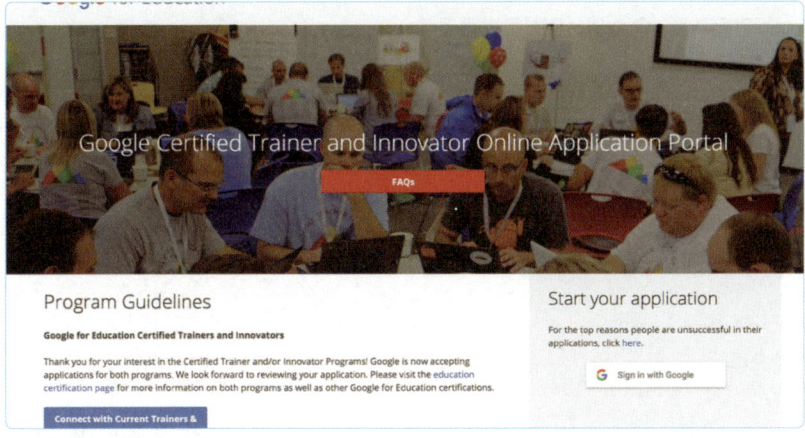

트레이너를 위한 응시 포털 사이트 접속 화면

2.1 트레이너의 혜택

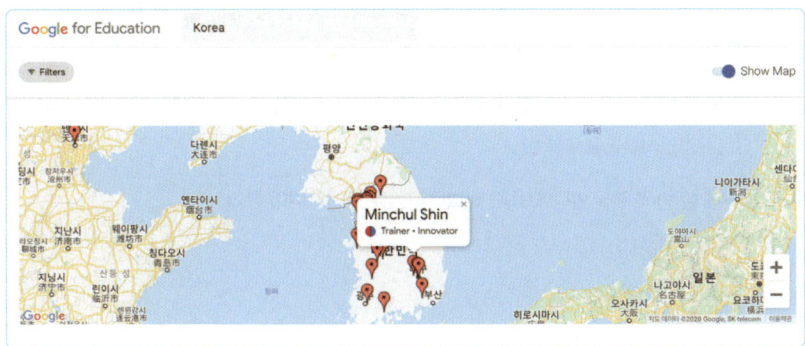

구글 에듀 디렉터리 사이트에 이름이 탑재된 모습

- 구글 에듀 디렉터리에 공식적으로 등재되는 영광을 누리게 된다. 이를 통해 자신의 이름과 정보를 전 세계 구글 교육자들이 검색할 수 있고 이 정보를 통해 다양한 교육/강의의 기회가 생길 수 있다.
- 포럼 등을 통해, 전 세계 구글 트레이너들과의 지속적인 교류를 하며 일반 교육자들이 접하기 어려운 고급 정보를 수시로 얻을 수 있다.
- G Suite for Education 교육을 위하여 데모 도메인을 운영하고 최고 100명까지 계정을 만들고 운영할 수 있는 권한을 받게 된다.
- 구글 신제품 정보를 먼저 받을 수 있다.
- 트레이너에게 제공되는 무료 애플리케이션(예: Camtasia 등) 혜택이 가끔 있다.
- 국내에 현재 극소수로 존재하는 구글 도구 교육 관련 공식 전문가로서의 상징적인 의미도 있다.

2.2 의무

- 연간 최소 12회의 구글 관련 트레이닝을 진행하고 이를 온라인 포털을 통해 보고해야 한다 (하지만, 외부 강의, 소규모 트레이닝, 온라인으로 방송하는 것도 포함이니 스트레스 받지는 않아도 된다.).
- 트레이너 커뮤니티에서 적극적으로 활동하며 자료 및 지식을 공유해야 한다.
- 매년 자신의 연간 교육을 돌아보고 자신의 교육 초점, 관심사에 대한 소견서를 제출해야 한다.
- 1년에 한 번씩 연초에 트레이너 자격을 갱신받아야 한다(구글 도구 업데이트에 대한 내용을 간단한 온라인 시험을 통해 확인).
- 3년에 한 번씩 구글 인증 교육자 레벨 2 시험을 갱신하여야 한다.

2.3 준비 과정

- 필수 준비사항

품목	비고
구글 공인 교육자 레벨1 획득	180분 시험 (객관식 25~26개, 시나리오 약 10~11개)
구글 공인 교육자 레벨2 획득	180분 시험 (객관식 25~26개, 시나리오 약 10~11개)
트레이너 스킬 평가 시험 응시	90분간 객관식 25개
지원서 작성	온라인으로 트레이너가 되려는 목표, 관련 트레이닝 경력, 향후 계획 작성
비디오 제작	자신의 포부와 실제로 구글 도구 활용 사례를 설명하는 영상 제출(총 3분)

- 유의사항

트레이너 스킬 평가 시험

TSA(Trainer Skills Assessment) 합격증

90분간 25문항을 풀어야 하므로 시간적 부담감은 없다. 빨리 문제 푸는 데 초점을 두기보다는 정확하게 답변을 하는 데 초점을 맞추길 권장한다.

> 구글 공인 교육자 시험 레벨 1, 2

구글 공인 교육자(Google Certified Educator) 레벨 1 합격증

구글 공인 교육자(Google Certified Educator) 레벨 2 합격증

- 서로 다른 계정으로 레벨 1과 2를 획득한 경우라면 한 계정으로 통합하길 권장한다(평생 사용할 개인 계정으로 레벨 1, 2, 공인 트레이너 자격을 통합하는 것을 권장함. 직장이나 학교 계정은 이

B. 시험 진행 방법

직의 우려가 있으므로 좋지 않음).
- 지원서 작성 시 레벨 1, 2의 합격증을 업로드하는 부분이 있으므로 미리 찾아서 업로드하길 바란다(지메일 내 검색 기능을 이용하거나 'https://www.webassessor.com/wa.do?page=publicHome'에서 재발급 가능).

> 부가정보

- **Classroom Teaching Experience:** 교사 생활 및 학생을 가르친 경력 연차(예: 3년, 5년 등)
- **Formal Training Experience:** 프레젠터, 연사, 교육자로서 다른 교육자들을 가르친 경력 연차
- **Google-specific Trainings:** 구글 관련 트레이닝 경력(구글 클래스룸이나 구글 도구를 이용한 교육의 경험을 최소 5회 제시해야 함)
- **Certified Trainer Name:** 트레이닝을 받거나 도움을 받은 구글 공인 트레이너의 이름과 이메일

- 트레이닝, 전문 연수 경험

```
Education *
Enter higher education degree(s) earned and names of granting institution(s).
[                                                              ]

Classroom teaching experience *
How many years of classroom teaching experience do you have?
[                                                              ]

Coaching or training experience *
How many years of coaching or training experience do you have?
[                                                              ]
```

트레이닝, 전문 연수 경험 1

차례대로 교육 경력, 교실에서의 지도 경험, 코칭과 트레이닝 경험을 추가하면 된다.

> **Google-specific trainings** *
> List at least 5 recent Google-specific trainings that you have led. Please indicate the date and topic for each training.

트레이닝, 전문 연수 경험 2

구글 트레이너는 말 그대로 구글 도구를 훈련시킬 능력이 필요하다. 따라서 최근 5개의 연수 기록을 구체적으로 남길 필요가 있다.

> **Recertification as a Google Certified Trainer requires at least 12 trainings each year. Please state your training and coaching goals to meet or exceed this expectation (100 word limit).** *
>
> Example training goals: assisting educators in obtaining their L1 and L2 certifications, training sessions, trainers trained, teachers trained, change management, student outcomes, etc.
>
> Word(s) count: 0

트레이닝, 전문 연수 경험 3

구글 트레이너는 매해 12번의 트레이닝을 하고 에듀 액티비티 앱을 통해 보고해야 할 의무가 있다. 따라서 이에 맞추어 트레이닝과 코칭 목표를 설정하는 것을 적어야 한다.

B. 시험 진행 방법

■ 케이스 연구

> **Case Study**
>
> Please choose a single training that you conducted on Google tools within the past year, and answer the following 5 questions about that training. (200 word limit per question)

케이스 연구 1

구글 트레이너는 효과적인 연수를 통해 많은 교육자를 대상으로 트레이닝할 수 있는 능력이 필요하다. 따라서 자신의 연수 사례들을 토대로 분석하는 것이 요구된다.

> Please describe the single training for your case study. How did you demonstrate how to use the tool? How did you show attendees effective and efficient ways of integrating this tool into the classroom? *
>
> Word(s) count: 0

케이스 연구 2

트레이닝의 한 사례를 선택한 후, 구글 도구를 어떻게 사용했는지 설명했던 사례를 적어야 한다. 따라서 참석자들에게 어떻게 이 도구들이 효과적이고 효율적으로 교실 현장에서 적용될 수 있는지 설명했던 사례를 서술해야 한다.

[Case Study continued] What actions did you take to engage the adult learners in this training? How did you differentiate the training for the different ability levels in the room? *

Word(s) count: 0

케이스 연구 3

- 트레이닝을 하다 보면 대상이 모두 성인이고 또 수준의 격차가 다양한 상황들을 볼 수 있다. 따라서 성인 학습자가 연수에 몰입하기 위해 취해야 할 행동과 수준차에 따른 트레이닝 방법을 생각해야 한다.
- 플립 러닝, 난이도 조절, 그룹 활동 등 수준차에 따른 활동 구성과 함께 제시하는 것은 다른 수준의 학습자들을 지도하는 것에 도움이 될 것이다.
- 구글 설문지, 구글 프레젠테이션, 구글 사이트, 아니면 플립 러닝 목적으로 촬영해 둔 동영상 강의 링크 등을 첨부하면 더욱 좋다.

[Case Study continued] Provide links to at least one training material that you created and used for this training. *

If sharing Google Slides, Docs, etc. make sure access is set to "Anyone with the link can view".

Failure to do so results in an incomplete application, and is a commonly overlooked application tip.

케이스 연구 4

- 구글 트레이너가 트레이닝 연수를 진행할 때에는 활용한 자료들이 있을 것이다. 따라서 그 자료를 드라이브에 올려 링크 형식으로 제공해야 한다.
- 단, 간혹가다가 공유 설정을 '나만 보기'로 제공하는 경우가 있다. 그런 경우 심사자들이 자료를 살펴볼 수가 없으므로 꼭, '링크가 있는 사람은 누구나 보기 가능' 권한을 설정해야 한다.

> [Case Study continued] After reviewing the feedback from the attendees of this training, how would you improve the training? What would you have done differently? *
>
> Word(s) count: 0

케이스 연구 5

- 구글 트레이너 과정에서 가장 중요하게 여기는 부분은 바로 피드백이다. 따라서 피드백을 바탕으로 자신의 트레이닝을 개선하고 어떤 점이 더 나아졌는지를 제시해야 한다.
- 사전에 구글 설문지로 수준에 대한 피드백을 받고, 트레이닝을 마친 후 구글 설문지를 사용하여 연수 결과에 대한 피드백을 통해 보충 자료를 제공하는 것도 도움이 될 것이다.

■ 트레이너 비디오

> **Trainer Video**
>
> Trainer Video *
>
> Distinguish yourself by submitting a 3-minute video introducing who you are as a trainer (1-3 hours prep time). In the first minute, wow us by explaining why you wish to become a Trainer and what makes you unique and Googley! The final 2 minutes of the video should teach the audience how one feature of Google's productivity suite, Google Classroom, Chromebooks, Chrome, or Google Expeditions can be innovatively applied in a classroom or school setting. Screencasts are required unless an exemption is sought from gfe-trainer-program@google.com.

트레이너 비디오

트레이너 비디오는 트레이너 지원의 하이라이트라고 볼 수 있다. 3분짜리 비디오를 제출하여, 자신이 왜 구글 공인 트레이너의 역량을 갖추고 있고 선정되어야 하는지를 어필해야 한다. 처음 1분 동안은 왜 지원자가 구글 인증 트레이너가 되어야 하며, 그것이 어떻게 자신을 특별하고 '구글'스럽게 만드는지 설명해야 한다. 마지막 2분은 G Suite, 구글 클래스룸, 크롬북, 크롬, 구글 엑스페디션 중에 한 가지 도구를 골라, 연수자들에게 이 구글 도구가 특징이 어떻게 교실과 학교에 혁신적으로 적용될 수 있는지에 대해 가르치는 장면을 찍어야 한다.

필자 신민철의 트레이너 지원 비디오

스크린캐스트가 돼야 하므로 컴퓨터의 화면과 동시에 자신의 얼굴이 나와야 한다. 따라서 스크린캐스티파이 등의 크롬 확장 도구를 활용하거나 비디오 편집을 통해 제작하면 된다.

유튜브에서의 공개 설정 방법

공개 형태로 자신의 유튜브 채널에 올려서 링크를 공유해야 한다. 동영상을 제출하면서 공유를 안 풀어서 번거로운 일들이 많은지, 구글에서도 이 부분을 상당히 자주 강조하고 있다.

3분 비디오를 올려야 하는데 꽤 부담될 수 있겠다. 영어로 해야 하기 때문이다. 자국어로 해도 된다고 하지만, 신속한 채점을 받고 빨리 합격하고 싶어서 필자들은 영어로 촬영했다(1분은 자기 소개, 나머지 2분은 구글 도구 중 자신있는 도구를 골라서 사용 방법 소개). 다음 링크에 트레이너 응시 영상의 샘플을 올려 두었다.

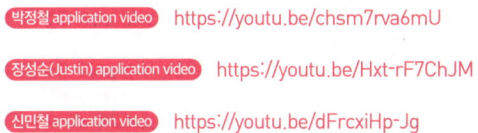

- 결과 발표

통상적으로 4~6주 후에 결과를 알려 준다. 만약 트레이너 자격 취득에 실패했다면, 왜 안 되었는지, 어떤 문제가 있는지 이메일로 설명이 온다.

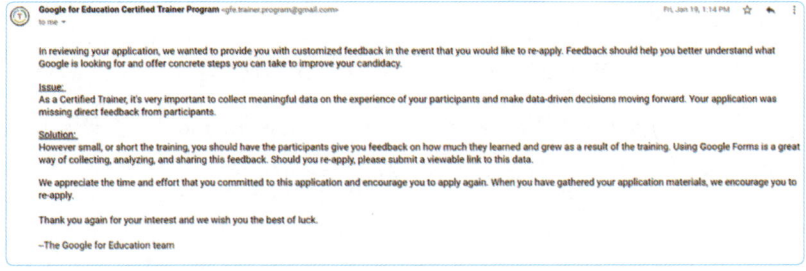

불합격 이메일

신청서를 검토한 결과 추후에 재시도할 경우에 대비해 부족한 점을 지적해 주었다. 청중의 직접적인 반응을 수집하고 근거 중심의 결정을 내리는 것이 중요하므로 아무리 짧은 강의일지라도 참가자가 피드백을 꼭 할 수 있도록 하라고 하였다. 구글 설문지를 쓰면 좋다는 이야기도 빼놓지 않는 것을 볼 수 있다.

> 성공 시

합격 이메일

"축하드립니다. 이제 구글 인증 트레이너가 되셨습니다."라는 메일이 온다. 합격 메일이 오면 기한 내에 기밀 유출 방지 서약을 하고 수락 여부를 설문으로 입력하면 끝이다. 그 후에는 에듀 디렉터리에 올라갈 자신의 자료를 탑재하거나 구글 트레이너들이 가지게 되는 'gtrainerdemo' 계정을 생성하면 된다. 이 책을 보시는 모든 분이 이 이메일을 받길 기원한다.

3. 구글 공인 이노베이터(Google Certified Innovator)

구글은 혁신을 지향하며 교육에서도 새로운 혁신 교육을 만들어 내기 위해 여러 프로젝트를 진행하고 있다. 이 교육의 혁신을 위해 이노베이터를 양성하는 과정이 바로 '구글 공인 이노베이터' 즉, Google Certified Innovator 과정이다. 구글 이노베이터 과정에서는 구글 도구를 잘 활용하는 것을 넘어 혁신적인 교육 프로젝트를 구상하고 만들어갈 수 있는지가 더 중요하다. 따라서 구글 인증 교육자 레벨 2 자격증과 함께, 혁신 교육 프로젝트를 위한 이력서 제출과 영상 제작 등이 필요하다. 구글 이노베이터 과정 역시 트레이너와 마찬가지로 별도의 온라인 지원 사이트로 들어가서 지원할 수 있다.

URL https://googleedu.onlineapplications.net/app/main/

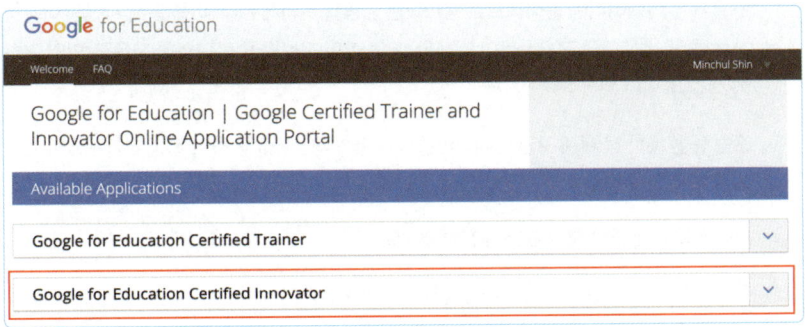

이노베이터 응시 포털 사이트 접속 화면

3.1 혜택

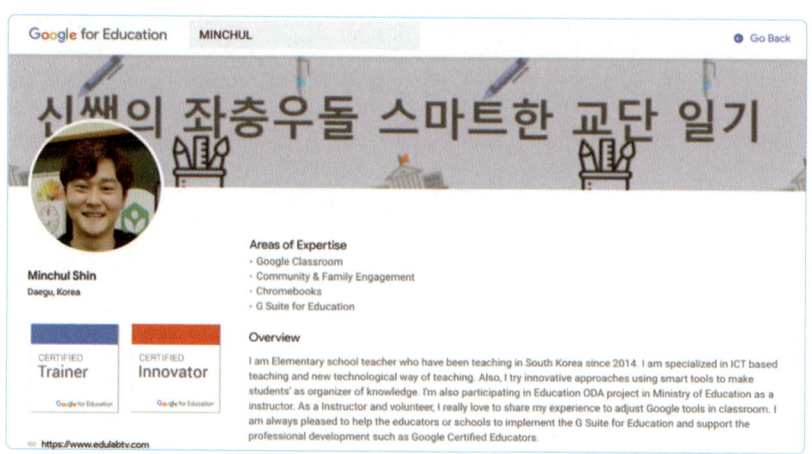

구글 에듀 디렉터리에 올라간 프로필 모습

- 구글 에듀 디렉터리에 공식적으로 등재되는 영광을 누리게 된다. 이를 통해 자신의 이름과 정보를 전 세계 구글 교육자들이 검색할 수 있고 이 정보를 통해 다양한 교육/강의의 기회가 생길 수 있다.

- 포럼 등을 통한 전 세계 구글 트레이너들과의 지속적인 교류를 하며 일반 교육자들이 접하기 어려운 고급 정보를 수시로 얻을 수 있다.

- 구글 신제품에 관한 정보를 먼저 접할 수 있다.

- 구글의 여러 혁신 교육 프로젝트에 참여할 기회를 얻는다.

- 전 세계 구글 이노베이터들과의 인간관계를 쌓을 수 있다.

- 실제 구글 회사로 가서 퓨처 디자인 씽킹이라는 고급 과정 교육을 받을 수 있다.

- 같은 이노베이터나 구글러에게 자신의 교육 프로젝트에 대해 멘토링을 받을 수 있다.

3.2 의무

- 오프라인으로 열리는 구글 이노베이터 코스에 참여해야 하며 불참 시 이노베이터 자격을 받지 못한다.
- 오프라인으로 열리는 구글 이노베이터 코스 참가 전 'How Might We', 'Affinity Buddy' 활동과 같은 사전 과제를 충실히 수행해야 한다.
- 1년 동안 자신이 설정한 '이노베이터 프로젝트'를 수행하고 그 결과를 에듀 액티비티 앱에 공유해야 한다.
- 매달 정해진 멘토와 함께 자신이 설정한 1년 과정의 이노베이터 프로젝트에 대해 미팅을 해야 한다(화상회의).
- 이노베이터 코스 참가 6개월 후에 열리는 중간 쇼케이스에 참가하여 자신의 프로젝트를 의무적으로 소개해야 한다.
- 이노베이터 코스 참가 12개월 후에는 최종 쇼케이스에 참가하여 자신의 프로젝트를 발표해야 한다.

3.3 준비 과정

- 필수 준비사항

품목	비고
구글 공인 교육자 레벨 2 획득	180분 시험 (객관식 25~26개, 시나리오 약 10~11개)
지원서 작성	온라인으로 이노베이터가 되려는 목표, 자신의 이노베이터 프로젝트, 향후 계획 작성
비디오 제작	자신이 구글 이노베이터가 되어야하는 이유와 자신의 이노베이터 프로젝트에 대한 소개 영상 제작(총 90초)

유의사항

구글 공인 교육자 레벨 2

- 레벨 1단계 시험을 치지 않아도 바로 레벨 2단계의 시험을 볼 수 있다.
- 지원서 작성 시 레벨 2 합격증을 업로드하는 부분이 있으므로 미리 찾아서 업로드하길 바란다(지메일 내 검색 기능을 이용하거나, 'https://www.webassessor.com/wa.do?page=publicHome'에서 재발급 가능).

구글 이노베이터 오프라인 워크숍

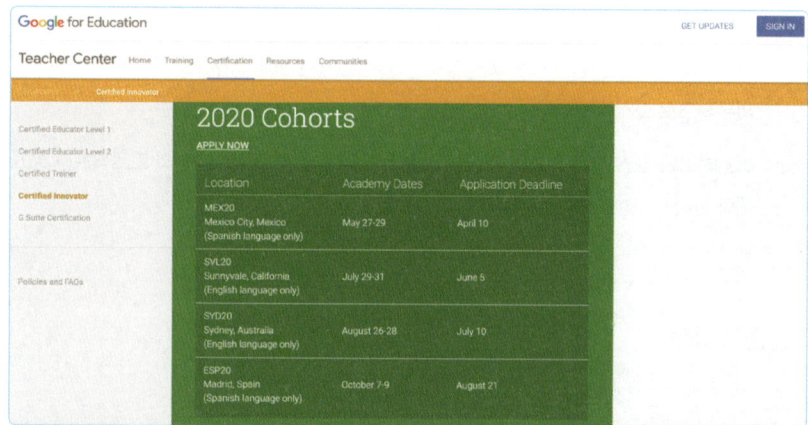

구글 이노베이터 코호트

- 구글 이노베이터가 되기 위해서는 오프라인으로 열리는 워크숍 격인 코호트에 의무로 참가해야 한다.
- 오프라인으로 열리는 코호트에서는 자신이 지원할 때 설정한 이노베이터 프로젝트에 기반하여 프로그램이 운영되기 때문에 사전에 자신의 프로젝트에 대해 충분한 아이디어를 가지고 가는 것이 좋다.
- 항공권, 숙박비는 자신이 부담해야 하며 해당 코호트 기간의 식비, 기념품 비용 등은 '수령의 문제가 없음'을 확인한 후 무료로 제공된다.

▪ 온라인 지원서

Online advocacy

Innovators are ambassadors for change who empower other educators and students. Share below at least one place where we can find you online and what you like to share.

Twitter Profile Link (if applicable)

LinkedIn Profile Link (if applicable)

Website or Blog Link (if applicable)

온라인 지원서 1

이노베이터는 자신의 활동으로 많은 사람에게 파급력을 미칠 수 있는 것을 중요하게 생각해야 한다. 따라서 자신이 가지고 있는 SNS 플랫폼인 트위터, 링크드인, 웹 사이트, 블로그 등을 입력해야 한다.

Share another link to show your online presence (if applicable)

YouTube, Instagram, TikTok, podcast, etc.

온라인 지원서 2

추가로 유튜브, 틱톡, 팟캐스트 등 온라인에서의 영향력을 보여주는 링크를 입력할 수 있다.

Describe the social media and content platforms you use and explain the type of content that you share? *

150 words maximum.

Word(s) count: 0

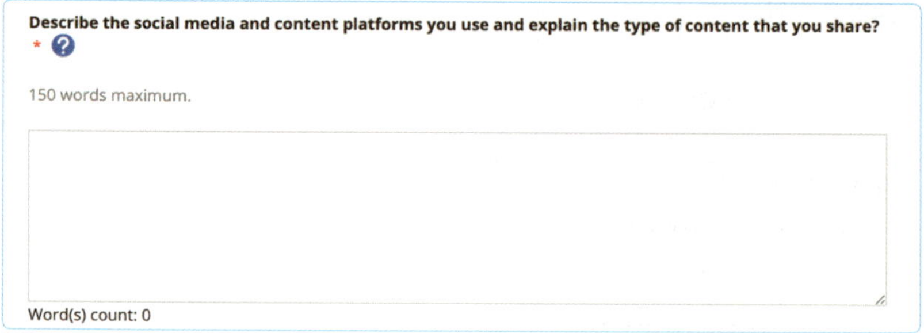

온라인 지원서 3

SNS나 유튜브, 블로그 등 현재 사용하고 있는 콘텐츠 플랫폼들에 대해 설명하며 어떤 콘텐츠를 공유하고 있는지 150자 내로 적어야 한다. 콘텐츠 플랫폼에 나의 교육 사례, 교육 활동, 혁신 교육 활동 사례 등을 적절하게 넣어 얼마나 많은 사람에게 알리고 있는지를 강조하는 것이 중요하다.

Tell us about another community you are a part of - how do you contribute to that community?

Your fellow Google Certified Innovators are looking for lifelong members of the community and people passionate about staying in touch, sharing their learnings, and asking for support. Share any community, personal or professional, you're a part of and how you contribute to it. Maximum of 150 words.

Word(s) count: 0

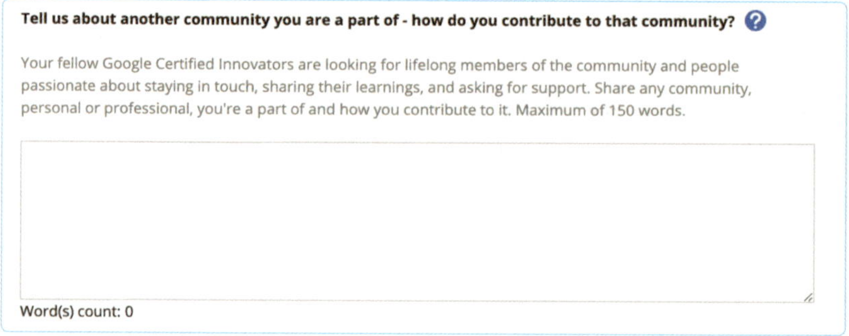

온라인 지원서 4

구글 이노베이터는 커뮤니티 활동을 통해 다른 사람들과 지속적인 프로젝트와 인적 네트워킹을 만들어가는 것이 중요하다. 따라서 혼자가 아닌 다른 사람들과 커뮤니티 속에서 함께 하는 사례 속에서 지원자는 어떤 활동과 기여를 하고 있는지 서술해야 한다. 여기에서는 자신의 교육 커뮤니티

도 좋지만 구글의 교육 커뮤니티인 구글 교육자 그룹과의 활동 연관성을 밝혀주는 것도 좋다.

- **교육 혁신의 과정에 대한 질문**

> **History of Transformation**
>
> As participants in a cohort of educators working together to create and share amazing things in education, Google Certified Innovators will transform the organizations they're serving, advocate for change, and grow themselves as thought-leaders. We're looking for educators who have created content, programs, and movements that have inspired others towards change and are constantly looking to grow.

교육 혁신의 과정 작성 안내

교육 혁신의 과정은 교육 혁신가로서의 지원자의 자질을 검토하는 항목이라 볼 수 있다. 이노베이터는 여러 교육 변화의 중심으로서 역할을 하며 '혁신의 리더' 역할을 한다. 따라서 지원자가 만들어 온 교육의 변화를 사례 중심으로 제시하고 다른 사람들과 함께 교육의 변화를 이끄는 가능성을 제시하는 것이 중요하다.

> **Share a link to a piece of content you've created that you think has inspired change in others.** * ❓
>
> Show us a blog, a YouTube or webinar you've done, a poster or infographic, a presentation resource, or something you've created that helped inspire others.

교육 혁신의 과정 질문 1

이노베이터 과정은 혼자가 아닌 자신의 프로젝트에 다른 사람들을 참여 시켜 함께 교육의 변화를 이루어 나가는 것을 중요하게 생각한다. 따라서 블로그, 유튜브, 또는 웨비나 형식으로 타인에게 영감을 준 사례를 제시해야 한다.

> **Explain how this link above inspired change.** *
>
> Explain (1) how you came up with an idea for change, (2) how you went about implementing the change, (3) how others responded to the change, and (4) how you measured outcomes. In looking back, what things would you do differently? Maximum of 500 words.
>
> Word(s) count: 0

교육 혁신의 과정 질문 2

링크를 제시한 후에는 (1) 이런 변화에 대한 생각이 어떻게 떠올랐는지, (2) 어떻게 변화를 구현해 왔는지, (3) 변화에 대해 다른 사람들은 어떻게 반응했는지, (4) 이런 변화의 시도에 대한 성과는 어떻게 측정했는지에 대해 설명해야 한다. 특히, 이것을 서술할 때는 남들과 다른 나만의 특색을 잘 드러내는 것이 중요하다.

> **How do you keep up to date on trends in education and technology?** *
>
> Your fellow Google Certified Innovators would love to be inspired by you in the community! Share anything here you think might be relevant - conferences you go to, articles or magazines or research you read, podcasts you listen to, etc. Maximum 150 words.
>
> Word(s) count: 0

교육 혁신의 과정 질문 3

구글 이노베이터는 늘 열린 마음으로 새로운 교육 트렌드와 에듀테크에 귀를 기울여야 한다. 컨퍼런스, 기사, 매거진, 연구 자료, 팟캐스트 등에서 얻

B. 시험 진행 방법

은 새로운 교육 트렌드와 에듀테크에 대한 이야기를 토대로 이런 교육의 변화와 기술의 변화 트랜드에 어떻게 따라갈 것인지를 서술해야 한다.

```
Describe the GSuite feature that you think will be added in 5 years that we won't be able to live without. *
Maximum of 100 words.

[                                                        ]

Word(s) count: 0
```

교육 혁신의 과정 질문 4

구글 이노베이터 역시 구글 교육자 과정의 하나로서 G Suite for Education을 가장 핵심 도구로 활용하는 교육자를 원한다. 하지만 이노베이터라는 말처럼 기존의 G Suite 도구를 활용함을 넘어 어떤 새로운 도구가 5년 내에 G Suite에 도입될지, 추천할 수 있어야 할 뿐만 아니라 5년 내에 어떤 도구가 사라질지에 대한 의견도 제시해야 한다.

```
Why do you want to become a Google Certified Innovator? * ⓘ
Imagine yourself 5 years after the Google Certified Innovator program, explain how the opportunity changed your practice and the culture around you. Maximum of 150 words.

[                                                        ]

Word(s) count: 0
```

교육 혁신의 과정 질문 5

이제 구글 이노베이터가 되기 위한 역량 점검은 끝이 났다. 이제는 '당신이 왜 구글 이노베이터가 되어야 하는가?'라는 본질적인 질문에 대한 자기 어필이 필요한 시기가 되었다. 여기에는 구글 이노베이터 프로그램에 참여한 지 5년 뒤에 자신의 모습을 상상하고, 이번의 기회가 어떻게 지원자의 교육연구와 주변의 문화를 바뀌었는지 서술해야 한다.

■ 구글 이노베이터 프로젝트의 꽃, 'Your Challenge'

> **Your Challenge**
>
> If you are selected to participate in the Innovator Program and attend the Innovator Academy, you will have the opportunity to ideate, think big, and create an initial prototype that you will work on through the year. Please note, this is not about improving an **existing solution** that you are already working on, but rather exploring **new opportunities** and developing an innovative, impactful solution at the Academy and beyond.
>
> We are looking for big thinkers who are inspired and undaunted in tackling the most difficult challenges in education. We use what's known as *design thinking* to explore our challenges. If you would like a short overview to design thinking and how to prepare for the questions below, see here.

Your Challenge 프로젝트 안내문

구글 이노베이터는 오프라인으로 진행되는 코호트에서 이노베이터 아카데미 클래스를 의무로 들어야 한다. 이 과정에서 디자인 씽킹 과정을 거친 프로젝트로 1년간의 이노베이터 활동이 이루어진다. 따라서 'Challenge'라고 말하는 새로운 프로젝트를 제시하는 것이 중요하다. 이 'Challenge'는 도전이라는 말처럼 기존의 존재하는 아이디어를 업그레이드하는 것을 넘어 새로운 아이디어를 제시하고, 이것을 발전 시켜 혁신적이고 임팩트 있는 결과물을 만들어 낼 수 있는 프로젝트를 말한다.

> **Describe the challenge that you're currently experiencing in education and why it matters.** *
>
> Focus on the challenge and do not pose any solutions at this point (posing solutions will negatively impact your application). Maximum of 300 words.
>
> Word(s) count: 0

Your Challenge 프로젝트 질문 1

가장 먼저 나오는 질문은 바로 교육 현장에서의 문제점을 찾고 그것이 어떤 문제점을 불러일으키는지를 서술하며 현재 겪고 있는 문제에 대해 서술하는 것이다. 다만 여기서 주목해야 할 점은 문제점에 대한 것이지 '해결책'에 대한 제시가 아니다. 해결책을 제시하는 것은 오히려, 독이 될 수 있으니 주의해야 한다.

> **Interview one person impacted by your challenge and try to understand the problem from their perspective. Who did you interview, what did you ask, and why did you choose them?** *
>
> Maximum 150 words.
>
> Word(s) count: 0

Your Challenge 프로젝트 질문 2

다음으로는 지원자가 하게 될 'Challenge'에 영향을 준 한 사람을 인터뷰하고 그들의 관점에서 문제점에 대해 알아보고 정리해야 한다. 작성할 때는 누구를 인터뷰했는지, 무엇을 물어보았는지, 왜 인터뷰 내담자를 선택했는지가 들어가야 하며 그 후에 인터뷰 내담자로부터 어떤 답을 얻게 되었는지 적는 것이 필요하다.

> **Please fill out a point-of-view statement in the following format: [name of teacher/student/parent] is a [adjective and noun] who wants/needs [outline need] because they value [insight].** *
>
> *Example:* **Jose** is a **busy teacher** who wants **to eat healthier** but **doesn't want to feel like he's on a diet**.
>
> *Example:* **Samantha** is an **instructional coach** who aspires **to reach every educator** but **struggles to keep track of her work supporting educators**.
>
> *Example:* **Lisa** is a **frustrated teacher** who needs **tools/strategies to help her struggling students** because she **believes every child can learn**.
>
> Maximum of 20 words.

Your Challenge 프로젝트 질문 3

앞선 문제점에 대한 조사를 바탕으로 한 사람을 대입 시켜 한 문장으로 만들어야 한다(예: '누구'는 '어떤 사람인데', '어떤 것을 원하고' 있는데 '이러한 이유'에서이다).

> **What is one key insight about your challenge that you learned from talking to them?** *
> Maximum of 150 words.
>
> Word(s) count: 0

Your Challenge 프로젝트 질문 4

인터뷰를 하며 찾은 'Challenge'가 필요한 상황에 대한 어려움과 요구를 바탕으로 한 가지 통찰을 제시하며 'Your Challenge' 섹션은 종료된다. 이런

B. 시험 진행 방법

문제점에 대한 심층적인 사고 과정은 실제 구글 이노베이터 아카데미에서 프로젝트를 수행할 때 큰 도움이 된다.

Knowing now which of the seven elements your challenge falls into, frame your challenge with one "how might we" question which will prepare you to start researching solutions once accepted into the Academy. *

You'll want to create a "how might we" question that is broad enough so you can look for a wide range of solutions, but narrow enough that you have some helpful boundaries. **Note: you are just writing your research question. Do not insert a solution into this statement.**

Example: How might we make healthy eating **(problem)** more convenient **(insight)** for adults **(user)**?

Not: How might we make an app **(solution)** to make healthy eating more convenient?

Finish the question below: How Might We...

Your Challenge 프로젝트 질문 5

구글 이노베이터 클래스의 Challenge 프로젝트는 'HMW'라 불리는 'How Might We Question'이 하이라이트라 볼 수 있다. '어떻게 하면?'이라는 질문을 토대로 우리의 어떤 문제를 해결할 수 있을지를 한 문장으로 적으면 된다.

Market Research: Do a quick Google search on your challenge. What solutions already exist out there, and why aren't they currently meeting the needs of your challenge? *

It's important your challenge is unique and specific. If you can find a lot of solutions for your challenge, you may want to go back to your challenge description and how might we and be more specific about the user and insight. Maximum 50 words.

Word(s) count: 0

Your Challenge 프로젝트 질문 6

구글 이노베이터 Challenge 프로젝트를 하다 보면 이미 해결책이 있는 프로젝트나 비슷한 프로젝트가 있는 경우가 있을 수 있다. 하지만 여러분의 이노베이터 Challenge는 말 그대로 'Unique' & 'Specific', 즉 독특하고 구체적이어야 한다. 따라서 사전 조사를 통해 이것과 비슷한 문제와 관련하여 어떤 해결 방안이 이미 존재하며 왜 내가 해결하고자 하는 도전 과제에 미치지 못하는지를 적어야 한다.

이 부분은 구글 이노베이터 아카데미에 가서도 끊임없이 고민할 과제이므로 만약 여기서 충분히 기존의 방안으로도 해결이 가능한 주제라면 과감하게 다른 Challenge를 선택하는 것이 좋을 수도 있다.

90초 동영상

> **90-Second Video Public or Unlisted YouTube Link** *
>
> Please craft a 90 second Advocacy Video - roughly 30 seconds to introduce yourself as an innovator and 60 seconds to articulate your challenge description, the person it affects (your interviewee), and your how might we statement you want to use as a jumping off point at the Academy.
>
> **Tips:** Do not insert a solution here, be sure to have basic production (decent sound, light, and steady camera), and the best videos tend to have the applicant in them somehow.

구글 이노베이터 지원 90초 영상 안내문

구글 이노베이터 지원의 하이라이트는 바로 90초 동영상이다. 2019년까지는 60초 동영상이었지만 60초 안에 많은 것을 표현하는 것은 힘들다는 판단하에 이제 90초로 늘어났다.

먼저 이 영상에는 30초 동안 이노베이터 역량을 갖춘 자기 자신을 소개해야 한다. 단순한 자기소개 영상이 아닌, 교육 혁신가로서의 역량을 부각할 필요가 있다. 나머지 60초 동안에는 Challenge에 대한 설명과 함께 나에게 이런 프로젝트의 영감을 준 사람 그리고 구글 이노베이터 아카데미에서 자신의 프로젝트의 관점을 계속 자극해 줄 HMW(How Might We) 문장을 소개해야 한다. 많은 지원자가 있기 때문에 자신만의 방법으로 남들과는 다른 색다른 아이디어 전달법과 동시에 본질적인 내용 전달이 함께 이루어지는 것이 중요하다.

필자 신민철의 구글 이노베이터 지원 영상 예시

이와 같이 자신의 얼굴과 함께 프레젠테이션 자료를 활용한다면 효과적인 정보전달이 될 수 있다. 동영상은 다음의 주소를 통해 확인할 수 있다.

URL https://youtu.be/WJ0JvG14nGE(혹은 'Google Certified Innovator Application Video' 검색)

- 결과 발표

구글 이노베이터의 결과 발표가 가장 기다려지는 순간일 것이다. 이노베이터의 결과 발표는 홈페이지에 공시된 날에 이루어지며 이메일로 합격 결과가 전송된다.

구글 이노베이터 합격 이메일

합격하게 되면 합격을 축하하는 이메일이 도착하며, 열어 보면 앞 그림과 같이 축하 문구를 받는다.

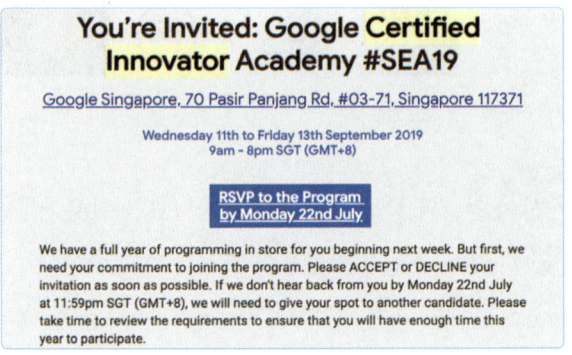

구글 이노베이터 합격 후, 오프라인 아카데미 참석을 위한 RSVP 메일

또한 이와 동시에 오프라인으로 열리는 구글 이노베이터 아카데미의 참석 여부를 바로 알려 주어야 하는데, 불참할 시에는 구글 이노베이터 자격을 얻을 수 없으며 다음 후보에게 그 자격이 돌아간다.

구글 이노베이터 오프라인 아카데미 초대장

첨부 파일에는 각자의 이름이 새겨진 초대장이 오면서 새롭게 열릴 구글 이노베이터 아카데미에 대한 기대를 한껏 부풀려 준다.

2019 싱가포르 구글 이노베이터 아카데미(SEA19)에 모인 전 세계 구글 이노베이터들

구글 이노베이터 아카데미는 미래 교육을 위한 통찰과 더불어, 아이디어를 실제로 만드는 퓨처 디자인 씽킹을 배울 수 있는 값진 기회였다. 자세한 구글 이노베이터 아카데미 후기는 '신쌤의 좌충우돌 스마트한 교단 일기' 블로그에 있으므로 블로그에 접속하여 'Google Certified Innovator'를 검색하여 보길 바란다. 여러분도 구글 이노베이터 지원을 통해 전 세계 이노베이터들과 함께 아이디어를 나누며 교류할 멋진 기회를 얻길 바란다.

저자 후기

박정철 | 대표저자

책을 쓰는 건 항상 조심스럽지만 즐겁기도 합니다. 온라인 영상과는 다른, 책 냄새나는 인간적인 교감이 기대되기 때문입니다. 이번 《구글 클래스룸 수업 레시피》작업 역시 그랬습니다. 교사들이 이 책을 보며 줄을 치고 책을 접어가면서, 교실에서 활용할 시간을 기다리며 설레할 많은 모습이 상상되었습니다. 부디 그 설렘이 학생들에게도 전달되고, 교실 안에도 가득해지기를 고대합니다.

장성순

이전에는 소수의 탐험가나 여행자만이 미지의 세계나 세계의 명소에 갈 수 있었습니다. 구글 지도와 구글 어스의 탄생은 이러한 패러다임에 많은 변화를 가져왔습니다. 이제 인터넷과 컴퓨터만 있으면 세계 곳곳을 자신의 방 안에서 스마트폰으로도 볼 수 있습니다. 학생들이 지구와 자연에 고마움을 느끼고, 세상의 다양한 장소들에 호기심을 가질 수 있도록 교육하는데 구글 도구가 조금이라도 도움이 되었으면 좋겠습니다.

정미애

4년 전 구글 도구를 알게 되면서 제 삶에도, 생각에도, 그리고 수업에도 조금씩 변화가 생기기 시작했습니다. 여러분이 이 책을 읽을 때, "나는 이렇게 활용해야지!"라는 렌즈 하나를 덧대어 보면 더 다양한 수업이 생겨날 것이라 생각합니다. 그래서 이 책을 읽은 독자 중에《구글 클래스룸 수업 레시피》의 다음 도서 저자가 탄생하기를 기대해봅니다.

신민철

에듀테크는 미래 교육의 해답은 될 수 없지만, 학생들의 미래역량을 기르는 데 훌륭한 교수 학습적 도구는 될 수 있습니다. 에듀테크를 이끄는 구글 도구는 여러분이 꿈꾸는 멋진 수업을 만들어 주는 훌륭한 도우미입니다. 이 책을 통해 실제 적용된 사례들을 보고, 교사 여러분의 수업을 더 맛있는 자신만의 레시피로 업그레이드하길 기대합니다

서광석

같은 학교에 근무 중인, 정년이 얼마 남지 않은 국어 선생님의 모습이 기억에 남습니다. 구글 클래스룸 사용법을 알려드린 후, 만든 첫 게시물. 그리고 처음으로 학생의 댓글을 받고 감동이라며 어쩔 줄 몰라 하며 자랑하던 그 모습. 구글 클래스룸에서 학생 한 명, 한 명과 소통하며 설레고, 수업에서 용기를 찾아가는 그 느낌. 이 느낌을 이 책을 보는 모든 분과 함께 느끼고 싶습니다.